Akademische Vergangenheitspolitik

*Beiträge zur Wissenschaftskultur
der Nachkriegszeit*

*Veröffentlichungen des
Zeitgeschichtlichen Arbeitskreises Niedersachsen
Herausgegeben von Bernd Weisbrod
Band 20*

Akademische Vergangenheitspolitik

Beiträge zur Wissenschaftskultur
der Nachkriegszeit

*Herausgegeben
von
Bernd Weisbrod*

WALLSTEIN VERLAG

Die Deutsche Bibliothek – CIP-Einheitsaufnahme

Ein Titeldatensatz für diese Publikation ist bei
Der Deutschen Bibliothek erhältlich

© Wallstein Verlag, Göttingen 2002
www.wallstein-verlag.de
Vom Verlag gesetzt aus der Adobe Garamond
Umschlaggestaltung: Basta Werbeagentur, Petra Bandmann
Druck: Hubert & Co, Göttingen

ISBN 3-89244-595-8

Inhalt

BERND WEISBROD
Vorwort 7

Einleitung

BERND WEISBROD
Dem wandelbaren Geist. Akademisches Ideal und wissenschaftliche
Transformation in der Nachkriegszeit 11

Die Profession der Professoren

RALPH JESSEN
Von den Vorzügen des Sozialismus und der deutschen Teilung.
Kollaborationsverhältnisse im ostdeutschen Wissenschaftssystem der
fünfziger Jahre 39

OLIVER SCHAEL
Die Grenzen der akademischen Vergangenheitspolitik: Der Verband
der nicht-amtierenden (amtsverdrängten) Hochschullehrer und die
Göttinger Universität 53

Heimkehr und Wiederkehr

CAROLA DIETZE
Kein Gestus des Neubeginns. Helmuth Plessner als remigrierter
Soziologe in der Wissenschaftskultur der Nachkriegszeit 75

CLAUS-DIETER KROHN
Unter Schwerhörigen? Zur selektiven Rezeption des Exils
in den wissenschaftlichen und kulturpolitischen Debatten der
frühen Nachkriegszeit 97

Intellektuelle Umwidmung

THOMAS ETZEMÜLLER
Kontinuität und Adaption eines Denkstils. Werner Conzes
intellektueller Übertritt in die Nachkriegszeit 123

DANIEL MORAT
Der Sprung in den anderen Anfang. Martin Heidegger und die
deutsche Universität nach 1945   147

Idealistischer Umbau

KAI ARNE LINNEMANN
Die Wiederkehr des akademischen Bürgers. Herman Nohl und
die Pädagogik der Sittlichkeit   167

GERHARD KAISER / MATTHIAS KRELL
Ausblenden, Versachlichen, Überschreiben. Diskursives Vergangenheitsmanagement in der Sprach- und Literaturwissenschaft in
Deutschland nach 1945   190

Verdeckte Vergangenheit – offene Zukunft

CAROLA SACHSE
»Persilscheinkultur«. Zum Umgang mit der NS-Vergangenheit in
der Kaiser-Wilhelm / Max-Planck-Gesellschaft   217

MARK WALKER
Von Kopenhagen bis Göttingen und zurück. Verdeckte Vergangenheitspolitik in den Naturwissenschaften   247

Wissenschaftliche Verwandlungen

SVENJA GOLTERMANN
Psychisches Leid und herrschende Lehre. Der Wissenschaftswandel in der westdeutschen Psychiatrie der Nachkriegszeit . . .   263

RÜDIGER VOM BRUCH
Kommentar und Epilog   281

Autorinnen und Autoren   289

Vorwort des Herausgebers

Der vorliegende Band geht auf die Jahrestagung des Zeitgeschichtlichen Arbeitskreises Niedersachsen (ZAKN) zurück, die im November 2001 in Göttingen stattgefunden hat. Sie hatte die Absicht, die Debatten über die entlastende »Vergangenheitspolitik« nach 1945 und die vermeintlich spezifische Belastung der Historiker im Nationalsozialismus unter einer wissenschaftshistorischen Fragestellung fortzuführen. Im Vordergrund standen nicht die moralische Schuldzuweisung oder das personelle »Erbe« des Nationalsozialismus in der Nachkriegswissenschaft, sondern die professionellen, intellektuellen und disziplinären Umwidmungsprozesse, mit denen sich die Selbstmobilisierung der Wissenschaften im »Dritten Reich« zu einer Ressource für ihre Ankunft im demokratischen Staat verwandelte. Elemente der »akademischen Vergangenheitspolitik« zeigen sich daher nicht nur in der Selbstentnazifizierung der »Mandarine«, sondern auch in der intellektuellen Umschreibung wissenschaftlicher Denktraditonen und Geltungsansprüche. Dieser transdisziplinäre Ansatz wird in dem vorliegenden Band an Beispielen aus den Bereichen Geschichte und Philosophie, Soziologie und Ökonomie, Pädagogik und Germanistik, Psychiatrie und Humangenetik sowie der Atomphysik erprobt.

Wegen der besonderen Bedeutung gerade dieses letzten Beispiels für die Göttinger Gelehrtenwelt fand der Vortrag von Mark Walker auf Einladung des Göttinger Instituts für Wissenschaftsgeschichte öffentlich statt. Zum Erfolg der Tagung haben außerdem die Kommentatoren Herbert Obenaus, Inge Marßolek, Lutz Niethammer, Margret Kraul und Rüdiger vom Bruch beigetragen. Letzerer hat dankenswerterweise seinen Beitrag als Schlußkommentar zur Verfügung gestellt. Dank gilt auch dem Mitarbeiter des Zeitgeschichtlichen Arbeitskreises, Frank Bösch, der für die Organisation der Tagung und die Betreuung des Bandes zuständig war. Schließlich möchte ich dem Präsidenten und den Fellows von Magdalen College (Oxford) danken, die mir als Visiting Fellow im Frühjahr 2002 die Möglichkeit gegeben haben, über die Bedeutung von akademischen Traditionen neu nachzudenken.

Göttingen, im Juli 2002 *Bernd Weisbrod*

Einleitung

BERND WEISBROD

Dem wandelbaren Geist
Akademisches Ideal und wissenschaftliche Transformation in der Nachkriegszeit

»Wenn es einmal anders käme und das Schicksal der Besiegten läge in meiner Hand,« so schrieb Victor Klemperer am 16. August 1936 in sein Tagebuch, »so ließe ich alles Volk laufen und sogar etliche von den Führern, die es vielleicht doch ehrlich gemeint haben könnten und nicht wußten, was sie taten. Aber die Intellektuellen ließe ich alle aufhängen, und die Professoren einen Meter höher als die anderen; sie müßten an den Laternen hängen bleiben, solange es sich irgend mit der Hygiene verträge«.[1]

Der Anlaß für diese blutrünstige Empörung des Dresdner Romanisten war ein unbedeutender Zeitungsartikel. In den *Dresdner Neuesten Nachrichten* hatte der Historiker Johannes Kühn zum 150. Todestag Friedrich des Großen diesen als »nördlich-germanischen Mensch« gepriesen und seine »Hinneigung zum Französischen« als »typische Form- und Südseesehnsucht des nördlichen Germanen« interpretiert. Was Klemperer hier zu solcher Wut trieb, ist also nicht die Ungerechtigkeit seiner eigenen Verfolgung, als vielmehr die Scham vor dem Offenbarungseid der akademischen Zunft, die mit der Beschwörung ihrer politischen Nützlichkeit für das neue Regime ihre eigenen Prinzipien über Bord warf. Noch in dem Gefühl der besonderen Verantwortung für die geistige Hygiene, der andere hygienische Rücksichten offenbar nur nachgeordnet waren, offenbart sich Klemperer hier als ein typischer Vertreter des deutschen akademischen Mandarintums, der sich als Geistesheroe und Herrscher über Besiegte imaginierte. Natürlich hat Klemperer nach 1945 niemand hängen lassen. Seine eigene politische Nützlichkeit für den historischen Siegesanspruch der DDR hat später seine Empörung selber dementiert, aber sie hinterließ, möglicherweise am Ende auch bei ihm selbst, dieses Gefühl der Scham, das eine besondere Betroffenheit mit den Fährnissen der Wissenschaften im »Dritten Reich« bis heute in akademischen Kreisen auslöst, und das durch die »Abwicklung«

---

1 Victor Klemperer, Ich will Zeugnis ablegen bis zum letzten, Tagebücher 1933-1941, Bd.1, Berlin 1995, S. 296; vgl. a. Axel Schildt, Im Kern gesund? Die deutschen Hochschulen 1945, in: Helmut König / Wolfgang Kuhlmann / Klaus Schwabe (Hg.), Vertuschte Vergangenheit. Der Fall Schwerte und die NS-Vergangenheit der deutschen Hochschulen, München 1997, S. 223-239 (224).

einer ganzen Generation von DDR-Wissenschaftlern erneut mobilisiert worden ist.²

Etwas verspätet hatte dieses Gefühl auch schon die Generation der 68er Studenten beschlichen, wenn sie etwa durch die Pforten der Heidelberger *Alma mater* schritten, über deren Eingang in stolzen Lettern das Motto steht: »Dem lebendigen Geist«. Zwar wurden damals im Heidelberger Historischen Seminar schon einige einschlägige Stellen des akademischen Lehrers Werner Conze zur Kenntnis genommen, die an dessen völkisch-nationaler Ausrichtung keinen Zweifel ließen, aber schwieriger wog eigentlich das Unbehagen über die Selbstgefälligkeit dieses Sinnspruches, der weder dem schwelenden historischen Verdacht, noch dem immer noch herrschenden »Muff von tausend Jahren« oder der aktuellen politischen Verantwortungslosigkeit des wissenschaftlichen Elfenbeinturms entsprachen, jedenfalls wie sie von der damaligen studentischen Generation wahrgenommen wurde.³ Es ist vielleicht nicht leicht zu sehen, was die vermeintlichen Vorzüge des Sozialismus für deutsche Mandarine mit der wissenschaftlichen Verwandlungen Werner Conzes zu tun haben,⁴ aber der Heidelberger Sinnspruch, auf den sich ja alle Professoren in der Tradition des deutschen Mandarinentums bis heute berufen würden, kann als emblematischer Text dienen, um in die allgemeine Problematik des Wissenschaftswandels im Kontext der »akademischen Vergangenheitspolitik« nach 1945 einzuführen.

Selbstmobilisierungen im Nationalsozialismus

Der Neubau des Heidelberger Universitätsgebäudes, an dem der Sinnspruch zu lesen ist, war 1931 mit amerikanischen – und das hieß im Sprachgebrauch der damaligen Rechten mit »jüdischen« – Stiftungsgeldern fertiggestellt worden. Deswegen war auch die Einweihungsfeier von nationalistischen Korporationen und vom nationalsozialistisch dominierten Asta boykottiert worden.⁵ In der Professorenschaft hatte sich der Germanist und Georgianer

---

2 Vgl. ders., So sitze ich denn zwischen allen Stühlen ... Tagebücher 1945-1959, Berlin 1999. Vgl. a. Ralph Jessen, Akademische Elite und kommunistische Diktatur: Die ostdeutsche Hochschullehrerschaft in der Ulbricht-Ära, Göttingen 1999; sowie ders., Professoren im Sozialismus. Aspekte des Strukturwandels der Hochschullehrerlandschaft in der Ulbricht-Ära, in: Hartmut Kaelble/Jürgen Kocka/Hartmut Zwahr (Hg.), Sozialgeschichte der DDR, Stuttgart 1994, S. 217-253.
3 Zur Heidelberger 68er Situation vgl. die Gegengedenkschrift von Karin Buselmeier/Dietrich Harth/Christian Jansen (Hg.), Auch eine Geschichte der Universität Heidelberg, Mannheim 1985.
4 Vgl. die Beiträge von Ralph Jessen und Thomas Etzemüller.

Friedrich Gundolf mit diesem Türspruch: »Dem lebendigen Geist« nur mit Mühe gegen den Vorschlag seines »Intimfeindes und Institutskollegen« Friedrich Panzer durchsetzen können, der 1934 ein Forschungsprojekt der Heidelberger Akademie zur mittelalterlichen und frühneuzeitlichen Epigraphik mit dem Titel »Die deutschen Inschriften« verantwortete.[6] Sein Gegen-Vorschlag lautete: »Der deutschen Wissenschaft«. Dieser fand schließlich 1936, auf Betreiben des völkisch-nationalsozialistischen Ordinarius für vergleichende Sprachwissenschaft, Hermann Güntert, zur 550 Jahr-Feier der Universität seine endgültige Fassung: Aus der Widmung »Dem lebendigen Geist« war »Dem deutschen Geiste« geworden.[7] Gleichzeitig mußte das Sinnbild der humanistischen Wissenschaftstradition, die über der Inschrift sitzende Statue der Minerva, einem flügelschlagenden Adler weichen.

Dies ist kein besonders spektakulärer Fall der Selbstgleichschaltung, eher eines der vielen euphorischen Bekenntnisse zum nationalen Bildungsauftrag, das trotz aller Gegensätze nach der Machtergreifung erlaubte, die Brücke zwischen den »orthodoxen« und »modernistischen« Mandarinen zu schlagen, die sich in Weimar eher im politischen Stil als im Bildungsanspruch unterschieden hatten. Der konservative Geist der deutschen Wiedergeburt wehte über beiden Lagern.[8] Dennoch war der spezifischen »Antimodernität« des klassischen Mandarinentums eine »negative« Verantwortung für die »Schrecken seines eigenen Endes« nach Fritz Ringer nicht abzusprechen.[9]

5   Norbert Giovannini/Christian Jansen, Judenemanzipation und Antisemitismus in der Universität Heidelberg, in: Giovannini u.a. (Hg.), Jüdisches Leben in Heidelberg, Heidelberg 1992, S. 143-199 (176).
6   Nach Wolfgang Petke/Karl Brandi, in: Hartmut Boockmann/Hermann Wellenreuther (Hg.), Geschichtswissenschaft in Göttingen. Eine Vorlesungsreihe, Göttingen 1987, S. 287-320 (316).
7   Zur Begründung des Vorschlags vgl. schon Hermann Güntert, Deutscher Geist, Bühl-Baden 1932, S. 41. Erforderlich sei die »Besinnung auf die eigene, lebendige Volkskraft in ihren bodenständigen Quellen und tiefsten Tiefen. Der Geist, von dem allein eine Rettung des mechanisierten Denkens zu erhoffen ist, kann nur nationale Selbstbesinnung sein, und die äußerliche Verfassung muß in nationalem Geist von innen her beseelt werden« (S. 39).
8   Christian Jansen, »Deutsches Wesen«, »deutsche Seele«, »deutscher Geist«. Der Volkscharakter als nationales Identifikationsmuster im Gelehrtenmilieu, in: Reinhard Blomert/Helmut Kuzmics/Annette Treibel (Hg.), Transformationen des Wir-Gefühls. Studien zum nationalen Habitus, Frankfurt a.M. 1993, S. 199-278, in Auseinandersetzung mit Fritz Ringer, Die Gelehrten: Der Niedergang der deutschen Mandarine, 1890-1933, Stuttgart 1983 (S. 201f).
9   »Das orthodoxe Mandarinentum wünschte weder von sich aus den Triumph des Dritten Reiches herbei, noch war es für die inhaltlichen Aussagen der nationalsozialistischen Propaganda verantwortlich zu machen. Seine Verantwortung war indirekter und eher negativ als positiv. Es ging eher um eine ideologische Affinität und um einen geistigen Habitus als um eine förmliche Theorie.« (Ringer, Die Gelehrten, S. 392).

*Die Heidelberger Universität Anfang der dreißiger Jahre.
(Foto: Universitätsarchiv Heidelberg).*

*Ansicht der Universität im Nationalsozialismus.
(Foto: Universitätsarchiv Heidelberg).*

Das wird etwa sichtbar am Beispiel des Göttinger Althistorikers Ulrich Kahrstedt, der zum Reichsgründungstag am 18. Januar 1934 in der Göttinger Aula eine Rede hielt, in der er seine prominenteren mediävistischen Kollegen Karl Brandi und Percy Ernst Schramm denunzierte, weil sie – durchaus im offiziellen Auftrag – zum Internationalen Historikertag nach Warschau gefahren waren. Der völkisch-nationale Kahrstedt definierte den »deutschen Geist« auf unmißverständliche Weise: »Wir sagen ab der internationalen Wissenschaft, wir sagen ab der internationalen Gelehrtenrepublik, wir sagen ab der Forschung um der Forschung willen [...] Der deutsche Geist soll nicht durch Dilettanten und Phantasten prostituiert werden. Der deutsche Gelehrte ist berufen, ihn zu pflegen, aber nur dann, wenn er keinen Zweifel läßt, daß er nur zum deutschen Volk gehört und zu keiner internationalen Gelehrtenrepublik«.[10] Kahrstedt hat sich der Herausforderung des empörten Brandi zum Duell entzogen, als Mitglied des Stahlhelms wie als politischer Mensch. Aber es wäre falsch, daraus auf eine prinzipiell regimekritische Haltung von Brandi oder Schramm zu schließen, gerade weil sie den Anschluß an die internationale Gelehrtenrepublik als nationale Bewährung verstanden. Im Gegenteil: Kennzeichnend war vielmehr die »Ambivalenz« gegenüber dem »Dritten Reich«, die zwischen akademischer Selbstbehauptung und gouvernementaler Attitüde schwankte, eine Ambivalenz, die ganz in der Kontinuität des Weimarer Selbstverständnisses der Göttinger Historiker stand und noch bis in die Nachkriegszeit hinein wirkte: Beide »waren sicher niemals Nationalsozialisten im vollen Wortsinn, aber ihre historischen Interessen waren kongenial mit rechter, und daher auch mittelbar nationalsozialistischer Politik. Das gleiche läßt sich auch für das Historische Seminar im Ganzen sagen.«[11]

Diese bereitwillige Doppelung des nationalen und des professionellen Stolzes läßt sich wohl für die ganze Zunft zeigen, wenn auch in der hitzigen Debatte auf dem Frankfurter Historikertag von 1998 noch um die moralische und persönliche Entlastung einzelner Fachvertreter gerungen wurde, die sich aus der relativen Distanz zu den politischen Anforderungen des

10 Abgedruckt im Göttinger Tageblatt, 19. Jan. 1934, zit in: Petke/Brandi, S. 305 f. Fn. 102. Zu Kahrstedt vgl. Cornelia Wegeler, »... wir sagen ab der internationalen Gelehrtenrepublik«. Altertumswissenschaft und Nationalsozialismus. Das Göttinger Institut für Altertumskunde 1921-1962, Wien 1996.
11 Robert P. Ericksen, Kontinuitäten konservativer Geschichtsschreibung am Seminar für Mittlere und Neuere Geschichte: Von der Weimarer Zeit über die nationalsozialistische Ära bis in die Bundesrepublik, in: Heinrich Becker/Hans-Joachim Dahms/Cornelia Wegeler, Die Universität Göttingen unter dem Nationalsozialismus, München 1987, S. 219-245 (220).

Regimes oder der späteren Bereitschaft zur Übernahme der moralischen Verantwortung ergab. Auch hier hat Göttingen mit Hermann Heimpel ein besonders anschauliches Beispiel dafür zu bieten, daß selbst das demonstrative persönliche Bekenntnis zur moralischen Last für die intellektuelle Verarbeitung der eigenen Vergangenheit nicht unbedingt zuträglich war.[12] Hätte sie doch, wie Otto Gerhard Oexle argumentiert hat, die Kontinuität des Gestalt- und Ordnungsdenkens in den deutschen Geisteswissenschaft als den eigentlichen Ursprung ihrer »Zusammenarbeit mit Baal« ausmachen müssen.[13] Dies ist hier nicht im einzelnen auszuführen, aber kennzeichnend ist inzwischen doch die Erkenntnis, daß die Nachkriegslegende von der ungestörten Kontinuität des »lebendigen Geistes« nicht mehr taugt. Man müßte sonst den Beitrag der »kämpfenden Wissenschaft« in der Ostforschung – wie der Westforschung – als Ausfluß einer nur erzwungenen Anpassungsleistung erklären, und generell die »Affinität« der völkischen Wissenschaft mit den Zielen des Nationalsozialismus nur aus den politischen Ermöglichungsbedingungen einer ansonsten professionell diskreditierten Geisteswissenschaft. Der »lebendige Geist« wehte aber offenbar auch hier. Auch ließe sich die stille Nachfolge der modernen Sozialgeschichte aus dem methodischen Geiste der »Volksgeschichte« kaum nur als Ergebnis einer humanistischen Neubesinnung verstehen, der die Tradition der professionellen Selbstmobilisierung im »Dritten Reich« irgendwie abhanden gekommen ist.[14] Es handelte sich dabei vielmehr um eine intellektuelle Umwidmung und Wissenschaftstransformation, die noch von der Erfahrung der eigenen Teilhabe an dem wissenschaftlichen Projekt des »Dritten Reiches« lebte. Auch wenn sich die Bekenntnis-Bilanz aus der Sicht des SD-Historikers Hermann

---

12 Vgl. Hartmut Boockmann, Der Historiker Hermann Heimpel, Göttingen 1990, vgl. Pierre Racine, Hermann Heimpel à Strasbourg, in: Winfried Schulze / Otto Gerhard Oexle (Hg.), Deutsche Historiker im Nationalsozialismus, Frankfurt a.M. 1999, S. 142-157; vgl.a. Herbert Obenaus, Geschichtsstudium und Universität nach der Katastrophe von 1945: das Beispiel Göttingen, in: Karsten Rudolph / Christel Wickert (Hg.), Geschichte als Möglichkeit. Über die Chancen von Demokratie. Festschrift Helga Grebing, Essen 1995, S. 307-337.

13 Otto Gerhard Oexle, »Zusammenarbeit mit Baal«. Über die Mentalität deutscher Geisteswissenschaftler 1933 – und nach 1945, in: Historische Anthropologie 8 (2000), S. 1-27; vgl.a. ders., Zweierlei Kultur. Zur Erinnerungskultur deutscher Geisteswissenschaftler nach 1945, in: Rechtshistorisches Journal 16 (1997), S. 358-390.

14 Ingo Haar, Historiker im Nationalsozialismus. Deutsche Geschichtswissenschaft und der »Volkstumskampf« im Osten, Göttingen 2000; kritisch: Heinrich-August Winkler, Hans Rothfels – ein Lobredner Hitlers? Quellenkritische Anmerkungen zu Ingo Haars Buch ›Historiker im Nationalsozialismus‹, in: VfZ 49 (2001), S. 643-652; vgl. jetzt: Thomas Etzemüller, Sozialgeschichte als politische Geschichte. Werner Conze und die Neuorientierung der westdeutschen Geschichtswissenschaft nach 1945, München 2001.

Löffler dürftig ausnahm,¹⁵ entscheidend war im »Dritten Reich« die breite professionelle Selbstmobilisierung der Wissenschaften, die sich in den Großprojekten der Volksdeutschen Forschungsgemeinschaften oder im »Kriegseinsatz« der Geisteswissenschaften niederschlug.¹⁶ Hier bewährten sich die »Nazi-Mandarine«¹⁷ in ihrem ureigenen Feld, und darin standen die Geisteswissenschaften den vermeintlich »nützlicheren« Naturwissenschaften in nichts nach. Wie Hans Mommsen in Frankfurt ausführte: »In dieser technokratischen Überformung des historischen Denkens, damit in der Verfügbarmachung historischer Inhalte, liegt der eigentliche Einbruch nationalsozialistischer Mentalität«.¹⁸

Die Debatte bei den Historikern, die hier nur kurz angedeutet werden kann, zeigt jedenfalls deutlich, daß es sich bei den wissenschaftlichen Transformationen im »Dritten Reich« nicht primär um eine Frage des persönlichen Opportunismus oder einen irgendwie unvermeidlichen ideologischen Teufelspakt gehandelt hat, sondern um ein prinzipiell auf alle Disziplinen übertragbares Modell der wissenschaftlichen »Selbstmobilisierung« in einem erstaunlich offenen System des Reputationswettkampfs und der Ressourcenallokation, dessen Chancen und Grenzen zu einem nicht geringen Teil von den akademischen Netzwerken selbst »ausgehandelt« wurden.¹⁹ Dies gilt für die methodischen Innovationen der »rückwärtsgewandten Propheten« (Götz Aly) in der »Volksgeschichte« nicht minder wie für die Selbst-Professionalisierung der Psychologie in der rassenideologisch entschlackten Wehrmachtspsychologie, deren Nachkriegsentwicklung eine ähnliche

15 Joachim Lerchenmüller, Die Geschichtswissenschaft in den Planungen des Sicherheitsdienstes der SS. Der SD-Historiker Hermann Löffler und seine Denkschrift: Entwicklung und Aufgaben der Geschichtswissenschaft in Deutschland, Bonn 2001.
16 Michael Fahlbusch, Wissenschaft im Dienst der nationalsozialistischen Politik? Die »Volksdeutschen Forschungsgemeinschaften« von 1931-1945, Baden-Baden 1999; und Frank Rutger Hausmann, Deutsche Geisteswissenschaften im Zweiten Weltkrieg. Die Aktion ›Ritterbusch‹ (1940-1945), Dresden 1998.
17 Begriff nach Frank-Rutger Hausmann, Der ›Kriegseinsatz‹ der Deutschen Geisteswissenschaften im Zweiten Weltkrieg, in: Winfried Schulze/Otto Gerhard Oexle (Hg.), Deutsche Historiker im Nationalsozialismus, Frankfurt a.M. 1999, S. 78.
18 Hans Mommsen, Der faustische Pakt der Ostforschung mit dem NS-Regime. Anmerkungen zur Historikerdebatte, in: Schulze/Oexle (Hg.), Deutsche Historiker im Nationalsozialismus, S. 265-273 (271).
19 Zur Begrifflichkeit vgl. schon Herbert Mehrtens, Kollaborationsverhältnisse. Natur- und Technikwissenschaften im nationalsozialistischen Staat und ihre Historie, in: Christoph Meinel/Peter Vosswinkel (Hg.), Medizin, Naturwissenschaft, Technik und Nationalsozialismus. Kontinuitäten und Diskontinuitäten, Stuttgart 1994, S. 13-32; vgl. grundlegend Mitchell G. Ash, Verordnete Umbrüche – Konstruierte Kontinuitäten: Zur Entnazifizierung von Wissenschaftlern und Wissenschaften nach 1945, in: Zeitschrift für Geschichtswissenschaft 43 (1995), S. 903-923.

»Nachfolge« aufzuweisen hat.[20] Vom Mißbrauch einer an sich wertneutralen Wissenschaft ist hier jedenfalls ebenso wenig zu reden wie bei der Eugenik, deren Züchtungsideal in der Rassenutopie des Nationalsozialismus endlich seinen »Menschenpark« gefunden hatte. Es handelte sich vielmehr in all diesen Fällen um den »intendierten Gebrauch technokratischen Denkens und Handelns« in einem spezifischen Ermöglichungszusammenhang.[21] In diesem schleichenden Wissenschaftswandel zählten durchaus auch im »Dritten Reich« anerkannte wissenschaftliche Standards und formale Qualifikationen, ebenso wie althergebrachte Codes des Mandarinentums, die den akademischen Außenseiter weniger nach dessen politischen Bekenntnis als nach seinem kollegialen Status und seiner wissenschaftsheroischen Haltung definierte.

Das Moratorium der Mandarine nach 1945

In der politischen Entnazifizierung nach dem Krieg, der in Niedersachsen zunächst immerhin ein Drittel der Hochschullehrerschaft zum Opfer fiel,[22] hat sich diese rituelle Kollegialität dann durchaus konsequent auch bei der Rehabilitation nationalsozialistischer Kollegen und der Umwidmung des eigenen wissenschaftlichen Repertoires bewährt. Das »Moratorium der Mandarine« in der Nachkriegszeit hatte seinen Zweck genau in dieser vergangenheitspolitischen Funktion, wie auch noch am Gegenbeispiel der »amtsverdrängten Hochschullehrer« zu zeigen ist.[23]

Allerdings war der eigentliche Sündenfall damit nicht zu heilen: Die Selbstentstellung des erlesenen Berufsethos durch den »Grundkompromiß«, den die akademische Welt mit dem NS-System bei der Vertreibung der

20 Willy Oberkrome, Volksgeschichte. Methodische Innovationen und völkische Ideologisierung in der deutschen Geschichtswissenschaft 1918-1945, Göttingen 1993; Ulfried Geuter, Die Professionalisierung der deutschen Psychologie im Nationalsozialismus, Frankfurt a.M. 1984; zur Nachkriegsverwandlung vgl. Peter Mattes, Psychologie im westlichen Nachkriegsdeutschland – Fachliche Kontinuität und gesellschaftliche Restauration, in: Mitchell G. Ash / Ulfried Geuter (Hg.), Geschichte der deutschen Psychologie im 20. Jahrhundert, Opladen 1985, S. 201-224; und Alexandre Métraux, Der Methodenstreit und die Amerikanisierung der Psychologie in der Bundesrepublik 1950-1970, S. 225-251.
21 Mitchell G. Ash, Die Wissenschaften in der Geschichte der Moderne, in: Österreichische Zeitschrift für Geschichtswissenschaft 10 (1999), S. 105-129 (125).
22 Ulrich Schneider, Zur Entnazifizierung der Hochschullehrer in Niedersachsen 1945-1949, in: Niedersächsisches Jahrbuch für Landesgeschichte 61 (1989), S. 325-346.
23 Bernd Weisbrod, The Moratorium of the Mandarins. The self-denazification of German academia: A view from Göttingen (erscheint in: Contemporary European History). Vgl. a. den Beitrag von Oliver Schael.

jüdischen Kollegen geschlossen hatte. Es wäre jedoch ein Fehler, in diesen »Kollaborationsverhältnissen« (Mehrtens) schon das Ende des Mandarinentums in seiner alten Größe zu sehen.[24] Im Gegenteil, die stille Reserve des Mandarinentums überlebte diese innere Preisgabe des Selbstkooptationsrechts und sollte nach 1945 als die beste Verteidigungsstrategie für die Wiederbehauptung der Hochschulautonomie gegenüber den demokratischen Reformanforderungen dienen. Die Schlüsselstellung des Ordinarienprivilegs war den Besatzungsbehörden der amerikanischen wie der britischen Zone durchaus bewußt, wie etwa das »Blaue Gutachten« für die Britische Zone unzweideutig formuliert, aber als Eckstein der Selbstregulierung verteidigten die Hochschulen sie sogar gegenüber dem Rückkehranspruch ihrer vertriebenen Kollegen.[25] Es handelte sich dabei keineswegs nur um die institutionelle Trägheit eines wohl etablierten Wissenschaftssystems gegenüber dem selten konsequenten Reformanspruch der West-Alliierten.[26] Es war gerade das lange Moratorium der Mandarine in der Nachkriegszeit, das Raum schuf für eine durchaus lautstarke akademische Vergangenheitspolitik, in der sich die politische Rehabilitation und die wissenschaftliche Umwidmung der eigenen Arbeit gegenseitig verstärkten. Das viel beschworene »nichtsymmetrische« Schweigen und die »versäumten Fragen« der Nachkriegszeit[27] sind also eher ein Indiz dafür, daß die klare Trennung von den vermeintlich schwarzen Schafen in den Wissenschaften nur eine Deckung für die Selbstreinigungsrituale und Deutungskartelle abgab, mit denen sich das »Mandarinentum der deutschen Ordinarien« in der »Abendröte der alten deutschen Universität« in den fünfziger Jahren noch eine letzte Chance einräumte.[28]

24 Saul Friedländer, The Demise of the German Mandarins. The German University and the Jews, in: Christian Jansen / Lutz Niethammer / Bernd Weisbrod, Von der Aufgabe der Freiheit. Politische Verantwortung und bürgerliche Gesellschaft im 19. und 20. Jahrhundert, Festschrift Hans Mommsen, Berlin 1995, S. 69-82.
25 David Phillips, Zur Universitätsreform in der britischen Besatzungszone 1945-1948, Köln 1983. Vgl. a. Manfred Heinemann (Hg.), Hochschuloffiziere und Wiederaufbau des Hochschulwesens in Westdeutschland 1945-1952, Teil I: Die Britische Zone, Hildesheim 1990.
26 Diesen Eindruck erweckt der systematische Vergleich von Freiburg, Heidelberg und Bonn in den drei westlichen Besatzungszonen in: Corine Defrance, Les Alliés occidentaux et les universités allemandes 1945-1949, Paris 2000.
27 Hermann Lübbe, Der Nationalsozialismus im deutschen Nachkriegsbewußtsein, in: HZ 236 (1983), S. 285; vgl .a. Rüdiger Hohls / Konrad Jarausch (Hg.), Versäumte Fragen, Deutsche Historiker im Schatten des Nationalsozialismus, Stuttgart 2000.
28 Hans-Peter Schwarz, Gründungsjahre der Republik: Die Ära Adenauer 1949-1957. (Geschichte der Bundesrepublik Bd. 2), Stuttgart 1981, S. 417 ff. Zur Kontinuität der Mandarinentradition nach 1945 schon Jürgen Habermas, Die deutschen Mandarine (1971), in: ders., Philosophisch-politische Profile, 3. Aufl., Frankfurt a.M. 1981, S. 458-468.

Aus dieser Perspektive verändert sich auch unsere Wahrnehmung von »Hitler's professors«. Max Weinreich hatte im Kontext der Nachkriegsprozesse schon darauf hingewiesen, daß der wissenschaftliche Feldzug gegen die Juden nicht das Geschäft von Scharlatanen, sondern das Werk angesehener Fachgelehrter gewesen sei, »who supplied Nazism with the ideological weapons which any movement, particularly a German movement, needs for its success.«[29] In den Planungsstäben der Sonderbehörden und im rassistischen Laboratorium der Lager fanden sich nicht nur wissenschaftlich anerkannte und ausgewiesene »Dienstleister« für das große »Experiment« der völkischen Weltanschauung. In weiten Bereichen – wie etwa der Eugenik und Rassenhygiene, der Raumplanung und Raumordnung, der Volksgeschichte wie der Volkskunde usw. – drängt sich vielmehr ein umgekehrter Eindruck auf: Der instrumentelle Selbstentwurf der »kämpfenden Wissenschaft« verdeckt den Sachverhalt, daß sich diese Wissenschaften mit ihrer politischen Entbindung durch den Nationalsozialismus nicht nur diesem nützlich machten, sie machten sich vielmehr den Nationalsozialismus selber zunutze. Die »Nazifizierung« der Wissenschaften war also, worauf schon Mark Walker am Beispiel der Atomphysik hingewiesen hat, mehr als nur die ersichtliche »Kollaboration« von parteinahen Wissenschaftlern, sie war ein prekäres Arrangement auf Gegenseitigkeit. Deshalb mußte auch die »Entnazifizierung« der Wissenschaften nach 1945 mehr sein, als nur die personalpolitische Nachlese der braunen Vergangenheit.[30]

Der Wegfall der politischen Geschäftsgrundlage für den ungleichen Nutzungsvertrag der Wissenschaften brachte die Universitäten und ihre Wissenschaften nach Kriegsende zwar in Begründungsnöte, beraubte sie aber nicht ihrer Regenerationsfähigkeit, selbst in den sogenannten »ideologischen Fächern«: Dies gilt prinzipiell gleichermaßen für die Historiker der Ostforschung, die sich im Kalten Krieg mit bewährtem Know-how neuen Aufgaben zuwandten,[31] wie für die Psychiater der Erbgesundheitspflege, die ihr methodisches Instrumentarium auch ohne die diskreditierte Bevölkerungswissenschaft erneut im Dienste der Volksgesundheit zu mobilisieren verstanden. Das kann man etwa an der Mutation der nationalsozialistischen

---

29 Max Weinreich, Hitler's Professors. The Part of Scholarship in Germany's Crimes against the Jewish People, YIVO publication 1946, with a new introduction by Martin Gilbert, New York 1999 (XI).
30 Mark Walker, The Nazification and Denazification of Physics, in: Walter Kertz (Hg.), Hochschule im Nationalsozialismus, Braunschweig 1994, S. 79-91. Vgl. a. den Beitrag von Mark Walker.
31 Kai Arne Linnemann, Das Erbe der Ostforschung. Zur Rolle Göttingens in der Geschichtswissenschaft in der Nachkriegszeit, Marburg 2002.

»Rassenhygieniker« zu bundesrepublikanischen »Humangenetikern« sehen, auch wenn ihnen die Rückkehr in die internationale Gelehrtenrepublik noch einige Zeit verwehrt geblieben ist. Dies war eine Folge ihres moralischen Reputationsverlustes, nicht nur ihrer methodischen Rückständigkeit, die ihrerseits eine Folge ihrer institutionellen Überlebensfähigkeit war.[32] Das methodische Revirement ist also nicht grundsätzlich Voraussetzung des Wissenschaftswandels in der Nachkriegszeit. Die Abstrafung einzelner Täter im Nürnberger Ärzteprozeß hat bei aller Empörung über die »Medizin ohne Menschlichkeit« (Mitscherlich) in gewissem Sinne nur eine »künstliche Trennlinie zwischen Normalpsychiatrie und Psychiatrieverbrechen gezogen«, wie Hans Walter Schmuhl argumentiert hat.[33] Der Prozeß der dauernden Anverwandlung des wissenschaftlichen Instrumentariums an die selbst geschaffenen Möglichkeiten folgte vielmehr generell einem Muster des wissenschaftlichen Fortschritts als politisch eingebetteter Suchprozess, in dem der dauernde Abgleich der wissenschaftlichen Logiken mit den Erfolgsbedingungen von institutionellen und personellen Netzwerken erforderlich ist. Das war auch in der Nachkriegspsychiatrie der Fall, die sich keineswegs von ihrer überkommenen Diagnostik trennen mußte, um Abschied von ihrer politisch diskreditierten Vergangenheit nehmen zu können.[34] Es kommt daher darauf an, diese »künstliche Trennlinie«, die sich aus der moralischen Retrospektive prinzipiell für alle Wissenschaften ergibt, argumentativ zu überwinden, und statt dessen nach den Regeln von wissenschaftlichen Verwandlungsprozessen zu fragen, deren im Nationalsozialismus erlerntes Repertoire zu einer wichtigen Mitgift für die Wissenschaftskultur der Nachkriegszeit geworden ist.

Über diese Kontinuität des Wissenschaftswandels in der Nachkriegszeit kann weder die stille Rückkehr zum »lebendigen Geist« über dem Portal der Heidelberger Universität hinwegtäuschen, noch der zwanghafte Rekurs zur Normalität, mit dem Karl Brandi seiner letzten Kriegs-Vorlesung zu Mittel-

---

32 Hans-Peter Kröner, Von der Rassenhygiene zur Humangenetik. Das Kaiser-Wilhelm-Institut für Anthropologie, menschliche Erblehre und Eugenik nach dem Krieg, Stuttgart 1998; ders., Das Kaiser-Wilhelm-Institut für Anthropologie, menschliche Erblehre und Eugenik und die Humangenetik in der Bundesrepublik, in: Doris Kaufmann (Hg.), Geschichte der Kaiser-Wilhelm-Gesellschaft im Nationalsozialismus. Bestandsaufnahme und Perspektiven der Forschung, 2. Bd. Göttingen 2000, S. 653-666. Vgl. a. Ernst Klee, Deutsche Medizin im Dritten Reich. Karrieren vor und nach 1945, Frankfurt a.M. 2001. Vgl. a. den Beitrag von Carola Sachse.
33 Hans-Walter Schmuhl, Die Patientenmorde, in: Angelika Ebbinghaus/Klaus Dörner (Hg.), Vernichten und Heilen. Der Nürnberger Ärzteprozeß und seine Folgen, Berlin 2001, S. 295-328 (297).
34 Vgl. den Beitrag von Svenja Goltermann.

alter I in Göttingen die erste Nachkriegs-Vorlesung zu Mittelalter II folgen ließ, als wäre nichts geschehen. Wenn Karl Jaspers bei der Eröffnung der Heidelberger Medizinischen Kurse erklärte, der Kern der Universität habe »in der Verborgenheit« standgehalten, so hieß das eben auch, daß sie sich nicht aus der Verantwortung stehlen konnte, indem sie sich selber für exempt erklärte, wie der Heidelberger Nachkriegsrektor und Chirurg Karl Heinrich Bauer in seinem Antrag auf die Freigabe der beschlagnahmten Universitätsbibliothek:

> »Die historischen Führungsschichten Deutschlands haben 12 Jahre vom Hitlertum gelebt und sind am Hitlertum gestorben: Die Adelsschicht, die Militärkaste und die Wirtschaftsdespotie. Soviel auch an wertvollen Einzelmenschen für die Errettung aus dem Chaos zur Verfügung stehen mögen, an noch *intakten geschlossenen Organisationen* zum Wiederaufbau einer neuen Führungsschicht besitzt Deutschland nur die *Kirchen* und die *Universitäten*.«[35]

Bauer war selber durch Publikationen zur Rassenhygiene (1926) und zur Sterilisationspraxis (1936) hervorgetreten, er war aber wie Jaspers durch seine jüdische Ehefrau zur Ehrenrettung geradezu prädestiniert. Den Praktiker verband eine Reihe von »produktiven Missverständnissen« mit dem Theoretiker der universitären Neubestimmung.[36] Gegenüber dem Einbruch des »Dämonischen« behalf er sich mit einer nationalkonservativ-elitären Haltung, die eine geistesaristokratische Zukunft beschwor. Damit verschwand der sogenannte »Ungeist« jedoch nicht so rasch und unauffällig aus den heiligen Hallen der Wissenschaft wie die Bronzebüste Adolf Hitlers aus der Göttinger Aula, wo sie von 1936 bis 1945 den zentralen Platz Georgs III. hinter dem Rostrum beansprucht hat, was manchen Göttinger Festredner leider heute immer noch nicht daran hindert, dort das überschwengliche Lob der Georgia Augusta zu singen.[37] »Wir müssen Abstand nehmen von einer Vergangenheit um uns und in uns«, so postulierte Jaspers dagegen im

---

35 Schreiben des Rektors der Universität Heidelberg, Professor Dr. Karl Heinrich Bauer, vom 25. Juni 1945, an Colonel Winnig, Mannheim, in: Karl Heinrich Bauer (Hg.), Vom neuen Geist der Universität. Dokumente, Reden und Vorträge 1945/46, Berlin und Heidelberg 1947, S. 3. Zu Jaspers, ebenda, S. 19.

36 Eike Wollgast, Karl Heinrich Bauer – der erste Heidelberger Nachkriegsrektor. Weltbild und Handeln, 1945-1946, in: Jürgen Heß / Hartmut Lehmann / Volker Sellin (Hg.), Heidelberg 1945, Stuttgart 1996, S. 107-129.

37 Thomas Noll, »Zu unserer und der Posterität ewigen Veneration«. Die Entwicklung der ›Königswand‹ in der Göttinger Universitätsaula – Das Fürstenbild in Universitätsaulen, in: Göttinger Jahrbuch 39 (1991), S. 109-139 (123).

*Ansicht der Aula mit ›Königswand‹
nach 1921 mit der Marmorbüste Georgs III.
(Fotoarchiv der Staats- und Universitätsbibliothek Göttingen)*

Ansicht der Aula zur Zeit des Nationalsozialismus nun mit der Büste Adolf Hitlers. (Fotoarchiv der Staats- und Universitätsbibliothek Göttingen)

August 1945.[38] Aber gerade das letztere fiel der Universität besonders schwer. Überall stand eine stillschweigende Rückkehr zur vermeintlichen Normalität auf der Tagesordnung. Belastete Dekane und Rektoren wurden verständnisvoll zurückgezogen, um in der Regel später rehabilitiert zu werden, während die unbelasteten und älteren Kollegen wie selbstverständlich an die institutionellen Traditionen vor 1933 anknüpften. In Göttingen fiel dem Staats-, Kirchen- und Verwaltungsrechtler Rudolf Smend das Rektorat zu, während die Dekane in Haus-zu-Haus Abstimmungen unter den nichtnationalsozialistischen Kollegen bestimmt wurden; Fakultätssitzungen waren noch verboten. Als sich der neue Göttinger Senat schon im April 1945 anschickte, gegenüber der Besatzungsmacht mit einem idealistischen Bekenntnis von der eigenen Vergangenheit Abschied zu nehmen, berief er sich darauf, daß »die Ursachen der jüngst vergangenen Störungen wissenschaftlicher Tätigkeit nicht aus dem Gebiet der Hochschule erwachsen sind«, und daß man deshalb an die ehrenvolle »jahrhundertealte Tradition der deutschen Universität im Sinne des Idealismus und Universalismus« anknüpfen könne, die zeige, daß »Selbstverwaltung diesen Geist am besten gedeihen lasse.«[39]

Die Humboldtschen Ideale als brüchiges Band

Die Beschwörung des Humboldtschen Ideals, das sich als Schutzschild des vermeintlich »belagerten Elfenbeinturms«[40] ja gerade als wenig tauglich erwiesen hatte, wirkte wie ein einigendes ideologisches Band zwischen politisch Belasteten und Unbelastetem in den recht erfolgreichen Abwehrkämpfen gegen die Entnazifizierung.[41] In Göttingen blieben beispielsweise am

---

38 Karl Jaspers, Die Erneuerung der Universität. Rede bei der Feier der Eröffnung der medizinischen Kurse an der Universität Heidelberg am 15.8.45, in: Bauer, Vom neuen Geist, S. 20.
39 Erklärungsentwurf Hermann Schöffler (Philosophie) und Arnold Eucken (Physik und Chemie) – zusammen mit Otto Weber (Theologie), Senatsprotokoll vom 28. April 1945, UA Göttingen, ohne Signatur.
40 Jeremy Noakes, The Ivory Tower under Siege: German Universities in the Third Reich, in: Journal of European Studies 23 (1993), S. 371-407.
41 Zu den rhetorischen Strategien in den Spruchkammerverfahren und öffentlichen Bekundungen gegen die amerikanische Entnazifizierungspolitik in Heidelberg und Marburg vgl. die noch unveröffentlichten Dissertationen von Steve Remy, The Heidelberg Myth: The Nazification and Denazification of Heidelberg University 1933-1957 (Ph.D. Ohio 2000) und Craig K. Pepin, The Holy Grail of Pure Wissenschaft: University Ideal and University Reform in Post World War II Germany (Ph.D. Duke 2001).

Ende nur drei Fälle der Kategorie III (Minderbelastete) und fünf Fälle der Kategorie IV (Mitläufer), die aber alle mit dem Landesgesetz zur Beendigung der Entnazifizierung in die Kategorie V (Entlastete) überführt wurden, und – mit ganz wenigen aber signifikanten Ausnahmen – mit dem sogenannten 131er Gesetz von 1951 ihre Rehabilitation und Wiederverwendung durchsetzen konnten.[42] In den universitären Spruchkammerverfahren feierte die geistesaristokratische Haltung in bildungshumanistischer Selbstgefälligkeit als Verständigungscode der Mandarine fröhliche Urstände. Sie diente jedoch nicht nur als leicht zu durchschauende Strategie der Selbstentschuldigung und Selbstreinigung, sondern mobilisierte auch erneut die ehemals gegen die Weimarer Hochschulreform bemühten elitären Vorbehalte, so als habe der Besitz von klassischer Bildung eine automatisch immunisierende Wirkung gehabt. Als in Heidelberg das Duo der Unbescholtenen, der Verfassungsrechtler Walter Jellinek und der Philosoph Karl Jaspers im Juni 1945 den ersten Entwurf der neuen Universitätssatzung vorlegten, hielten sie fest: »Voraussetzung für das akademische Studium ist grundsätzlich die humanistische Vorbildung«. Erst als der zuständige Landesdirektor für Kultus, der katholische (und demokratische) Historiker Franz Schnabel einwandte, daß damit faktisch Frauen vom Studium ausgeschlossen seien, ließ man Realgymnasien »wegen Latein vorläufig noch als humanistisch gelten«. Das war eine deutliche Verschlechterung der Zugangsbedingungen gegenüber der Weimarer Zeit, aber sie vermittelte den schmeichelhaften und falschen Eindruck, als hätte die soziale Öffnung der Hochschule dem Nationalsozialistischen Studentenbund den Weg bereitet.[43] Statt sich mit den Gründen und den Mechanismen der akademischen Selbstmobilisierung im »Dritten Reich« zu befassen, wurden nun die semantischen Strategien des historisch dementierten Bildungsideals bemüht, die sowohl zur retrograden Entlastung wie zur geistesautoritären Neubesinnung zu gebrauchen waren.[44]

Wie brüchig aber das humanistische Ideal der »Idee der Universität« und die Beschwörung des »neuen« alten »Heidelberger Geistes« war – und ähnlicher akademischer Lokalismus läßt sich überall finden – das zeigt schon

---

42 Nach Schildt, Im Kern gesund?, S. 230 und 239.

43 Nach Christian Jansen, Mehr pragmatisch als liberal. Politische Initiativen und Argumentationsmuster von Walter Jellinek, Gustav Radbruch und Willy Hellpach im Kontext der Wiedereröffnung der Universität Heidelberg, in: Heß, u.a. (Hg.), Heidelberg 1945, S. 173-196 (178 f.).

44 »The two projects are intimately related; by maintaining their institutional power, professors protected the self-justificatory narrative protecting their moral authority, which in turn reinforced their claims to institutional independence.« Pepin, Holy Grail, S. 15.

die lokale Reaktion auf Jaspers berühmte Vorlesungsreihe zur Schuldfrage im Wintersemester 1945/46. Jaspers hatte ja nicht nur die »Differenzierung der deutschen Schuld« in kriminelle, politische, moralische und metaphysische Schuld gefordert, sondern sich mit der subtilen Verschiebung des jüdischen »Pariah-Status« auf die Deutschen sogar ausdrücklich gegen den moralischen Kollektivschuldvorwurf gewehrt.[45] Gleichwohl stieß seine entlastende Anerkennung einer »Kollektivverantwortung« auf heftige akademische und öffentliche Gegenwehr, nicht zuletzt von den humanistischen Lichtgestalten der »Weimardeutschen«, die – wie Meinecke in seiner »Deutschen Katastrophe« – in Goethes neuem Abendland Heil und Haltung suchten. Wo Jaspers der direkte Wiederanschluß an den »wahren« deutschen Geist auch angesichts der eigene Erfahrung eben unmöglich war, wie er bei der Annahme des Goethe Preises 1947 ausführte, diente den anderen Goethe als eine Art geistiges Alibi vor dem unbestreitbaren Zivilisationsbruch. In Richard Alewyns Worten: »Zwischen uns und Weimar liegt Buchenwald«.[46] Der Heidelberger Kollege und Romanist Ernst Robert Curtius, der glaubte die ungebrochene Wertetradition des Abendlandes aus den wiederkehrenden Topoi der »Latinität« erschließen zu können, wie er in seinem Klassiker »Europäische Literatur und Lateinisches Mittelalter« (1948) darlegte, scheute sich nämlich nicht, Jaspers, der inzwischen nach Basel ausgewichen war, öffentlich und ad personam anzugreifen: Jaspers habe sich als anmaßender »deutscher Volkserzieher« diskreditiert, er habe sich – offenbar wegen seiner jüdischen Ehefrau – zu einer »jüdisch-christlichen Mischreligion bekannt [...] (die es nicht gibt)«, und, indem er Goethe geschulmeistert habe, das »edelste Erbe des deutschen Geistes« (sic!) angetastet.[47] Das war in der Tat – nach Curtius' eigenem Eingeständnis – keine »akademische Auseinandersetzung« mehr, sondern eine politische Denunziation aus dem Geiste der Unkollegialität, die man in den gleichzeitig laufenden Entnazifizierungsverfahren als das einzig wirklich relevante Kriterium nationalsozialistischer Gesinnung unter Professoren gelten lassen wollte. Bruch und Kontinuität des »deutschen Geistes« kom-

---

45 Karl Jaspers, Die Schuldfrage, Heidelberg 1946; vgl. Anson Rabinbach, The German as Pariah: Karl Jasper's The Question of German Guilt, in: ders., In the Shadow of Catastrophe. German Intellectuals between Apocalypse and Enlightenment, University of California Press 1997, S. 129-165.
46 Richard Alewyn, Goethe als Alibi? In: Hamburger Akademische Rundschau 3 (1948/49), S. 686. Ich verdanke diese Hinweise einem Seminarbeitrag von Claudius Sittig zu dem gemeinsam mit dem Göttinger Germanisten Wilfried Barner durchgeführten Oberseminar zum Thema: Geschichtsschreibung und Geschichtsbilder nach 1945.
47 RNZ, 17.5.1949, (nach ebenda)

men in diesem Stück akademischer Vergangenheitspolitik klar zum Ausdruck, zumal Curtius schon einmal, in seinem Buch »Deutscher Geist in Gefahr« von 1932, vor einer »goethefernen Konstellation« gewarnt und einen neuen »Mediaevalismus« eingefordert hatte.[48] Im kulturkonservativen Humanismus Curtius'scher Prägung war jedenfalls kein Platz für die politisch-moralische Verantwortung der Intellektuellen, wie sie Jaspers unter Berufung auf denselben »lebendigen Geist« der Heidelberger Universität einforderte. Die meisten wähnten sich ohnehin nur unter einem neuen »geistigen Diktat«, nämlich dem der demokratischen Umerzieher, der amerikanischen Besatzungsmacht, gegen die man das ganze Arsenal der »semantischen Umbauten« aus dem Geiste der deutschen Bildungstradition aufwandte.[49]

Curtius' Programm war die »initiative« Versenkung in diese abendländische Geistigkeit, Jaspers Programm war die »Umkehr« im »handelnden Denken«. Er hat dies, etwa in der Verteidigung des wegen vermeintlicher Unkollegialität geächteten Alexander Mitscherlich, auch praktisch bewiesen, andererseits tat auch er die Göttinger Erklärung der Atomphysiker von 1957 als »illegitime Grenzüberschreitung« ab.[50] Wie sollte also die »Umkehr« in den Wissenschaften selber aussehen, wenn schon die politischen und institutionellen Konsequenzen des Umdenkens hinter dem Panier des Mandarinentums und dem Begriffsapparat des humanistischen Bildungsideals verweigert wurden? Für die Universität und den Ordinarius als Institution bedeutete diese Art der selbstvergessenen Vergangenheitspolitik jedenfalls einen schleichenden Legitimationsverlust, der aus der Vorgeschichte der 68er Studentenbewegung nicht wegzudenken ist, wie Konrad Jarausch argumentiert: »The price of the continued tyranny of the Humboldt syndrom over the German universities has been an unacknowledged deficit in legitimacy«. Das »Humboldt-Syndrom« war also alles andere als die Rettung der

---

48 Hierin liegt auch eine verspätete Abrechnung mit Jaspers Werk: Die geistige Situation der Zeit« (1931).
49 »Das ist dann der Humanismus der Literaten, die leben in der Entscheidungslosigkeit, vielmehr aus der Entscheidung gegen den Ernst für den Reichtum des kaleidoskopischen geistigen Spiels, ob sie nun den Gelehrten, den Journalisten, den Konvertiten, den Nihilisten, den Philosophen oder andere Rollen ergreifen, hinter denen sie Verwirrungen ungeordneter Menschen verbergen. Sie sind die neue Gestalt der immer lebendigen Sophistik, diesen bedeutenden Faktors des geistigen Lebens, den man beklagen muß und doch nicht missen möchte.« Jaspers, Möglichkeiten eines neuen Humanismus, in: Die Wandlung 4 (1949), S. 726 (zit. nach ebd.). Vgl.a. Rabinbach., Karl Jaspers' Die Schuldfrage. A Reconsideration, in: Heß u.a. (Hg.), Heidelberg 1945, S. 149-158.
50 Klaus von Beyme, Karl Jaspers – Vom philosophischen Außenseiter zum Praeceptor Germaniae, in: Heß u.a. (Hg.), Heidelberg 1945, S. 130-148.

deutschen Universität nach dem Nationalsozialismus, es war, wie in einem »vicious circle«, selber Teil des Problems.[51]

Umwidmungen und Neuverflechtungen

Eine politische Institutionengeschichte im Geiste der Ideolgiekritik alleine reicht aber nicht aus, um die Transformationsprozesse in der Wissenschaftskultur der Nachkriegszeit hinreichend zu beschreiben. Eine Wissenschaftsgeschichte, die Geistesgeschichte und Disziplingeschichte zu einer Kulturgeschichte der Wissenschaften verbindet, kann sich nicht mit der radikalen Historisierung solcher Legitimationsmuster begnügen. Die Kritik der Selbstbehauptungsstrategien der Institution Universität oder der Profession der Professoren, sowie die Enthüllung der intellektuellen Umwidmung in Einzel- oder Kollektivbiographien mögen genügen, um vom politischen Versagen, der moralischen Schuld oder der geistigen Entlegitimierung der akademischen Welt in der Nachkriegszeit zu sprechen. Es geht aber darüber hinaus um das System Wissenschaft und seine Konstitutionsbedingungen selber, eben nicht nur um »science in context«, sondern um »culture of science« in einer extremen Bewährungsprobe.[52] Die »wissenschaftliche« Selbst-Entnazifizierung erfolgte nämlich selber im Modus der oben beschriebenen Selbstplazierungsstrategien, und sie ist neben der politischen Ent-Entnazifizierung ebenfalls als vergangenheitspolitische Interventionen zu lesen. Wie Mitchell G. Ash am Beispiel der Doppelkarriere der KWI-Zwillingsforscher Otmar Freiherr von Verschuer im Westen und Kurt Gottschaldt im Osten gezeigt hat, konnten solche Interventionen zur Mobilisierung wissenschaftlicher Ressourcen für neue Laufbahnen instrumentalisiert werden, ohne daß damit eine Preisgabe der wissenschaftlichen Verfahren erforderlich gewesen wäre. Im Gegenteil, die methodische Salvierung ex post diente auch den Nachfolgern noch zur eigenen Legitimation.[53]

Erst die gleichzeitige »*Entflechtung* von Wissenschaft und Wissenschaftlern aus ihren früheren kollaborativen Verhältnissen und ihre *Neuverflechtung*

---

51 Konrad Jarausch, The Humboldt Syndrom. West German Universities 1945-1989. An Academic Sonderweg?, in: Mitchell G. Ash (Hg.), German Universitites. Past and Future. Crisis or Renewal? Oxford 1997, S. 33-49 (48 f.)
52 Diese Ausweitung der wissenschaftsgeschichtlichen Fragestellung scheint in der frühneuzeitlichen Geschichte besser zu gelingen als in der Zeitgeschichte, vgl. Hans Erich Bödeker, Peter H. Reill, Jürgen Schlumbohm (Hg.), Wissenschaft als kulturelle Praxis 1750-1900, Göttingen 1995.
53 Vgl. den Beitrag von Carola Sachse.

in andere politische Verhältnisse«⁵⁴ macht die spezifische »Wissenschaftskultur« der Nachkriegszeit aus. Da schon die »Nazifizierung« der Wissenschaften mehr gewesen war als nur die ersichtliche »Kollaboration«, wie oben gezeigt wurde, mußte auch ihre neue Mobilisierung mehr sein, als nur eine politische Entlastung der bewährten wissenschaftlichen Muster. Erforderlich war vielmehr eine inhaltliche Neubestimmung, die die Rückwirkung des wissenschaftlichen Ethos behauptete, ohne den Geltungsanspruch in der neuen Welt aufzugeben. Dies kann nur in den verschiedenen Disziplinen und wissenschaftlichen Feldern im einzelnen rekonstruiert werden, deren Selbsterhaltungsreflexe über den politischen Umbruch hinaus das kollektive Unbewußte ansprachen und in Anspruch nahmen: Das war der Kern der geglaubten Selbstverpflichtung gegenüber dem »lebendigen Geist«, der sich offenbar als politisch durchaus wandelbar erwiesen hatte. Bei einem politisch virtuosen Meisterdenker wie Heidegger offenbarte sich dieser Hiatus sogar in ihm selbst unbewußten intellektuellen Fluchten, die sich aus der habituellen Selbstbehauptung als Zunft-Außenseiter speisten.⁵⁵ Aber gemeinsam ist diesen »verordneten Umbrüchen« und »konstruierten Kontinuitäten« (Ash) in den Wissenschaften das Dilemma einer politisch durchaus »multivalenten« professionellen Selbstmobilisierung. Dieser Modus der gezielten wissenschaftlichen Ressourcenmobilisierung auf Gegenseitigkeit wirkte trotz seiner parasitären Vernutzung im »Dritten Reich« weit in die Geschichte der frühen Bundesrepublik hinein und bahnte der Selbstreinigung der Wissenschaften einen Weg, in dem die schmähliche Vergangenheit aufgehoben und gleichzeitig zur Legitimationsbasis einer neuen Zukunft werden konnte.

In den meisten Fällen setzte diese Anknüpfung an die alten Netzwerke und Programme nur eine subtile Umdefinition des wissenschaftlichen Selbstverständnisses voraus – eben semantische Umbauten⁵⁶ – oder rhetorische Bereinigungen der intellektuellen und professionellen Vita mit der mehr oder weniger wohlwollenden Zustimmung der Zunft. Der eklatante Fall des Aachener Germanisten Schneider/Schwerte ist nur der symbolische Ausdruck dieses geteilten Wissens um die stille Abkehr von der eigenen intellektuellen Vergangenheit.⁵⁷ In manchen eklatanteren Fällen, wie dem der Göttinger Atomphysiker, bedurfte es aber einer demonstrativen Abkehr von

---

54 Ash, Verordnete Umbrüche, S. 904.
55 Vgl. den Beitrag von Daniel Morat.
56 Vgl. den Beitrag von Gerhard Kaiser und Matthias Krell.
57 Vgl. Helmut König/Wolfgang Kuhlmann/Klaus Schwabe (Hg.), Vertuschte Vergangenheit. Der Fall Schwerte und die NS-Vergangenheit der deutschen Hochschulen, München 1997.

der eigenen Vergangenheit, die mit der moralisch-politischen Selbstverpflichtung der »Göttinger Erklärung« zweifellos gegeben war.[58] Man sollte sich aber hüten, darin nur den wissenschaftsethischen Mantel für eine schamvoll »verdeckte Vergangenheit« zu sehen, so als seien solche Wendungen als strategische Option eines wissenschaftspolitischen Kalküls zu begreifen. Das würde zu kurz greifen: Die Selbst-Reflexivität der Wissenschaft verhindert, daß es sich dabei – im Sinne der vermeintlich unpolitischen und objektiven Wissenschaften – nur um einen Fall von »old programs, new politics« handelt.[59] Die quasi unbewußte Selbstbehauptung des Systems Wissenschaft ist vielmehr das »Ergebnis von Verhandlungen mit ungewissem Ausgang«, bei dem – übrigens genau wie in der Emigration – das »cultural coding of scientific and professional practices« als Rahmen wie als Motor der Verwandlung ausschlaggebend ist.[60]

Im Falle der Kriegswirtschaft sind wir bereit, von der »dual use technology« zu reden, der sorgsam gehüteten Präferenz der Betriebe, selbst unter den Bedingungen der Kriegswirtschaft ihre Produktionsfähigkeit im Frieden vorzuhalten und damit die Kontinuität des nationalen Produktionsregimes sicherzustellen.[61] Auch in der angewandten Wissenschaft gibt es einige Beispiele für solche Doppelnutzungen, unter anderem in der Luft- und Raumfahrtforschung am Göttinger Kaiser-Wilhelm-Institut für Strömungsforschung bzw. der Aerodynamischen Versuchsanstalt, und dies gilt offenbar auch für andere Fortsetzungsprojekte der Max-Planck-Gesellschaft, wie das Reaktorprojekt.[62] Nichts spricht dagegen, diese Denkfigur der Doppelnutzung auch auf den raschen Nachkriegsrekurs der Naturwissenschaften auf

---

58 Vgl. den Beitrag von Mark Walker.
59 Cathryn Carson, Old Programs, New Politics? Nuclear Reactor Studies after 1945 in the Max-Planck-Institute für Physik, in: Kaufmann (Hg.), Geschichte der Kaiser-Wilhelm Gesellschaft, S. 726-749.
60 Am Beispiel der Emigration vgl. Mitchell G. Ash, Emigré Psychologists after 1933: The Cultural Coding of Scientific and Professional Practices, in: Mitchell G. Ash / Alfons Söllner (Hg.), Forced Migration and Scientific Change. Emigré German speaking scientists and scholars after 1933, CUP 1996, S. 117-138; vgl. auch ders., Emigration und Wissenschaftswandel als Folge der nationalsozialistischen Wissenschaftspolitik, in: Kaufmann (Hg.), Geschichte der Kaiser-Wilhelm-Gesellschaft, S. 610-631.
61 Zur Kontinuitätsthese vgl. zuletzt Werner Abelshauser: Umbruch und Persistenz: Das deutsche Produktionsregime in historischer Perspektive, in: Geschichte und Gesellschaft 27 (2001), S. 503-523.
62 Vgl. Cordula Tollmien, Das Kaiser-Wilhelm-Institut für Strömungsforschung verbunden mit der Aerodynamischen Versuchsanstalt, in: Becker / Dahms / Wegeler (Hg.), Die Universität Göttingen, S. 464-488; vgl. a. Carson, Old Programs, S. 741 ff. Zur Doppelfunktion von Heisenberg vgl. a. Helmuth Trischler, Luft- und Raumfahrtforschung in Deutschland 1900-1970. Politische Geschichte einer Wissenschaft, Frankfurt a.M. 1992.

die sogenannte »reine« Forschung anzuwenden, mit dem sie sich zunächst den Besatzungsbehörden empfahlen. Denn so wie die Naturwissenschaften mit ihrem demonstrativen Rückzug auf die »Grundlagenforschung« nach dem Kriege nur zu gerne den Anschein einer Wissenschaft in »technokratischer Unschuld« erweckten, so lenkten auch die Geisteswissenschaften mit ihrer Berufung auf den scheinbar unbestechlichen »lebendigen Geist« der Wissenschaft von ihrer erwiesenen Selbstvernutzung ab. Auch hier hat es »unschuldige« Grundlagenforschung nicht gegeben.

Viele dieser Zugänge finden sich in den folgenden Beiträgen wieder, ohne daß damit schon eine eindeutige Bestimmung der Wissenschaftskultur in der Nachkriegszeit möglich wäre. Dazu sind sicher noch Einzelstudien nötig, die den wissenschaftlichen Umstellungsprozeß als intellektuelle Suchbewegung im Kontext der politischen Selbstbehauptung nicht nur der offen diskreditierten Disziplinen verfolgen müßten. Aber für alle diese Metamorphosen gilt, daß die Wissenschaft qua definitionem einem prinzipiell wandelbaren Geist verpflichtet ist, der ganz wie der »lebendige Geist« im humanistischen Selbstverständnis – einem jeweiligen »Denkstil« der zünftigen »Denkkollektive« verbunden ist, um in den Kategorien von Ludwik Fleck zu reden.[63] Ihr Denkhorizont ergibt sich aus der selbstreferentiellen Rückkoppelung sowohl im Hinblick auf die gesellschaftlichen und politischen Grundideen wie im Hinblick auf die Regularien der wissenschaftlichen Selbstbefragung, die ohnehin erst zusammen zu jenen inkrementellen Grenzüberschreitungen führen, die als »wissenschaftlicher Fortschritt« gelten. Daher nimmt es nicht wunder, daß alle Wissenschaften in der Nachkriegszeit dazu neigten, bei der Erzählung ihrer Überlebensgeschichte ihr eigenes »framing« im »Dritten Reich« als politische Fremdeinwirkung zu entsorgen. Dagegen gilt es, die »path dependency« ihrer Verwandlungsfähigkeit in der Nachkriegszeit aus ihren Erfahrungen im Nationalsozialismus zu gewinnen, und zwar sowohl im Hinblick auf die Wissenschaftsorganisation wie im Hinblick auf das wissenschaftliche Selbstverständnis. Bei näherer Betrachtung durchdringt dieses Wissen um die eigene Mutation nämlich alle Disziplinen, die sich oftmals erst im Generationenwechsel Rechenschaft über ihre demokratische Wiederverwendungsfähigkeit abzulegen vermochten.[64]

63 Vgl. Ludwik Fleck, Entstehung und Entwicklung einer wissenschaftlichen Tatsache. Einführung in die Lehre vom Denkstil und Denkkollektiv, Frankfurt a.M. 1980 (zuerst 1935).
64 Vgl. Jonathan Harwood, Styles in Scientific Thought. The German Genetics Community 1900-1933, Chicago 1993; ders., National Styles in Science. Genetics in Germany and the United States between the World Wars, in: Isis 78 (1987), S. 390-414.

Die bewußten und unbewußten Strategien der vergangenheitspolitischen Selbstplazierung gehören, wie an vielen Beispielen zu sehen ist, zum prägenden nationalen Stil des wissenschaftlichen Denkens im Deutschland der Nachkriegszeit. Daher ist wissenschaftliche Innovation auch nicht einfach an der gelungenen Abkehr von den vermeintlich kompromittierten Standards des »Dritten Reichs« oder am wissenschaftlichen Anschluß an den Westen zu messen. Sie ist vielmehr das Ergebnis eines komplizierten Übertragungsprozesses, in dem die im »Dritten Reich« vernutzten professionellen und institutionellen, intellektuellen und rhetorischen Ressourcen in einen neuen Aggregatzustand überführt werden mußten, ohne dabei die »moral economy of science«, die verinnerlichten Geltungsansprüche und stilprägenden Praxiskulturen des wissenschaftlichen »Gefühls- und Denkkollektivs« preiszugeben.[65] Daraus ergibt sich die zentrale Frage, inwiefern nämlich selbst die Regeln dieses Übertragungsprozesses noch von dem »wandelbaren Geist« der Vergangenheit geprägt waren und nicht zuletzt deshalb trotz ihres neuen wissenschaftlichen Marktwertes noch lange auf ihren »Anschluß im Westen« warten mußten. Dieser Ansatz hat immerhin den Vorteil, daß er mit der Kontinuität persönlicher Netzwerke und disziplinärer Denkstile rechnen kann, ohne bereits die innere Abkehr vom Nationalsozialismus in Zweifel ziehen oder das Bekenntnis zu einem neuen »demokratischen Wissenschaftsideal« annehmen zu müssen. Es ist zu fragen, wie weit dies hilft, die Wissenschaftskultur der Nachkriegszeit jenseits der unergiebigen moralischen Schuldzuweisung als einen eklatanten Fall der Selbstreflexivität von Wissenschaft zu begreifen.

Das war nämlich der tiefere Kern von Karl Jaspers' Beschwörung des »lebendigen Geistes«.[66] Die »Idee« der Universität, so führte er 1946 aus, ist ihre konstitutive Unabgeschlossenheit, ihre geistige Erfahrungsoffenheit, die – unter Berufung auf Hannah Arendt – nur als Auftrag der intellektuellen Selbstkritik und als aktives Handeln Bestand haben kann. Der wissenschaftliche Mensch als »verwundetes Wesen« ist aufgerufen, »die Universität im Dienst des lebendigen Geistes stets ursprünglich neu zu verwirklichen« und sich der eigenen Vergeblichkeit zu stellen: Fast widerstandslos habe sich die Universität den Gewaltakten ausgeliefert – »zwar innerlich mit unserem ganzen Wesen widerstrebend, aber ohne Kampf« – und sie habe den »Unbegabten und Charakterlosen« in ihrer »vergröberten Wiedergabe unserer

---

65 Zum Begriff am Beispiel der frühneuzeitlichen Geltungsansprüche von »Objektivität« vgl. Lorraine Daston, The Moral Economy of Science, in: Osiris 10 (1995), S. 3-24.
66 Karl Jaspers, Vom lebendigen Geist der Universität, in: Schriften der Wandlung 1 (1946), S. 7-40; wieder abgedruckt in: Bauer, Vom neuen Geist, S. 113-132. Vgl. a. systematischer, aber weniger dezidiert ders., Die Idee der Universität, Berlin 1946.

Selbstkritik« Platz gegeben.[67] Aber die Rettung lag nicht allein in der Beschwörung des verborgenen Ehrgefühls des einzelnen Wissenschaftlers, auf das sich Jaspers immer wieder berief, oder in dem folgenlosen Anschluß an eine verflossene geistige Welt, deren geistige Mängel selber für den politischen Offenbarungseid der alten Bildungswelt verantwortlich zu machen waren, wie Jaspers immer wieder betonte. Jaspers selber erstrebte keine »radikale Neuschöpfung«, eher eine »konservative Revolution«[68]. Aber Hoffnung auf eine »Wiedererneuerung ihres ursprünglichen Geistes«[69] in seinem Sinne konnte sich die Universität nur machen, wenn sie ihre intellektuelle Selbstgefälligkeit überwand: »Nur wer sein Versagen nicht mehr spürt, ist kein Glied in der Bewegung des lebendigen Geistes.«[70] Die Erkenntnis des wandelbaren Geistes der Wissenschaft war daher die Voraussetzung für die Wiedergewinnung ihres lebendigen Geistes: »Wir dürfen uns dem Ungeheuren nicht entziehen, das über uns seit 12 Jahren hereingebrochen ist, nicht ohne daß in uns allen etwas lag und liegt, das dies möglich gemacht hat.«[71] Das war die Aufgabe, deren Einlösung jedoch noch lange auf sich warten lassen sollte. Sie war ohne eine radikale wissenschaftliche Selbstbefragung nicht zu haben, die aber wegen der verfolgten akademischen Vergangenheitspolitik gerade ausgeschlossen war.

---

67 Jaspers, in: Bauer, Vom neuen Geist, S. 119, 123 f.
68 Ebenda, S. 125.
69 Jaspers, Idee, Vorwort.
70 Ebenda, S. 129.
71 Ebenda, S. 126 f.

Die Profession der Professoren

RALPH JESSEN

Von den Vorzügen des Sozialismus und der deutschen Teilung
Kollaborationsverhältnisse im ostdeutschen Wissenschaftssystem der fünfziger Jahre

Das Urteil über die ostdeutschen Universitäten und Akademien nach 1945 war lange Zeit zwischen zwei Extrempolen angesiedelt. Auf der einen Seite fand man die apologetische Erzählung vom angeblichen guten Neuanfang nach der NS-Diktatur, den reformwillige Hochschulpolitiker und die sowjetischen Besatzungsbehörden mit den Mitteln der Entnazifizierung, der sozialen Öffnung und der inhaltliche Neugestaltung der Universitäten gegen den Widerstand einer reaktionären Professorenelite durchsetzten.[1] Auf der anderen Seite wurde diese Entwicklung als Eroberungs- und Überwältigungsgeschichte erzählt, in der die Universität als passives Opfer einer aggressiven Besatzungsmacht und ihrer Helfer in der SED auftrat. Diese Erzählung schilderte in vielen instruktiven Details die rücksichtslose Politik von SMAD und kommunistischer Volksbildungsverwaltung, neigte aber dazu, die nationalsozialistische Vorgeschichte als Vorbedingung des Bruchs ebenso auszublenden wie die Bereitschaft mancher Universitätsangehöriger, an diesem Umbruch mitzuwirken.[2] Statt dessen betonte sie die Widerstands- und Opferperspektive. Sie strich den anhaltenden Gegensatz zwischen dem kommunistischen Umgestaltungsdruck und der Resistenz oder gar dem Widerstand des akademischen Milieus heraus: Die bald eskalierenden Konflikte an der Berliner Universität, die 1948 zur Gründung der »Freien Universität« im amerikanischen Sektor der Stadt führten, die Aktivitäten der evangelischen »Jungen Gemeinde« unter den Studenten Anfang der

---

1 Siehe etwa Roland Köhler, Geschichte des Hochschulwesens der Deutschen Demokratischen Republik (1945-1961). Überblick, Berlin 1976.
2 Vgl. z.B. die bis heute lesenswerten Klassiker: Marianne Müller/Egon Erwin Müller, »... stürmt die Festung Wissenschaft.« Die Sowjetisierung der mitteldeutschen Universitäten seit 1945, Berlin 1953; Max Gustav Lange, Wissenschaft im totalitären Staat. Die Wissenschaft der Sowjetischen Besatzungszone auf dem Weg zum »Stalinismus«, Stuttgart 1955; Die Flucht des Geistes aus der SBZ, Bonn o.J., o. Hg. (1960); Thomas Ammer, Universität zwischen Demokratie und Diktatur. Ein Beitrag zur Nachkriegsgeschichte der Universität Rostock, Köln 1969; Karl Wockenfuß, Einblicke in Akten und Schicksale Rostocker Studenten und Professoren nach 1945, hrsg. vom Verband ehemaliger Rostokker Studenten VERS, Rostock 1995.

fünfziger Jahre oder die örtlichen Proteste gegen die Politisierung des Studiums im Jahr 1956.³

In der Tat spricht vieles für die letztere Sicht. Während der ganzen vierziger und fünfziger Jahre unterlagen die ostdeutschen Hochschulen und Universitäten einem tiefgreifenden, politisch gesteuerten Umgestaltungsprozeß, der sich auf alle Aspekte des wissenschaftlichen und akademischen Lebens erstreckte: Auf der personellen Ebene führten Entnazifizierung, Deportationen und Flucht zwischen 1944 und 1947 zu einem Personalverlust in der Größenordnung von rund 83 Prozent der Professoren und Dozenten – allerdings mit markanten fachspezifischen Unterschieden.⁴ Auf der strukturellen Ebene wurde die universitäre Selbstverwaltung, die nach 1945 pro forma wiederhergestellt worden war, zunächst machtpolitisch unterhöhlt und dann bis auf symbolische Äußerlichkeiten abgeschafft. Zugleich kanalisierte die kommunistisch kontrollierte Volksbildungsverwaltung einige Schlüsselbereiche der Hochschulausbildung für mehrere Jahre an den noch »bürgerlich« geprägten Fakultäten vorbei, indem sie den Massenbedarf auf der untersten Ebene akademisch oder semiakademisch qualifizierter Berufe im Bildungswesen, in der Justiz und der Verwaltung durch Neulehrerseminare, neu geschaffene pädagogische und gesellschaftswissenschaftliche Fakultäten, Volksrichterschulen oder durch Sonderkurse für die Ausbildung von Juradozenten decken ließ.⁵ Erst als der Hochschullehrkörper dieser Fächer weitgehend ausgetauscht worden war, löste man die Sondereinrichtungen auf und verlagerte das Studium an die politisch kontrollierte Universität zurück. Dieser Vorgang war im ersten Drittel der fünfziger Jahre weitgehend

---

3 Ilko-Sascha Kowalczuk, Die Niederschlagung der Opposition an der Veterinärmedizinischen Fakultät der Humboldt Universität zu Berlin in der Krise 1956/57. Dokumentation einer Pressekonferenz des Ministeriums für Staatssicherheit im Mai 1957, Berlin 1997; Patrik von zur Mühlen, Der »Eisenberger Kreis«. Jugendwiderstand und Verfolgung in der DDR 1953-1958, Bonn/Berlin 1995; Waldemar König/Klaus-Dieter Müller, Der Greifswalder Studentenstreik 1955, in: Deutschland-Archiv 27 (1994), S. 517-525; Hermann Wentker, »Kirchenkampf« in der DDR. Der Konflikt um die Junge Gemeinde 1950-53, in: Vierteljahrshefte für Zeitgeschichte 42 (1994), S. 95-127; James F. Tent, Freie Universität Berlin. 1948-1988. Eine deutsche Universität im Zeitgeschehen, Berlin 1988.
4 Ralph Jessen, Akademische Elite und kommunistische Diktatur. Die ostdeutsche Hochschullehrerschaft in der Ulbricht-Ära, Göttingen 1999, S. 261 ff.
5 Petra Gruner, Die Neulehrer – ein Schlüsselsymbol der DDR-Gesellschaft. Biographische Konstruktionen von Lehrern zwischen Erfahrungen und gesellschaftlichen Erwartungen, Weinheim 2000; Ralph Jessen, »Kämpfer der Arbeiterklasse auf dem Katheder« – Der Dozentenkurs für Juristen im Jahre 1951 und die Neukonstituierung der universitären Rechtswissenschaft in der DDR, in: Jahrbuch für Universitätsgeschichte 2 (1999), S. 75-94; Hermann Wentker (Hg.), Volksrichter in der SBZ/DDR 1945-1952. Eine Dokumentation, München 1997.

abgeschlossen. Damit einher ging die Umgestaltung der Universität auf der inhaltlichen Ebene, vor allem durch massive politische Einflußnahme auf den Lehrbetrieb in den Geisteswissenschaften und den herrschaftsnahen Disziplinen wie etwa der Rechtswissenschaft.

Auch wenn also wenig Zweifel daran bestehen können, daß die Universitäten und Hochschulen in der Sowjetischen Besatzungszone und der späteren DDR einer rücksichtslosen »Revolution von oben« ausgesetzt waren, wäre es verfehlt, sie bzw. ihr Personal nur in der Rolle passiver Opfer zu sehen. Damit ist weniger gemeint, daß sie aktiven Widerstand gegen diesen Umgestaltungskurs geleistet hätten. Zwar hat es gerade in den vierziger und fünfziger Jahren immer wieder Fälle gegeben, in denen sich Studenten und Hochschullehrer dem Druck von SMAD und kommunistischer Volksbildungsverwaltung widersetzten. Die Berliner Ereignisse im Vorfeld der Gründung der Freien Universität in Westberlin oder die Studentenproteste von 1956 sind schon erwähnt worden. Man könnte auch an Ereignisse wie den Protest der Rostocker Professoren gegen die Demontage der universitären Selbstverwaltung oder an den Streik Greifswalder Studenten gegen die Umwandlung der Medizinischen Fakultät in eine »Militärmedizinischen Sektion« im Jahre 1955 denken.[6] Charakteristisch für die Situation der ostdeutschen Hochschulen seit Anfang der fünfziger Jahre waren aber weniger diese verstreuten Beispiele oppositionellen Selbstbewußtseins, als eher das Gegenteil: Eine verbreitete Praxis der Anpassung, des Mitmachens, der Integration. Der amerikanische Historiker John Connelly hat in einer beeindruckenden Dreiländerstudie die Hochschulen unter der kommunistischen Diktatur in Polen, in der Tschechoslowakei und in der DDR verglichen und ist zu dem Befund gekommen, daß die ostdeutschen Universitäten unter den drei Fällen am besten und reibungslosesten in die sozialistische Gesellschaft integriert waren. Konnten sich in Polen selbstbewußte »bürgerliche« Gelehrte auch in den Geisteswissenschaften halten und stärkten die tschechischen Universitäten nach Jahren eisiger Repression Ende der sechziger Jahre

---

6 Heinz-Peter Schmiedebach/Karl-Heinz Spiess (Hg.), Studentisches Aufbegehren in der frühen DDR. Der Widerstand gegen die Umwandlung der Greifswalder medizinischen Fakultät in eine militärmedizinische Ausbildungsstätte im Jahr 1955, Stuttgart 2001; Waldemar Krönig/Klaus-Dieter Müller, Der Greifswalder Studentenstreik 1955, in: Deutschland-Archiv 27 (1994), S. 517-525. Vgl. auch: Klaus-Dieter Müller, Studentische Opposition in der SBZ/DDR, in: Klaus-Dietmar Henke/Peter Steinbach/Johannes Tuchel (Hg.), Widerstand und Opposition in der DDR, Köln 1999, S. 93-124; Rainer Eckert u.a., »Klassengegner gelungen einzudringen...«. Fallstudie zur Anatomie politischer Verfolgungskampagnen am Beispiel der Sektion Geschichte der Humboldt-Universität zu Berlin in den Jahren 1968 bis 1972, in: Jahrbuch für historische Kommunismusforschung 1 (1993).

die Reformbewegung, die in den Prager Frühling mündete, vermitteln die Hochschulen der DDR bald den Eindruck reibungsloser Funktionalität.[7]

Ausgangspunkt der folgenden Skizze ist die Vermutung, daß dies nicht allein das Resultat politischer Repression seien konnte. Jedes Herrschaftssystem, auch jede Diktatur, ist auf ein gewisses Maß an Mitwirkungsbereitschaft angewiesen und dies gilt für den Bereich der Wissenschaften in besonderem Maße. Forschungsergebnisse kann man bekanntlich nicht erzwingen. Denn wissenschaftliches Arbeiten ist ohne ein Mindestmaß an Freiwilligkeit, Initiative und intrinsischer Motivation schwer vorstellbar. Welche Formen nahm diese Mitwirkung ostdeutscher Wissenschaftler in den fünfziger Jahren an und wie ist sie zu erklären? Von besonderem Interesse ist dabei die Frage, warum Vertreter der älteren Wissenschaftlergeneration, die in der Weimarer Republik oder im Nationalsozialismus, mitunter sogar noch im Kaiserreich, sozialisiert worden waren, aktiv mitmachten, obwohl man unter ihnen Kommunisten mit der Lupe suchen mußte. Wie gelang es den Hochschulpolitikern der SED, sie in die »sozialistische Universität« des kleineren deutschen Teilstaats zu integrieren? Und wieweit kamen Strukturen der entstehenden kommunistischen Diktatur und die deutsche Teilung ihren Interessen entgegen?

Herbert Mehrtens hat vor einiger Zeit die »Kollaborationsverhältnisse« zwischen den Natur- und Technikwissenschaften und dem NS-Regime untersucht und beschrieben, wie Vertreter scheinbar unpolitischer Disziplinen die Chancen nutzten, die ihnen die Diktatur bot.[8] An diese Überlegungen soll hier angeknüpft werden. Kann man auch in Bezug auf die DDR von spezifischen Kollaborationsverhältnissen zwischen Wissenschaft und Diktatur sprechen? Der Begriff »Kollaboration« ist schwierig und lädt zu Mißverständnissen ein. Ähnlich wie das Wort »Denunziation« enthält er eine starke moralische Wertung und bezeichnet meist eine als verwerflich geltende Form der Zusammenarbeit zwischen Bevölkerung und illegitimer Herrschaft. Gewöhnlich verwendet man den Begriff, um kooperationsbereites Handeln gegenüber einer feindlichen Besatzungsmacht moralisch zu disqualifizieren, überträgt ihn aber manchmal auch auf die Beziehungen

---

7 John Connelly, Captive University. The Sovietization of East German, Czech, and Polish Higher Education, 1945-1956, Chapel Hill/London 2000.
8 Vgl. Herbert Mehrtens, Kollaborationsverhältnisse. Natur- und Technikwissenschaften im NS-Staat und ihre Historie, in: Christoph Meinel/Peter Voswinckel (Hg.), Medizin, Naturwissenschaft, Technik und Nationalsozialismus: Kontinuitäten und Diskontinuitäten, Stuttgart 1994, S. 13-32. Klaus-Dietmar Henke/Hans Woller (Hg.), Politische Säuberung in Europa. Die Abrechnung mit Faschismus und Kollaboration nach dem Zweiten Weltkrieg, München 1991.

zwischen Bevölkerung und Herrschaft in einer Diktatur. Wer von Kollaboration spricht, kritisiert die praktische Mitwirkung an der Ausübung und Aufrechterhaltung von Herrschaft, wo Verweigerung oder gar Widerstand geboten gewesen wäre.[9]

Es ist unschwer zu erkennen, daß der Begriff einige Tücken hat, wenn man ihn aus der Sphäre der politisch-moralischen Auseinandersetzung in die Wissenschaftssprache zu übertragen versucht. Wie bei der Rede vom »Widerstand«[10] stellt sich auch bei seinem Gegenstück, der »Kollaboration«, die Frage nach tauglichen Abgrenzungskriterien des Begriffs sowie nach dem Verhältnis von adäquater »Historisierung« und nachträglichem moralischen Urteil. Wo endet alltägliche Hinnahme von Herrschaft, wo beginnt die aktive Mitwirkung? Welche Rolle spielen die Motive der Handelnden? Kann man von Wissenschaftlern, um die es hier gehen soll, ein höheres Maß an kritischer Distanz zur Macht erwarten als von anderen Gruppen der Bevölkerung – etwa weil man ihnen die überfachliche Orientierungsfunktion einer Bildungselite zuschreibt? Was konkret heißt »Kollaboration« unter den Bedingungen der SED-Diktatur der fünfziger Jahre? Bedeuteten eine erfolgreiche Karriere und der Verzicht auf die »Flucht« in den Westen schon »Kollaboration«? Wie würde man die politisch motivierte Nicht-Kollaboration von Wissenschaftlern werten, die bis kurz zuvor noch zu einem hohen Prozentsatz das NS-System mitgetragen hatten? Die folgende Darstellung der »Kollaborationsverhältnisse« im ostdeutschen Wissenschaftssystem der Vor-Mauerzeit kann diese Fragen nicht erschöpfend beantworten. Vielleicht eröffnet sie aber die Möglichkeit, sie etwas gehaltvoller und am konkreten Beispiel zu diskutieren.

Unter dem Gesichtspunkt der »Kollaboration« sind für die Konstituierungsphase des ostdeutschen Wissenschaftssystems bis Anfang der fünfziger Jahre zunächst drei Aspekte hervorzuheben, durch die sich die Situation von der Machtergreifungsphase der Nationalsozialisten unterschied: Erstens die Tatsache, daß es unter den ostdeutschen Akademikern nach 1945 keinen opportunistischen »Run« in die Arme der neuen Machthaber gegeben hat. Weder die sowjetische Besatzungsmacht noch die KPD/SED stießen an den Universitäten auf große Sympathie und die akademischen »Märzgefallenen«

---

9 Siehe Karl Markus Michel, Das Fähnchen. Kleine Kasuistik der Kollaboration, in: Kursbuch Bd. 115, März 1994, S. 1- 21 sowie die anderen Beiträge dieses Bandes, der dem Thema »Kollaboration« gewidmet ist.
10 Vgl. Peter Steinbach/Johannes Tuchel (Hg.), Widerstand gegen den Nationalsozialismus, Bonn 1994; Klaus-Dietmar Henke/Peter Steinbach/Johannes Tuchel (Hg.), Widerstand und Opposition in der DDR, Köln 1999.

von 1933 hatten 1945 nicht besonders viele Nachahmer. Während die Nationalsozialisten 1933 vor allem in der jüngeren Akademikergeneration auf Rückhalt stießen, war das Verhältnis zwischen Kommunisten und Akademikerschaft 1945 zunächst durch anhaltende Distanz geprägt.[11] Zweitens ist nicht zu erkennen, daß sich bereits etablierte Geisteswissenschaftler darum bemüht hätten, das neue Regime mit den Mitteln ihrer Disziplin zu legitimieren oder ihm bei seinen politischen Projekten zuzuarbeiten. Eine Parallele zur NS-dienlichen »Volksgeschichte« hat es nicht gegeben. Die spätere massive politische Indienstnahme der Geistes- und Sozialwissenschaften hing weitgehend vom Austausch ihres akademischen Personals und der hieran gebundenen Durchsetzung des Marxismus-Leninismus ab. In diesem Zusammenhang sind drittens erhebliche disziplinspezifische Unterschiede bei der Neurekrutierung des wissenschaftlichen Personals hervorzuheben: In den geisteswissenschaftlichen Fächer bestand ab 1951 bereits gut die Hälfte aller Professoren aus »neuen« Leuten, in ideologienahen Disziplinen, etwa den Rechts- und Wirtschaftswissenschaften, lag der Anteil der Professoren, die sich entweder nach 1945 habilitiert hatten oder ohne Habilitation neu berufen worden waren, zur selben Zeit bei 80 Prozent. Ganz anders das Bild in den naturwissenschaftlichen, medizinischen und technischen Fächern: Als in den Geistes- und Gesellschaftswissenschaften der Personalaustausch in Fahrt kam, begann hier ein gegenläufiger Prozeß der Reintegration solcher Wissenschaftler, die während der Entnazifizierung entlassen worden waren. Während der ganzen fünfziger Jahre dominierten in diesen Fakultäten die Professoren, die ihre wissenschaftliche Ausbildung in der Weimarer Republik oder während des Nationalsozialismus abgeschlossen hatten. Erst Anfang der sechziger Jahre schob sich die neue Generation in den Vordergrund, die ihre Ausbildung nach 1945 erhalten hatte.[12]

Vor diesem Hintergrund lassen sich für die Zeit der fünfziger Jahre mit aller gebotenen Vereinfachung zwei Muster der Kollaboration zwischen Wissenschaftlern und politischer Herrschaft unterscheiden: Zum einen die politisch-ideologische Einbindung großer Teile der Geistes- und Sozialwissenschaften und zum anderen die Integration der naturwissenschaftlichen, technischen und medizinischen Experten. Wolfgang Engler hat einmal zwischen der

---

11 Vgl. Michael Grüttner, Studenten im Dritten Reich, Paderborn 1995.
12 Ralph Jessen, Diktatorischer Elitenwechsel und universitäre Milieus. Hochschullehrer in der SBZ/DDR (1945-1967), in: Geschichte und Gesellschaft 24 (1998), S. 24-54; Anna-Sabine Ernst, Von der bürgerlichen zur sozialistischen Profession? Ärzte in der DDR, 1945-1961, in: Richard Bessel/Ralph Jessen (Hg.), Die Grenzen der Diktatur. Staat und Gesellschaft in der DDR, Göttingen 1996, S. 25-48.

»ideologischen Kollaboration« der Intellektuellen und der »technokratischen Kollaboration« der wissenschaftlich-technischen Experten unterschieden und kam damit zu einer ganz ähnlichen Unterteilung.[13] Die Mitwirkungsbereitschaft in den Geistes- und Gesellschaftswissenschaften beruhte zum Gutteil auf der Verdrängung des alten Personals und der Neurekrutierung politisch loyaler Nachfolger. Zwar lehrten und forschten auch nach Abschluß der großen Säuberungswellen der vierziger Jahre noch einige »bürgerliche« Geisteswissenschaftler an den ostdeutschen Universitäten. Den Ton gaben aber die neu rekrutierten Wissenschaftler an, die dem sozialistischen Experiment der SED auf die eine oder andere Weise verbunden waren. Die in vielerlei Hinsicht interessanteste Gruppe stellten dabei einige Dutzend linker Intellektueller, die nach NS-Verfolgung und Exil durch die kommunistisch gesteuerte Volksbildungsverwaltung die Chance zum Start oder in seltenen Fällen zur Fortsetzung einer akademischen Karriere bekamen. Man wird hier an Männer wie den Philosophen Ernst Bloch, die Historiker Walter Markov, Jürgen Kuczynski, Ernst Engelberg und Alfred Meusel, die Literaturwissenschaftler Hans Mayer und Alfred Kantorowicz, an den Romanisten Werner Krauss, den Ethnologen Julius Lips oder den Theologen Emil Fuchs denken müssen. Sie hatten überwiegend eine akademische Ausbildung abgeschlossen, waren aber bisher Außenseiter des Wissenschaftsbetriebs gewesen – nicht zuletzt aufgrund ihrer linken politischen Haltung (was nicht unbedingt gleichbedeutend mit einer KPD-Mitgliedschaft war). Sie setzten nach dem Zusammenbruch der NS-Diktatur ganz bewußt auf die Vision eines anderen, sozialistischen Deutschland und griffen zu, als man ihnen nach dem Krieg die Chance bot, eine der zahlreichen entnazifizierungsbedingten Vakanzen zu füllen. Ihre Bereitschaft zum Mitmachen war politisch motiviert, ohne daß sich alle als Abgesandte der SED empfunden hätten. Man sollte allerdings auch nicht unterschätzen, daß nur wenigen von ihnen eine vergleichbare Karriere im Westen offen gestanden hätte. Als linke Außenseiter, oft mit unvollständiger akademischer Biographie, wären viele von ihnen an der Ausgrenzungsmacht des konservativen Fachestablishments gescheitert. Selbst an ostdeutschen Universitäten konnten sie in den vierziger Jahren manchmal nur auf dem Weg des politischen Oktrois durchgesetzt werden. Sozialistische Gesinnung, antifaschistische Aufbauhoffnungen und politische Protektion waren der Kitt, der diese Gruppe an die entstehende SED-Diktatur band. In manchen Fällen erwies sich diese Bindung jedoch nicht als dauerhaft. Nicht wenige Vertreter dieser

---

13 Wolfgang Engler, Die kleine Freiheit. Leben und Überleben in Ostdeutschland, in: Kursbuch 115, März 1994, S. 22-40, S. 37 f.

Gruppe waren in den fünfziger Jahren in z.T. heftige Konflikte mit den Parteibehörden der SED verwickelt, die sich im Kern um die Frage drehten, welche Autonomiespielräume eigenständigem wissenschaftlichem und politischem Denken an der Universität zur Verfügung standen. Gerade weil die Kollaborationsbereitschaft dieser linken Intellektuellen politisch begründet war, konnte sie brüchig werden, als die SED den Ideologisierungsdruck auf die Universitäten in der zweiten Hälfte der fünfziger Jahre erhöhte. Bezogen auf die politisch integrierten Wissenschaftler kann man sich daher die fünfziger Jahre als eine Übergangssituation vorstellen, in der nach einer Anfangsphase mit relativ breiten Spielräumen (innerhalb des Spektrums »linker« Geisteswissenschaftler) spätestens ab 1956 die Zügel straff angezogen wurden und nur noch diejenigen eine akademische Zukunft hatten, die bereit waren, sich der Parteilinie unterzuordnen. Ob man bezogen auf den Typus des »Kader«-Wissenschaftlers, der aus diesem Ausscheidungsprozeß hervorging, den Begriff »Kollaboration« überhaupt noch sinnvoll anwenden kann, erscheint zweifelhaft. Kollaboration setzt ja immer noch eine gewisse Differenz zwischen dem individuellen Akteur und den Herrschaftsinstanzen voraus. Wenn sich Wissenschaftler ganz einem »parteilichen« Wissenschaftsideal verschrieben hatten,[14] kollaborierten sie nicht mehr mit dem Herrschaftsapparat, sondern wurden selbst ein Teil von ihm.

Von einer solchen Entdifferenzierung konnte hinsichtlich der naturwissenschaftlichen, technischen und medizinischen Disziplinen lange Zeit keine Rede sein. Statt dessen fand sich hier eine ausgeprägte personelle Kontinuität, verbunden mit der weitgehenden Reintegration der »Entnazifizierten« und einer schwachen Politisierung der Fächer. Aber auch wenn die SED unter den Physikern, Chemikern oder Humanmedizinern kaum einen Genossen mustern konnte, war sie weder geneigt noch in der Lage, die »bürgerlichen« Fakultäten mit hartem Besen auszukehren, wie sie dies in den Geisteswissenschaften bedenkenlos getan hatte. Vor allem aus drei Gründen zog sie es während der fünfziger Jahre vor, die Vertreter der »harten« Disziplinen mit Samthandschuhen anzufassen: Zum ersten, weil sie beim Aufbau der neuen Gesellschaft und eines teilstaatlichen Wissenschaftssystems dringend auf das Leistungswissen dieser Experten angewiesen war. Ohne kompetente Ärzte drohte das Gesundheitswesen zusammenzubrechen, und

---

14 Vgl. Martin Sabrow, Parteiliches Wissenschaftsideal und historische Forschungspraxis. Überlegungen zum Akademie-Institut für Geschichte (1956-1989), in: ders./Peter Th. Walther (Hg.), Historische Forschung und sozialistische Diktatur. Beiträge zur Geschichtswissenschaft der DDR, Leipzig 1995, S. 195-225, sowie ders., Das Diktat des Konsenses. Geschichtswissenschaft in der DDR 1949-1969, München 2001.

ohne qualifizierte Ingenieure hatte der wirtschaftliche Wiederaufbau kaum eine Chance. Gleiches traf für die akademische Forschung und Lehre zu. Zweitens galt das Expertenwissen, das diese Disziplinen verwalteten, als weitgehend ideologieneutral bzw. es scheiterten Vorstöße zu seiner Ideologisierung. Zwar wurde auch die Biologie der DDR von der spätstalinistischen Kampagne gegen die wissenschaftliche Genetik betroffen, allerdings konnten die Anhänger Lyssenkos keinen nachhaltigen Einfluß gewinnen.[15] Das medizinische und naturwissenschaftliche Wissen war in den Augen der SED-Führung eine unentbehrliche Ressource. Der Wert der knappen Experten stieg drittens dadurch, daß der kommunistische Umbau der Universitäten bis 1961 unter den Bedingungen eines doppelten Arbeitsmarktes für Akademiker stattfand. Naturwissenschaftler und Ärzte konnten bei offener Grenze zwischen zwei konkurrierenden Nachfragern wählen und je mehr Wissenschaftler in den Westen abwanderten, desto dringender war die SED auf die verbliebenen angewiesen.[16]

Unter diesen Umständen bemühte sich die SED früh und intensiv darum, die bürgerlichen Experten einzubinden und ein »kollaborationsförderliches« Klima zu schaffen. Bereits die sowjetische Besatzungsmacht hatte unmittelbar nach ihrem Sieg diese Strategie verfolgt, als sie mehrere tausend deutsche Ingenieure, Chemiker und Physiker in neu gegründeten »Konstruktionsbüros« zu rüstungsrelevanten Entwicklungsarbeiten heranzog und einige hundert hochkarätige Experten etwa beim Bau der sowjetischen Atombombe in der Sowjetunion beschäftigte.[17] Standen der Besatzungs-

---

15 Hans Nachtsheim, Biologie und Totalitarismus, in: Veritas-Iustitia-Libertas. Festschrift zur 200-Jahrfeier der Columbia University New York, Berlin 1954, S. 293-320; Ekkehard Höxtermann, Biologen in der DDR zwischen Tradition und Innovation, Wissenschaft und Politik, in: Dieter Hoffmann / Kristie Macrakis (Hg.), Naturwissenschaft und Technik in der DDR, Berlin 1997, S. 233-259. Zum Scheitern entsprechender Ideologisierungsvorstöße in der sowjetischen Physik vgl.: David Holloway, Stalin and the Bomb. The Soviet Union and Atomic Energy, 1939-56, New Haven 1994, S. 206 ff; zum »Pawlowismus« in der Medizin: Anna-Sabine Ernst, »Die beste Prophylaxe ist der Sozialismus«. Ärzte und medizinische Hochschullehrer in der SBZ/DDR 1945-1961, Münster 1997.

16 Nachdem die große Säuberung ab 1945 schon rund 1300 Professoren und Dozenten ihre Stelle gekostet hatte, von denen viele in den Westen abgewandert waren, gingen zwischen 1952 und 1961 noch einmal rund 2000 Professoren, Dozenten und Assistenten der ostdeutschen Universitäten und Hochschulen in die Bundesrepublik. John Connelly, Zur »Republikflucht« von DDR-Wissenschaftlern in den fünfziger Jahren, in: Zeitschrift für Geschichtswissenschaft 42 (1994), S. 331-352; Krönig / Müller, Anpassung, S. 401; Jessen, Akademische Elite, S. 46.

17 Christoph Mick, Forschen für Stalin. Deutsche Fachleute in der sowjetischen Rüstungsindustrie 1945-1958, München 2000; Ulrich Albrecht / Andreas Heinemann-Grüder / Arend Wellmann, Die Spezialisten. Deutsche Naturwissenschaftler und Techniker in der Sowjetunion nach 1945, Berlin 1992.

macht dabei neben Vergünstigungen auch handfeste Druckmittel zur Verfügung, war die SED bald ganz auf positive Anreize angewiesen. Ein erster Anreiz bestand darin, großzügig über eine braune Vergangenheit hinwegzusehen: Von den Universitätsprofessoren des Jahres 1954 hatten bei den Naturwissenschaftlern 31 Prozent, bei den Land- und Forstwirten sowie den Veterinärmedizinern 41 Prozent, bei den Technikern 42 Prozent und bei den Medizinern fast 46 Prozent der NSDAP angehört.[18] Von den ostdeutschen Hochschul- und Universitätsrektoren hatten Mitte der fünfziger Jahre sogar rund 60 Prozent einmal den Parteiausweis der NSDAP besessen – die meisten von ihnen stammten aus der naturwissenschaftlich-medizinisch-technischen Fächergruppe.[19] Bis 1962 hatte sich an dieser Gewichtsverteilung nicht viel geändert. Auch jetzt wiesen die Professoren der Naturwissenschaften, der Medizin, der Land- und Forstwirtschaft sowie der technischen Disziplinen hinsichtlich ihrer ehemaligen NSDAP-Mitgliedschaft Spitzenwerte zwischen 31 Prozent und 37 Prozent auf, während die Professoren der Geistes- und Gesellschaftswissenschaft mit 17,6 Prozent und 15,2 Prozent gerade auf halb so hohe Anteile kamen.[20] Die Reintegration der ehemaligen NS-Sympathisanten wirkte aber nicht nur als ein positiver Anreiz. In einem Staat, der den »Antifaschismus« zur Staatsdoktrin erhoben hatte, blieb eine braune Vergangenheit ein Makel, auch wenn nicht darüber gesprochen wurde – ein Makel, der durch Anpassung und Wohlverhalten auszugleichen war. Insofern legte die Kollaboration unter der ersten Diktatur auch Grundlagen für die Anpassung an die zweite.

Um die Naturwissenschaftler und Mediziner – diese »Goldzähne aus dem Mund der Reaktion«,[21] wie es Robert Rompe, einer der wenigen SED-nahen Physiker, 1948 zynisch formulierte – zu halten, drückte man nicht nur hinsichtlich ihrer Vergangenheit beide Augen zu, sondern zögerte nicht, sie gegenüber allen anderen Arbeitnehmern massiv zu bevorzugen. Vor allem für sie waren die zahlreichen Privilegien gedacht, die der »Intelligenz« in der

---

18 Jessen, Akademische Elite, S. 304-307. Vor dem Mauerbau 1961 gehörten nur 13 Prozent der Medizinordinarien der SED an. Vgl. Anna-Sabine Ernst, Doppelstaatsbürger von Partei und Fach? Das soziale und politische Profil der DDR-Medizinprofessoren in den 50er Jahren, in: hochschule ost 6 (1997), H 2, S. 26.
19 Jessen, Akademische Elite, S. 306.
20 Vgl. die Übersichten der kaderpolitischen Zusammensetzung des Lehrkörpers der Universitäten, Hoch- und Fachschulen der DDR, v. 31.12.1962, in: BA DR-3, 6060 u. Jessen, Akademische Elite, S. 473- 484.
21 Diskussionsbeitrag Robert Rompe, in: Stenographische Niederschrift über die 7. (21.) Tagung des Parteivorstandes der Sozialistischen Einheitspartei Deutschlands am 11./12. Februar 1948, in: Stiftung Archiv der Parteien und Massenorganisationen der DDR im Bundesarchiv (=SAPMO BA) DY 30/IV 2/1/40, Bl. 126.

SBZ/DDR seit Ende der vierziger Jahre gewährt wurden. Zwischen 1947 und 1952 stieg das monatliche Gehalt eines ostdeutschen Professors um das vier- bis fünffache;[22] in »Einzelverträgen« konnten individuelle Regelungen über die Ausstattung der Institute, Kongreßreisen, das Einkommen und die Ausbildung der Kinder vereinbart werden – eine Regelung, von der ganz überwiegend Naturwissenschaftler profitierten. 1960 verfügten rund 87 Prozent der Medizinprofessoren, 64 Prozent der Professoren in den technischen und naturwissenschaftlichen Fächern aber nur 22 Prozent ihrer Kollegen in den Geistes- und Gesellschaftswissenschaftlern über einen Einzelvertrag.[23] Einige besonders prominente Naturwissenschaftler bezogen »Sondergehälter« von bis zu 15.000 Mark monatlich. Der 1949 eingeführte »Nationalpreis« mit Preisgeldern von bis zu 100.000 Mark und der im selben Jahr gegründete »Förderungsausschuß für die Deutsche Intelligenz«, der von Wohnungen über Heizmaterial und Ferienplätze zahlreiche Wohltaten für die ostdeutsche Akademikerschaft verwaltete, taten ein übriges, um die knappen Experten im Land zu halten.

Ein anderer Weg, mit diesem Dilemma umzugehen, bestand darin, den Politisierungsdruck auf den Lehrbetrieb durch die Gewährung von Freiräumen in der Forschung auszugleichen, vor allem im Rahmen der »Deutschen Akademie der Wissenschaften«, die durch eine Serie von Institutsgründungen zu einem veritablen außeruniversitären Forschungsimperium heranwuchs. 1962 zählte man 109 Akademieinstitute, deren Schwerpunkt im Bereich der Naturwissenschaften lag.[24] Selbst wenn die Wissenschaftspolitiker der SED dies selten offen aussprachen, zeichnete sich eine wissenschaftliche Zwei-Klassen-Gesellschaft ab: Während an den Universitäten die Politisierung zunahm und das Gewicht der Lehre wuchs, entstand bei der Akademie der Wissenschaften ein Forschungsrefugium, in dem von politischen Pressionen lange Zeit nicht viel zu spüren war. Hier konnten selbst konservative Wissenschaftler ohne Sympathien für die SED unter zum Teil exzellenten Bedingungen forschen, ohne daß die ideologischen Erziehungsziele der Partei in den Hochschulen gefährdet worden wären. Wer dem politisierten Lehrbetrieb ausweichen wollte, mußte also nicht in

---

22 Verordnung über die Erhaltung und die Entwicklung der deutschen Wissenschaft und Kultur v. 31.3.1949, in: Siegfried Baske/Martha Engelbert, Zwei Jahrzehnte Bildungspolitik in der Sowjetzone Deutschlands. Dokumente. Bd. 1: 1945-1958, Berlin 1966, S. 105-112; Henner Wolter, Zusatzversorgungssysteme der Intelligenz. Verfassungsrechtliche Probleme der Rentenüberleitung in den neuen Bundesländern, Baden-Baden 1992.
23 Aufstellung in Bundesarchiv (BA) DR-3, 822.
24 Rudolf Landrock, Die Deutsche Akademie der Wissenschaften zu Berlin 1945-1971, Erlangen 1977, S. 17-31, 156.

den Westen auswandern, sondern konnte sich innerhalb der DDR in eine recht komfortabel ausgestattet Nische zurückziehen – vorausgesetzt, die Wissenschaftsplaner der SED legten Wert auf seine Forschungen.[25]

Die Entwicklung der außeruniversitären Forschung zeigt, daß der kommunistische Umbau des Wissenschaftssystems für manche ostdeutschen Wissenschaftler durchaus nicht nur Schattenseiten hatte. Wer ein ökonomisch wichtiges Forschungsfeld beackerte und auf offene Opposition verzichtete, konnte von großzügigen Gehältern und ambitionierten Institutsgründungen profitieren. Außerdem war man durch die deutsche Teilung vor westdeutscher Konkurrenz um knappe Stellen und Forschungsmittel geschützt. Aber nicht nur das: In der zweiten Hälfte der fünfziger Jahre entstanden neue Gremien zur Forschungsplanung und Politikberatung, von denen sich ehrgeizige Naturwissenschaftler Einfluß auf die ostdeutsche Wissenschaftspolitik versprachen. Hervorzuheben ist hier vor allem der 1957 gegründeten »Forschungsrat«, der als Verbindungsstelle zwischen Wissenschaft und Politik dienen sollte. Die Gründung des Rates war maßgeblich von einigen hochkarätigen Naturwissenschaftlern betrieben worden, die an das Modell des von den Nationalsozialisten gegründeten »Reichsforschungsrates« anknüpfen konnten, dem sie selbst zum Teil angehört hatten. Sie hofften, auf diesem Weg Einfluß auf die Wissenschaftspolitik der SED nehmen zu können und gleichzeitig eine Art Oberaufsicht über Forschung und Entwicklung in der DDR auszuüben. Sowohl in den Gründungsplanungen als auch im Forschungsrat selbst spielten prominente Naturwissenschaftler ein Schlüsselrolle, die nach dem Krieg für mehrere Jahre in der sowjetischen Atombomben-, Raketen- oder Flugzeugforschung tätig gewesen waren und sich nach ihrer Rückkehr einflußreiche Posten im Wissenschaftsbetrieb der DDR versprachen. Die Wissenschaftspolitiker der SED kamen diesen Interessen aus mehrerlei Gründen gern entgegen: Erstens brauchte das entstehende System staatlich geplanter und geleiteter Forschung eine zentrale

---

25 Peter Nötzoldt, Der Weg zur »sozialistischen Forschungsakademie«. Der Wandel des Akademiegedankens zwischen 1945 und 1968, in: Naturwissenschaft und Technik in der DDR, S. 125-146; Jürgen Kocka/Peter Nötzoldt (Hrsg.): Die Akademien der Wissenschaften zu Berlin im geteilten Deutschland 1945-1990 (im Erscheinen); Rüdiger Schroeder, SED und Akademie der Wissenschaften. Zur Durchsetzung der »führenden Rolle« der Partei in den fünfziger Jahren, in: Deutschland-Archiv, 28 (1995), S. 1264-1278; Peter Th. Walther, Bildung und Wissenschaft, in: Matthias Judt (Hg.) DDR-Geschichte in Dokumenten. Beschlüsse, Berichte, interne Materialien und Alltagszeugnisse, Berlin 1997, S. 225-291; ders., Denkraster- und Kaderpolitik der SED in der Deutschen Akademie der Wissenschaften zu [Ost-] Berlin, in: Petra Boden/Rainer Rosenberg (Hg.), Deutsche Literaturwissenschaft 1945-1965. Fallstudien zu Institutionen, Diskursen, Personen, Berlin 1998, S. 161-172.

Schnittstelle zwischen Politik und Wissenschaft. Zweitens konnte man sich gegenüber dem westlichen Konkurrenten als besonders wissenschaftsfreundlich präsentieren und drittens diente der Forschungsrat als ein »Integrationsinstrument« gegenüber den Repräsentanten der alten (natur)wissenschaftlichen Elite, die mit dem Angebot politiknaher Beratungsposten an die DDR gebunden werden sollten. Wie weit dieser Einfluß in der Praxis tatsächlich reichte, steht allerdings auf einem anderen Blatt.[26] Die Integrationsbereitschaft, so könnte man den zuletzt genannten Punkt verallgemeinern, gründete sich nicht nur auf den wunden Punkt der NS-Vergangenheit und auf materielle Privilegien, sondern auch auf Verbindungen zum Machtapparat und auf der Hoffnung, zugunsten der eigenen Interessen Einfluß auf den politischen Entscheidungsprozeß nehmen zu können: Sei es, daß man, wie die Wissenschaftler im Forschungsrat, als Lobbyisten für die Expansion der naturwissenschaftlich-technischen Forschung auftrat, oder sei es, daß man, wie der schillernde Manfred v. Ardenne, durch gute Kontakte zur politischen Spitze ein privates Forschungsinstitut etablieren und sichern konnte.

Insgesamt beruhte die Integration der Naturwissenschaftler auf einer wechselseitigen Indienstnahme von Politik und Wissenschaft. Während die sich konstituierende SED-Diktatur dringend auf die Fachkompetenz der Experten angewiesen war, nutzten diese die Gunst der Stunde, nahmen die großzügigen Angebote des neuen Systems wahr und fundierten so ihre Nachkriegskarriere auf Basis »konstruierter Kontinuitäten«.[27] Zwar traf man gerade unter den ostdeutschen Naturwissenschaftlern und Medizinern auch Repräsentanten eines dezidiert bürgerlichen und christlichen Selbstverständnisses, das sich an der antibürgerlichen Rhetorik und der antichristlichen Politik der SED reiben konnte. Dies waren aber auch diejenigen, die der DDR am ehesten den Rücken kehrten, während die Vertreter eines »apolitischen Technizismus«[28] ihren Frieden mit den neuen Bedingungen machten. Dieser Selektionsprozeß stärkte die wert- und politikindifferenten Anhänger eines sich selbst genügenden Expertentums, die sich hinter dem »Mythos des Unpolitischen« verschanzten.[29] Da sich viele Naturwissen-

---

26 Agnes Charlotte Tandler, Geplante Zukunft. Wissenschaftler und Wissenschaftspolitik in der DDR 1955-1971, Freiberg 2000, S. 79-83.
27 Mitchell G. Ash, Verordnete Umbrüche – Konstruierte Kontinuitäten. Zur Entnazifizierung von Wissenschaftlern und Wissenschaften nach 1945, in: Zeitschrift für Geschichtswissenschaft 43 (1995), S. 903-923, S. 923.
28 Albrecht u.a., Die Spezialisten, S. 17.
29 Der Begriff bei Anna-Sabine Ernst, »Die beste Prophylaxe ist der Sozialismus«. Ärzte und medizinische Hochschullehrer in der SBZ/DDR 1945-1961, Münster 1997, S. 265-286.

schaftler im Stande »technokratischer Unschuld«[30] sahen und sich zum unpolitischen Fachmann stilisierten, konnten sie unter dem kommunistischen Regime wirken, obwohl sie gestern noch den Nationalsozialisten gedient hatten. Die strukturellen »Kollaborationsverhältnisse« zwischen Naturwissenschaften und Macht, die schon unter der NS-Diktatur funktioniert hatten, spielten sich offenbar auch unter der zweiten Diktatur zum Gutteil wieder ein.[31]

---

30 Mitchel G. Ash, Wissenschaftswandel in Zeiten politischer Umwälzungen. Entwicklungen, Verwicklungen, Abwicklungen, in: Internationale Zeitschrift für Geschichte und Ethik der Naturwissenschaften, Technik und Medizin 3 (1995), S. 1-21, S. 14. Albrecht u.a. sprechen mit Blick auf die »SU-Spezialisten« vom »ethischen Vakuum [der] [...] deutschen technischen Intelligenz.« Albrecht u.a., Die Spezialisten, S. 17.
31 Vgl. Mehrtens, Kollaborationsverhältnisse, S. 22-27.

OLIVER SCHAEL

Die Grenzen der akademischen Vergangenheitspolitik:
Der Verband der nicht-amtierenden (amtsverdrängten) Hochschullehrer und die Göttinger Universität

Einleitung

Im Januar 1951 veröffentlichte der ehemalige Universitätsdozent Herbert Grabert[1] in Tübingen den »Aufruf Nr. 1« des »Verband[es] der nicht-amtierenden (amtsverdrängten) Hochschullehrer« (VNAH). Bereits im Oktober des vergangenen Jahres, so teilte Grabert in seiner Funktion als geschäftsführender Vorsitzender mit, habe sich »eine größere Anzahl von Hochschullehrern, die 1945 innerhalb des Bundesgebietes ihre Lehrtätigkeit abbrechen mußten«, zu diesem Verband zusammengeschlossen. Ziel des Aufrufes sei es, sich an alle »nicht-amtierenden und wieder-amtierenden Kollegen« zu wenden und diese aufzufordern, »für die Sache des amtsverdrängten Teils der Hochschullehrerschaft durch Förderung seiner Selbsthilfebestrebungen einzutreten.«

Über 5000 Hochschullehrer seien nach dem Krieg aus ihren Ämtern entfernt worden, von denen nur ein Teil an die Hochschulen zurückkehren konnte. Die übrigen dagegen müßten ein Leben voller »wirtschaftlicher Not« und »geistig-seelischer Belastungen« führen sowie »eine jahrelange Isolierung« erdulden. Ihre wissenschaftliche Arbeit werde dadurch sehr erschwert bzw. sogar unmöglich gemacht.[2]

Die Existenz eines solchen Verbandes – sechs Jahre nach dem Ende des Krieges – überrascht und paßt auf den ersten Blick so gar nicht zu dem Bild einer sich rasch restaurierenden bundesdeutschen Nachkriegsgesellschaft. Denn der alliierte Versuch einer politischen Säuberung war gescheitert, und es kam an den westdeutschen Hochschulen und Universitäten, wie in fast allen übrigen gesellschaftlichen Bereichen auch, zu einer weitgehenden Wiederherstellung des alten Personalbestandes. Dies war das Ergebnis eines Prozesses, für den Norbert Frei den inzwischen etablierten Begriff der »Ver-

---

1 Zur Biographie Graberts vgl. Martin Finkenberger, Herbert Grabert (1901-1978). Religionswissenschaftler – Revisionist – Rechtsextremist, in: Bausteine zur Tübinger Universitätsgeschichte, Folge 9 (1999), S. 55-100.
2 Zentrum für Zeitgeschichte von Bildung und Wissenschaft (ZZBW), Akten der Rektorenkonferenz (HRK), 0007/3, Bl. 69: Aufruf Nr. 1 des VNAH vom Januar 1951.

gangenheitspolitik« geprägt hat: Infolge eines ganzen Bündels von überwiegend staatlichen Amnestie- und Reintegrationsmaßnahmen wurde nicht nur das Millionenheer der »Mitläufer«, sondern sogar verurteilte Kriegsverbrecher und überzeugte NS-Täter, »fast ausnahmslos in ihren sozialen, beruflichen und staatsbürgerlichen [...] Status quo ante versetzt«.³

So bleibt die Frage zu beantworten, warum gerade die Mitglieder dieses Verbandes nicht auf der allgemeinen Restaurationswelle mitschwimmen konnten bzw. durften. Warum endete also bei einigen Personen die allgemeine Großzügigkeit und bei anderen nicht? Mit anderen Worten: Wo lagen die Grenzen der akademischen Vergangenheitspolitik?

Immer wieder konstatiert die zeithistorische Forschung, daß mit der allgemeinen personellen Restauration auch ein allgemeines »öffentliches« Beschweigen der NS-Vergangenheit einherging. Nach einer viel diskutierten These des Züricher Historikers und Philosophen Hermann Lübbe war diese »gewisse heilsame Stille« sozialpsychologisch und politisch notwendig, um den Übergang (West-) Deutschlands von der Nazidiktatur zu einer westlichen Demokratie zu bewerkstelligen. Oder anders formuliert: Es konnte sich nur eine relativ stabile Demokratie in Deutschland entwickeln, »weil die Nazi-Vergangenheit so vieler ›kommunikativ‹ beschwiegen wurde.«

Um seine These zu veranschaulichen, verwendet Lübbe ein Beispiel aus dem akademischen Bereich: Ein Widerständler, der aus seinem Exil an die Universität zurückkehrte, wußte, daß er gegenüber seinem »Ex-Nazi-Kollegen« moralisch im Recht gewesen war. Dies konnte nicht bestritten werden. Jeder wußte auch über die Vergangenheit der Nicht-Emigrierten bzw. über deren Motive Bescheid. Daher sei es »ganz müßig gewesen, dieses Nicht-Rätsel als Frage universitätsöffentlich aufzuwerfen. [...] Es entwickelten sich Verhältnisse nicht-symmetrischer Diskretion«. Das größere moralische Gewicht des Widerständlers drückte sich, Lübbe zufolge, anschließend dadurch aus, daß er in der Regel zum Rektor gewählt wurde, während der Belastete stillschweigend ins hintere Glied zurücktrat.⁴

Wie der anfangs zitierte Aufruf verdeutlicht, bemühte sich der VNAH um eine öffentliche Verbreitung seiner Forderungen, wobei er sich nicht nur an die »nicht-amtierenden«, sondern auch an die »wieder-amtierenden Hochschullehrer« mit der Bitte um Unterstützung wandte. Es ist also zu prüfen, wie sich in diesem Fall das Verhältnis von Ausgeschlossenen und

---

3 Norbert Frei, Vergangenheitspolitik. Die Anfänge der Bundesrepublik und die NS-Vergangenheit, 3. Aufl., München 1999, S. 13 f.
4 Hermann Lübbe, Der Nationalsozialismus im deutschen Nachkriegsbewußtsein, in: Historische Zeitschrift 236 (1983), S. 579-599, hier: S. 585 ff.

Nicht-Ausgeschlossenen gestaltete. Wie kommunizierte man miteinander? Welche Rolle spielte dabei insbesondere die Zeit zwischen 1933 und 1945?

Im folgenden soll vor allem auf die niedersächsische und speziell die Göttinger Situation eingegangen werden, da hier einer der Schwerpunkte der Verbandsaktivitäten lag und mit der sogenannten Schlüter-Affäre im Jahr 1955 ein national wie international Aufsehen erregendes Ereignis stattfand, welches in einem engen Zusammenhang mit dem VNAH stand.

Der Fall Walter Birnbaum

Der Verband der nicht-amtierenden (amtsverdrängten) Hochschullehrer setzte sich nach eigenen Angaben aus insgesamt 18 Hochschulgruppen zusammen, die an den einzelnen Hochschulstandorten gebildet wurden. Diese waren wiederum in acht Landesverbänden zusammengeschlossen.[5] Den Vorsitz der Göttinger Hochschulgruppe übernahm der Theologe Walter Birnbaum,[6] den man als einen Prototypen für die Grenzen der akademischen Vergangenheitspolitik bezeichnen kann und dessen Fall näher beleuchtet werden soll.

Walter Birnbaum, Jahrgang 1893, besaß weder die Promotion noch die Habilitation. 1926 scheiterte er in Leipzig an der mündlichen Prüfung für den Grad des Lizentiaten. Er ging anschließend nach Hamburg und wurde bei der Wichernvereinigung Geschäftsführer im Rauhen Haus. Politisch war er streng deutschnational und antikommunistisch eingestellt. Die Machtübernahme durch die Nationalsozialisten begrüßte er ausdrücklich, trat aber nie der NSDAP bei – ein Umstand, der ihm später zugute kommen sollte. Er engagierte sich bei der neuen Bewegung der »Deutschen Christen« und wurde bereits im April 1934 als Oberkirchenrat in die Reichskirchenregierung unter Reichsbischof Müller berufen.[7] Im März 1935 bot ihm das

---

5 Die genaue Mitgliederzahl konnte nicht ermittelt werden. Im Jahr 1960 sollen dem Verband noch 400 Mitglieder angehört haben. Vgl. O. V., Wegen Nazipropaganda vor dem Bundesgericht, in: Stuttgarter Zeitung, 27.04.1960; ZZBW, HRK 1, 0008/1, Bl. 140: »Offener Brief an die Herren Rektoren und Dekane der westdeutschen Hochschulen«, 12.12.1951; ZZBW, HRK 1, 0008/3, Bl. 97-100: Gießener Vertretertag des VNAH an den Präsidenten der Westdeutschen Rektorenkonferenz, 12.09.1953.
6 Vgl. Walter Birnbaum, Zeuge meiner Zeit. Aussagen zu 1912 bis 1972, Frankfurt a.M./Zürich 1973, S. 262; Universitätsarchiv Göttingen (UAG), Theologische Fakultät (TF), 17, Bl. 188 f.: Birnbaum, »Vorsitzender des Verbandes amtsverdrängter Hochschullehrer e.V., Hochschulgruppe Göttingen«, an den Göttinger Oberbürgermeister Föge, 26.09.1954.
7 UAG, Kuratorialakten (Kur), Personalakte (PA) Walter Birnbaum I, Bl. 111: Birnbaum an den OKW-NS-Führungsstab, 07.05.1944.

Berliner Wissenschaftsministerium an, den Lehrstuhl für Praktische Theologie an der Universität Göttingen zu übernehmen. Dies geschah gegen den Willen der Landeskirche und der Theologischen Fakultät. Zudem bestimmte man ihn zum (zunächst kommissarischen) Universitätsprediger – ebenfalls ohne daß die Landeskirche gehört wurde, was sogar gegen den Staatsvertrag der Evangelischen Kirche mit dem NS-Regime verstieß. In seiner Autobiographie gab Birnbaum auch freimütig zu, daß er erst einmal in eine Bibliothek ging, »um durch Lexika herauszukriegen, was eigentlich ›praktische Theologie‹ ist, die ich in acht Tagen in einem vierstündigen Kolleg zu lesen beginnen sollte.«[8]

Folgerichtig wertete man in Göttingen diesen Vorgang als eine klare politische Berufung, als Lohn für entsprechende Tätigkeiten im Sinne der Deutschen Christen.

Die Zeit Birnbaums an der Theologischen Fakultät war geprägt durch die Auseinandersetzungen zwischen der Bekennenden Kirche und den Deutschen Christen. Birnbaum stand dabei fest an der Seite des Dekans Emanuel Hirsch, der in Verfolgung seiner nationalsozialistischen Überzeugungen ein wahres – wie es seine Gegner formulierten – »Schreckensregime« errichtete und so die Atmosphäre an der Fakultät stark vergiftete. So scheute er nicht vor Denunziationen von Kollegen und Studierenden zurück, die gravierende Folgen für die Betroffenen hätten nach sich ziehen können. Zumeist fanden diese Aktionen mit aktiver Beteiligung Birnbaums statt.[9]

An Birnbaums »Karriere« nach 1945 kann man sehr gut die verschiedenen Phasen der Entnazifizierung studieren: Zunächst beantragte er am 5. September 1945 beim Universitätskurator seine Entpflichtung vom aktiven Hochschuldienst. Am 17. September 1945 entließ ihn jedoch die britische Militärregierung, nachdem die Theologische Fakultät entsprechend interveniert hatte.[10]

In den Jahren 1946 und 1947 wurde er in zwei Verfahren vor den Entnazifizierungsausschüssen jeweils in die Kategorie III eingestuft, was ein generelles Lehr- und Veröffentlichungsverbot nach sich zog.[11] Birnbaum mußte nun versuchen, auf eine andere Art seinen Lebensunterhalt zu verdienen. So verkaufte er zeitweise auf dem Schwarzmarkt Kuckucksuhren an amerikanische Soldaten oder baute Heizöfen aus Schamottestein. Nichtsdestotrotz

---

8 Birnbaum, Zeuge meiner Zeit, S. 210.
9 Vgl. Robert P. Ericksen, Die Göttinger Theologische Fakultät im Dritten Reich. In: Heinrich Becker/Hans-Joachim Dahms/Cornelia Wegeler (Hg.), Die Universität Göttingen unter dem Nationalsozialismus, 2. Aufl., München 1998, S. 75-101.
10 UAG, Kur, PA Birnbaum I, Bl. 129 u. 134 f.
11 Vgl. Birnbaum, Zeuge meiner Zeit, S. 256 f.

führte diese Situation für ihn und seine Frau nicht nur zu einer schwierigen wirtschaftlichen Lage, sondern auch zu einem spürbaren Verlust an sozialem Prestige.[12] Birnbaum teilte damit das typische Schicksal vieler seiner ehemaligen Kollegen, die ihre erzwungene Entlassung aus dem Hochschuldienst als ein geradezu traumatisches Erlebnis wahrnahmen. Die bis an das Lebensende gesicherte gutbürgerliche Existenz schien akut gefährdet zu sein. Insbesondere der Zwang zur zum Teil schweren körperlichen Arbeit empfand man dabei als eine besondere Demütigung. Ausdruck dieser Gefühlslage war der vielfach gezogene Vergleich zwischen den Entlassungen der Alliierten 1945 und denen der Nationalsozialisten 1933 – wobei erstere häufig als folgenschwerer beurteilt wurden.[13]

Nachdem die Entnazifizierung in deutsche Verantwortung übergegangen war und man sich um deren rasche Beendigung bemühte, hatte auch Birnbaum wieder Erfolg: Anfang Dezember 1948 stufte ihn der Göttinger Entnazifizierungshauptausschuß in einem Wiederaufnahmeverfahren als »nicht betroffen« ein.

Aufgrund der Bundesgesetzgebung zum Grundgesetzartikel 131 hatte Walter Birnbaum nun Anspruch darauf, so behandelt zu werden, als wäre er nie aus dem Universitätsdienst ausgeschieden. Er besaß demnach nicht nur eine Berechtigung auf sein volles Professorengehalt, sondern auch auf einen Lehrstuhl an der Theologischen Fakultät der Universität Göttingen. Die zusätzlichen Mittel für diese Stelle hatte das Land Niedersachen bereits zur Verfügung gestellt.[14]

Die Theologische Fakultät sperrte sich allerdings gegen eine Wiederaufnahme und drohte für einen solchen Fall schwere Konsequenzen an: Der Dekan werde sofort zurücktreten und auch kein anderes Fakultätsmitglied sei dann bereit, das Amt zu übernehmen. Außerdem werde die Fakultät,

---

12 Vgl. ebd., S. 257. So berichtet er: »Wenn man so etwas jahrelang tut, wird man von den Collegen deklassiert. Ich baute einem Collegen aus der philosophischen Fakultät im Winter einen Ofen, unter Assistenz meines Gehilfen, eines Studenten. Am Nachmittag sagte der Herr College: ›Meine Frau macht jetzt Tee, Sie würden sicher gern mittrinken?‹ Ich legte den Arbeitskittel ab, säuberte im Eimer die Hände – da kommt er zurück, setzt mir – nicht mal meinem Gehilfen – eine Tasse auf einen Ziegelstein. ›So bitte.‹ Und geht ins warme Zimmer. Er war sonst sehr kirchlich. Wir beiden, mein Gehilfe und ich, vergnügten uns damit, zu analysieren, was eigentlich in dem Mann vorging.«
13 Als »Paradebeispiel« vgl. Herbert Grabert, Hochschullehrer klagen an. Von der Demontage deutscher Wissenschaft, Göttingen 1952, S. 57 ff.; vgl. dazu auch Peter Graf Kielmansegg, Lange Schatten. Vom Umgang der Deutschen mit der nationalsozialistischen Vergangenheit, Berlin (West) 1989, S. 37.
14 Vgl. UAG, Kur, PA Birnbaum I, Bl. 170: Das niedersächsische Kultusministerium an den Universitätskurator, 22.12.1951.

falls Birnbaum wieder lese, aus der Universität ausziehen und in kircheneigenen Räumen ihre Veranstaltungen durchführen. Zudem könne man nicht ausschließen, daß »fanatische Studentengruppen« bei seinen Vorlesungen randalierten und es so zu einem öffentlichen Skandal komme.[15] Walter Birnbaum kennzeichnete diese Drohungen als eine reine »Terrorgesinnung«, wie sie »selbst bei NS-Dienststellen selten zu tage trat.«[16]

In einem Memorandum an den Senat der Universität versuchte die Theologische Fakultät daraufhin, ihre Haltung zu rechtfertigen. In insgesamt sieben Punkten legte sie dar, warum eine akademische Tätigkeit Birnbaums nicht mehr akzeptiert werden könne. Von diesen sieben Punkten führte nur einer – erst Punkt IV – kurz das Argument an, daß Birnbaum »ein eindeutiger Verfechter nationalsozialistischer Weltanschauung gewesen« sei. Als erstes Argument wurden die fehlende wissenschaftliche Qualifikation und Befähigung genannt. Als zweites betonte die Fakultät, daß die Berufung Birnbaums gegen ihren Willen hauptsächlich allein durch den Dekan durchgesetzt wurde:

> »Die Fakultät hat sich von den Juristen belehren lassen, dass sie keine Möglichkeit besitzt, die formalrechtliche Gültigkeit der Ernennung zu beanstanden. Die Ernennung ist nach dem damaligen Recht des Führerprinzips in der Universität genau so korrekt erfolgt wie vieles andere, was unter dem Führerprinzip beschlossen worden ist. Die Fakultät stellt sich allerdings die Frage, ob die formale juristische Korrektheit des Vorgehens, […] sie wirklich nach 1945 einer erneuten materialen Überprüfung der Ernennung entbunden haben sollte. Sie meint diese Frage verneinen zu müssen.«

Des weiteren werde durch die Wiederaufnahme seiner Lehrtätigkeit das Verhältnis der Fakultät zur Landeskirche, welches durch Hirsch und Birnbaum eine »entwürdigende Vergewaltigung« erleiden mußte, wieder schwer belastet. Im fünften Punkt benennt die Fakultät nochmals überaus deutlich die Kriterien, welche für ihr Verhalten ausschlaggebend waren. Allein dem Umstand, daß jemand ein Anhänger und überzeugter Aktivist des NS gewesen war, maß sie jedenfalls keine allzu große Bedeutung bei:

> »Die Theologische Fakultät möchte mit all dem Ausgeführten keinesfalls den Eindruck erwecken, als ob sie unversöhnlich frühere Verirrung durch die Jahre hin nachtrüge. Es stünde dies einer theologischen Fakultät wohl am allerwenigstes an. Sie meint auch, in ihrem Verhalten gegenüber dem

---

15 Ebd., Bl. 278.
16 Ebd., Bl. 57 f.: Birnbaum an den niedersächsischen Ministerpräsidenten, 11.03.1954.

inzwischen leider verstorbenen, formal schwerer belasteten Kollegen Gerhardt[17] und seiner Wiederaufnahme in die Fakultät diese Haltung unter Beweis gestellt zu haben. Wo wirklich wissenschaftliche Leistung und eine klare menschliche Haltung vorliegt, glaubt sie zu neuer Zusammenarbeit in der Hochschule verpflichtet zu sein.«

Im Punkt VI wiederholt und verdeutlicht sie diesen Gesichtspunkt noch einmal:

»Die Fakultät fordert nicht Konformität, sie muss lediglich wie jede andere Fakultät auch die Aufnahme in ihrer Mitte abhängig machen von zulänglicher Leistung und persönlicher Vertrauenswürdigkeit.«[18]

Eine Haltung – so läßt sich vielleicht verallgemeinern –, die an den bundesdeutschen Nachkriegshochschulen überall anzutreffen war.

»Um einen Rechtsstreit zu vermeiden und den Frieden der Hochschule nicht zu stören«, einigte man sich im Juli 1952 schließlich auf einen Kompromiß: Birnbaums Rechte als Ordinarius für Praktische Theologie wurden anerkannt und sein Name mit dem Zusatz »liest zur Zeit nicht« in das Vorlesungsverzeichnis aufgenommen. Dafür mußte er sich verpflichten, auf eine Teilnahme an der Fakultätsverwaltung und an Prüfungen zu verzichten. Zudem durfte er drei Semester lang Vorlesungen weder ankündigen noch halten. Quasi als Entschädigung für entgangene Kolleggelder und als eine Art »Schweigegeld« erhielt er zudem eine als »Forschungsbeihilfe für seine Arbeiten auf dem Gebiet der Inneren Mission« getarnte Einmalzahlung in Höhe von 2000 DM und regelmäßig 500 DM mit dem Beginn des Wintersemesters 1952/53 – alles im Übrigen mit Wissen des zuständigen Kultusministeriums. Sein reguläres Professorengehalt bezog er weiter.[19] Am 30. September 1961 wurde Walter Birnbaum mit vollen Bezügen emeritiert und ging nach München.

Der Theologe Birnbaum stellt insofern einen Prototypen für die Grenzen der akademischen Vergangenheitspolitik dar, als bei ihm alle Kriterien zu finden sind, die in der Regel eine Rückkehr in den aktiven Hochschuldienst verhinderten: An erster Stelle ist dabei die fehlende fachliche Qualifikation,

---

17 Martin Gerhardt hatte sich 1922 in Erlagen habilitiert. Danach arbeitete er bei diversen Institutionen der Inneren Mission, u.a. wie Birnbaum im Rauhen Haus in Hamburg. 1937 wurde er in Göttingen zum ordentlichen Professor ernannt. Seit 1933 war er bei den Deutschen Christen aktiv und trat zudem der NSDAP sowie diverser anderer NS-Organisationen bei. Vgl. UAG, Kur, PA Martin Gerhardt, Bl. 56 ff., 70, 100.
18 UAG, Kur, PA Birnbaum I, Bl. 292-295.
19 Ebd., Bl. 285: »Vereinbarung zwischen dem Niedersächsischen Kultusministerium und Herrn Professor Walter Birnbaum in Göttingen vom 9./12.7.1952.«

d. h. die fehlende Promotion oder Habilitation zu nennen. Wenn diese nicht vorhanden war, wer also seine Position allein durch die Protektion der Nationalsozialisten erhalten hatte, konnte nicht mit der Hilfe seiner früheren Kollegen rechnen, auch dann nicht, wenn er ansonsten »anständig« geblieben war.

Die fehlende menschliche Qualifikation, d. h. ein »unanständiger Nazi«[20] gewesen zu sein, kennzeichnete das zweite Ausschlußmerkmal. Wer gegen die ungeschriebenen »Standesregeln« verstoßen hatte, indem er beispielsweise bei staatlichen Stellen denunziert, also versucht hatte, einem Kollegen ernstlich zu schaden, konnte nach 1945 ebenfalls nicht auf Unterstützung hoffen. Eines von beiden Kriterien reichte für eine Nichtberücksichtigung vollkommen aus, ein Zusammenfallen, wie bei Birnbaum, erst recht.[21]

Wie am Fall Birnbaum zu sehen, waren die Mitglieder des VNAH von dem sich relativ schnell rekonstruierenden Wissenschaftsbetrieb weitgehend isoliert. Der Verband bemühte sich daher, eine Art Parallelorganisation zur offiziellen Hochschule aufzubauen. So bot er den »Amtsverdrängten«, auch ohne daß sie an einer Hochschule tätig waren, die Möglichkeit, »Vorlesungen« in Form von öffentlichen Vorträgen zu halten und schriftliche Arbeiten zu publizieren. Außer im Rahmen einer Mitgliederzeitschrift konnten

---

20 Zum Kriterium der »Anständigkeit« vgl. Hans-Dietmar Henke, Die Grenzen der politischen Säuberung in Deutschland nach 1945, in: Ludolf Herbst (Hg.), Westdeutschland 1945-1955. Unterwerfung, Kontrolle, Integration, München 1986, S. 127-133, hier: S. 130; Ulrich Herbert, Rückkehr in die »Bürgerlichkeit«? NS-Eliten in der Bundesrepublik, in: Bernd Weisbrod (Hg.), Rechtsradikalismus in der politischen Kultur der Nachkriegszeit. Die verzögerte Normalisierung in Niedersachsen, Hannover 1995, S. 157-173; Dirk van Laak, Trotz und Nachurteil. Rechtsintellektuelle im Anschluß an das »Dritte Reich«, in: Wilfried Loth/Bernd-A. Rusinek (Hg.), Verwandlungspolitik. NS-Eliten in der westdeutschen Nachkriegsgesellschaft, Frankfurt a.M./New York 1998, S. 55-77, hier: S. 60.
21 Dieser Zusammenhang bzw. die angezeigten Kriterien werden durch weitere Lokal- und Einzelstudien gestützt, vgl. u.a. Peter Respondek, Der Wiederaufbau der Universität Münster in den Jahren 1945–1952 auf dem Hintergrund der britischen Besatzungspolitik, Diss., Münster 1992, S. 440 f., 453 f., insbesondere die Fälle der Professoren Walter Eberhard und Hermann Senft, wobei letzterer starke Parallelen zu Birnbaum aufweist, vgl. S. 479 ff.; Alfred Wendehorst, Geschichte der Friedrich-Alexander-Universität Erlangen-Nürnberg 1743-1993, München 1993, S. 228 f.; Anne Chr. Nagel, »Der Prototyp der Leute, die man entfernen soll, ist Mommsen«. Entnazifizierung in der Provinz oder die Ambiguität moralischer Gewißheit, in: Jahrbuch zur Liberalismus-Forschung 10 (1998), S. 55-91, bes. S. 64, 86 f., 89 ff., die zwar eines der entscheidenden Kriterien bei dem Historiker Wilhelm Mommsen genau beschreibt – z.B. zwei Denunziationen von Kollegen in seiner Funktion als Luftschutzwart –, allerdings den zu Grunde liegenden Mechanismus nicht erkennt und somit zu falschen Annahmen über die »wahren« Gründe seines Pariatums nach 1945 kommt.

die Texte ab dem Jahr 1953 in einer eigenen Schriftenreihe bei der »Göttinger Verlagsanstalt für Wissenschaft und Politik« erscheinen. Inhaber dieses Verlags war der niedersächsische FDP-Politiker Leonhard Schlüter, der sich nach Angaben des VNAH »nicht nur verlegerisch, sondern auch sonst bedeutende Verdienste um die Reaktivierung des brachliegenden Forschungspotentials erworben hat.«[22]

Die Affäre Schlüter

Leonhard Schlüter hatte bereits kurz nach dem Krieg begonnen, eine politische Karriere zu starten, wobei er sich zunächst am äußersten rechten Rand des politischen Spektrums engagierte. Im November 1948 zog er für die Deutsche Rechtspartei (DReP) des Adolf von Thadden in den Rat der Stadt Göttingen ein. 1951 wurde er als Spitzenkandidat eines rechten Wahlbündnisses Landtagsabgeordneter in Hannover. Noch im selben Jahr wechselte er unter Vermittlung des Göttinger Oberbürgermeisters Hermann Föge zur FDP-Fraktion über. Dort profilierte er sich vor allem auf dem Gebiet der Schul- und Hochschulpolitik, wobei er sich stets für die Belange der VNAH-Mitglieder einsetzte.[23]

Parallel dazu war er durch seine »Göttinger Verlagsanstalt« stets als Verleger tätig. Neben relativ unverfänglichen, überwiegend wissenschaftlichen Texten erschienen dort Schriften mit eindeutig apologetischen und neona-

---

[22] Mitteilungen für den 131er-Hochschullehrer 1 (1953), H. 3, S. 8.
[23] Vgl. UAG, Kur, PA Klaus-Wilhelm Rath: Aktenvermerk Werner Webers, 19.02.1953: »Am 13. Februar 1953 wurde ich von Ministerialrat Müller und Landesgerichtsrat Nolte gemeinsam zu dem angeregten Vortrag in Sachen Rath empfangen. Es gab sich, daß beide Herren stark unter dem Eindruck wiederholter Intervention des Landtagsabgeordneten Schlüter-Göttingen zugunsten von Prof. Rath standen.«; UAG, Kur, PA Karl Siegert, Bl. 10: Schlüter an Siegert, 18.05.1954: »Seit Verabschiedung der Entnazifizierungsabschlußgesetze haben meine politischen Freunde und ich uns um die Durchführung dieser Gesetze seitens der Verwaltung gekümmert. Wir haben dabei oft Verschleppungen festgestellt, die wiederholt auch im Plenum von uns gerügt wurden. Ich selbst habe mich der Frage der Durchführung der Entnazifizierungsabschlußgesetzgebung in Bezug auf die 131er-Hochschullehrer angenommen. Dies führte zu mehreren Rücksprachen mit Herren des Kultusministeriums, auch mit dem Kultusminister. Bei diesen Besprechungen wurde mir mehrfach von verschiedenen Herren versichert, eine schnelle und für alle Teile zufriedenstellende Regelung der Wiedereingliederung der 131er-Hochschullehrer scheitere, von ein oder zwei irreparablen Fällen abgesehen, am Widerstand einiger Fakultäten. [...] Die Behandlung der Frage des von Ihnen beanspruchten vakanten Lehrstuhls im Kultusausschuß fand gelegentlich der Besprechung einer Eingabe, die der Verband der nicht-amtierenden (amtsverdrängten) Hochschullehrer zu Ihren Gunsten eingebracht hatte, statt.«

zistischen Tendenzen. So veröffentlichten dort u.a. ehemalige politische Größen des NS-Regimes wie Franz von Papen, Heinz Guderian, Ex-Gestapo-Chef Rudolf Diels, der ehemalige NS-Ministerpräsident von Braunschweig Dietrich Klagges oder der Abteilungsleiter der SS-Organisation »Das Ahnenerbe« Josef Otto Plassmann.[24]

Die niedersächsischen Landtagswahlen vom 24. April 1955 ergaben zum ersten Mal nach dem Krieg die Möglichkeit, eine rein bürgerliche Koalition aus CDU, der Deutschen Partei (DP), der FDP und dem Block der Heimatvertriebenen und Entrechteten (BHE) zu bilden. In den Koalitionsverhandlungen schlugen die Freien Demokraten für das Amt des Kultusministers ihren Fraktionsvorsitzenden Franz Leonhard Schlüter vor.

Die Reaktionen auf die Ernennung Schlüters sind bekannt: Am 27. Mai legten Rektor und Senat der Universität Göttingen ihre akademischen Ehrenämter nieder. Der Stadtrat und die Studierendenschaft erklärten sich mit der Universitätsleitung solidarisch, letztere, indem sie einen Fackelzug durch die Innenstadt veranstaltete und anschließend in einen Vorlesungsstreik trat.[25]

Diese Aktionen lösten in der Öffentlichkeit, aber auch in den nichteingeweihten akademischen Kreisen große Überraschung aus. Nur wenige unterstützten zunächst das Verhalten der Göttinger Universität.[26] Vielmehr

---

24 Vgl. O. V., Ein Verlag im Blickpunkt, in: Deutsche Universitätszeitung 10 (1955), H. 11, S. 18. In dem zuvor mit seiner Frau gegründeten »Plesse-Verlag« erschienen zudem die »Erzbischofsschrift« von Hans Grimm, Paul Hausers »Waffen-SS«, »Trotzdem« von Hans-Ulrich Rude und »Nau-Nau gefährdet das Empire« von Werner Naumann. Vgl. Wolfgang Kraushaar, Die Protest-Chronik 1949-1959. Eine illustrierte Geschichte von Bewegung, Widerstand und Utopie, Bd. II: 1953-1956, Hamburg 1996, S. 1192; vgl. auch den Bericht des parlamentarischen Untersuchungsausschusses zur Schlüter-Affäre, abgedr. in: Heinz-Georg Marten, Der niedersächsische Ministersturz. Protest und Widerstand der Georg-August-Universität Göttingen gegen den Kultusminister Schlüter im Jahre 1955, Göttingen 1987, S. 162-173, hier: S. 169. Von Herbert Grabert erschien 1955 in der Göttinger Verlagsanstalt unter dem Pseudonym »Hugo C. Backhaus« das Buch »Volk ohne Führung«. Fünf Jahre später wurde er dafür vom 3. Strafsenat des Bundesgerichtshofs wegen »Verbreitung einer verfassungsfeindlichen Schrift in Tateinheit mit Staatsbeschimpfung in verfassungsfeindlicher Absicht« zu neun Monaten Gefängnis auf Bewährung verurteilt. Ebenfalls wegen »Staatsgefährdung« mußte Leonhard Schlüter als verantwortlicher Verleger eine Geldstrafe in Höhe von 1200 DM bezahlen. Vgl. ebd., S. 87 f.; Finkenberger, Herbert Grabert, S. 85 ff.
25 Vgl. Kraushaar, Protest-Chronik, S. 1192.
26 Lediglich der Rektor der Technischen Universität Braunschweig, Eduard Justi, schloß sich dem Schritt seiner Göttinger Kollegen an und stellte sein Amt zur Verfügung. Vgl. Klaus Erich Pollmann, Hochschulpolitik und Hochschulentwicklung nach 1945, in: Walter Kertz (Hg.), Technische Universität Braunschweig. Vom Collegium Carolinum zur Technischen Universität 1745-1995, Hildesheim 1995, S. 601-643, hier: S. 616.

trafen dort zahlreiche Anschreiben ein, in denen man um Informationen über die genauen Hintergründe der Vorgänge bat.²⁷

Auf den Vorwurf, die Universitätsleitung habe ihre Bedenken gegen Schlüter nicht ausreichend »substanziiert«, antwortete der Dekan der Theologischen Fakultät, Wolfgang Trillhaas: »Wir klagen nicht an. Material zu sammeln oder vorzulegen, ist nicht unsere Aufgabe, es würde sich auch mit der Würde der Universität nicht vertragen.«²⁸

Jedoch war der Rücktritt des Rektors und des Senats einer international renommierten und bekannten Universität überaus spektakulär, und es mußte der Universitätsführung bewußt gewesen sein, daß andere Personen die Aufgabe übernehmen würden, nach den Gründen und Motiven dafür zu suchen.

In diesem Fall waren es zuerst Mitglieder der Göttinger Studierendenschaft. Da ihnen Schlüter weitgehend unbekannt war, begannen sie zu recherchieren und stießen dabei auf die »Göttinger Verlagsanstalt«. Daraufhin stellten sie eine kommentierte Bücherliste mit den einschlägigen Publikationen zusammen und verteilten diese zur Unterstützung des Senats unter den Studierenden.²⁹ Die in Göttingen erscheinende *Deutsche Universitätszeitung* druckte ebenfalls eine solche Liste ab.³⁰ Einige überregionale Zeitungen nahmen den Ball auf, wodurch der Fall zuerst bundesweit, dann auch international Publizität erlangte. Erst danach erfolgten die vielen Solidaritätsadressen und -rücktritte sowie die hymnischen Zeitungsartikel, welche die zurückgetretenen Göttinger Professoren u.a. als die »neuen Göttinger Sieben« feierten.³¹ Durch diesen öffentlichen Druck, der sich auf die Bundesführung der FDP und sogar auf Bundeskanzler Adenauer³² auszuweiten drohte, war Ministerpräsident Hellwege gezwungen, Schlüter fal-

---

27 Vgl. UAG, Handakten des Rektorats (HAR), Stehordner »Sammlung von Zuschriften an Rektor und Senat im Zusammenhang mit der Berufung des Abgeordneten Schlüter zum Niedersächsischen Kultusminister und dem Rücktritt von Rektor und Senat am 26. Mai 1955«, II Doppelakte; vgl. auch Deutsche Universitätszeitung, Sonderdruck 1955, Teil 1, S. II f.
28 Zit. nach O. V., Der Streit um den Minister Schlüter, in: Die Zeit, 02.06.1955.
29 Schriftliche Mitteilung des an der Herstellung der Bücherliste beteiligten Joist Grolle an den Verfasser, 27.01.1999: Grolle und der ebenfalls involvierte Norbert Kamp waren demnach studentische Hilfskräfte am Lehrstuhl des Historikers Percy Ernst Schramm. Da dieser im Senat vertreten war, erfuhren die beiden Studenten frühzeitig von dem innenuniversitären Beratungsprozeß.
30 O. V., Ein Verlag im Blickpunkt, in: Deutsche Universitätszeitung 10 (1955), H. 11, S. 18.
31 Vgl. die Zusammenstellung der nationalen wie internationalen Pressestimmen, in: Deutsche Universitätszeitung, Sonderdruck 1955, Teil 1+2.
32 Viele Kommentatoren warfen Adenauer vor, erst durch sein Drängen sei die niedersächsische CDU bereit gewesen, eine Koalition nach Bonner Verbild zu bilden. Dem

len zu lassen. Überaus unwillig bot dieser am 9. Juni seinen Rücktritt an, woraufhin er zwei Tage später, nach nur 17tägiger Amtszeit, offiziell seine Entlassungsurkunde erhielt.[33]

In der Literatur über die Schlüter-Affäre wird stets betont, daß der universitäre Protest in der Sorge begründet lag, daß der »Rechtsradikalismus in die Regierung eingeschleust« werden könnte.[34] Es läßt sich jedoch zeigen, daß es noch ein weiteres, viel entscheidenderes Motiv hierfür gab, das nicht übersehen werden darf.

Am 24. Mai trafen sich der Universitätsrektor Emil Woermann und Professor Werner Weber mit Schlüter und dem FDP-Landesvorsitzenden Joachim Strömer. Schlüter versuchte dabei von sich aus, die bis zu diesem Zeitpunkt sehr vage gebliebenen Anschuldigungen gegen ihn zu zerstreuen. Zuallererst führte er aus, daß

> »wenn er sich früher für die amtsverdrängten Hochschullehrer eingesetzt habe, so habe er dies als freier Politiker und Verleger getan. Er wisse, daß er als Minister in anderer Weise zur Objektivität und Zurückhaltung verpflichtet sei. Es sei ihm gegenwärtig, daß bei der Wiedereinsetzung amtsverdrängter Professoren die akademischen Organe mitzuwirken hätten.«[35]

Am Ende dieser Besprechung soll dann, so hat es zumindest die FDP danach mehrfach – auch vor dem niedersächsischen Landtag – behauptet, Woermann zu Leonhard Schlüter gesagt haben: »Nehmen Sie doch ein anderes Ministerium, aber nicht gerade das Kultusministerium, dann sind die Schwierigkeiten doch behoben.«[36] Soweit bekannt, hat die Universitätsführung diese Behauptung niemals dementiert.

Bundeskanzler sei es dabei in erster Linie um den Erhalt einer Zweidrittelmehrheit im Bundesrat gegangen. Vgl. Deutsche Universitätszeitung, Sonderdruck 1955, Teil 2, S. V f., XIII.

33 Kraushaar, Protest-Chronik, S. 1194.
34 Marten, Ministersturz, S. 58; vgl. dazu auch Pollmann, Hochschulpolitik, S. 616; Manfred Kittel, Die Legende von der »Zweiten Schuld«. Vergangenheitsbewältigung in der Ära Adenauer, Berlin/Frankfurt a.M. 1993, S. 86-93; Herbert Obenaus, Geschichtsstudium und Universität nach der Katastrophe von 1945: das Beispiel Göttingen, in: Karsten Rudolf/Christl Wickert (Hg.), Geschichte als Möglichkeit. Über die Chancen von Demokratie. Festschrift für Helga Grebing, Essen 1995, S. 307-337, hier: S. 331 ff.
35 Protokoll Werner Webers über die Besprechung. Obwohl Marten die Quelle im Wortlaut wiedergibt, geht er nicht auf diesen Punkt ein. Marten, Ministersturz, S. 29.
36 Zit. nach der FDP-Parteizeitung Das Sprachrohr, Sonderausgabe, Juni 1955, S. 1; vgl. auch die Rede des FDP-Abgeordneten Hedergott während einer außerordentlichen Sitzung des Niedersächsischen Landtages am 11.06.1955: »Wenn dann die verantwortlichen

Während einer Pressekonferenz mit britischen Journalisten wurde den Professoren die Frage gestellt, ob bei einer Berufung Schlüters auf einen anderen Ministerposten die Proteste ebenfalls erfolgt wären, woraufhin der Historiker Percy Ernst Schramm antwortete, daß dies von der Theorie her nicht so schnell zu beantworten sei. Es komme auf den konkreten Fall an.[37]

Deutlicher wurde in dieser Hinsicht schon Wolfgang Trillhaas in einem Gespräch mit der Wochenzeitung *Die Zeit*. Bei einem anderen Kabinettsposten hätte man sich zurückgehalten. Aber Kultusminister? »Das berührt die Universität«.[38]

Zugespitzt formuliert, könnte man sagen, daß Rektor und Senat gegen einen Landwirtschaftsminister Schlüter mit großer Sicherheit nicht protestiert hätten. Schlüters rechtsradikale Dispositionen spielten im professoralen Protest auch eine Rolle. Sie wurden aber erst bedeutsam, als die Universität davon betroffen war und vor allem, als man befürchtete, mit dem neuen Kultusminister könnten die über zehn Jahre währenden Abwehrbemühungen gegen die vollständige Restitution der »Amtsverdrängten« zunichte gemacht werden.

Verlief die Auseinandersetzung zwischen Amtierenden und Nicht-Amtierenden bis dahin weitgehend innerhalb der Universitätsmauern, war durch die öffentliche Aufmerksamkeit nun ein Punkt erreicht, an dem die Diskretion bezüglich der NS-Vergangenheit zu zerbrechen begann.

Die Studierenden hatten auf ihrer Bücherliste die Autoren der Göttinger Verlagsanstalt in drei Gruppen eingeteilt: Die erste umfaßte »Politiker des Dritten Reiches und der Nachkriegszeit«, Die zweite »Professoren, die nicht wieder zur Lehrtätigkeit zugelassen wurden« und die dritte »sonstige Auto-

---

Gremien geprüft haben und entschieden haben: Er wird berufen, und wenn es dann losgeht mit Amtsniederlegung, mit Fackelzug und mit der Forderung auf Abberufung, Presseerklärung usw. usf., dann identifiziert man sich nachträglich mit diesen Vorwürfen! Dieses Verhalten ist für uns deshalb so unverständlich – um das mit Deutlichkeit zu sagen –, weil in diesen Vorbesprechungen, von denen ich vorhin sprach, derselbe Rektor erklärte: Machen Sie doch den Schlüter zu einem anderen Minister! Geben Sie ihm ein anderes Ressort, nur machen Sie ihn nicht zum Kultusminister!«, Stenographischer Bericht, abgedr. in: Marten, Ministersturz, S. 92-161, hier: S. 143. Marten läßt diesen Aspekt unkommentiert.

37 UAG, HAR, Stehordner »Schriftwechsel etc. betr. Berufung des Landtagsabgeordneten Schlüter zum Nieders. Kultusminister«: »Protokoll über die Pressekonferenz mit ausländischen Journalisten im Rektorat am 12. Juni 1955«, vertreten waren: Manchester Guardian, News Chronicle, Daily Mail, Daily Mirror, Evening News and Sunday Dispatch, die BBC und Vertreter der Bundespressestelle.
38 Zit. nach O. V., Der Streit um den Minister Schlüter, in: Die Zeit, 02.06.1955.

ren«.³⁹ Durch ihre Einteilung in die zweite Gruppe fühlten sich die genannten Hochschullehrer derart in ihrer persönlichen Ehre gekränkt, nun öffentlich als Ausgeschlossene, gar als »zweitklassig«⁴⁰ dargestellt zu werden, daß sie Strafanzeige stellten und die Universitätsleitung aufforderten, gegen die Urheber der Flugschrift vorzugehen – was diese dann auch tat.⁴¹

Überaus charakteristisch sind dabei die Schreiben der ehemals zentralen Person in der SS-Unterorganisation »Das Ahnenerbe«, Joseph Otto Plassmann, an den Göttinger Universitätsrichter, in denen er diesen aufforderte, ihm die Urheber des »denunziatorischen Pamphlets« namhaft zu machen:

»Ich bin als Hochschullehrer, der in Ehren in sein Amt gekommen ist, dies Amt in Ehren geführt hat und nur durch das Diktat einer ausländischen Militärdiktatur um Amt und Brot gebracht ist, nicht gewillt, einen solchen Diffamierungsversuch innerhalb einer deutschen Hochschule hinzunehmen. [...] Ich bemerke dazu nur, daß ich meine deutsche Gesinnung nicht mit der Änderung politischer Machtverhältnisse zu ändern pflege, und daß ich daher zu dem stehe, was ich damals geschrieben habe.«⁴²

»Der Lehr- und Forschungsgemeinschaft Das Ahnenerbe e.V. haben außer mir als Abteilungsleiter u.a. folgende Herren angehört:
a) Professor Dr. Wolfgang Krause, heute wie vor 1945 Ordinarius für vergleichende Sprachwissenschaft an der Universität Göttingen;
b) Professor Dr. Ebel, heute wie vor 1945 Ordinarius in der juristischen Fakultät der Universität Göttingen; [...]
Unter Bezug auf die unter a) und b) Genannten stelle ich fest, daß der Versuch, mich als ehemaligen Abteilungsleiter im ›Ahnenerbe‹ zu diffamieren, von Seiten der Korporation der Universität Göttingen ein Schuß in die eigenen Reihen und eine Diffamierung der Georg August Universität ist.«⁴³

Der Universitätsrichter versicherte den vier Studenten, die das Flugblatt verfaßt hatten, intern durchaus seine Sympathie für ihre Handlung. Dennoch ließ er sie wissen, daß die Universität ein dringendes Interesse an einer den genannten Professoren entgegenkommenden Lösung habe. In die Hinter-

39 UAG, HAR III, unpaginiert.
40 So die Einschätzung Birnbaums, ebd.: Vermerk Birnbaums über ein Treffen mit den Studenten Kamp, Lippelt und Grolle, 08.11.1955.
41 UAG, HAR IV, unpaginiert: Staatsanwaltschaft Göttingen an den Universitätsrat, 07.10.1955.
42 Ebd., Plassmann an den Universitätsrichter, 28.05.1955.
43 Ebd., Plassmann an den Universitätsrichter, 01.11.1955.

gründe der Auseinandersetzung mit den »Amtsverdrängten« wurden sie jedoch nicht eingeweiht.[44] Obwohl sie den Sachverhalt richtig dargestellt hatten, wurden die Studenten durch die Universität offiziell »verwarnt«. Zudem forderte man sie auf, sich in einer Bekanntmachung, die an allen Schwarzen Brettern der Universität ausgehängt wurde, öffentlich zu entschuldigen:

> »Nach Belehrung sehen wir ein, daß unsere dabei gemachten Angaben über die Proff. Walter Birnbaum, Konrad Meyer, Hermann Pongs, Klaus-Wilhelm Rath, Karl Siegert und I. O. Plassmann, sie seien nicht wieder zur Lehrtätigkeit zugelassen, fälschlich darauf beruhten, daß sie ihre Lehrtätigkeit zur Zeit nicht ausüben. Wir sehen ein, daß es unsere Pflicht gewesen wäre, den Sachverhalt sorgfältiger zu prüfen. Wir bedauern, daß insoweit der Umdruck geeignet war, das Ansehen der gen. Herren Professoren herabzuwürdigen. Dies ist keineswegs von uns beabsichtigt gewesen.«[45]

Intern hatte man alles versucht, um die mißliebigen Kollegen vom Hochschuldienst fernzuhalten, öffentlich wurde weiterhin Solidarität mit ihnen geübt. Der entscheidende Grund für diese Haltung mag in dem Bemühen gelegen haben, den Konflikt nicht eskalieren zu lassen, d. h. die Diskretion zu wahren, um sich nicht selbst in Gefahr zu bringen.

44 Schreiben Joist Grolles an den Verfasser vom 14.01.2000 u. 27.01.2000 sowie telefonisches Gespräch am 19.01.2000: Demnach wußte Grolle bis zu dem Zeitpunkt nicht, was an der Bücherliste »falsch« war und warum er von der Universität gebeten wurde, sich zu entschuldigen. Man sei den drängenden Bitten nachgekommen und hätte nicht weiter nachgefragt. Ein anderer Beteiligter hat den richtigen Sachverhalt früher erfahren. Norbert Kamp wurde später selbst Rektor der Göttinger Universität und mußte sich in dieser Funktion 1985 erneut mit Walter Birnbaum beschäftigen: Dieser fühlte sich nicht mehr an das Abkommen aus den fünfziger Jahren gebunden, weil er als Emeritus seit längerem keine schriftlichen Mitteilungen mehr von seiner alten Universität erhalten habe. Daher wolle er als ältester lebender Ordinarius offiziell an der 250. Jahrfeier der Hochschule im Jahr 1987 teilnehmen. In einem Brief an das niedersächsische Kultusministerium schilderte Kamp daraufhin noch einmal den Fall Birnbaum. Über das Jahr 1955 berichtete er: »Professor Birnbaum war in dieser Zeit Sprecher der ›amtsverdrängten Hochschullehrer‹ in Göttingen, die ihre Restitutionshoffnungen auf den 1955 bestellten Kultusminister Leonhard Schlüter setzten, der sich aber nicht zuletzt wegen des von der Universität Göttingen ausgehenden Widerstands nur wenige Wochen im Amt halten konnte.« Wenige Monate vor dem Jubiläum ist Walter Birnbaum im Januar 1987 in München gestorben. UAG, Kur, PA Birnbaum, Hauptakte III, unpaginiert: Kamp an das niedersächsische Kultusministerium, 11.11.1985. Der von Marten angegebene Grund für die Entschuldigung, die Veröffentlichungsliste habe sich teilweise als »unzutreffend formuliert« erwiesen, ist demnach nicht richtig. Marten, Ministersturz, S. 53.
45 UAG, HAR III, unpaginiert.

In Bezug auf Leonhard Schlüter schien diese Rechnung nun aber nicht mehr aufzugehen. Obwohl die Leitung der Universität alles getan hatte, um Schlüter öffentlich nicht Rechtsradikalismus vorzuwerfen, ihn also nicht zu »denunzieren« und so scheinbar den eigenen Ehren- und Verhaltenskodex einzuhalten, war dennoch klar, wer letztendlich für seine Demission verantwortlich zeichnete.

Bereits vor seinem Rücktritt erfolgten prompt Vorwürfe gegen seine »Angreifer«. Im Mittelpunkt stand dabei der mutmaßliche Drahtzieher der gesamten Aktion, der Göttinger Rektor Emil Woermann. Unter dem vielsagenden Titel »Der nachgeholte Widerstand – Der Mut kam erst zehn Jahre danach« veröffentlichte das offizielle Mitteilungsorgan der niedersächsischen FDP, *Das Sprachrohr*, pikante Details aus Woermanns Leben vor 1945. So habe sich dieser nachhaltig um ein gutes Verhältnis zu dem NS-Landwirtschaftsminister Darré bemüht und darauf spekuliert, Staatssekretär im Reichsernährungsministerium zu werden. Wie zum Beweis veröffentlichte die Zeitung ein Foto, welches Woermann und Darré in scheinbar trauter Eintracht zeigte. Darüber hinaus habe »dieser Führer im Streit gegen Schlüter« – nachdem er in recht jungen Jahren Rektor der Universität Halle geworden war – in dieser Funktion 1937 einen Rechenschaftsbericht vorgelegt, in dem er die Professoren und Dozenten aufführte, die aus der Universität vertrieben worden waren.

Zwar könne kein »vernünftig und gerecht denkender Mensch« heute noch jemandem, der in die NSDAP eingetreten sei, daraus einen Vorwurf machen, doch wenn jemand wie Woermann,

> »der an den politischen Säuberungen der Hitlerzeit beteiligt war und dabei nicht gedacht hat, aus Protest gegen die politischen Säuberungen zurückzutreten, dann nimmt es wunder, wenn er diesen Protestschritt nach mehr als zehn Jahren gegen einen Kultusminister unternimmt, der selbst zu den Verfolgten des Dritten Reiches gehört hat. Selbst die Massenvernichtungen [sic!] im Dritten Reich haben offenbar nicht dazu gereicht, diesen ›mannhaften Professor‹ zu veranlassen, sein Rektorat während der nationalsozialistischen Zeit niederzulegen.«[46]

Woermann konnte sich noch relativ schnell von den Vorwürfen befreien, indem er u.a. eine Ehrenerklärung von 25 Professoren vorlegte, die unter seinem Rektorat in Halle tätig waren.[47]

---

46 Das Sprachrohr, Sonderausgabe, Juni 1955, S. 3.
47 Deutsche Universitätszeitung 10 (1955), H. 12, S. 15.

Nichtsdestotrotz gerieten noch andere Hochschullehrer unter Druck, da – wie das *Sprachrohr* bemerkte – die Liste der Professoren, die 1955 ihren Widerstand nachholten, verlängert werden könne:

> »Wenn diese Herren heute glauben, eine Legitimation zu einer ›Neo-Entnazifizierung‹ zu haben, so halten wir uns für verpflichtet, ihnen einen Spiegel vorzuhalten. Wir hoffen – und richten das Wort an die Adresse der Herren Professoren Woermann, Trillhaas, Heimpel, Schramm, Weniger und Raiser –, daß es nicht nötig sein wird, noch deutlicher zu werden.«[48]

Man wurde aber deutlicher: Als Schlüters politische Karriere endgültig zerstört war, erschien 1958 in der Göttinger Verlagsanstalt, allerdings anonym, das Buch »Die große Hetze«.[49] In ihm wird ausführlich und geradezu genüßlich ausgebreitet, wie sich die am niedersächsischen Ministersturz beteiligten Professoren, die sich jetzt als Bewahrer der Demokratie fühlten, im »Dritten Reich« verhalten hätten.

Neben Emil Woermanns Rolle als Hallenser Rektor werden dabei u.a. noch aufgeführt: Erich Wenigers Beitrag zur Wehrmachtserziehung, Zitate aus Hermann Heimpels Straßburger Universitätsreden, Werner Webers juristische Rechtfertigung der Führererlasse, Ausschnitte aus Arnold Köttgens Standardwerk des »nationalsozialistischen Verwaltungsrechts«, Wolfgang Sieberts Huldigung an das Parteiprogramm der NSDAP und Ludwig Raisers Interpretation des NS-Eigentumsbegriffes.[50] Wenn man so will, eine der ersten zeitgeschichtlichen Studien über die braune Vergangenheit deutscher Universitäten!

Das Buch hatte jedoch für die angegriffenen Personen keinerlei Folgen. Zum einen, weil Leonhard Schlüter zu diesem Zeitpunkt politisch wie gesellschaftlich weitgehend geächtet war. Seine kaum verhüllte Sympathie für rechtsextreme Positionen, insbesondere für das NS-Regime, trat an vielen Stellen der Schrift unverhüllt zum Vorschein. Zum anderen gestand die deutsche Öffentlichkeit den Professoren ihre »Umwandlung« einfach zu. Selbst überaus konservative Blätter, die sich lange hinter Hellwege und Schlüter gestellt hatten, waren dazu bereit: So kommentierte beispielsweise die Wochenzeitung *Christ und Welt*:

---

48 Das Sprachrohr, Sonderausgabe, Juni 1955, S. 3.
49 O. V., Die große Hetze. Der niedersächsische Ministersturz. Ein Tatsachenbericht zum Fall Schlüter, Göttingen 1958.
50 Ebd., S. 162 ff.

»Weiterhin bemüht sich das Buch, die politische Vergangenheit der protestierenden Professoren aufzublättern mit dem Ziel, ihre Bedenken gegen Schlüters Rechtsdrall zu entwerten. Auch das zieht nicht durch. Selbst wenn man unterstellt, daß alle hier zusammengetragenen Angaben richtig sind, so beweisen sie das Gegenteil dessen, was das Buch beweisen möchte: daß nämlich Menschen, die ihre zeitweise Abkehr von der freiheitlichen Demokratie als Fehler einsehen und als Schuld bekennen, sehr wohl zu ›Hütern der Demokratie‹ (Kapitelüberschrift des Buches) geeignet sind. Sie sind auch legitimiert, sich gegen jemanden zu wenden, der sich in bedenklicher Nachbarschaft des Vergangenen befindet.«[51]

Und der liberalere *Spiegel* kommentierte lediglich, nachdem er die einschlägigen Zitate aus dem Buch noch einmal wiedergegeben hatte:

»Leonhard Schlüter, dessen Nichteignung als Kultusminister jetzt noch deutlicher ist als vor drei Jahren, hat kein Buch überraschender Enthüllungen verlegt. Die Zitaten-Sammlung beweist nicht mehr als die leidig bekannte Tatsache, daß seinen Kotau vor dem NS-Staat gemacht hat, wer in Deutschland in den dreißiger Jahren ein öffentliches Amt bekleidete, manch einer freilich einen recht komisch-tiefen Kotau.«[52]

Fazit

Die Entstehung des Verbandes der nicht-amtierenden (amtsverdrängten) Hochschullehrer war die Konsequenz eines partiellen Umwidmungs- und Reinigungsprozesses, dem sich die westdeutsche Hochschullehrerschaft nach Ende des Krieges unterzog. Sie nutzte die politische Säuberung der Alliierten, um sich von den fachlich ungenügend qualifizierten NS-Trittbrettfahrern und denjenigen zu trennen, die gegen die eigenen berufsethischen Prinzipien verstoßen hatten. Ganz in der von Fritz Ringer beschriebenen Tradition der Mandarine wollte man wieder uneingeschränkt die Qualifikationsmaßstäbe für den Eintritt in die akademische Elite festlegen und kontrollieren.[53]

Die Selbstverständlichkeit, mit der die angestammte »Türsteher-Funktion« nach 1945 ausgeübt wurde, zeugt nicht nur von einem wiedergewonnenen, in den meisten Fällen wohl eher ungebrochenen Berufsstolz: Obwohl es

---

51 O. V., »Die janze Richtung paßt uns nicht«, in: Christ und Welt, 03.07.1958.
52 O. V., Man redet griechisch, in: Der Spiegel, 25.06.1958.
53 Vgl. Fritz K. Ringer, Die Gelehrten. Der Niedergang der deutschen Mandarine 1890-1933, Stuttgart 1983, S. 16.

dem Nationalsozialismus bekanntlich nie gelungen war, die korporative Autonomie der Fakultäten vollständig zu beseitigen,⁵⁴ eröffnete das ostentative Beharren auf dem Recht zur Selbstrekrutierung die Chance, sich in die Reihe der Geschädigten eines scheinbar antiintellektuellen Regimes zu stellen, das in *einigen* Fällen den Versuch unternommen hatte, die gewohnten fachwissenschaftlichen Leistungsstandards »gewaltsam« zu untergraben. Der eigene, überaus freiwillige Beitrag zur Diktatur trat dahinter zurück.

Jedoch waren die an der Tür Abgewiesenen vielfach nicht dazu bereit, stillschweigend die ihnen zugedachte Rolle als »schwarze Scharfe« zu spielen. Die unverhohlenen Vergangenheitsdrohungen in der Auseinandersetzung mit dem VNAH verdeutlichen, wie instabil und störanfällig das System der »gewissen Stille« mitunter sein konnte. Letztendlich war es zum Scheitern verurteilt: Trotz aller nach außen vorgetragenen Amnesie war das Wissen um die braune Vergangenheit stets vorhanden und konnte jederzeit als Waffe eingesetzt werden.

Nichtsdestotrotz gelang es dem Verband der amtsverdrängten Hochschullehrer in letzter Konsequenz nicht, die Ergebnisse der Entnazifizierung vollständig zu revidieren. Der akademischen Vergangenheitspolitik waren somit Grenzen gesetzt. Als deren – im wahrsten Sinne des Wortes – »stille« Gewinner können jene zum Teil schwer belasteten Professoren und Dozenten bezeichnet werden, die zunächst entlassen worden waren und denen die vollständige Wiederherstellung und Dominanz der traditionellen Rekrutierungsregeln die Möglichkeit bot, wieder Anschluß an die Hochschulen der jungen Republik zu finden.

Darüber hinaus förderte die Herausforderung, die der VNAH für die Personalpolitik der Mandarine darstellte, Solidarisierungseffekte zwischen Nicht-Belasteten und Belasteten innerhalb der Hochschullehrerschaft und verstärkte für letztere die Notwendigkeit einer möglichst geräuschlosen Reintegration. Politischer Opportunismus wurde zum Gebot der Stunde.

Von einer wie auch immer gearteten »Verwestlichung« war die Mehrheit der westdeutschen Hochschullehrer in den Anfangsjahren der Bundesrepublik noch weit entfernt. Auch der Protest gegen den niedersächsischen Kultusminister Leonhard Schlüter entsprang noch der »vorrepublikanischen«

---

54 Vgl. u.a. Reece C. Kelly, Die gescheiterte nationalsozialistische Personalpolitik und die mißlungene Entwicklung der nationalsozialistischen Hochschulen, in: Manfred Heinemann (Hg.), Erziehung und Schulung im Dritten Reich. Teil 2: Hochschule, Erwachsenenbildung, Stuttgart 1980, S. 61-76; Hellmut Seier, Die Hochschullehrerschaft im Dritten Reich, in: Klaus Schwabe (Hg.), Deutsche Hochschullehrer als Elite 1815-1945, Boppard am Rhein 1988, S. 247-295.

Mandarinenkultur, gewann aber durch ein nicht intendiertes Medienecho seine eigene Dynamik und Brisanz. Ob und in welchem Ausmaß der dabei erfolgte demokratische Ritterschlag half, hier eine Veränderung zu bewirken, läßt sich abschließend noch nicht beantworten.

Heimkehr und Wiederkehr

CAROLA DIETZE

Kein Gestus des Neubeginns
Helmuth Plessner als remigrierter Soziologe in der Wissenschaftskultur der Nachkriegszeit

Am 28. April 1933 teilte die Universität Köln ihrem Extraordinarius Helmuth Plessner mit, daß sie vom Minister für Wissenschaft, Kunst und Volksbildung beauftragt worden sei,

> »allen Privatdozenten und Honorarprofessoren mit oder ohne Lehrauftrag sowie den beurlaubten beamteten Dozenten, die den §§ 3 oder 4 des Gesetztes zur Wiederherstellung des Berufsbeamtentums unterfallen, dringend zu empfehlen, bis zur endgültigen Entscheidung ihrer Rechtslage durch den Herrn Minister ihre venia legendi nicht auszuüben, da andernfalls eine Gefährdung der öffentlichen Ordnung und Sicherheit an der Hochschule zu besorgen sei, die das Ansehen der Dozenten und der Hochschule schädigen würde.«

Das Schreiben ohne Anrede und Unterschrift zitierte außer dieser ministeriellen Anweisung lediglich die genannten Paragraphen aus dem Reichsgesetzblatt und enthielt daneben nur noch die lapidare Bemerkung: »Das Kuratorium übermittelt Ihnen hiermit diese dringende Empfehlung.«[1] Jedoch wird diese Ankündigung des Lehrverbots Helmuth Plessner kaum mehr in Köln erreicht haben. Denn am 25. April 1933 war sein Vater gestorben. Der hochangesehene Wiesbadener Arzt hatte sich ob der diskriminierenden Maßnahmen gegen jüdische Ärzte das Leben genommen.[2]

Ganz anders als bei seinen Kollegen stellte sich für Helmuth Plessner in dieser Situation die Frage einer irgend gearteten »professionellen Selbstmobilisierung« nicht. Statt dessen war er in den folgenden Wochen damit beschäftigt, den Haushalt seiner Eltern aufzulösen, den Umzug seiner Mutter wie auch seinen eigenen zu organisieren und seine Emigration vorzuberei-

---

1 UB Groningen, Helmuth Plessner-Archiv, Dokumentenmappe (9). Mein herzlicher Dank für die Diskussion dieses Aufsatzes in den verschiedenen Phasen seiner Entstehung sowie für hilfreiche Anmerkungen geht an Dr. Frank Bösch, Barne Flatow, Thomas Künzel, Kai Arne Linnemann, Dr. Daniela Münkel und Gerhard Rammer. Gerda Huisman danke ich für die schnelle Versorgung mit Kopien aus dem Nachlaß Helmuth Plessners in Groningen.
2 Vgl. Monika Plessner, Die Argonauten auf Long Island. Begegnungen mit Hannah Arendt, Theodor W. Adorno, Gershom Scholem und anderen, Berlin 1995, S. 40.

ten. Die Betrachtung des Remigranten Helmuth Plessner bietet damit ein komplementäres Fallbeispiel für die These, daß das Verhältnis der meisten »daheimgebliebenen« Wissenschaftler zum nationalsozialistischen Regime als eine professionelle Selbstmobilisierung zu beschreiben ist und dieser Selbstmobilisierung nach dem Zusammenbruch des Regimes intellektuelle, professionelle und institutionelle Umwidmungsprozesse folgten.³ Komplementär ist dieser Fall deshalb, weil hier erstens die dem Umwidmungsprozeß vorausgehende Selbstmobilisierung für die nationalsozialistischen Machthaber nicht stattfand und zweitens in der Nachkriegszeit auch keine Umwidmung folgte. An die Stelle der Selbstmobilisierung tritt die Erfahrung der Vertreibung aus Deutschland und der Integration im Exilland, die inhaltlich mit einer deutlichen Abgrenzung vom NS sowie einer Kontinuität von Positionen und Themen des Werkes einherging. Und an die Stelle der Umwidmungsprozesse treten die Schwierigkeiten der Rückkehr und Eingliederung eines Remigranten in die bundesdeutsche Gesellschaft als einer mannigfaltig strukturierten Heimat.⁴ Auch während dieses Reintegrationsprozesses wich Plessner inhaltlich nicht von seinen Grundüberzeugungen und -interessen ab. Gerade aus dieser Kontinuität der Themen und des Denkens ergab sich allerdings in der Nachkriegszeit eine Sonderposition Plessners innerhalb der Wissenschaftskultur der Bundesrepublik. Denn wäh-

---

3   Vgl. zum Begriff der »Selbstmobilisierung«, der 1974 von Karl-Heinz Ludwig geprägt wurde, v.a. Herbert Mehrtens, Kollaborationsverhältnisse: Natur- und Technikwissenschaften im NS-Staat und ihre Historie, in: Christoph Meinel und Peter Voswinckel (Hg.), Medizin, Naturwissenschaft, Technik und Nationalsozialismus. Kontinuitäten und Diskontinuitäten, Stuttgart 1994, S. 13-32, insbes. S. 27 ff., der den Begriff allerdings erst auf die intensivierte Kooperation von Wissenschaftlern mit dem NS-Regime im Rahmen der Kriegsforschung seit 1942 bezieht. Zu den der Wissenschaft inhärenten Hintergründen einer Selbstmobilisierung am Beispiel der Mathematik vgl. die interessanten Thesen in Herbert Mehrtens, Irresponsible purity: the political and moral structure of mathematical sciences in the National Socialist state, in: Monika Renneberg und Mark Walker (Hg.), Science, Technology and National Socialism, Cambridge 1994, S. 324-413. Das Konzept der Umwidmung schließt an Mitchell G. Ash, Verordnete Umbrüche – Konstruierte Kontinuitäten: Zur Entnazifizierung von Wissenschaftlern und Wissenschaften nach 1945, in: Zeitschrift für Geschichtswissenschaft 43 (1995), H. 10, S. 903-923 an.
4   Vgl. zur Remigration in den Wissenschaften die entsprechenden Beiträge in Claus-Dieter Krohn et al. (Hg.), Exilforschung. Ein internationales Jahrbuch: Exil und Remigration. Band 9, München 1991; Claus-Dieter Krohn und Patrick von zur Mühlen (Hg.), Rückkehr und Aufbau nach 1945. Deutsche Remigranten im öffentlichen Leben Nachkriegsdeutschlands, Marburg 1997 sowie Anikó Szabó, Vertreibung, Rückkehr, Wiedergutmachung. Göttinger Hochschullehrer im Schatten des Nationalsozialismus. Mit einer biographischen Dokumentation der entlassenen und verfolgten Hochschullehrer: Universität Göttingen – TH Braunschweig – TH Hannover – Tierärztliche Hochschule Hannover, Göttingen 2000.

rend insbesondere die einflußreichen »daheimgebliebenen« und remigrierten Soziologen im Zuge ihrer Umwidmungsprozesse einen Gestus vom Neubeginn vertraten und während andere sich eher leise und mit unterschiedlich großem Engagement und Erfolg von der Vergangenheit zu lösen trachteten, weigerte Helmuth Plessner sich, den Gestus des Neubeginns mitzuvollziehen und konnte seine innovativen Themen in bewußter Kontinuität fortführen. Mit einer solchen Position stand er in der bundesrepublikanischen Wissenschaftslandschaft der Nachkriegszeit allerdings recht alleine da.

1. Entfremdung und Werkkontinuität statt Selbstmobilisierung

Helmuth Plessner gehörte einer Generation von Akademikern und Akademikerinnen an, die noch im Kaiserreich ihre politische und wissenschaftliche Sozialisation erhalten hatte. 1892 war er als Sohn eines aus jüdischer Familie stammenden Arztes in Wiesbaden geboren, welcher zusammen mit Plessners Mutter, die aus einem protestantischem Elternhaus kam, ein international frequentiertes Sanatorium direkt am Kurpark leitete. Protestantisch getauft, verstand Plessner sich als Lutheraner; er war liberal und kosmopolitisch eingestellt, dabei aber zugleich Preuße und Patriot. Ob seiner patriotischen Gesinnung hatte er sich beim Ausbruch des Ersten Weltkrieges auch sofort freiwillig gemeldet. Wegen einer Behinderung des rechten Armes war er jedoch ausgemustert worden. Im Studium war Plessner in seinen politischen Anschauungen stark von Max Weber beeinflußt worden, an dessen Jour Fixe er in Heidelberg teilgenommen hatte. Neben der Liberalität Webers teilte er fortan auch dessen Ablehnung jeglichen Utopismus. Eigene politische Erfahrungen im »Rat der geistigen Arbeiter« der Münchener Räterepublik konnten ihn in seiner Hochschätzung der Realpolitik nur zusätzlich bestärken. Sie vermittelten ihm darüber hinaus aber auch einen scharfen Blick für politische Entwicklungen.[5] In den Jahren der Weimarer Republik hatte Plessner an der Universität Köln gelehrt und war dort zuletzt nichtbeamteter außerordentlicher Professor mit einem gut besoldeten Lehrauftrag für Philosophie gewesen. Als ihm in Köln am 2. September 1933 die Venia legendi entzogen wurde, ging er ins Exil. Zunächst versuchte er sein Glück vergeblich an der neugegründeten Universität Istanbul, kam jedoch zu Beginn des Jahres 1934 an der niederländischen Rijksuniversiteit

---

5 Vgl. etwa Plessners 1921 geäußerte Warnungen vor einer zu geringen Wehrhaftigkeit der Weimarer Republik gerade gegenüber rechten Bewegungen in: Helmuth Plessner, Universität und Staatsinteresse (Teil II), in: Hochschulblatt der Frankfurter Zeitung, 3. Nov. 1921, S. 3.

Groningen unter. 1943 erneut von der deutschen Besatzungsmacht entlassen, überlebte er den Krieg, indem er erst in Utrecht und dann in Amsterdam untertauchte. Bis 1951 blieb er noch in den Niederlanden, wo er zuletzt das Ordinariat für Philosophie an der Groninger Universität innehatte und kehrte dann als Göttinger Ordinarius für Soziologie nach Deutschland zurück.

Die Erfahrung der Vertreibung und der Integration in den Niederlanden, die komplementär zu der Selbstmobilisierung der meisten »daheimgebliebenen« Professoren steht, reflektierte Plessner recht genau. Die mit dem Verlust der Heimat und dem interkulturellen Lernen verbundenen Prozesse faßte er in den Begriff der »Entfremdung«. Es war eine Entfremdung, die ihn seine Heimat und auch sich selbst auf neue Art und Weise sehen ließ. Als Philosoph legte er seine Gedanken – weitgehend entpersönlicht – im Rahmen eines Aufsatzes zu Fragen der Erkenntnisprozesse in den Natur- und Geisteswissenschaften – Erklären und Verstehen – dar. »Mit anderen Augen« heißt der Text, den der Emigrant 1948 noch in den Niederlanden schrieb[6], und der ein Beispiel für den Prozeß wissenschaftlichen Wandels durch Reflexivität (Mitchell G. Ash) bietet, ein Beispiel für »creating science from one's own biography«.[7]

Plessner argumentiert hier, daß jedem Verstehen als dem Durchdringen einer geisteswissenschaftlichen Tatsache ein Prozeß der Entfremdung vorausgehen muß. Das Leben im gewohnten Umkreis wird dabei von ihm wie folgt beschrieben: »Im vertrauten Milieu der Heimat werden wir alles mehr oder weniger selbstverständlich finden [...]. Alles geht wie von selbst, natürlich, als ob es so sein müßte, und auch wir gehen wie von selbst auf den vertrauten Wegen, ohne viel zu sehen.«[8] Erst der Prozeß der Entfremdung öffnet den Blick, für die Dinge, die vorher selbstverständlich waren: »Man muß der Zone der Vertrautheit fremd geworden sein, um sie wieder sehen zu können. Mit erfrischten Sinnen genießt man die Wiederbegegnung mit dem nun sichtbar gewordenen Umkreis, der uns zugleich freundlich um-

---

6   Helmuth Plessner, Mit anderen Augen. Aus einer nicht erschienenen Festschrift für G. Misch, 1948, in: ders., Zwischen Philosophie und Gesellschaft, Bern 1953, S. 204-217, wieder abgedruckt in: Günter Dux et al. (Hg.), Helmuth Plessner. Gesammelte Schriften. 10 Bände, Frankfurt a.M. 1980-1985; im Folgenden zitiert als GS, Band VIII, S. 88-104. Den gleichen Titel trägt auch der 1985 erschienene letzte Sammelband Helmuth Plessners: Helmuth Plessner, Mit anderen Augen. Aspekte einer philosophischen Anthropologie, Stuttgart 1982.
7   Mitchell G. Ash, Scientific Changes in Germany 1933, 1945, 1990: Towards a Comparison, in: Minerva. A Review of Science, Learning and Policy 37 (1999), H. 4, S. 329-354.
8   Plessner, Mit anderen Augen, S. 92.

schließt und als Bild gegenübertritt. In verstärktem Maße erlebt diese Entfremdung, wer als Kind seine Heimat verließ und als reifer Mensch dahin zurückkehrt, vielleicht am intensivsten der Emigrant, der auf der Höhe des Lebens seine tausend in heimisches Erdreich und überkommenen Geist gesenkten Wurzelfasern bis zum Zerreißen gespannt fühlt, wenn er die ganze Überlieferung, aus der heraus er wirkt, nicht wie die Heimat glaubt, durch die Brille der ihn freundlich beschützenden Fremde, sondern *mit anderen Augen* wieder entdeckt.«[9]

Der Katalysator für eine solche Fähigkeit des anderen und neuen Sehens ist für Plessner die Erfahrung von Schmerz, wie er sie bei der Vertreibung aus der Heimat erlebt hat. So heißt es bei ihm weiter – nach wie vor in Bezug gesetzt zu geisteswissenschaftlichen Erkenntnisprozessen: »Nicht nur fremdes Leben, auch das eigene Milieu, das eigene Land, die eigene Tradition und ihre großen Figuren mit anderen Augen sehen lernen ist die Kunst der Geisteswissenschaften, die aktiviert durch ein echtes Erlebnis, d.h. durch Schmerz, die Vertrautheit zerstört, so daß es uns wie Schuppen von den Augen fällt. [...] Der Schmerz ist das Auge des Geistes.«[10] Doch neben der gesteigerten Wahrnehmungsfähigkeit birgt dieser Schmerz Plessner zufolge auch Möglichkeiten in sich: »Wenn das Verstehen zu den wirklichen geschichtlichen Bedingungen seiner selbst durchdringt, wenn es sie ins Bewußtsein hebt und nicht ruht, bevor es nicht selbst fremd geworden ist und im distanzierenden Blick sich selbst begreift, erwächst dem Menschen daraus eine neue Sicherheit und Freiheit.«[11] Eine neue Sicherheit und Freiheit als Gewinn der Distanzierung zum Eigenen und zu sich selbst: Leise mag man hier das Motiv der exzentrischen Positionalität des Menschen vernehmen.[12]

Nimmt man Helmuth Plessner als komplementäres Fallbeispiel zu »daheimgebliebenen« Akademikern, so tritt also eine Entfremdung von Deutschland und der deutschen Denktradition an die Stelle einer Selbstmobilisierung

---

9 Ebd., S. 92 f.
10 Ebd., S. 95.
11 Ebd., S. 101 f.
12 Zur exzentrischen Positionalität des Menschen vgl. v.a. Helmuth Plessner, Die Stufen des Organischen und der Mensch. Einleitung in die philosophische Anthropologie, Berlin/Leipzig 1928, wieder abgedruckt in: GS IV, z.B. S. 364. Eine literarische Analyse der Erfahrungen von Vertreibung und Neuintegration, die zu ganz ähnlichen Aussagen kommt, findet sich bei der exilierten Lyrikerin und Schriftstellerin Hilde Domin. Vgl. insbesondere Hilde Domin, Das zweite Paradies. Roman, Frankfurt a.M. 3. Aufl. 1999 sowie dies., Gesammelte autobiographische Schriften. Fast ein Lebenslauf, Frankfurt a.M. 1998. Zu Domins Lyrik und Prosa vgl. v.a. Bettina von Wangenheim (Hg.), Heimkehr ins Wort. Materialien zu Hilde Domin, Frankfurt a.M. 1982.

im Sinne einer Verfügbarmachung der eigenen wissenschaftlichen Ressourcen für ein neues politisches Regime.[13] Eine solche Entfremdung heißt jedoch nicht, daß Plessner mit Deutschland gebrochen hätte. Auch im niederländischen Exil blieb er Deutschland verbunden und dem, was er als deutsche Denktraditionen ansah, verpflichtet. Dies zeigt sich sowohl in seinem Verhalten als auch in seiner Korrespondenz und in seinen Werken. So fuhr Plessner noch bis 1942 mindestens zwei Mal im Jahr nach Deutschland. Nachdem dies 1943 erstmals nicht mehr gelungen war, schrieb er an Erich Rothacker nach Bonn: »Aber in diesem Jahr Reisen, wenn man nicht muss? Und doch fehlt's mir sehr. Ich hänge nun einmal mit allen Fasern meines Herzens an unserem Deutschland.«[14] Und die *Verspätete Nation*[15], hervorgegangen aus Vorlesungen für Hörer aller Fakultäten an der Universität Groningen, kann durchaus als ein Versuch gelesen werden, sich und seinem niederländischen Publikum die weitreichenden und ernstzunehmenden politischen und geistesgeschichtlichen Probleme des östlichen Nachbarn zu erklären und nahezubringen.

Daß Plessner Deutschland und der deutschen Denktradition bei aller Entfremdung verpflichtet blieb, bedeutet wiederum nicht, daß er die Zustimmung mancher der ehemaligen Kollegen für das neue Regime nicht wahrgenommen hätte. Im Gegenteil. In seinen Aufsätzen findet er durchaus deutliche Worte für das, was er im akademischen Bereich beobachten konnte, so, wenn er das Heideggersche Denken als »präfascistische Philo-

---

13 Zu der Frage, ob und inwiefern ein direkt komplementärer Prozeß auch bei akademischen Emigranten und Emigrantinnen in Bezug auf ihr Gastland stattfand, d.h. inwieweit die eigenen wissenschaftlichen Ressourcen im Exil etwa in den Dienst von Freiheit und Demokratie gestellt wurden, vgl. die Fallbeispiele der in die USA emigrierten Historiker in Hartmut Lehmann und James J. Sheehan (Hg.), An Interrupted Past. German-Speaking Refugee Historians in the United States after 1933, Cambridge 1991 sowie die des Gestalt-Psychologen Kurt Lewin in Mitchell G. Ash, Emigré Psychologists after 1933: The Cultural Coding of Scientific and Professional Practices, in: Mitchell G. Ash und Alfons Söllner (Hg.), Forced Migration and Scientific Change. Emigré German-Speaking Scientists and Scholars after 1933, Cambridge 1996, S. 117-138 und seines Kollegen Max Wertheimer in Anne Harrington, Reenchanted Science. Holism in German Culture from Wilhelm II to Hitler, Princeton (New Jersey) 1996, S. 132 ff. Auch bei Helmuth Plessner scheint ein solcher Prozeß in einem gewissen Umfang stattgefunden zu haben. Dem wäre jedoch an anderer Stelle eigens nachzugehen.
14 UB Bonn, Nachlaß Rothacker, Brief von Helmuth Plessner an Erich Rothacker vom 14. November 1943.
15 Helmuth Plessner, Das Schicksal deutschen Geistes im Ausgang seiner bürgerlichen Epoche, Zürich/Leipzig 1935 später neu aufgelegt als Die verspätete Nation. Über die politische Verführbarkeit bürgerlichen Geistes, Stuttgart 1959, GS VI, S. 7-223, hier zitiert nach der Ausgabe Frankfurt a.M., 5. Aufl. 1994.

sophie, listenreich, böse und kühn«¹⁶ bezeichnet oder mit Blick auf die nationalsozialistische Ideologie schreibt: »Auf der Stufe der Verhunzung begegnet heute vieles, das einer großen Anschauung entstammt. Was haben Rosenberg, Günther und die hundert anderen aus Biologie und Vorgeschichte gemacht? Was ist unter den Händen der Propaganda aus den keimenden Erkenntnissen gerade dieser Lieblingswissenschaft der letzten fünfzig Jahre geworden!«¹⁷ Gerade einen solchen Ausruf des Bedauerns kann jedoch nur jemand äußern, dem das, was er verhunzt sieht, am Herzen liegt und den der Anblick dessen folglich schmerzt.

Das bleibende Gefühl der Verpflichtung gegenüber Deutschland bedeutet aber genauso wenig, daß Plessner die Diskriminierungen und Verfolgungen, die in Deutschland betrieben wurden, nicht gesehen oder daß er die Verbrechen des Holocaust und des Krieges verdrängt hätte. Insbesondere die Artikel, die der Untergetauchte in Zeitungen des niederländischen Untergrunds veröffentlichte, zeigen deutlich, daß er sehr wohl um Konzentrationslager, die Vergasung tausender von Menschen und Erschießungen unschuldiger Bürger und Bürgerinnen wußte und sich des Ausmaßes der Verbrechen bewußt war.¹⁸ Die Artikel, die z.B. die Schuldfrage, die Situation Österreichs oder Fragen der Legitimation der alliierten Bombenangriffe auf deutsche Städte behandeln, verdeutlichen aber zugleich auch wieder, daß Plessner mit Deutschland trotz alledem nicht brechen wollte, daß er abwägend zu erklären und zu verstehen suchte, wo irgend zu erklären und zu verstehen war, und daß er sich gleichwohl mit Deutschland und seiner Geschichte identifizierte. Das 1959 der *Verspäteten Nation* vorangestellte Motto von Thomas Mann »daß es nicht zwei Deutschland gibt, ein böses und ein gutes, sondern nur eines, dem sein Bestes durch Teufelslist zum Bösen ausschlug«¹⁹ scheint deshalb auch schon für Plessners Haltung im Exil gegenüber Deutschland bezeichnend.

Durch die aktuellen Entwicklungen in seiner Heimat sah sich Helmuth Plessner eher auf traurige Weise bestätigt, als daß sie sein Denken in Frage

---

16   Helmuth Plessner (unter dem Pseudonym Ulrich Eyser), Lage der deutschen Philosophie, in: Maß und Wert. Zweimonatsschrift für freie deutsche Kultur. Hrsg. von Thomas Mann und Konrad Falke 2 (1939), H. 6, S. 796-815, hier S. 806.
17   Ebd., S. 808.
18   Vgl. etwa die folgenden ehemals anonym veröffentlichten Artikel, die nun als zum Plessnerschen Werk gehörig identifiziert werden konnten: Helmuth Plessner, Het probleem Duitsland, in: De Vrije Katheder 4 (1944), H. 12, S. 1-3; ders., Oosterijk, in: De Toekomst (1944), H. 3, S. 3-5 sowie ders., Het wapen tegen den totalen staat, in: De Toekomst (1944), H. 4, S. 7-8.
19   Plessner, Die verspätete Nation, S. 9.

stellten. Deshalb führte er die Themen und Gedanken aus der Weimarer Zeit in seinen im Exil entstandenen Arbeiten weitgehend ungebrochen fort.[20] So baute Plessner seine Philosophische Anthropologie systematisch weiter aus, indem er in *Lachen und Weinen*[21] die exzentrische Positionalität des Menschen an Hand der *case-studies* von Lachen und Weinen, also des menschlichen Umgangs mit Grenzsituationen, erhärtete. Oder er führte zusammen mit Frederik J. J. Buytendijk in einem Aufsatz, der die Werke Pawlows methodisch kritisierte, Überlegungen fort, welche die beiden schon 1925 in »Die Deutung des mimischen Ausdrucks« gemeinsam publiziert hatten.[22] Eine Bestätigung durch die Ereignisse in Deutschland konnte Helmuth Plessner jedoch vor allem hinsichtlich seiner Sozialphilosophie sehen. Seine Warnungen vor romantischem Utopismus und sozialem Radikalismus hatten sich als nur allzu berechtigt herausgestellt[23] und seine Diagnose, daß

---

20 Lediglich einzelne und eher geringfügig erscheinende Verschiebungen des Denkens lassen sich bei einer hohen Kontinuität der Grundfigurationen ausmachen. Vgl. zur der Kontinuität der Grundfigurationen, aber auch zu den einzelnen Verschiebungen v.a. den ersten Teil der Arbeit von Joachim Fischer, Philosophische Anthropologie. Zur Bildungsgeschichte eines Denkansatzes, Diss. Göttingen 2000.

21 Helmuth Plessner, Lachen und Weinen. Eine Untersuchung nach den Grenzen menschlichen Verhaltens, Bern 1941, wieder abgedruckt in: GS VII, S. 201-387. Vgl. zum systematischen Zusammenhang des Plessnerschen philosophischen Werkes die entsprechenden Abschnitte in Felix Hammer, Die exzentrische Position des Menschen. Methode und Grundlinien der philosophischen Anthropologie Helmuth Plessners, Bonn 1967 sowie Hans Redeker, Helmuth Plessner oder die verkörperte Philosophie, Berlin 1993 und Fischer, Philosophische Anthropologie.

22 Helmuth Plessner zusammen mit Frederik J.J. Buytendijk, Die Deutung des mimischen Ausdrucks. Ein Beitrag zur Lehre vom Bewußtsein des anderen Ich, in: Philosophischer Anzeiger 1 (1925), S. 72-126, wieder abgedruckt in: GS VII, S. 67-129 sowie dies., Die physiologische Erklärung des Verhaltens. Eine Kritik an der Theorie Pawlows, in: Acta Biotheoretica. Series A 1 (1935), H. 3, S. 151-172, wieder abgedruckt in: GS VIII, S. 7-32.

23 Vgl. v.a. Helmuth Plessner, Grenzen der Gemeinschaft. Eine Kritik des sozialen Radikalismus, Bonn 1924, wieder abgedruckt in: GS V, S. 7-133 sowie erneut hrsg. von Joachim Fischer, Frankfurt a.M. 2002. Vgl. weiter etwa Helmuth Plessner, Politische Kultur, in: Frankfurter Zeitung, 3. April 1921; ders., Politische Erziehung in Deutschland, in: Die Zukunft, 5. Nov. 1921, S. 149-165; ders., Universität und Staatsinteresse (Teil I), in: Hochschulblatt der Frankfurter Zeitung, 20. Okt. 1921, S. 3 und Plessner, Universität und Staatsinteresse (Teil II). Zu der in Helmut Lethen, Verhaltenslehren der Kälte. Lebensversuche zwischen den Kriegen, Frankfurt a.M. 1994 vorgelegten Lesart der Grenzen der Gemeinschaft, die von der hier zugrundeliegenden Interpretation der Abhandlung abweicht, vgl. insbes. die gründliche Replik von Joachim Fischer, Panzer oder Maske. ›Verhaltenslehren der Kälte‹ oder Sozialtheorie der ›Grenze‹, in: Wolfgang Eßbach, Joachim Fischer und Helmut Lethen (Hg.), Plessners ›Grenzen der Gemeinschaft‹. Eine Debatte, Frankfurt a.M. 2002, S. 80-102 sowie die Beiträge von Axel Honneth, Kai Haucke und Dorothee Kimmich im selben Band.

viele Deutsche bei solchen Illusionen Zuflucht suchten, weil sie von der Deutschland rapide erfassenden Moderne verunsichert waren, nur als allzu treffend.²⁴ Auch in dieser Hinsicht brauchte er also seine Gedanken aus den zwanziger und frühen dreißiger Jahren nicht zu revidieren, sondern konnte sie systematisiert und aktualisiert fortführen.²⁵

Gerade die ungebrochene Verbundenheit mit Deutschland und der deutschen Philosophie hielt bei aller Entfremdung den Wunsch nach einer Remigration in Plessner lebendig. Zunächst blieb er für weitere sechs Jahre in den Niederlanden und ergriff dann die Chance einer Rückkehr in die Heimat. Die Möglichkeiten und Grenzen, die sich bei dieser Rückkehr und vor allem bei der Reintegration in die universitäre und intellektuelle Welt der frühen Bundesrepublik auftaten, waren jedoch zumindest indirekt von den intellektuellen, professionellen und institutionellen Umwidmungsprozessen der im nationalsozialistischen Deutschland aktiven Wissenschaftler und Wissenschaftlerinnen geprägt.

2. Rückkehr in berufliche und andere Heimaten

Der Begriff »Heimat« ist im Deutschland des 20. Jahrhundert politisch stark strapaziert worden. Aus diesem Grund erfreut er sich unter bundesdeutschen Intellektuellen schon seit längerem einer eher zweifelhaften Beliebtheit. Unweigerlich drängen sich Assoziationen von kitschigem Heimatfilm und betulicher Kaffeefahrt, von Landsmannschaften und Heimatfront auf, so daß eine Hinterfragung und Ironisierung des Begriffs fast unvermeidlich scheinen.²⁶ Anders stellte sich dies für Remigranten und Remi-

---

24 Vgl. etwa Helmuth Plessner, Die Untergangsvision und Europa, in: Der neue Merkur 4 (1920), S. 265-279, wieder abgedruckt in: Helmuth Plessner: Politik, Anthropologie, Philosophie. Aufsätze und Vorträge, hrsg. von Salvatore Giammusso und Hans-Ulrich Lessing, München 2001, S. 33-46 sowie ders., Macht und menschliche Natur. Ein Versuch zur Anthropologie der geschichtlichen Weltansicht, Berlin 1931, wieder abgedruckt in: GS V, S. 135-234.

25 Vgl. insbes. Plessner, Die verspätete Nation. Selbst für Plessner, Macht und menschliche Natur gilt, wenngleich mit gewissen Einschränkungen, daß eine Revision nicht notwendig war. Vgl. dazu etwa Axel Honneth, Bespr. von: Rüdiger Kramme, Helmuth Plessner und Carl Schmitt. Berlin 1989, in: Kölner Zeitschrift für Soziologie und Sozialpsychologie 43 (1991), S. 155-158, wieder abgedruckt in: Wolfgang Eßbach, Joachim Fischer und Helmut Lethen (Hg.): Plessners ›Grenzen der Gemeinschaft‹. Eine Debatte, Frankfurt a.M. 2002, S. 21-28.

26 Aus der umfangreichen Literatur seien eine Anzahl ganz unterschiedlicher Titel herausgegriffen: einige der Texte in Martin Walser, Heimatkunde, Frankfurt a.M. 1968, die

grantinnen dar, die häufig den Begriff der Heimat zwangloser zu benutzen gelernt hatten²⁷, die real aus dem, was ihnen eine Heimat war, hatten fliehen müssen und die sich von einer Rückkehr zumeist auch irgendeine Form der Heimkehr erhofften. Insbesondere intellektuelle Rückkehrer und Rückkehrerinnen setzten sich deshalb häufig intensiv mit den Möglichkeiten, Grenzen und Formen von Heimat nach der Erfahrung einer Vertreibung auseinander. Stellvertretend für viele soll hier der Kritiker und Publizist Ludwig Marcuse zitiert werden, der mit einfachen, klaren Worten seine Heimat in Deutschland definierte.²⁸ Dabei legt er eine Heimatidee zu Grunde, die für sentimentale Überhöhungen oder Verklärungen denkbar ungeeignet ist. Marcuse reflektiert über seine Situation als Remigrant wie folgt:

»Ich bin, zunächst einmal im Land meiner ersten neununddreißig Jahre, im Land der Sprache, die ich spreche und schreibe [...]. Und ganz genau: nicht so sehr in einem Land als in dem Zimmer, in welchem mein Schreibtisch steht. Die Tannen zur Seite, der See unten [...] und noch weiter zurück die Berge sind mein Horizont. Innerhalb dieses weiten Gehäuses finde ich noch keine Bundesrepublik. [...] Ich schneide mir also die noch zu allgemeine Frage auf meine Maße zu und überlege: [...] In welcher der Bundesrepubliken lebe ich? Zum Beispiel nicht [...] im viel zitierten Wirtschaftswunderland [...]. Daß Adenauer ging, ändert an meiner kleinen Bundesrepublik nichts. [...] Entscheidender ist jener bundesrepublikanische Bezirk: in dem [...] ein Verleger oder ein Redakteur, der die Macht hat und sie ausübt, mir an den Kragen will. Diese

---

Theaterstücke von Martin Sperr, Bayrische Triologie, Frankfurt a.M. 1972, die Satiren in Jürgen Roth und Rayk Wieland (Hg.), Öde Orte. Ausgesuchte Stadtkritiken: von Aachen bis Zwickau, Leipzig 4. Aufl. 2001, die Überlegungen von Bernhard Schlink, Heimat als Utopie, Frankfurt a.M. 2000 sowie die »Antikritik« von Martin Hecht, Das Verschwinden der Heimat. Zur Gefühlslage der Nation, Leipzig 2000. Einen guten Überblick über die Diskussionen gibt Konrad Plieninger, »... überströmenden Herzens von der Heimat künden«. »Heimat« – schillerndes Leitbild im Wandel von Schule und Gesellschaft, in: Geschichte in Wissenschaft und Unterricht 46 (1995), S. 697-715.
27 Vgl. auch die Verwendung des Begriffs von Helmuth Plessner in seinen oben zitierten Ausführungen zur Entfremdung (S. 76 f.).
28 Anfang der sechziger Jahre wurde der in die USA emigrierte Kritiker und Schriftsteller Ludwig Marcuse von Hermann Kesten gebeten, einen Beitrag für das Bändchen *Ich lebe nicht in der Bundesrepublik* zu schreiben. Doch kurz zuvor hatte Marcuse sich gerade wieder in Deutschland niedergelassen. So heißt sein Beitrag denn auch Ludwig Marcuse, Lebe ich oder lebe ich nicht in der Bundesrepublik?, in: Hermann Kesten (Hg.), Ich lebe nicht in der Bundesrepublik, München 1964, S. 107-113.

Bundesrepublik ist für mich entscheidend – ob ich in Süd-Kalifornien sitze oder im Kreis Miesbach ... solange ich deutsche Bücher und Artikel veröffentliche und in Deutschland Vorträge halte. In dieser Bundesrepublik lebe ich – in Deutschland oder außerhalb – ziemlich am Rande.«[29]

Die Bestandteile der Heimat Marcuses sind konkret, kleinräumig und klar benennbar: Es ist die deutsche Sprache, sein Arbeitszimmer, die Landschaft, die sich seinem Blick aus dem Fenster darbietet. An anderer Stelle fügt er Geräusche und Gerüche hinzu sowie Freunde.[30] Mit dem Staatsgebilde der Bundesrepublik ist Heimat bei Marcuse keinesfalls identisch. Ebenso wenig ist sie national konnotiert. Beide Räume – Deutschland und die Bundesrepublik – wären für sein Verständnis zu groß. In ihnen gibt es zu viele Welten, mit denen er nichts gemein hat. Heimat wird hier also quasi dekonstruiert – ist verortet und ortlos zugleich. Sie ist verortet über den Schreibtisch, Städte oder Landschaften, den Wohnort von Freunden und einen bestimmten Sprachraum. Doch weil ein Schreibtisch an vielen Orten aufgestellt werden kann, ist Heimat zugleich auch ortlos. Zumindest für diejenigen, die mehr als eine Stadt oder Landschaft zu schätzen wissen, die vielerorts Freunde haben und auch in anderen Sprachräumen auf deutsch schreiben können. Der Heimatort wird somit zu einer Frage der Wahl. Er ist nicht qua Geburt festgelegt, auch wenn der Geburtsort ein besonderer Ort bleibt. Ein besonderer Ort unter anderen besonderen Orten – dem Ort der Rettung zum Beispiel.

Entscheidend ist hier vor allem, daß für Marcuse der Verlauf der Integration in das berufliche Umfeld von zentraler Bedeutung für die Frage ist, ob die alte Heimat eine neue werden kann. Der Publizist nannte Verleger und Redakteure, welche für ihn – gleichgültig, in welcher »Wahlheimat« er sich niedergelassen hat – entscheidend bleiben. Und unabhängig vom Wohnort verbindet ihn die schriftstellerische Arbeit auf deutsch für Deutsche vor allen anderen Dingen mit seiner alten Heimat. »Der Rubikon wird erst überschritten – nicht, wenn ich nach Ascona oder Rom oder Pacific Palisades verziehe, sondern wenn ich nichts mehr veröffentliche«, heißt es ausdrücklich an anderer Stelle bei ihm.[31] Die entscheidende Heimat ist für

---

29   Ebd., hier S. 107–110.
30   Etwa das Rauschen eines nahen Gebirgsbaches, der Duft von gestapeltem frischem Holz sowie »die paar Menschen [...], die meine (provisorische oder letzte) Heimat freundlich möblieren.« Ebd., S. 112.
31   Ebd.

Intellektuelle immer wieder die geistige Heimat.[32] Dahinter steht ein einfaches Prinzip: Heimat ist dort, wo man selbst, wo die eigenen Gedanken und das eigene Können gebraucht werden.[33] Diese geistige Heimat ist für Marcuse nur noch über die Rezipienten und Rezipientinnen geistiger Produkte und die entsprechenden Vermittlungsinstanzen verortet. Bei Plessner jedoch mußte eine Rückkehr in die deutsche akademische Welt enger mit einer Rückkehr nach Deutschland – an eine deutsche Universität – verbunden sein.

Die Heimatkonstellationen vieler intellektueller Remigranten lassen sich demnach als eine Kombination von Wahlheimaten rund um oder in Verbindung mit beruflichen Heimaten beschreiben. Für Remigrantinnen stellte sich dies typischer Weise anders dar: die nichtberufstätigen Frauen waren zumeist fremdbestimmt ihren Ehemännern in die Remigration gefolgt und fühlten sich dort nun völlig entwurzelt und jeder Heimat beraubt. Die Tatsache, daß sich aber für berufstätige Frauen die Situation in der Regel ähnlich darstellte wie für Männer, bestätigt einmal mehr, daß ein ausfüllender Beruf ein entscheidendes Moment für eine gelungene Remigration war. Sie bekräftigt die zentrale Bedeutung der beruflichen Heimat.[34]

Somit erhellen die Überlegungen Ludwig Marcuses auch die Koordinaten der Plessnerschen Heimaten. Auch bei Plessner läßt sich die Pluralität der Heimaten beobachten, und auch bei ihm ist die geistige Heimat zentral: Plessners deutsche Wahlheimat war Göttingen. Es ist die Stadt, in der er – wie er immer wieder schreibt – in jungen Jahren bei Husserl studierte.[35] In Göt-

---

32 Vgl. etwa auch Hilde Domin, die sich mit den folgenden Worten an die nach Stockholm emigrierte Nelly Sachs wendet: »Daher also schreibst Du [...] natürlich in erster Linie für die, deren Muttersprache deutsch ist. Und deren Muttersprache deutsch sein wird [...]. Und bist daher ein deutscher Dichter und kannst gar nichts anderes sein.« Hilde Domin, Offener Brief an Nelly Sachs. Zur Frage der Exildichtung, in: Hilde Domin (Hg.), Gesammelte Autobiographische Schriften. Fast ein Lebenslauf, Frankfurt a.M. 1998, S. 167-175, hier S. 172.
33 Vgl. auch Domin, Das zweite Paradies, S. 74 f.
34 Vgl. dazu Martina Kliner-Fruck, »Das Komische war, die Frauen wollten immer nicht zurück.« Deutsch-jüdische Frauen in der Remigration, in: Ariadne. Almanach des Archivs der deutschen Frauenbewegung (1995), H. 27, S. 22-27 sowie als Quellenbeispiel Malka Schmuckler, Gast im eigenen Land. Emigration und Rückkehr einer deutschen Jüdin. Autobiographie, Ratingen 1997.
35 Vgl. etwa Helmuth Plessner, Die ersten zehn Jahre Soziologie in Göttingen, in: Mens en Maatschappij 40 (1965), S. 448-454, wieder abgedruckt in: Helmuth Plessner: Politik, Anthropologie, Philosophie. Aufsätze und Vorträge, hrsg. von Salvatore Giammusso und Hans-Ulrich Lessing, München 2001, S. 325-333, hier S. 325 sowie den Beitrag Plessners zum Blaubuch, in: Carola Dietze, »Nach siebzehnjähriger Abwesenheit ...« Das Blau-

tingen baute er ein ganz auf die eigenen Bedürfnisse zugeschnittenes Haus, dort war er eingebunden in die Universität, dort lebten alte und neue Freunde. Auch sagte die Landschaft um Göttingen Plessner zu und war die Umgebung für seine obligatorischen langen Spaziergänge gut geeignet. Doch neben der Göttinger Wahlheimat gab es andere Heimaten: Wiesbaden, die Stadt, in der Plessner aufgewachsen war und die er jedes Jahr zwei Mal besuchte[36], sowie die Niederlande, wo er siebzehn Jahre lang lebte und wo er mit Hilfe von Freunden und Schülern vor allem überlebte. Eine weitere Wahlheimat war nicht zuletzt die Schweiz, wohin Plessner – so irgend möglich – mindestens einmal im Jahr reiste und wohin er sich schließlich als Emeritus zurückzog.

Jedoch erwuchs auch bei Plessner die Motivation zur Remigration vor allem aus dem Wunsch nach einer intensiveren Anteilnahme an seiner geistigen Heimat: der deutschen Philosophie und Soziologie. Nicht zu Unrecht ist Plessners Groninger Abschiedsvorlesung[37], in der er die geringe Affinität der Holländer zur Philosophie historisch erklärte, von Freunden und Schülern quasi als Begründung für seine Rückkehr interpretiert worden, als ein Wink in die Richtung, daß ihm in den Niederlanden für die Reflexion seiner Gedanken letztlich doch die Gesprächspartner und für ihre Verbreitung der Resonanzboden fehlte.[38] Und auch als Hinweis darauf, daß er sich und seine Philosophie aus dem deutschen Denkkontext kommen sah und in diesen Kontext zurückkehren wollte.

3. Rückkehr in die geistige Heimat: Werkkontinuität statt Umwidmungsprozesse

Anders als Marcuse, der – wie er schrieb – in seiner beruflichen Heimat »ziemlich am Rande«[39] lebte, hatte Helmuth Plessner in der akademischen Welt der Geistes- und Sozialwissenschaften, die seine geistige Heimat darstellte, schon bald eine durchaus zentrale Position inne, nimmt man die Art

---

buch. Ein Dokument über die Anfänge der Soziologie in Göttingen nach 1945 unter Helmuth Plessner, in: Jahrbuch für Soziologiegeschichte 1997/98 (2001), S. 243-300, S. 264 f.

36 Gespräch mit Monika Plessner am 2. August 2001, MD 1.10, Abschnitt 12.
37 Vgl. Helmuth Plessner, Nederland en de Wijsbegeerte. Afscheidscollege aan de Rijksuniversiteit te Groningen 1951, in: De Gids. Algemeen Cultureel Maandblad 115 (1952), S. 45-56, wieder abgedruckt in: GS IX, S. 373-383.
38 Daß Helmuth Plessner und seine Philosophie heute in den Niederlanden stärker präsent zu sein scheinen als in Deutschland, sei hier nur am Rande bemerkt.
39 Marcuse, Lebe ich oder lebe ich nicht in der Bundesrepublik?, S. 110.

und die Anzahl seiner Ämter als Maßstab. So wurde er in Göttingen von seiner Fakultät zum Dekan sowie schließlich auch von der Universität zum Rektor gewählt. Darüber hinaus war er Mitglied der Göttinger Akademie der Wissenschaften. Der Deutschen Gesellschaft für Soziologie stand er ebenso wie der Allgemeinen Gesellschaft für Philosophie viele Jahre als Präsident vor und konnte die Politik beider Organisationen nachhaltig prägen. Ihre Mitglieder wählten Plessner zum DFG-Gutachter in Soziologie und Philosophie. Aber auch von Universitäten aus dem ganzen Bundesgebiet und einigen Kultusministerien wurde er als Gutachter bei Berufungsverhandlungen hinzugezogen.

Während also in institutioneller Hinsicht die Rückkehr und Reintegration Plessners in die bundesrepublikanische Hochschullandschaft ausgesprochen gut gelang, stellte sich die Heimkehr in das intellektuelle Feld der Bundesrepublik als schwieriger dar. Dies soll im folgenden an Hand der Soziologie verdeutlicht werden. Denn gemessen an Plessners eigenen Hoffnungen und Erwartungen, gemessen an der breiten Rezeption anderer Soziologen der Zeit wie Theodor W. Adorno, Max Horkheimer, René König und Helmuth Schelsky, an denen auch Plessner sich orientierte, gemessen aber vor allem an seinem Potential und seiner Originalität läßt sich eine relativ geringe Rezeption der Plessnerschen Arbeiten konstatieren, die in einem erklärungsbedürftigen Mißverhältnis zu seiner herausragenden Position in universitären Strukturen und Wissenschaftsverbänden steht.[40] Auch einige Zeitgenossen bemerkten dies. So antwortete beispielsweise Wolf Jobst Siedler, aufgefordert drei Bücher zu nennen, »mit denen es in der Nachkriegsliteratur nicht gerecht zugegangen ist«: »Ich mache zuerst Helmuth Plessner namhaft, einen Kopf allerersten Ranges, im Grenzgebiet von Philosophie und Soziologie denkend, mit Blicken auf seelische Zwischenschichten, die ihn den großen Psychologen der Zeit zuordnen.« Und die »großen politischen und gesellschaftswissenschaftlichen Werke« beiseite lassend, führte er die Essays »Das Lächeln« sowie *Lachen und Weinen* an, »die zwar in engen Zir-

---

40 Für die Reintegration Plessners in die bundesdeutsche Philosophie ist die Tendenz ähnlich – wie auch das folgende Zitat von Wolf Jobst Siedler zeigt, das sich auf Schriften bezieht, die eher philosophischen Charakters sind. Die Auseinandersetzungen und Verschiebungen innerhalb des Faches Philosophie betreffen jedoch andere Methoden und Inhalte als innerhalb der Soziologie, so daß eine eigene Untersuchung notwendig wäre, um die hier entscheidenden Faktoren herauszuarbeiten. Daß eine strikte Unterteilung der Plessnerschen Arbeiten in soziologische einerseits und philosophische andererseits letztlich nicht immer möglich ist, sei hier nur am Rande vermerkt.

keln einigen Ruhm genießen, der jedoch in keinem Verhältnis zu der Macht steht, die Heidegger, Jaspers oder Adorno über das intellektuelle Deutschland besitzen.«[41]

Zwar muß bei solchen Beobachtungen in Rechnung gestellt werden, daß sowohl Max Horkheimer und Theodor W. Adorno als auch René König und Helmut Schelsky in Frankfurt, Köln und Dortmund personell und finanziell gut ausgestattete Institute zur Verfügung standen. Plessner hingegen mußte sich bis zu seiner Emeritierung mit einem kleinen Seminar bescheiden, das – wie Christian Graf von Krockow es treffend beschreibt – »personell wie materiell beim Nullpunkt begann, personell stets sehr beschränkt blieb, materiell mit Widrigkeiten rang, räumlich ins idyllisch-museale Dachgestühl [des universitätseigenen Reitstalls; C. D.] eingedrängt«[42] war. Doch auch die sehr unterschiedlich gute Ausstattung erklärt noch nicht, warum die Studien, die Plessner trotz der widrigen Umstände anstieß und/ oder durchführte, auf eine insgesamt nur geringe bis mäßige Resonanz stießen: die dreibändige Hochschulstudie[43] z.B. oder die zahlreichen Schriften, die so weit auseinanderliegende Themen wie Sport und Technik, Elite und Malerei sowie Krieg und Frieden behandeln.[44] Ein anderer möglicher Einwand – daß der *Verspäteten Nation* doch ein Erfolg beschieden war, wie man ihn sich besser kaum wünschen könnte – trifft hingegen nicht wirklich zu. Schließlich war das Buch schon 1935 während der Emigrationsjahre erschienen und wurde 1959 nur neu aufgelegt. Die Frage bleibt also bestehen: Warum stand Plessner – in seine geistige Heimat zurückgekehrt – dort intellektuell doch eher am Rande?

---

41 Wolf Jobst Siedler, Kritiker antworten: Das sollten Bestseller sein!, in: Westermanns Monatshefte 103 (1962), H. 11, S. 19. Vgl. auch Gustav Seibt, Vom Recht auf Maske. Besser spät als nie: Heute muß man Plessner lesen, in: Frankfurter Allgemeine Zeitung, 4.9.1992, S. 33 sowie den übereinstimmenden Tenor weiterer Artikel zu Plessner-Jubiläen.
42 Vgl. den Beitrag Krockows zum Blaubuch, in: Dietze, »Nach siebzehnjähriger Abwesenheit ...« Das Blaubuch, S. 283.
43 Ilse Asemissen et al., Nachwuchsfragen im Spiegel einer Erhebung 1953-1955, Göttingen 1956; Alexander Busch, Stellenplan und Lehrkörperstruktur der Universitäten und Hochschulen in der Bundesrepublik und in Berlin (West) 1953/54, Göttingen 1956 und Christian von Ferber, Die Entwicklung des Lehrkörpers der deutschen Universitäten und Hochschulen 1864-1954, Göttingen 1956.
44 Vgl. etwa die Aufsätze in Helmuth Plessner, Zwischen Philosophie und Gesellschaft. Ausgewählte Abhandlungen und Vorträge, Bern 1953 sowie Helmuth Plessner, Diesseits der Utopie. Ausgewählte Beiträge zur Kultursoziologie, Düsseldorf 1966. Ein Überblick über die intellektuelle Produktion Plessners zu soziologischen Themen in seiner Göttinger Zeit findet sich in Dietze, »Nach siebzehnjähriger Abwesenheit ...« Das Blaubuch.

Ein Grund für diese intellektuelle Marginalisierung innerhalb der Soziologie könnte in den unterschiedlichen Weisen des Umgangs mit der Vergangenheit gelegen haben, wie sie sich durch das oben angesprochene komplementäre Verhältnis von Helmuth Plessner zu vielen »Daheimgebliebenen« ergab.[45] Damit ist gerade nicht gemeint, daß Plessner schon allein in seiner Eigenschaft als Remigrant oder ob mahnender Äußerungen hinsichtlich des Nationalsozialismus aktiv von anderen Soziologen und Soziologinnen ausgegrenzt worden wäre.[46] Gemeint ist statt dessen, daß Helmuth Plessner durch seine kontinuierliche Fortführung von Methoden und Themen in Bezug zu den meisten anderen wichtigen Gruppen der bundesdeutschen Nachkriegssoziologie in einer gegenläufigen Arbeits- und Denkbewegung begriffen war. Dies läßt sich zumindest dann annehmen, wenn gezeigt werden kann, daß diese anderen Gruppen innerhalb der Soziologie zumeist durch vielförmige Umwidmungsprozesse versuchten, einen Bruch mit der Vergangenheit zu markieren und Abstand zu eigenen Anschauungen und Publikationen aus den Jahren des »Dritten Reichs« zu gewinnen. Als eine Form solcher Umwidmungsprozesse kann ein Gestus des Neubeginns angesehen werden, der sich vor allem auf die Methoden des Faches erstreckte, aber durchaus auch die zu untersuchenden Inhalte der Soziologie betraf.

Helmuth Plessner hingegen weigerte sich, diesen in der Soziologie der Nachkriegszeit vorherrschenden Gestus des Neubeginns zu übernehmen. Er weigerte sich als Emigrant, der um die Folgen von nationalsozialistischer

---

45 Andere mögliche Gründe sollen damit allerdings nicht ausgeschlossen werden. So mögen ein auch heute noch von Karl-Siegbert Rehberg konstatiertes Unbehagen an der Aufgabenstellung der Philosophischen Anthropologie – auf der auch Plessners soziologisches Denken in vieler Hinsicht beruhte – und die mangelnde Eingängigkeit dieser philosophischen Texte ihr Übriges zu der relativ geringen Rezeption beigetragen haben. Doch sind solche Argumente nur von einer begrenzten Tragkraft: So erfuhr etwa Theodor W. Adorno eine breite Rezeption, obwohl auch seine Texte keine »Gute-Nacht-Lektüre« darstellen und müßte gerade das Unbehagen an der Philosophischen Anthropologie in ähnlicher Weise historisch untersucht und erklärt werden, wie dies für Plessners Soziologie im folgenden versucht wird. Zu der Feststellung Rehbergs vgl. Karl-Siegbert Rehberg, Positionalität und Figuration gegen jede Gemeinschafts-Verschmelzung. Soziologisch-anthropologische Theorieverschränkung bei Helmuth Plessner und Norbert Elias, in: Wolfgang Eßbach, Joachim Fischer und Helmut Lethen (Hg.), Plessners ›Grenzen der Gemeinschaft‹. Eine Debatte, Frankfurt a.M. 2002, S. 213-247, hier S. 216.

46 Mit diesem Globalvorwurf, der notwendige Differenzierungen außer Acht läßt, ist die Remigrationsforschung häufig allzu schnell bei der Hand. Vgl. etwa die resümierenden Äußerungen von Marita Krauss zur Remigration von wissenschaftlichen Eliten: »Emigranten waren lästige Mahner. Ihre moralischen Positionen wollte niemand nachvollziehen, ihre Ansprüche verstand man nicht.« Marita Krauss, Heimkehr in ein fremdes Land. Geschichte der Remigration nach 1945, München 2001, S. 91 f. Daß auch Helmuth Plessner Angriffe und Ausgrenzungen erlebt hat, spricht nicht gegen obigen Einwand.

Rassenpolitik und deutscher Besatzung in Europa nur zu genau wußte und als Verfolgter auch keinen Anlaß zum Vergessen hatte. Er weigerte sich aber auch als Deutscher und Patriot, als jemand, der sich zutiefst mit der deutschen philosophischen Tradition verbunden fühlte und der als solcher nicht bereit war, mit der deutschen Tradition die eigene Tradition entweder zu verdammen oder leise zu verabschieden. Für ihn gab es ja auch keinen Anlaß, von irgend etwas Abstand zu nehmen. Anstatt den Neubeginn zu predigen oder die Abstandnahme zu praktizieren, führte Plessner deshalb inhaltlich und thematisch seine Interessen und Fragen aus der Weimarer Zeit und dem Exil fort – allerdings mit etwas anderen Augen hinsichtlich Deutschlands und der deutschen philosophischen Tradition.

Dafür seien im folgenden einige Anhaltspunkte genannt: Sowohl remigrierte als auch daheimgebliebene Soziologen, die in der Nachkriegszeit einflußreich waren, forderten in den fünfziger Jahren wiederholt die Notwendigkeit eines methodischen Neubeginns des Faches. Ein solcher sollte sich vor allem mit Hilfe einer Übernahme der in den USA häufig praktizierten empirischen Methoden vollziehen. So sprach beispielsweise Theodor W. Adorno in seinem 1952 gehaltenen Vortrag »Zur gegenwärtigen Stellung der empirischen Sozialforschung in Deutschland« davon, daß die deutsche geisteswissenschaftliche Soziologie dringend des Korrektivs der empirischen Methoden bedürfe[47], und Helmut Schelsky schrieb noch 1981 in *Rückblicke eines »Anti-Soziologen«*, daß seine Bilanz aus dem Vergangenen »in erster Linie aus einer entschiedenen Abwendung von der Philosophie« bestanden habe.[48] Auch René König wußte sich hierin mit Adorno und Schelsky grundsätzlich einig.[49] Über einen methodischen Neuanfang hinaus sollte aber auch inhaltlich neu begonnen werden: Konkrete und gegenwartsbezogene Soziologie war die allgemeine Forderung, mit der eine Abkehr von der historischen Soziologie vollzogen werden sollte.[50] Das Ziel einer solchen

47 Theodor W. Adorno, Zur gegenwärtigen Stellung der empirischen Sozialforschung in Deutschland, in: Rolf Tiedemann (Hg.), Theodor W. Adorno. Soziologische Schriften I, Frankfurt a.M. 1972, S. 478-499, S. 481.
48 Helmut Schelsky, Soziologie – wie ich sie verstand und verstehe, in: ders., Rückblicke eines ›Anti-Soziologen‹, Opladen 1981, S. 70-108, hier S. 74.
49 Vgl. zu der Übereinstimmung in der Forderung nach mehr Empirie in der deutschen Soziologie etwa Paul Nolte, Die Ordnung der deutschen Gesellschaft. Selbstentwurf und Selbstbeschreibung im 20. Jahrhundert, München 2000, S. 237 f.
50 Ebd., S. 258. Nolte folgt dabei den ensprechenden Sozialforschern sowohl in deren Einschätzung, daß ein solcher Neubeginn notwendig gewesen sei, als auch darin, daß er tatsächlich erfolgte. Eine Vorstellung und teilweise Rehabilitierung der historischen Soziologie unternimmt Volker Kruse, Historisch-soziologische Zeitdiagnosen in West-

gegenwartsbezogenen Soziologie bestand zumeist darin, unerwünschte soziale Folgen des Krieges rechtzeitig zu erkennen und ihnen durch Politikberatung und *social engineering* präventiv begegnen zu können. Beliebte und gleich vielfach untersuchte Themen waren demnach die Familie, die Jugend, Mütter und die Großstadt. Die Fragehaltung erscheint dabei vor allem durch die Angst vor sozialer Desintegration bestimmt.[51]

Plessner schätzte dagegen die allgemeine Beschwörung des Neubeginns weder in seiner methodischen noch in seiner inhaltlichen Variante. 1965 schrieb er für die niederländische soziologische Zeitschrift *Mens en Maatschappij* einen Rückblick auf seine Tätigkeit in Göttingen. Darin heißt es: »Dafür gab es nach dem Zusammenbruch eine ganze Reihe Philosophen, welche ihrer Herkunft abschworen und mit dem Eifer von Apostaten und Konvertiten aus den Enttäuschungen ihrer frühen Jahre die äussersten Konsequenzen totaler Entideologisierung ziehen wollten. Sie schienen unter ihrem philosophischen Training wie unter einem Minderwertigkeitskomplex zu leiden und kompensierten ihn mit einer Technik geistigen Atemanhaltens, die zu einem zweiten unconditional surrender unter die amerikanischen Methoden der Sozialforschung führte. Nachdem die Herren ihre Gründerjahre hinter sich haben, sind sie ruhiger geworden und scheinen random sample, repräsentativen Querschnitt und Verkoden nicht mehr für eine Geheimlehre zu halten, die man nur im fernen Westen lernen kann.«[52] Zu seiner eigenen Haltung schreibt er dagegen: »Für diese Kinderkrankheiten war ich zu alt. Ich habe von keiner Methode mehr erwartet, als dass sie in einer bestimmten Hinsicht Ordnung gewährt. Ich habe auch von der Soziologie kein anderes Heil erwartet.«[53] Mit diesen leicht spöttischen Äußerungen distanzierte sich Plessner deutlich von anderen Soziologen seiner Zeit. Er stand zu seiner philosophischen Ausbildung und arbeitete selbst unbeirrt weiter, je nach Thema in soziologisch-geisteswissenschaftlicher Manier oder mit den Methoden empirischer Sozialforschung.[54] Dabei hielt er die Empirie

deutschland nach 1945. Eduard Heimann, Alfred von Martin, Hans Freyer, Frankfurt a.M. 1994.

51 Vgl. hier neben den Arbeiten Helmut Schelskys auch die von Renate Mayntz, Elisabeth Pfeil, Hilde Thurnwald und Gerhard Wurzbacher. Zu der politischen Bedeutung dieser Studien vgl. Robert G. Moeller, Geschützte Mütter. Frauen und Familien in der westdeutschen Nachkriegspolitik, München 1997.

52 Plessner, Die ersten zehn Jahre Soziologie in Göttingen, S. 326.

53 Ebd.

54 Vgl. zu Plessners Fruchtbarmachung der Phänomenologie für die Soziologie und zu seinen methodischen Grundüberzeugungen auch Christian von Ferber, Interdisziplinarität und Praxisorientierung – nur eine Utopie? Ein Plädoyer für die Phänomenologie, in: Karl Martin Bolte und Friedhelm Neidhardt (Hg.), Soziologie als Beruf. Erinnerungen

nicht für eine allein amerikanische Erfindung. So zitierte Plessner in der Eröffnungsansprache zum Berliner Soziologenkongreß 1959 zustimmend Leopold von Wiese, der 1954 an die deutsche Tradition der empirischen Soziologie erinnert hatte, und fuhr fort: »Vieles, was uns jetzt als neu aus dem Auslande bezogene Lehre vorgesetzt wird, ist altes Herkommen bei uns. Nur der Name hat gewechselt.«[55] Ebensowenig stellte die Empirie für ihn eine Sicherung gegen ideologische Verirrungen dar. Statt dessen war und blieb sie ihm ein schlichtes Hilfsmittel bei der Erhebung und Durchdringung sozialwissenschaftlichen Datenmaterials.

Inhaltlich führte Helmuth Plessner Interessen fort, die er schon in den zwanziger Jahren ausgeprägt hatte. Hier ist beispielsweise die Wissenssoziologie zu nennen. Schon zu dem von Max Scheler 1924 herausgegebenen Band *Soziologie des Wissens* hatte er einen Beitrag mit dem Titel »Zur Soziologie der modernen Forschung und ihrer Organisation in der deutschen Universität« geliefert.[56] Damit waren die institutionellen Grundlagen von Wissenschaft in das Blickfeld des Lehrbeauftragten für Erkenntnistheorie der Naturwissenschaften geraten. 1933 mußte der Kölner außerordentliche Professor dann am eigenen Leibe erfahren, inwiefern die Bereitschaft vieler Akademiker, die Vertreibungsmaßnahmen der Nationalsozialisten gutzuheißen, auch mit der Organisation der Hochschule zusammenhing. »Jetzt gibt's Platz!« soll ein Privatdozent neben Plessner ihm in der entsprechenden Konzilssitzung zugeraunt haben, nicht ahnend, daß sein Gegenüber gerade seine Venia legendi verlor.[57] Im Exil führte Helmuth Plessner prompt eine Studie über niederländische Privatdozenten durch. Leider verbrannte das Material dieser Arbeit fast vollständig bei der Befreiung Groningens im Mai 1945.[58] In Göttingen standen Plessner dann die finanziellen und personellen

---

westdeutscher Hochschulprofessoren der Nachkriegsgeneration, Baden-Baden 1998, S. 109-129.
55 Helmuth Plessner, Der Weg der Soziologie in Deutschland, in: Merkur 14 (1960), H. 143, S. 1-16, wieder abgedruckt in: GS X, S. 191-211, hier S. 207.
56 Helmuth Plessner, Zur Soziologie der modernen Forschung und ihrer Organisation in der deutschen Universität, in: Max Scheler (Hg.), Soziologie des Wissens, Leipzig 1924, S. 407-425, wieder abgedruckt in: GS X, S. 7-30.
57 Gespräch mit Monika Plessner am 2. August 2001, MD 1.10, Abschnitt 6.
58 Vgl. den von Helmuth Plessner und Ewald W. Hofstee verfaßten Bericht: De werkzaamheden van het ›Sociologisch Instituut‹ aan de Rijks-Universiteit te Groningen, gedurende de periode 1938-1945 en de ontwikkeling van het onderwijs in de sociale wetenschappen en het sociaal-wetenschappelijk onderzoek aan deze Universiteit (UB Groningen, Helmuth Plessner-Archiv, 6/20) vom Juli 1945 sowie Helmuth Plessner, Vorwort, in: Ilse Asemissen, et al., Nachwuchsfragen im Spiegel einer Erhebung 1953-1955, Göttingen 1956, S. 9-18.

Ressourcen für eine umfassende Analyse der Struktur und Geschichte der deutschen Universitäten zur Verfügung. Die Studie sollte die Grundlagen für eine Hochschulreform liefern[59], die unter anderem auch der Misere von Privatdozenten ein Ende setzen sollte und war tatsächlich ein Beginn der Wissenschaftsforschung in der Bundesrepublik.

Doch ließ sich mit einer solchen Untersuchung in den fünfziger Jahren kaum reüssieren. Denn hier wurde nicht der neueste Gesellschaftstrend in »wissenschaftlich untermauerte(r) bzw. getarnte(r) Publizistik«[60] aufgegriffen – wie Christian von Ferber mit Blick auf Helmut Schelsky schrieb – und auch keine spektakuläre Umwälzung innerhalb der modernen Gesellschaft prophezeit. Statt dessen enthielt die Hochschulstudie schlicht das Material für die dringend notwendige Reform eines kleinen, jedoch nicht unbedeutenden gesellschaftlichen Teilbereiches: der Universität. Angesichts zugkräftiger Studien wie beispielsweisezur skeptischen Generation, zu massenmedial gesteuerten Gesellschaften oder Urmenschen und Spätkultur[61] mußte sich der Nachweis, »wie sich Promotions- und Habilitationsalter erhöht, wie sich das Berufungsalter konjunkturell verändert, wie die Schicht der Ordinarien immer kleiner und der Nachwuchs an Zahl immer umfänglicher«[62] geworden sei, allerdings geradezu als spezialistisch ausnehmen. Hinzu kam, daß zwar Mütter, Jugendliche und Arbeiter beobachtet und soziologisch gedeutet werden durften, die Herren Professoren jedoch anscheinend wenig erfreut waren, wenn man ihnen den »Spiegel [...] vorzuhalten«[63] suchte.

4. Fazit: Marginalisierung durch Kontinuität in Zeiten der Umwidmung

Helmuth Plessner mußte sich folglich – zumindest hinsichtlich der in den fünfziger Jahren entstandenen soziologischen Arbeiten – mit einer etwas randständigen Position in seiner intellektuellen Heimat bescheiden. Dabei

---

59 Vgl. Plessner, Die ersten zehn Jahre Soziologie in Göttingen, hier S. 328 ff. sowie Ferber, Interdisziplinarität und Praxisorientierung, S. 118.
60 Brief von Christian von Ferber an Helmuth Plessner vom 8. Juli o.J. (ca. 1961), UB Groningen, Helmuth Plessner-Archiv 154.
61 Vgl. Helmut Schelsky, Die skeptische Generation. Eine Soziologie der deutschen Jugend, Düsseldorf 1957 und Arnold Gehlen, Urmensch und Spätkultur. Philosophische Ergebnisse und Aussagen, Bonn 1956.
62 Vgl. den Beitrag Christian von Ferbers zum Blaubuch, in: Dietze, »Nach siebzehnjähriger Abwesenheit ...« Das Blaubuch, S. 277.
63 Plessner, Vorwort, S. 18.

hat die Kontinuität seines Denkens bei verändertem Blick in den fünfziger Jahren zu einer Marginalisierung seiner Arbeiten beigetragen. Marginalisiert war sein Denken also gerade, weil die Mehrzahl der intellektuellen Protagonisten – Remigranten wie »Daheimgebliebene« – auf ganz unterschiedliche Art und Weise und aus unterschiedlichen Gründen mit der lauten Proklamation des Neubeginns und/oder der mehr oder weniger stillen Abstandnahme beschäftigt waren. Indem Plessner sich, seinen Themen und seiner Tradition treu blieb, während sich das intellektuelle Feld verschob, glitt er – so die These – von seinem Weimarer Standort nahe am Zentrum der philosophischen und soziologischen Debatte in der Nachkriegszeit an deren Peripherie.

Für Helmuth Plessner selbst bedeutete diese Situation, daß sein Versuch der Rückkehr in die intellektuelle Heimat nur zum Teil gelang. Zwar versuchte er nachträglich, die Bedeutung der Zeit als Göttinger Ordinarius für Soziologie zu relativieren: »Nur keine Illusionen, wenn man als Soziologe nach Deutschland zurückging!« schrieb er 1965 in dem schon erwähnten Rückblick für *Mens en Maatschappij*.[64] Und in seinem einleitenden Beitrag zum *Blaubuch* des soziologischen Seminars von 1961 heißt es: »Zehn Jahre sind im Leben eines Institutsleiters keine sehr große Zeitspanne. Sie bildet das letzte Dezennium meiner akademischen Wirksamkeit, die ich 1920 als Privatdozent für Philosophie in Köln begann und nach meiner Entlassung 1933, erst als Gast des Physiologischen Laboratoriums in Groningen [...] später auch als Stiftungsprofessor für Soziologie [...] und nach abermaliger Entlassung und erzwungener Unterbrechung bis '45 seit '46 als Ordinarius wieder für Philosophie (bis 1950) fortsetzen konnte.«[65] Gleichwohl blieb der Schmerz über die intellektuelle Randständigkeit bestehen. Der Schmerz darüber, quasi herausgefallen zu sein aus der geistigen Heimat, dieser wichtigsten, aber vielleicht auch flüchtigsten aller Heimaten. Paradoxerweise – so kann man hinzufügen – herausgefallen, auch oder gerade weil Plessner ihr treu geblieben war.

Für eine Intellektuellengeschichte der Bundesrepublik zeigt das Fallbeispiel Helmuth Plessners, daß neben die Umwidmungsprozesse der »Daheimgebliebenen« Kontinuitätslinien durch Remigranten traten. Helmuth Plessner, der zum Jahrgang 1892 gehörte und dessen Denken folglich entscheidend vor 1914 geprägt worden war, stand dabei vor allem für liberale Traditionen des Kaiserreichs sowie auch der Weimarer Zeit und brachte diese durch

---

64 Plessner, Die ersten zehn Jahre Soziologie in Göttingen, S. 326.
65 Helmuth Plessners Beitrag in: Dietze, »Nach siebzehnjähriger Abwesenheit ...« Das Blaubuch, S. 267.

Schriften und Lehre in den fünfziger Jahren erneut zur Geltung. Ähnlich wie für politische Remigranten und Remigrantinnen kann an seinem Beispiel also für einen akademischen Rückkehrer gezeigt werden, daß »innovative Impulse, die nach dem Krieg Deutschland erreichten [...] originär aus der Weimarer Zeit transportiert« wurden und daß eine ununterbrochene Kontinuitätslinie im Exil nachgezeichnet werden kann.[66]

Eine solche Kontinuität aus dem Kaiserreich und der Weimarer Republik ist von den Soziologen der fünfziger Jahre mit ihrem Gestus des Neubeginns erfolgreich als ein Mangel an Modernisierung und somit als Zurückgebliebenheit interpretiert worden.[67] Die Einsicht, daß durch Umwidmungsprozesse und Abstandsdenken eine Distanz zur eigenen wie zur deutschen Vergangenheit aufgebaut werden sollte, sowie die Analyse der durch Helmuth Plessner hergestellten Kontinuität des Denkens – eines Denkens, das in der Weimarer Zeit innovativ und auch in der Nachkriegszeit noch keineswegs überholt war – müssen diese Interpretation jedoch in Frage stellen. Vielleicht gilt so auch in der Soziologie, was Jan Foitzik für die parlamentarischen Körperschaften festgestellt hat: Daß das Amerikanisierungsparadigma eher ein »Modebewußtsein« anspricht und jedenfalls nicht notwendigerweise mit Modernität gleichzusetzen ist.[68]

---

66 Jan Foitzik, Remigranten im Bundestag und in den Länderparlamenten. Eine Bestandsaufnahme, in: Claus-Dieter Krohn und Patrick von zur Mühlen (Hg.), Rückkehr und Aufbau nach 1945, Marburg 1997, S. 71-90, hier S. 88 f. Anders als in der neueren Literatur zur Remigration dargestellt, widerspricht der von Foitziks Ergebnissen abweichende Befund Hartmut Mehringers – demzufolge im Exil ein grundlegendes Umdenken bei sozialdemokratischen Remigranten stattgefunden hat, wodurch die Remigranten nach 1945 modernisierend gewirkt hätten – der Kontinuitätsthese Foitziks nicht, da Mehringer eine andere Generation untersucht: Bei ihm stehen die jungen, linken, sozialdemokratischen Militanten im Zentrum und explizit nicht die alten »Weimarianer«, die Foitzik vor allem behandelt und deren Generation in Hinblick auf Plessner von Interesse ist. Vgl. Hartmut Mehringer, Impulse sozialdemokratischer Remigranten auf die Modernisierung der SPD, in: Claus-Dieter Krohn und Patrick von zur Mühlen (Hg.), Rückkehr und Aufbau nach 1945, Marburg 1997, S. 91-110, v.a. S. 92.
67 Diese Interpretation findet sich zuletzt in Nolte, Die Ordnung der deutschen Gesellschaft.
68 Foitzik, Remigranten im Bundestag und in den Länderparlamenten, S. 89.

CLAUS-DIETER KROHN

Unter Schwerhörigen?
Zur selektiven Rezeption des Exils in den wissenschaftlichen und kulturpolitischen Debatten der frühen Nachkriegszeit

Das Emigrantenbild der Deutschen

Auf der Suche nach Neuorientierung im geistigen und moralischen Vakuum, das die NS-Herrschaft 1945 hinterlassen hatte, überboten sich Politiker, Kulturträger, die Medien und Institutionen mit Appellen, die nach 1933 aus Deutschland vertriebenen Emigranten in diesen Prozeß einzubeziehen. Immerhin hatte jener Exodus zum umfassendsten intellektuellen Transfer in der Geschichte der Neuzeit geführt. Bei genauerem Hinsehen wird das Bild jedoch alsbald brüchig. Vielfach waren diese Rufe nicht mehr als rhetorische Pflichtübungen, denen taktische Überlegungen zugrunde lagen, und es wurden Bedingungen gestellt. Auf der ersten Münchener Ministerpräsidenten-Konferenz im Juni 1947 kündigten die beiden Bürgermeister Max Brauer aus Hamburg und Ernst Reuter aus Berlin zwar eine umfassende Initiative an, um die von den Nationalsozialisten Vertriebenen zur Rückkehr in »ihre Heimat« einzuladen. Von den anderen Länderchefs wurde das auch unterstützt, weil man sich von ihnen eine vermittelnde Rolle »zwischen uns und der übrigen Welt« versprach, wobei man im übrigen nicht unterließ, darauf hinzuweisen, »daß unser Volk auch heute noch in seinem Kern gesund ist.«¹ Der Aufruf blieb jedoch folgenlos. Dabei fiel auf, daß er von ehemaligen Emigranten vorgetragen wurde, die zuvor auf eigene Faust und an den Einreisegenehmigungen der Besatzungsbehörden vorbei nach Deutschland zurückgekehrt waren, der eine aus den USA, der andere aus der Türkei.

So war es auch bei den seit Herbst 1945 rasant wachsenden Titeln kulturpolitischer Zeitschriften, denen als Orientierungshilfe eine umso größere Bedeutung zukam, als politische Parteien einstweilen nicht oder nur mit begrenztem Radius existierten und die überkommenen Bildungseinrichtungen

---

1 Die deutsche Ministerpräsidenten-Konferenz in München. o.O.u.J. (1947), S. 114 f. Der Aufruf ging auf einen Entwurf des Staatssekretärs im bayerischen Kultusministerium Dieter Sattler zurück, die bayerische Regierung hatte sich aber gescheut, als Initiatorin des Aufrufs zu erscheinen. Der Sattler-Text bei Jost Hermand/Wigand Lange, »Wollt ihr Thomas Mann wiederhaben?« Deutschland und die Emigranten, Hamburg 1999, S. 63 ff. Vgl. dazu auch Marita Krauss, Heimkehr in ein fremdes Land. Geschichte der Remigration nach 1945, München 2001, S. 76 f.

als moralische Instanzen diskreditiert waren. Hier konnten neue Formen verantwortungsbewußter Informationsvermittlung und Meinungsbildung eingeübt werden[2], und sie dokumentierten jenen Neubeginn meistens schon plakativ in ihrem Namen. Zwar gab es von Remigranten herausgegebene Zeitschriften, die wie *Das goldene Tor* oder *Ost und West* im Rahmen ihrer Vermittlung der internationalen Diskussion in Wissenschaft, Literatur und Politik das ›andere Deutschland‹ zu Wort kommen ließen. Doch rezeptionsgeschichtlich interessanter sind diejenigen Zeitschriften, die von im Lande Gebliebenen ediert wurden und deshalb Genaueres über den Grad der Kommunikationsbereitschaft mit den ehemaligen Landsleuten aussagen. Welche Bedeutung den Emigranten beigemessen wurde, läßt sich exemplarisch an der von den Schriftstellern Alfred Andersch und Hans Werner Richter herausgegebenen Zeitschrift *Der Ruf* zeigen, die sich als Sprachrohr der Schützengrabengeneration verstand.

Wie der programmatische Leitartikel »Das junge Europa formt sein Gesicht« im ersten Heft vom August 1946 schon im Titel zum Ausdruck brachte, wollte die Zeitschrift Brücken »zwischen den alliierten Soldaten, den Männern des europäischen Widerstandes und den deutschen Frontsoldaten, zwischen den politischen KZ-Häftlingen und den ehemaligen ›Hitlerjungen‹« schlagen, wobei man sich vehement gegen das weitgehend von den Amerikanern entwickelte Reeducation-Programm richtete. Menschen, die sechs Jahre den Tod vor Augen gehabt hätten, ließen sich nicht noch einmal zu »Objekten eines Erziehungsprozesses« machen. Für den Autor Alfred Andersch sollte die junge Generation Deutschlands ihren Weg allein gehen. Ein Teil dieser »deutschen Arbeit« werde bereits vom Ausland her von den versprengten Gruppen der 1933 aus Deutschland geflohenen Gelehrten geleistet, unter denen viele inzwischen an den berühmtesten Universitäten der USA tätig seien.[3] Dabei wurde die intellektuelle Emigration vom *Ruf* aber weniger als Leitbild oder Stichwortgeberin der eigenen Standortbestimmung vorgestellt, sondern zusammen mit dem eigenen Kreis und seinen Adressaten in eine generationenspezifische universale Einheit inkorporiert, die die Zeitschrift pars pro toto zu repräsentieren vorgab. Diese hybride Identifikation der Redaktion wuchs sich zur Peinlichkeit aus, als Andersch die Emigration quasi als Vollstreckerin »deutscher Aufgaben« apostrophierte. Offenbar war das der Tatsache geschuldet, daß er und seine Mitstreiter gerade aus der amerikanischen Kriegsgefangenschaft zurückgekehrt waren, wo

---

2 Harold Hurwitz, Die Stunde Null der deutschen Presse. Die amerikanische Pressepolitik in Deutschland 1945-1949, Köln 1972, bes. S. 269 ff.
3 [A. Andersch], Das junge Europa formt sein Gesicht, in: Der Ruf. Unabhängige Blätter der jungen Generation, Jg. 1, Nr. 1, 15.8.1946, S. 1-2.

sie an von Emigranten durchgeführten Umerziehungsprogrammen teilgenommen und dabei eine überregionale Kriegsgefangenen-Zeitung herausgegeben hatten, die bereits den gleichen Titel trug.[4] Dort schienen sich offenbar eine gewisse Vertraulichkeit, zumindest aber nähere Kontakte zu ehemaligen Emigranten entwickelt zu haben, die die anmaßende Attitüde der zurückgekehrten Kriegsgefangenen in der deutschen Öffentlichkeit erklären.

Wenige Monate nach seiner Gründung war bereits eine thematische Umorientierung des *Ruf* erkennbar, der alsbald redaktionelle Eingriffe der amerikanischen Kontrolloffiziere nach sich zog. Konkreter Anlaß dafür war ein Artikel »Die Zukunft der deutschen Hochschulen« in Nr. 10 vom 1. Januar 1947, der erneut die Rolle der Emigranten für den geistigen Wiederaufbau Deutschlands hervorhob. Vor dem Hintergrund der gerade gegründeten Bizone wurden die Kultusminister der Länder unter Beifügung einer ausführlichen Namensliste aufgefordert, die »wissenschaftlichen Reserven Deutschlands im Ausland« zu aktivieren. Der Artikel wollte zwar nicht »plump und gründlich ... die sofortige und bedingungslose Heimkehr« dieser Leute verlangen, vielmehr empfahl er, die nach 1933 »ausgewanderten Gelehrten« zu Gastvorlesungen einzuladen. Schon die Wortwahl mußte irritieren, da die Emigranten, von denen die meisten, vor allem in den USA und Großbritannien, längst Bürger ihrer Zufluchtsländer geworden waren, augenscheinlich als eine jederzeit verfügbare Dispositionsreserve deutscher Interessen angesehen wurden. Mehr noch war der politische Kontext entlarvend. Denn der Aufhänger des Artikels war eine scharfe Kritik an der Entnazifizierungspolitik der Amerikaner. Sie hätten an der Universität München »achtzehn Monate nach dem Waffenstillstand« erneut 33 Professoren entlassen und damit dokumentiert, daß sie mit Vorsatz »auf eine Senkung des wissenschaftlichen Niveaus der deutschen Hochschulen« hinarbeiteten.[5]

Der Artikel führte nicht allein zur Abberufung von Andersch und Richter, deren Funktion fortan Erich Kuby übernahm. Bedeutsamer war, daß sich die ursprüngliche Identifikation der Zeitschrift mit dem intellektuellen Potential der Emigranten spätestens hier als leere Phrase herausgestellt hatte. Das Interesse des *Ruf* an der Botschaft der Emigranten war in erster Linie als Druckmittel gegen die amerikanische Besatzungsmacht gedacht und wurde

---

4 Jerôme Vaillant, Der Ruf. Unabhängige Blätter der jungen Generation (1945-1949). Eine Zeitschrift zwischen Illusion und Anpassung. Mit einem Vorwort von Harold Hurwitz, München u.a. 1978, S. 19; Der Ruf. Zeitung der deutschen Kriegsgefangenen in USA. Faksimile-Ausgabe, München u.a. 1986.
5 Die Zukunft der deutschen Hochschulen. Ein Vorschlag, in: Der Ruf 1,10, 1.1.1947, S. 3-4.

schnell vom zunehmend selbstmitleidigen Ton der Zeitschrift überlagert. Zu deren zentralen Gegenständen gehörten ab Winter 1946/47 vor allem Kriegsgefangenenprobleme, Kritik an den Besatzungsmächten, der Antikommunismus und die Klage über das gegenwärtige Leiden Deutschlands, womit auch die Verbrechen der Nationalsozialisten abgegolten sein würden. Kurz darauf machte Andersch in einem Vortrag deutlich, unter welchen Bedingungen er eine »Heimkehr der Emigration« überhaupt nur hinnehmen wollte: Sie sei kein geographisches Problem, »sondern ein nur schwer zu beschreibender innerer Vorgang des Wieder-Anteilnehmens, der Verwandlung des streitenden Ressentiments, der leidenden Enttäuschung in eine Art von Objektivierung der Nation.«[6] Kern dieser Zumutung, die die eigenen Vorbehalte in das Gegenüber projizierte, war somit das Verschwinden der Emigration und deren geräuschloses Einfügen in den von den Einheimischen definierten nationalen Konsens.

Genauso intransigent wurde in den Universitäten argumentiert. Auf der ersten Zusammenkunft ihrer Repräsentanten in der britischen Zone im September 1945 in Göttingen mit Vertretern der Besatzungsmacht wurde – überhaupt erst nach deren vorheriger Empfehlung – einstimmig als »solidarische Ehrenpflicht« angesehen, die von den Nationalsozialisten vertriebenen Kollegen in ihre alten Rechtsverhältnisse wieder einzusetzen. In der Präferenzskala der Rektoren standen diese Personen jedoch erst an dritter Stelle nach den unterzubringenden »Professoren aus den abgetrennten Ostgebieten und aus der russisch besetzten Zone« sowie denen aus Österreich und der Tschechoslowakei. Hinzu kam der Beschlußvorbehalt, daß sich die Engagements nur auf die »geeigneten Fälle« beziehen sollten, und der neue Göttinger Rektor und Vorsitzende der Konferenz, der Kirchenrechtler Rudolf Smend, auch sogleich präzisierte, daß »nicht jeder der in Frage kommenden Professoren berufen (sei), neu berufen zu werden.«[7]

Da die deutsche Wissenschaftsgemeinschaft 1945 überzeugt war, die NS-Zeit unbeschadet und integer überstanden zu haben, sah sie sich in keiner moralischen Verantwortung für die ehedem vertriebenen Kollegen. So waren auch nicht sie es, sondern die nach 1933 aus Deutschland Vertriebenen, die ihre Eignung nachzuweisen hatten. Die intellektuelle Selbstmobilisierung

---

6 Alfred Andersch, Deutsche Literatur in der Entscheidung. Ein Beitrag zur Analyse der literarischen Situation, Karlsruhe 1948, S. 18. Vgl. dazu auch Stephan Braese, Nach-Exil. Zu einem Entstehungsort westdeutscher Nachkriegsliteratur, in: Exilforschung. Ein internationales Jahrbuch, Bd. 19: Jüdische Emigration. Zwischen Assimilation und Verfolgung, Akkulturation und jüdischer Identität, München 2001, S. 224-250.
7 Nordwestdeutsche Hochschulkonferenzen 1945-1948, Hg. von Manfred Heinemann, T. 1, Hildesheim 1990, S. 68 ff.

sollte an den Universitäten im engen Rahmen der überkommenen Nationalkultur und mit den aus der NS-Zeit stammenden akademischen Netzwerken stattfinden. Nicht einmal die von den Emigranten möglicherweise kommenden neuen Erfahrungen oder in den Zufluchtsländern gewonnenen Einsichten schienen neugierig gemacht zu haben. Die westdeutschen Universitäten verstanden sich als heile Institutionen, die glaubten, eine frische Luftzufuhr im Selbstfindungsprozeß nach der zwölfjährigen Isolation von außen nicht nötig zu haben – zumindest nicht von den ehemaligen Landsleuten. Smends Rektorenkollege Josef Martin aus Würzburg kritisierte, daß die bereits zurückgekehrten Emigranten Ansprüche stellten, zu denen sie nicht im mindesten berechtigt seien. So habe etwa Anna Seghers erklärt, »die seines Wissens Journalistin an einer Frauenzeitschrift war, daß sie gern bereit sei, Gastvorlesungen an deutschen Universitäten zu halten.« Martin empfand das als groteske »Anmassung«.[8]

Diese Haltungen faßte der Leiter der Universitätsabteilung in der britischen Education Branch auf der dritten Hochschulkonferenz ein halbes Jahr später dahin zusammen, »daß alles, was seit September 1945 in dieser Sache getan ist, nicht auf den Wunsch nach Rückberufung hindeutet.« Und prompt lamentierte Georg Schreiber, Rektor der Universität Münster, auch jetzt wieder über dieses Ansinnen der Besatzungsmacht. Viele der Herren hätten »im Ausland oft gute Stellungen« erreicht und könnten nicht in den »luftleeren Raum« zurückberufen werden, da ihre Stellen seit langem besetzt seien. Im übrigen stelle sich die Frage, ob bei freien Stellen »nicht zunächst die aus dem Osten vertriebenen Professoren [...] den Vorrang haben.«[9] Viele der emigrierten Wissenschaftler hatten sich, insbesondere in den USA und Großbritannien, tatsächlich akkulturiert und standen für eine dauerhafte Rückkehr nicht zur Verfügung. Gleichwohl erwarteten oder hofften auch sie auf eine Geste aus Deutschland nach dem Ende der NS-Herrschaft, die das Unrecht der Vertreibung oder wenigstens das Bedauern des kollegialen Verlustes zum Ausdruck brachte. Dazu ist es jedoch nie gekommen.

So wie die deutschen Hochschullehrer dachten die meisten Deutschen. Emigranten waren nur selten in der alten Heimat erwünscht. Sie wurden nur unter Bedingungen akzeptiert, die, wie die Denkbilder von Andersch und Smend zeigen, auf eine Selbstaufhebung der Emigration hinausliefen. Und auf sie wurden Eigenschaften projiziert, die mit ihrer aggressiv-ablehnenden Unterströmung typisch für die deutsche Öffentlichkeit waren. Das

---

8 Zit. n. Hermand/Lange, »Wollt ihr Thomas Mann wiederhaben?« (wie Anm. 1), S. 84 f.
9 Nordwestdeutsche Hochschulkonferenzen 1945-1948, T. 1 (wie Anm. 7), S. 123 ff.

beschrieb unter anderem die Rockefeller Foundation, die zu der Zeit sondierte, ob sie ihre in den dreißiger Jahren eingestellte Forschungsförderung in Deutschland wiederaufnehmen sollte. In einer internen Aufzeichnung hieß es: »If refugee professors return to Germany they must have the support of the Army as they will be regarded as enemies of Germany.«[10] Das wußten auch die Besatzungsmächte aus Befragungen von Kriegsgefangenen und banden die Rückkehr deshalb an Genehmigungen, die nur erteilt wurden, wenn die betreffende Person aus Deutschland direkt angefordert wurde.

Unübersehbar kumulierten sich in solchen Ressentiments unterschiedliche psychisch-soziale Befindlichkeiten der Einheimischen: das eigene schlechte Gewissen, vor dem Nationalsozialismus versagt zu haben; Neid in einer Lage, in der man sich selbst mehr und mehr als Opfer sah; Selbstisolierung in nationaler Provinzialität gegenüber der von Emigranten repräsentierten Weltläufigkeit. Es wirkten aber auch mentale Kontinuitäten aus dem Arsenal des politischen Konservativismus und des Nationalsozialismus fort, so der in Umfragen ermittelte Antisemitismus oder die affektbeladene Ablehnung der Rückkehrer als potentielle Vaterlandsverräter, insbesondere wenn sie als Angehörige der Besatzungsmächte kamen. Remigranten, vor allem aus den USA, wohin die meisten Intellektuellen geflohen waren, wurden als Agenten der Reeducation verdächtigt, die, wie das Beispiel des *Ruf* zeigt, von den Deutschen abgelehnt wurde. Hierbei wirkten schließlich auch alte Konfliktlinien aus den zwanziger Jahren fort. Denn Emigranten und Remigranten verkörperten jene in den USA später mehr und mehr verklärte »Weimar Culture« mit ihren avantgardistischen Kunst-Ismen, den intellektuellen Aufbrüchen in den Wissenschaften, vor allem den Sozialwissenschaften, und der ihnen zugrunde liegenden demokratisch-partizipatorischen Gesinnung. Ihre zurückkehrenden Repräsentanten forderten nun mit ihren im Akkulturationsprozeß der westlichen Zivilisationen modifizierten Botschaften das konservativ-nationale Bildungsbürgertum erneut heraus, und das auch noch in der zugespitzten Situation seiner Selbsterniedrigung angesichts der Niederlage des Nationalsozialismus, der die reklamierte deutsche Kulturnation in der Barbarei hatte untergehen lassen. Und sie kamen nicht als »Außenseiter«[11], sondern als Multiplikatoren des alten modernitätsoffenen Denkens der zwanziger Jahre, das jetzt konstitutiv für das Reorientierungs- und Westernisierungsprogramm der Amerikaner in Deutschland geworden war.

10 Officer's Conference in Rockefeller Foundation, 29.11.1946, RAC, R.G. 1.1, 717/4/21.
11 Vgl. dazu Peter Gay, Weimar Culture. The Outsider as Insider, in: Donald Fleming and Bernard Bailyn, Eds., The Intellectual Migration. Europe and America, 1930-1960, Cambridge, Mass. 1969, S. 11-93.

Außer Frage steht, daß Emigranten und Remigranten den Weg der Bundesrepublik nach Westen mit geebnet haben, doch rezipiert wurden sie erst von der Nachkriegsgeneration seit den fünfziger Jahren. In der unmittelbaren Nachkriegszeit suchte das entwurzelte Bildungsbürgertum geistig Zuflucht bei den alten modernitätsfeindlichen Denkmustern der Kulturkritik um die Jahrhundertwende mit ihren verquasten Topoi aus dem Arsenal der traditionellen Innerlichkeit. Irritiert beobachtete beispielsweise der ehemalige Kieler Finanzwissenschaftler Gerhard Colm, der Anfang 1946 aus dem Stab der amerikanischen Präsidentenberater zur Vorbereitung der Währungsreform nach Deutschland abgeordnet worden war, die Lesepräferenzen der Deutschen für religiöse Autoren und eskapistische Literatur, bei denen alles so klang, als ob es 1919 geschrieben worden sei.[12]

Entlarvend sind auch die Geleitworte und Einführungsartikel der zahlreichen neuen Universitäts-Zeitschriften, die von den Besatzungsbehörden in Verbindung mit der Wiedereröffnung der Universitäten lizensiert wurden. Stereotyp ist dort von der »lähmenden Katastrophe« und dem »Jahrzehnt der Verirrung und Trübung des Denkens« die Rede, vor deren Hintergrund es darauf ankomme, »die wesentlichen und unvergänglichen Inhalte alter Überlieferung [...] wieder aufzunehmen und in echtem Sinne weiterzubilden.« Geschäftig wurden in solchen Formeln die konkreten Verbrechen der jüngsten Vergangenheit metaphorisiert und damit verdrängt oder gleich ganz entsorgt. So ließen sich nicht nur die Rektoren vernehmen, in diesem Fall der der Universität Hamburg, auch der Horizont der Studierenden reichte kaum weiter, wie das studentische Geleitwort der *Göttinger Universitäts-Zeitung* (*GUZ*) dokumentiert: »Vom Unwahren und Phrasenhaften müssen wir uns trennen. Nach neuen festen und dauernden Werten heißt uns die Not unseres Volkes suchen. Neu wird oft das Alte sein.«[13]

Eine Ausnahme in dieser rückwärtsgewandten Debatte, in der nicht selten auch alte NS-Denkmuster erkennbar sind, machten lediglich zwei wissenschaftsnahe Zeitschriften, *Die Wandlung* und die *Hamburger Akademische Rundschau* (*HAR*), beide herausgegeben von ausgewiesenen Antifaschisten; die erste von den nach 1933 entlassenen Professoren Karl Jaspers, Werner Krauss und Alfred Weber, die andere von dem Studenten und späteren Germanisten Karl Ludwig Schneider, der seit 1943 als Angehöriger der »Weissen Rose« im Zuchthaus gesessen hatte und dem die bereits terminierte Anklage

---

12 Gerhard Colm an Alexander Rüstow, 4.7.1946, Nl. Rüstow 32, BAK.
13 Emil Wolff, Zum Geleit, in: Hamburger Akademische Rundschau Jg. 1, H. 1, 1946, S. 1-3, zit. S. 1; Wolfgang Zippel, Geleit, in: Göttinger Universitäts-Zeitung, Jg. 1, H. 1, 11.12.45, S. 1.

vor dem Volksgerichtshof wegen Hochverrats lediglich erspart geblieben war, weil ihn amerikanische Truppen im April 1945 befreit hatten. In beiden Zeitschriften kamen Emigranten auf einzigartige Weise zu Wort; in der *Wandlung* etwa die ehemaligen Schüler und Kollegen der Herausgeber wie Jaspers' Schülerin Hannah Arendt, die später viele häufig zitierte Nachkriegsanalysen beisteuern sollte. Origineller ist jedoch die *HAR*, weil ihre Beiträge deutlich machen, auf welche subtile Weise die studentischen Blattmacher zunächst mithilfe der britischen Kulturoffiziere, dann immer selbständiger und selbstbewußter das ›andere Deutschland‹ entdeckten. Dessen Anregungen nahmen sie so sensibel im Prozeß der eigenen geistigen Neuorientierung auf, daß sie dabei mehr und mehr aktive Unterstützung von den Emigranten selbst erfuhren.[14]

Das Deutschlandbild der Emigranten

Wie das Emigrantenbild der einheimischen Bevölkerung, so waren auch die Wahrnehmungen der deutschen Verhältnisse durch die Emigranten auf ihren ersten Besuchen im Lande überwiegend von skeptischen, wenn nicht gar negativen Urteilen bestimmt. Das soll allerdings nicht bedeuten, daß hier eine sozialpsychologische oder mentale Parität zwischen Einheimischen und Emigranten konstruiert wird. Während die Vorbehalte der Einheimischen auf angstbesetzter Abwehr beruhten, wurde der Blick von draußen wesentlich vom Ausmaß der im Lande weitgehend ignorierten NS-Verbrechen bestimmt. Vergleichsweise kritisch war das Urteil von Wissenschaftlern und Intellektuellen, die kurzfristig im Auftrag der Militärbehörden kamen oder als Gutachter privater Initiativen von Stiftungen und Universitäten in den USA die Chancen eines Wiederaufbaus wissenschaftlicher Kontakte zu Deutschland evaluierten. Anders als die geflohenen Parteivertreter, die ihre Flucht von vornherein als vorübergehendes Exil bis zu einer Rückkehr begriffen, hatten diese Emigranten nur noch indirekte Beziehungen zu Deutschland, sie waren meist Staatsbürger ihres Zufluchtslandes geworden, ihr Urteil war unabhängiger und distanzierter, sie waren nur vorübergehend gekommen und bereits von den gesellschaftlichen Standards ihrer neuen Heimat geprägt worden.

14   Vgl. dazu meinen demnächst erscheinenden Beitrag »Emigranten in der Nachkriegspresse 1945-1949«, in: Claus-Dieter Krohn/Axel Schildt (Hg.), Zwischen den Stühlen? Remigranten in der deutschen Medienöffentlichkeit nach dem Zweiten Weltkrieg, Hamburg 2002.

Da ihre Erfahrungsberichte aus Deutschland meistens für den internen Verkehr bestimmt waren, gelangten jene Informationen nur dann an die Öffentlichkeit, wenn die Verfasser selbst an die Medien herantraten. In Deutschland hatten jedoch nur wenige ein Interesse, davon etwas zu publizieren, um den Lesern in kritischer Absicht einen Spiegel quasi von außen vorzuhalten. Eine herausragende Rolle hierbei spielte die *HAR*, die zahlreiche solcher Situationsschilderungen von Emigranten und ausländischen Beobachtern brachte, deren Tenor das bestätigt, was auch in den Expertisen der offiziellen Gutachter zu finden ist. Beispielhaft sei ein Bericht des Theologen Karl Barth aus Basel von einer Vortragsreise in Deutschland Anfang 1947 genannt, der auch in der *GUZ* erschien und dann vom *Ruf* übernommen wurde. Thema des Artikels sind die Defekte der deutschen Universitäten. Die Hauptgefahr für den künftigen Erziehungsprozeß sah Barth neben der hoffnungslosen materiellen Lage und der geistigen Isolierung Deutschlands in den Lebenslügen von der Wertfreiheit der Wissenschaften und ihrer Selbsteinschätzung, die NS-Zeit institutionell und geistig unbeschadet überstanden zu haben. Eine der wichtigsten Aufgaben sei daher der Abbau akademischer Illusionen und Mythen durch Öffnung der hohen Schulen nach außen durch Professoren- und Studentenaustausch. Die alten Professoren in Deutschland seien zwar keine Bösewichte und Nazis, jedoch »unverbesserliche Nationalisten«, die mehr oder minder offene Ressentiments gegen die aktuelle Situation schürten, die sie selbst geistig mit vorbereitet hätten. Solchem Gelehrtentypus ausgeliefert zu sein, werde nie zu freien zivilisierten Persönlichkeiten führen.[15] Begleitet wurden die Barth-Empfehlungen in der *HAR* von dem Journalisten und Skandinavien-Emigranten Egon Kötting, der von seinem ersten Deutschlandbesuch berichtete, welche Abwehrreaktionen er nach dem Outing als Emigrant gerade bei gebildeten Deutschen provozierte, die ihm sogleich vorwarfen, »einer von denen zu sein, die täglich gegen Deutschland hetzen.«[16]

Das waren keine Urteile womöglich enttäuschter oder gar feindseliger Emigranten gegen ihre alte Heimat. So wurde die Situation auch von anderen Deutschlandbesuchern wahrgenommen. Die *HAR* brachte bereits in einem ihrer ersten Hefte im Sommer 1946 den Erfahrungsbericht eines britischen Physikers aus dem *Spectator*, der mit Erstaunen festhielt, wie

---

15 Ausländische Berichte über deutsche Hochschulen I, in: HAR 2,3 (1947/48), S. 138-140; Karl Barth, Verlorene Generation?, in: Göttinger Universitäts-Zeitung, 2,12 (23.5.1947), S. 1-2 und Der Ruf 2,11, 1.6.1947. In einer darauf zurückgehenden Korrespondenz mit einem Heidelberger Zoologen pointierte Barth noch seine Kritik am politischen Versagen der deutschen Professoren seit 1918, vgl. GUZ 2,15, 4.7.1947, S. 3-6.
16 Egon Kötting, Emigranten anders gesehen, in: HAR 2,7-8 (1947/48), S. 396-97.

wenige Wissenschaftler in Deutschland geneigt seien, über den Krieg zu sprechen, der lediglich als bedauerliche Unterbrechung ihrer Tätigkeit betrachtet wurde. Niemand habe ein Schuldgefühl und Nazi sei ohnehin keiner gewesen, »mit Ausnahme jener, deren Entlassung es unmöglich macht, die Tatsache zu verbergen.«[17] Vor solchen Lebenslügen hatte nicht allein Karl Barth gewarnt, als er noch während des Krieges immer wieder auf die Notwendigkeit der Hilfe für Deutschland bei seinem künftigen Neuaufbau hingewiesen und dabei zugleich betont hatte, wer es ehrlich mit den Deutschen meine, »der wird ihnen bei allem geschichtlichem Verständnis bei jeder allfälligen Rückwärtsbewegung geradezu eisenhart begegnen müssen.«[18]

In solcher Beurteilung stimmten die meisten ehemaligen deutschen »refugee intellectuals« und die das Land bereisenden alliierten Expertengruppen überein. Gerhard Colm gewahrte bei seinen ersten Kontaktaufnahmen eine erbärmliche »Rückgratzerschmetterung« bei den früheren deutschen Kollegen, doch begegneten sie ihm und anderen Besatzungsvertretern mit aggressiven Vorwürfen, weil sie nicht ihre Auffassung teilten, daß »Hitler tot und alles vergessen« sei. Nicht weniger deprimiert gestimmt war sein alter Kollege Adolph Lowe über das »Nichtverstehen der deutschen Tragödie« gerade bei den akademischen Repräsentanten.[19] Generell verdichteten sich diese Einschätzungen zu einem Gesamturteil, das vor allem die geistige Abstumpfung der intellektuellen Eliten in der früheren Heimat und die fehlende Demokratisierung der Hochschulen diagnostizierte, an denen die alten konservativen deutschnationalen akademischen Mandarine den Ton angaben, deren Reformbereitschaft, wenn überhaupt, dann bestenfalls auf eine Wiederherstellung des status quo ante 1914 zielte. Entsetzt war man zudem über die weiterhin gepflegten strukturellen Defizite im Universitätsbetrieb, etwa das Ordinarienunwesen und den sterilen Vorlesungsbetrieb in autoritärer Tradition anstelle einer zivilen Seminarorganisation sowie den »unbelievable low level of quality« im Bereich der Sozialwissenschaften. Während man sich an allen Universitäten ausführlich mit der Indogermanistik beschäftigen könne, allein in Tübingen wurden dazu im Wintersemester 1947/48 mehr als 20 Veranstaltungen angeboten, seien die Soziologie

---

17 Ein englischer Physiker bereitst Deutschland, in: HAR 1,4 (1946), S. 160-61.
18 Vgl. z.B. Karl Barth, »Wir müssen den Deutschen helfen ...«, in: Freies Deutschland. Organ im Sinne des Nationalkomitees »Freies Deutschland«, Zürich, Jg. 3, Nr. 4, Anfang April 1945, S. 1-2.
19 G. Colm an Alexander Rüstow, 30.4.46, Nl. Rüstow 32, Bundesarchiv Koblenz (BAK); A. Lowe an A. Rüstow, 2.6.46, ebd. 42; Memo »Germany« der Rockefeller Foundation v. 1.12.49, RAC, R.G. 1.1, 717/7/38.

und die Politikwissenschaft praktisch nichtexistent, so daß Gegenwartsprobleme an den deutschen Hochschulen nicht studierbar seien.[20]

Allerdings ist dieses kritische Deutschlandbild nicht einheitlich, gab es auch hier Ausnahmen. Bei den längerfristig im Lande weilenden Besatzungsangehörigen aus Emigrantenkreisen fiel das Urteil schon nachsichtiger aus, da bereits ihre Aufgabe eine allzu schroffe Konfrontation verbot. Der Agrarökonom Karl Brandt, 1946/47 Berater General Clays in Berlin, erklärte die Affinität der Deutschen zum Nationalsozialismus lediglich als Ausdruck kollektiver ökonomischer Verzweiflung während der Weltwirtschaftskrise. Mit seinem Postulat »Germany is our problem« gab er ein dringliches Plädoyer für den schnellen Wiederaufbau dort, um die Fehler von 1918 zu vermeiden. Den ehemaligen Schicksalsgenossen hielt er vor zu vergessen, daß sie selbst nur durch amerikanische Generösität ein neues Leben hatten beginnen können und daß die Mehrheit der Opfer in Buchenwald und den anderen »atrocity camps« Deutsche gewesen seien.[21] Der Jurist Max Rheinstein, der seit 1935 an der Universität Chicago lehrte und 1946/47 ebenfalls in Berlin als stellvertretender Leiter der Legal Division von OMGUS in der Kontrollratsbehörde tätig war, hielt jeden zweiten Samstag privat bei sich zu Hause Vorlesungen über den modernen Totalitarismus, ein Thema, das nicht zu den Curricula der Universitäten gehörte, bei zahllosen »refugee scholars« hingegen zu einem wichtigen, erfahrungswissenschaftlich geprägten Forschungsfeld geworden war und das jetzt in Berlin Interesse von mehr als 50 Studenten fand. Die Rückberufung an eine deutsche Universität lehnte er jedoch ab.[22]

Genauso dachte Rheinsteins Vertreter, der 1933 von der Universität Göttingen vertriebene Jurist Gerhard Husserl, Sohn des Philosophen Edmund Husserl. Dessen privates Tagebuch aus Berlin 1946 gibt darüber hinaus eine typische Haltung fast aller Emigranten wieder, die inzwischen in den USA eine beachtliche berufliche Karriere gemacht hatten – auch Husserl war bereits etablierter Hochschullehrer an der National University in Washington. Das Tagebuch beschreibt, wie die wiederholten Versuche der deutschen

---

20 Vgl. dazu auch Robert J. Havighorst, Report on Germany for the Rockefeller Foundation. Mimeo, November 24, 1947, bes. S. 63 ff., RAC, R.G. 1.2, 700/11/96; ähnlich das Urteil einer britischen Delegation der Association of University Teachers in ihrem Report »The Universities in the British Zone of Germany«, ebd., R.G. 1.1, 717/2/15.

21 Karl Brandt, Germany is our problem, Washington-Chicago 1946 (= Human Events Pamphlets No. 2), S. 10, 13; s.a. ders., Germany. Key to peace in Europe, Claremont, Cal. 1949.

22 [Gerhard Husserl], German Diary, Oct. 13, 1946. Mimeogr. Mscr. im Besitz des Verf., S. 30 ff., 76 ff.

Kollegen, Rheinstein und ihn für die Berliner Universität zu gewinnen, von beiden entschieden zurückgewiesen wurden, gleichwohl kreisten seine Gedanken ständig um die Wissenschaften in Deutschland und wie ihre prekäre Situation zu überwinden sei. Daraus entstanden dann die auch von anderen amerikanischen Institutionen ventilierten Möglichkeiten fester und regelmäßiger Austauschprofessuren, die zusammen mit einem Studentenaustausch ab 1947 die ersten Schritte darstellten, die intellektuelle Isolierung der deutschen Universitäten aufzubrechen. Für die konkrete Situation in Berlin wurde außerdem von dem Columbia-Historiker Walter L. Dorn, zu dieser Zeit Berater von General Clay, die Gründung einer American University für Deutsche in Berlin vorgeschlagen, eine Idee, die zwei Jahre später partiell, aber unter anderen Voraussetzungen mit der Freien Universität realisiert wurde. Nicht von ungefähr ist die FU in den ersten Jahren vollständig von OMGUS finanziert worden.

Die Ambivalenzen Husserls und vieler anderer Emigranten gegenüber Deutschland, seine Selbsteinschätzung »this is a foreign country to me, foreign in a very peculiar way, but still not my country«[23] fanden bei dem Sozialwissenschaftler Eduard Heimann eine andere Rationalisierung. Seit 1947 lehrte er regelmäßig jedes Sommersemester in Hamburg, lehnte aber als Neuamerikaner ebenfalls eine dauerhafte Rückkehr nach Deutschland ab. Denn, so zitierte er einen angeblichen englischen Freund, jeder Wissenschaftler habe zwei Vaterländer, sein eigenes und Deutschland – augenscheinlich ein Indiz dafür, daß zahlreiche ehemalige Emigranten die einstige führende Wissenschaftsnation durch den Nationalsozialismus noch nicht ganz zerstört sahen.[24] Das meinte ebenfalls Heimanns Fachkollege Friedrich A. Lutz, der den international einzigartigen Standard der Wissenschaften in Deutschland allerdings dadurch relativiert sah, daß deutsche Wissenschaftler nie das dazu gehörende Verantwortungsbewußtsein mitentwickelt hätten. Die deutschen Universitäten seien zwar keine Hochburgen des Nazismus gewesen, sie seien jedoch schuldig geworden, weil ihr Wertrelativismus der Barbarei keinen Widerstand entgegengesetzt habe.[25]

Dieser Wertrelativismus wurde nach 1945 deutlich, als die Freie Universität Berlin als Reaktion auf die zunehmende Repression an der Humboldt-Universität im sowjetischen Sektor entstand. Zur dramatischen Gründung dieser Institution während der Berliner Blockade blieben die westdeutschen

---

23 ebd., S. 31.
24 Eduard Heimann, Zwei Vaterländer, in: GUZ Jg. 3, Nr. 10, 23.4.1948, S. 3-4.
25 Friedrich A. Lutz an Joseph H. Willits, Rockefeller Foundation, 10.2.1950, RAC, R.G. 1.1, 717/7/38.

Universitäten auf Distanz. Nicht nur versagten sie eine materielle Hilfe, sondern sie lehnten auch jede moralische Unterstützung ab. Einige Male war die FU Tagesordnungspunkt auf den Nordwestdeutschen Hochschulkonferenzen gewesen, jedes Mal wurde eine offizielle Stellungnahme jedoch abgelehnt.[26] Die gleichen Reaktionen findet man bei den Studierenden. Im Januar 1949 kritisierte der Jurastudent Horst Ehmke – später Bundesminister in verschiedenen Ressorts der Sozialliberalen Koalition nach 1969 – im Namen des Göttinger AStA die FU-Gründung als »Kampfuniversität« im »anti-kommunistischen Kreuzzug des Westens« und verweigerte eine Solidaritätsadresse, da es gelte, Brücken über die aufbrechenden Systemgrenzen hinweg zu schlagen, anstatt bestehende Gegensätze zu verschärfen. Diese Haltung provozierte den emigrierten Juristen Gerhard Leibholz, der damals noch in Oxford lehrte, aber schon einen Ruf an seine alte Universität Göttingen angenommen hatte, derart, daß er den Anhängern jener »Brückentheorie« eine Philippika hielt, die solchen Neutralismus in der Kumulationsphase des Kalten Krieges zur verheerenden politischen Weltfremdheit im akademischen Elfenbeinturm erklärte, an deren Stelle er sich von den deutschen Intellektuellen eine klare Entscheidung wünschte. Und das war für ihn Bekenntnis zur westlichen Wertegemeinschaft mit ihren Freiheits- und Individualrechten.[27]

Aus anderer Perspektive kam ein positives Urteil über Deutschland von dem Juristen Fritz Pringsheim aus Oxford, der 1947 euphorisch von einem Gastsemester in Freiburg berichtete. Als einen »Segen« habe er dort empfunden, wie groß die Zahl der Professoren gewesen sei, die das freie Denken über die NS-Jahre hinweg hätten bewahren können. Auch die Studenten fanden mit ihrem Fleiß und ihrer intellektuellen Neugier nur Lob bei Pringsheim.[28] Solche oder ähnliche Deutschlandbilder finden sich auch bei anderen ehemaligen Emigranten, so vor allem in der Türkei. Sie kamen von jenen, die bereits entschlossen waren, nach Deutschland zurückzukehren. Zwar hatten auch sie erhebliche Zweifel an der Entwicklung in Deutschland und der Selbstreinigung der Universitäten. Ihre Korrespondenzen nach 1945 verraten die gleiche tiefe emotionale Unsicherheit. Aber da sie offenbar den Wunsch zur Rückkehr hatten, änderte sich ihre Sicht ab 1947 auffallend schnell nach ersten Gastvorträgen. Die von ihnen nachgesuchten Rufe und

---

26 Nordwestdeutsche Hochschulkonferenzen 1945-1948 (wie Anm. 7), S. 496 f., 536 f.
27 Horst Ehmke, Universität Berlin, in: GUZ Jg. 4, Nr. 2, 28.1.1949, 1-2; Gerhard Leibholz, Die Brückentheorie, ebd. Jg. 4, Nr. 6, 25.3.1949, S. 7.
28 Fritz Pringsheim, Über deutsche Studenten, in: HAR 2,3 (1947), S. 108-112.

den endgültigen Schritt zur Remigration begründeten sie dann vor sich und ihren Schicksalsgenossen damit, daß sie den insistierenden Wünschen der Studierenden in Deutschland nachgekommen seien.[29]

Einflüsse von Remigranten auf die deutsche Hochschullandschaft

Trotz skeptischer Haltung der intellektuellen Emigranten zu Deutschland sind dennoch einige von ihnen zurückgekehrt. Sieht man von den auf die deutsche Sprache angewiesenen Schriftstellern ab, war das nur eine kleine Minderheit, in den meisten akadedemischen Gruppen maximal 10 bis 15 Prozent. Auffallend ist, daß die meisten Wissenschaftler erst nach der Gründung der Bundesrepublik und dann bis weit in die 1950er Jahre, also im Vergleich zu den politischen Remigranten recht spät kamen, als die Weichen auch an den Universitäten längst gestellt waren. In groben Umrissen seien abschließend kurz die Motive zur Rückkehr und exemplarisch einige Facetten der disziplinären Wirkung von Remigranten skizziert.[30] Im Unterschied zur Vertreibung nach 1933, von der ganze Schulen und theoretische Richtungen betroffen waren, sind nach 1949 – von Ausnahmen abgesehen – nur einzelne Gelehrte remigriert. Keinem Emigranten ist seine frühere Position angeboten worden; eine Rückkehr geschah in der Regel im Wege von Neuberufungen.

Ausschlaggebend für die Remigration war ein breiter Komplex wissenssoziologischer, materieller und psychosozialer Ursachen. Dominierend waren die materiellen Motive, erst dann folgten Affinitäten zu bestimmten Ideen, Denkstilen oder Weltsichten. Das zeigt etwa die Tatsache, daß die größte Bereitschaft zur Rückkehr bei denjenigen zu erkennen ist, deren finanzielle Sicherheit in den Zufluchtsländern nur gering war. So kamen aus der Türkei und den lateinamerikanischen Ländern nahezu alle zurück. Erst mit weitem Abstand folgten diejenigen, die vergleichsweise isoliert in einzelnen Ländern saßen oder deren intellektuelle, auf die deutsche Kultur fixierte Botschaften immun gegen die geistigen Anregungen ihrer neuen Lebenswelt blieben. Erkennbar ist dies etwa bei den in die USA emigrierten Philo-

---

29 Siehe dazu die Korrespondenzen Alexander Rüstows/Istanbul, 23.4.1946 ff., Nl. Rüstow 3, 32, 42, BAK; Fritz Neumark, Zuflucht am Bosporus. Deutsche Gelehrte, Politiker und Künstler in der Emigration 1933-1953, Frankfurt a.M. 1980, S. 226 ff.
30 Vgl. Exilforschung. Ein internationales Jahrbuch, Bd. 9: Exil und Remigration. Hg. von Claus-Dieter Krohn u.a., München 1991; Claus-Dieter Krohn und Patrik von zur Mühlen (Hg.), Rückkehr und Aufbau nach 1945. Deutsche Remigranten im öffentlichen Leben Nachkriegsdeutschlands, Marburg 1997.

sophen Karl Loewith und Georg Misch, die unberührt von den Einflüssen des amerikanischen Pragmatismus nach Heidelberg und Göttingen zurückgekehrt waren. Ebenso hatte Ernst Bloch geklagt, daß er dort kein Glück habe: »Das Land ißt nicht von der metaphysischen Konfitüre.«[31]

Die Beiträge von solchem Rückkehrer-Typus stellten keine Herausforderung für die Denkstile und -kontinuitäten der deutschen Wissenschaften dar. Allerdings gab es auch Rückkehrer, die sich jenseits der Grenzen akkulturiert hatten und ihre neu gestalteten Karrieren unterbrachen oder gar aufgaben, um bewußt und gezielt am Aufbau in Deutschland mitzuwirken. Mit ihren in der neuen Lebenswelt des Zufluchtslandes, hauptsächlich in den USA, reformulierten intellektuellen Botschaften sollten gerade sie großen Einfluß in Deutschland gewinnen. Die Modernisierung oder gar »Verwestlichung« der bundesdeutschen Universitäten, die das überkommene Selbstverständnis der deutschen Wissenschaftsgemeinschaft aufbrach und überwand, vollzog sich – abgesehen von den geltenden institutionellen und personellen Vorgaben der Besatzungsbehörden – in einem langfristigen Prozeß auf unterschiedlichen Ebenen, wobei der Begriff der Rückkehrer weit zu fassen ist. Zur Modernisierung beigetragen haben auch Emigranten, die nur zeitweise als Angehörige der Besatzungsbehörden, als Gastprofessoren und Vortragsreisende nach Deutschland gekommen waren oder die aus der Ferne der Vereinigten Staaten einen Austausch von Studierenden anbahnten, der seit den fünfziger Jahren zu einer zentralen akademischen Sozialisationsagentur wurde. Zu nennen wären weiterhin die bei Rückkehrern oder Besuchern erlebten anderen, zivileren Umgangsformen, die den denkbar größten Gegensatz zu den sterilen und elitären Kommunikationsmustern der deutschen Ordinarienuniversität darstellten. Bisher nur wenig bekannt ist der Beitrag von Emigranten und Remigranten zur Aktualisierung der deutschen Universitätsbibliotheken, die seit Ende der dreißiger Jahren die internationale Literatur nicht mehr hatten ankaufen können. Ehemalige Emigranten und alliierte Kommissionen hatten diesen Sachverhalt bei ersten Besuchen sogleich festgestellt und in den USA für entsprechende Bücherspenden geworben, die entweder von den einzelnen Universitäten kamen oder in größerem Stil von philanthropischen Stiftungen finanziert wurden.

Unmittelbare wirkungsgeschichtliche Einflüsse sind vor allem in den modernen Sozialwissenschaften nachzuweisen. Das gilt vor allem für die Politikwissenschaft, die als neue Disziplin überhaupt ein vollständiger Re-

---

31 Ernst Bloch an Thomas Mann, 27.5.1940, in: ders., Briefe 1903-1975, Bd. 2, Frankfurt a.M. 1985, S. 701.

import von Emigranten gewesen ist. Als Komplement des demokratischen Aufbaus ist ihre Institutionalisierung von den Emigranten im Dienste der Besatzungsmächte wie etwa Karl Loewenstein und Franz L. Neumann gegen den Widerstand der deutschen Hochschulen direkt befördert worden. Loewenstein zum Beispiel, ehedem Rechtsanwalt und Privatdozent in München, nach der Emigration 1933 in die USA zunächst an der Yale University, ab 1936 Professor of Political Science am Amherst College in Massachusetts und seit 1945 als Legal Adviser bei OMGUS tätig, initiierte im September 1949 die Konferenz von Waldleinigen, auf der kurz nach Gründung der Bundesrepublik Vertreter der Alliierten Hohen Kommission den Abgesandten der Landesregierungen und der neuen Westdeutschen Rektorenkonferenz die Einführung der Politischen Wissenschaften empfahlen.[32] Das bezog sich sowohl auf deren Einrichtung als neuer Disziplin wie auch als Propädeutikum für alle Studierenden, um ihnen nach der Korrumpierung der Wissenschaften im Nationalsozialismus die soziale Verantwortung ihres Tuns zu vermitteln. Eugen Kogon hatte ein so gestaltetes verbindliches studium generale als Rektor der Technischen Hochschule Darmstadt bereits durchgesetzt.

Bei den anwesenden Universitätsvertretern stieß ein solches Ansinnen auf massiven Widerstand. Verächtlich sahen sie in der neuen Disziplin eine Art vorwissenschaftliche Demokratiepädagogik, die die deutschen Universitäten im übrigen mit ihren großen staatswissenschaftlichen und humanistischen Traditionen nicht nötig habe. In der so typischen Verdrängungsmanier jener Zeit versuchten Hochschullehrer, die totale Niederlage von 1945 in einen moralischen Sieg umzudeuten und daraus eine neue deutsche Sonderwegslegende zu konstruieren. Selbstgewiß triumphierte etwa der Theologe Friedrich Baumgärtel aus Erlangen, daß

> »wir vor den anderen Ländern außerordentlich viel voraus (haben). Was ist denn das Politicum. Das Politicum ist meines Erachtens das Humanum, das Menschliche. Diesem Menschlichen steht das Unmenschliche, das Barbarische gegenüber. Wir haben in Deutschland erlebt – und das ist unser Vorzug und unser Vorsprung vor den anderen Ländern – was das Menschliche ist [...], deswegen müssen wir meines Erachtens ganz eigenständig die Dinge entwickeln, und wir können sie nicht von irgend-

---

32 Vgl. Hessisches Ministerium für Erziehung und Volksbildung (Hg.), Die politischen Wissenschaften an den deutschen Universitäten und Hochschulen. Gesamtprotokoll der Konferenz von Waldleiningen vom 10. und 11. September 1949, Frankfurt a.M. 1950, bes. S. 7 ff., 159.

woher beziehen, weder institutionell nach personell. Wir müssen es selbst machen. Aus einer ganz anderen Daseinsform heraus.«[33]

Auch den Bezug auf direkte Kontinuitätslinien zum Nationalsozialismus hielten die anwesenden Professoren bei der Ablehnung der Politikwissenschaften nach westlichem Vorbild keineswegs für anstößig. So verwies der Jurist Rudolf Sieverts aus Hamburg, in den sechziger Jahren Rektor der dortigen Universität, auf die international rechtsvergleichenden Arbeiten Albrecht Mendelssohn-Bartholdys, ohne zu sagen, daß diese Tradition durch dessen Institutsschließung und Emigration 1933 seit langem nicht mehr existierte. Mehr noch stellte er hingegen die Arbeiten des Hamburger Historikers Adolf Rein über die »Politische Universität« heraus, um zu zeigen, daß Hamburg keiner Anregungen aus den USA bedürfe. Auch hier verschwieg Sieverts, daß es sich bei diesen Schriften von Anfang der dreißiger Jahre um servile Anbiederungsversuche an die Nationalsozialisten handelte, die die Selbstgleichschaltung der Universität an die Volksgemeinschaftsideologie propagierte, und der Autor sogleich nach der Machtübergabe zunächst zum Fachreferenten für die Universitätsreform und 1934 dann zum langjährigen Rektor der Universität Hamburg ernannt worden war.[34]

Angesichts solcher Widerstände dauerte es fast ein Jahr, ehe sich die Universitäten mit den Kultusministern auf die Einführung der Politikwissenschaften einigen konnten. Der von der WRK vorgelegte Bericht begrüßte zwar grundsätzlich eine Etablierung des Faches, die zahlreichen Vorbehalte und Einschränkungen zeigen jedoch, daß dieser Schritt eher zähneknirschend geschah. So lehnte die WRK die Übernahme von Elementen der amerikanischen Political Science wegen des dort herrschenden »Pragmatismus« ab und verlangte statt dessen die Orientierung auf »eine der deutschen Wissenschaftstradition angemessene Betonung des Prinzipiellen.« Der Gefahr der Professionalisierung oder gar Eigenständigkeit der Disziplin sollte dadurch vorgebeugt werden, daß den Universitäten – wenn überhaupt – die Einrichtung nur vereinzelter Lehrstühle in unterschiedlichen Fakultäten empfohlen wurden. Im übrigen wurde vor »jeglichem Zwang« bei der Entwicklung von Curricula oder bei der Entwicklung eines eigenen Prüfungsfaches nachdrücklich gewarnt. Wie wenig die WRK-Kommission begriffen hatte oder begreifen wollte, um was es sich bei den Politischen Wissenschaften

---

33 Ebd., S. 72 f.
34 Ebd., S. 109. Vgl. dazu Barbara Vogel, Anpassung und Widerstand. Das Verhältnis Hamburger Hochschullehrer zum Staat 1919 bis 1945, in: Eckart Krause u.a. (Hg.), Hochschulalltag im »Dritten Reich«. Die Hamburger Universität 1933-1945, Teil 1, Berlin-Hamburg, S. 3 ff., bes. 42 f.

handelte, deutet der Schlußsatz ihres Berichts an, nach dem »ein Goebbels vermutlich jede politische Prüfung mit Auszeichnung bestanden haben (würde).«[35]

So erstaunt nicht, daß sich von den 1960 vorhandenen 24 politikwissenschaftlichen Lehrstühlen allein 10 an der Freien Universität Berlin befanden. Nur dort bestand bis in die 1960er Jahre auch ein eigener Diplomstudiengang, wenngleich zu Anfang dort auch erhebliche Widerstände von Juristen gekommen waren, die jedoch angesichts der lockenden amerikanischen Forschungsgelder bald in den Hintergrund traten. Die Freie Universität bot insofern die einzigartige Chance für dessen Einrichtung, als sie einerseits von der amerikanischen Besatzungsmacht während der Berliner Blockade gegründet und über viele Jahre fast vollständig finanziert worden war. Andererseits knüpfte die nach 1945 wiedergegründete Hochschule für Politik, die in den 1950er Jahren in die Freie Universität integriert wurde, an die politikwissenschaftliche Tradition der zwanziger Jahre an, deren damalige Repräsentanten wie Franz Neumann, Otto Kirchheimer, Ernst Fraenkel, Arkadij Gurland, der Historiker Hajo Holborn und andere nach 1933 vertrieben worden waren und jetzt als Rückkehrer oder Gastwissenschaftler durch programmatische Entwürfe und direkte Einflüsse wesentlichen Anteil an der Ausgestaltung des Faches hatten. Viele von ihnen waren bereits während des Krieges im amerikanischen Office of Strategic Services an den Nachkriegsplanungen beteiligt gewesen und hatten dadurch einen Blick gewonnen, der nicht auf enge Disziplinhorizonte beschränkt war. Die Wirkung ihrer demokratietheoretischen Schriften in den USA und insbesondere ihrer Totalitarismusanalysen sollte deshalb im Nachkriegsdeutschland auch weit über ihr Fachgebiet hinausgehen.[36]

Auffallend ist weiterhin, daß von jenen 24 Stellen 14 von Remigranten besetzt wurden. Falsch wäre allerdings die Annahme einer homogenen Botschaft der remigrierten Politikwissenschaftler. Selbst in Berlin hat es eine von ihnen geprägte »Schule« nicht gegeben, ebensowenig an den 12 der 18 westdeutschen Universitäten, an denen politikwissenschaftliche Lehrstühle eingerichtet wurden und wo Vertreter wie Eric Voegelin (München), Arnold Bergstraesser (Freiburg), Alexander Rüstow (Heidelberg), Ferdinand A. Hermens (Köln) oder Siegfried Landshut (Hamburg) ein breites

---

35 Hessisches Ministerium für Erziehung und Volksbildung (Hg.), Über Lehre und Forschung der Wissenschaft von der Politik. Gesamtprotokoll der Konferenz von Königstein im Taunus vom 15. und 16. Juli 1950, Frankfurt a.M. 1950, S. 163 ff.
36 Vgl. dazu Alfons Söllner u.a. (Hg.), Totalitarismus. Eine Ideengeschichte des 20. Jahrhunderts, Berlin 1997.

Spektrum unterschiedlicher philosophisch, kultursoziologisch oder gesellschaftspolitisch ausgerichteter Ansätze vertraten. Bergstraesser und Voegelin markierten den quasi christlich-konservativen Gegenpol zum sozialdemokratischen Berlin. Beide Gruppen stimmten aber im westlich geprägten Verständnis ihres Faches überein, das Ernst Fraenkel als »Integrationswissenschaft« bezeichnet hat. Demgegenüber knüpften die Türkei- bzw. Palästina-Remigranten Rüstow und Landshut eher an ideengeschichtliche Traditionen an, die sich geräuschlos in den geisteswissenschaftlichen Kanon ihrer Hochschulen einfügten.

Fraenkel war es auch, der mit seiner in den USA entwickelten Pluralismustheorie das wohl bedeutendste politikwissenschaftliche Konzept mitbrachte. Es sei beispielhaft genannt, weil es zudem als gelungenes Akkulturationsergebnis aus den Emigrationsjahren anzusehen ist. Fraenkels Pluralismustheorie ist nämlich nicht aus dem Individualprinzip der liberalen Theorie entwickelt worden, sondern aus den empirischen Wahrnehmungen der modernen Massengesellschaft mit ihren unterschiedlichen Interessengruppen, Machtansprüchen und Konflikten, und sie verband sozialistische Fragestellungen seiner Generation aus den zwanziger Jahren mit den in den USA erlebten zivilgesellschaftlichen Normen. Ähnliches gilt für Arnold Bergstraesser, der vor seiner Emigration zum antidemokratisch-reaktionären Tat-Kreis-Umfeld gehört hatte und nach seiner Rückkehr aus den USA 1954 in Freiburg als Repräsentant des demokratischen Verfassungsstaates nicht weniger prägend als Fraenkel gewesen ist.[37]

Etwas diffuser ist das Bild in der Soziologie, obwohl mit der Rückkehr der Kerngruppe des Instituts für Sozialforschung um Max Horkheimer aus den USA an die alte Wirkungsstätte in Frankfurt und mit dem schulebildenden Einfluß René Königs, der aus der Schweiz auf den Leopold von Wiese-Lehrstuhl in Köln berufen worden war, prominente Emigranten das Profil des Faches bestimmten. Vor allem das IfS sollte zur bedeutendsten sozialwissenschaftlichen Institution der Bundesrepublik werden und damit zum Wegbereiter für die Entdeckung des Exils und der verschütteten Weimarer Wissenschaftskultur durch die jüngere Generation in den sechziger Jahren. Nach der Rückkehr 1949 verstand es sich zugleich als Zentrum der amerikanischen Sozialwissenschaft wie der klassischen deutschen Philosophietradition. Mit der im Exil formulierten »Kritischen Theorie« hatten die

---

37 Hubertus Buchstein, Ernst Fraenkel als Klassiker?, in: Leviathan 26/1998, S. 458 ff.; Rainer Eisfeld, Politikwissenschaft: Exil und Rückkehr, in: Edith Böhne/Wolfgang Motzkau-Valeton (Hg.), Die Künste und die Wissenschaften im Exil 1933-1945, Gerlingen 1992, S. 413 ff.; s.a. Alfons Söllner, Deutsche Politikwissenschaftler in der Emigration. Studien zu ihrer Akkulturation und Wirkungsgeschichte, Opladen 1996.

Institutsmitglieder ihr gruppenspezifisches Profil unter Zurücknahme der alten marxistischen Positionen gewonnen und mit den noch 1950 in New York publizierten »Studies in Prejudice«, die später auch als Übersetzungen in der Bundesrepublik erschienen, den Anschluß an die empirische Forschung in den USA gefunden.[38]

Damit konnten sie das disziplinäre Vakuum aufbrechen, das nach dem Bedeutungsverlust der Soziologie als Volkstumskunde im Nationalsozialismus und ihrem Wiederaufbau nach 1945 in der geschichtsphilosophisch-verstehenden Tradition vor 1933 durch Emeriti im Lande wie Alfred Weber und Leopold von Wiese in Köln entstanden war. Zugleich richtete sich der empirische Ansatz des IfS gegen jene jüngeren Wissenschaftler, die in der NS-Zeit ihre Karrieren begonnen hatten und wie der Freyer-Schüler Helmut Schelsky ihre jetzt ideologiebereinigten Konzepte »angewandter Soziologie« für kompatibel mit dem amerikanischen Behaviorismus erklärten.[39] Das Institut beharrte demgegenüber auch darauf, daß das »gesellschaftliche Ganze« im Auge behalten und das Bewußtsein für die nicht-instrumentelle Rationalität der vernünftigen Gesellschaft wach gehalten werden müsse.[40] Und das zielte auf die Aufgabe des Faches bei der demokratischen Reorientierung der Deutschen.

Dieses Verständnis wurde mit den zur gleichen Zeit ausgesprochenen Berufungen des »Empirikers« René König nach Köln sowie des in Holland lehrenden Kulturanthropologen und -soziologen Hellmuth Plessner nach Göttingen weiter herausgefordert. Obwohl oder gerade weil die Soziologie bis in die sechziger Jahre – ähnlich wie die Politikwissenschaften an den meisten Universitäten – eher eine Randexistenz in unterschiedlichen Fakultäten führte und noch ohne trennscharfes disziplinäres Profil und ohne nennenswerte materielle Förderung war, begann eine lebhafte Kontroverse

---

38   Alex Demirovic, Der nonkonformistische Intellektuelle. Die Entwicklung der Kritischen Theorie zur Frankfurter Schule, Frankfurt a.M. 1999, S. 291 f.; vgl. Clemens Albrecht u.a., Die intellektuelle Gründung der Bundesrepublik. Eine Wirkungsgeschichte der Frankfurter Schule, Frankfurt a.M.-New York 1999.
39   Helmut Schelsky, Lage und Aufgaben der angewandten Soziologie in Deutschland, in: Soziale Welt 1950/51, S. 3 ff. Für den Zusammenhang s. Johannes Weyer, Der »Bürgerkrieg in der Soziologie«. Die westdeutsche Soziologie zwischen Amerikanisierung und Restauration, in: Sven Papcke (Hg.), Ordnung und Theorie, Darmstadt 1986, S. 297 ff.; ferner die im Auftrag der Library of Congress angefertigten Untersuchungen: (Dolf Sternberger), Der Stand der sozialwissenschaftlichen Forschung und Lehre in der Bundesrepublik Deutschland, Washington 1950; Max Horkheimer, Survey of the Social Sciences in Western Germany. A Report on Recent Developments, Washington 1952.
40   Max Horkheimer, Philosophie und Soziologie, in: Der Monat, Nr. 134/November 1959, S. 3 ff.

um deren Aufgaben in unterschiedlichen Frontlinien, nicht nur zwischen Remigranten und den einheimischen Kollegen, sondern auch unter den Remigranten selbst, insbesondere zwischen König und dem IfS. Dabei ging es nicht allein um die instrumentelle Ausgestaltung des Faches, sondern mehr noch um seine gesellschaftspolitische Deutungsmacht, wie sich dann in den sechziger Jahren, als das Fach expansiv an allen Universitäten als eigene Disziplin institutionalisiert wurde, im Positivismusstreit zeigen sollte.[41]

Selbst in der Geschichtswissenschaft, von der nach 1933 wegen ihres mehrheitlich konservativen Zuschnitts vergleichsweise wenige, meist jüngere Nachwuchsgelehrte und Außenseiter emigrieren mußten, lassen sich wirkungsgeschichtliche Spuren von Emigranten ausmachen. Seit den 1950er Jahren hatte zum Beispiel der bis dahin in New York und später in Berkeley lehrende Hans Rosenberg während seiner regelmäßigen Gastprofessuren in Berlin der Nachkriegsgeneration die Sensorien für die moderne Sozialgeschichte geschärft, die die Einsicht in eine stärkere theoretische Verankerung der Disziplin weckte und sie damit anschlußfähig an die anderen Gesellschaftswissenschaften machte. Ebenso trugen die Publikationen des bereits 1943 in New York gestorbenen Arthur Rosenberg über das Kaiserreich, die Weimarer Republik und den demokratischen Sozialismus im 19. Jahrhundert zur Revision des deutschen Geschichtsbildes bei.

Sie waren – sicher nicht untypisch – seit Mitte der fünfziger Jahre in der Europäischen Verlagsanstalt in Frankfurt neu aufgelegt worden, einem von Remigranten aus dem Umfeld ehemaliger sozialistischer Splittergruppen wie dem Internationalen Sozialistischen Kampfbund und der Gruppe Neubeginnen 1946 gegründeten kleinen Verlag, der wesentlich dazu beitrug, das sozialwissenschaftliche Schrifttum des ›anderen Deutschland‹ in der Bundesrepublik bekannt zu machen. So brachte die EVA unter anderem auch Werke von Wilhelm Reich und George W. Hallgarten heraus. Bekannter wurde sie jedoch mit der deutschen Ausgabe von Hannah Arendts berühmter Studie *Elemente und Ursprünge totaler Herrschaft*, die seit 1955 in mehreren Auflagen erschien. In den 1960er Jahren sollte sie mit diversen Reihen wesentlich zur Bewußtseinsformung der studentischen Protestbewegung beitragen, in denen nicht nur die Repräsentanten der Kritischen Theorie zu Wort kamen, sondern auch diverse andere, in Deutschland längst vergessene

---

41 Hatte es 1960 nur etwa 20 soziologische Lehrstühle gegeben, so war die Zahl 10 Jahre später auf fast 200 angestiegen. Vgl. R. M. Lepsius, Die Entwicklung der Soziologie nach dem Zweiten Weltkrieg 1945 bis 1967, in: Kölner Zeitschrift für Soziologie und Sozialpsychologie, Sonderheft 21/1979: Deutsche Soziologie seit 1945, hrsg. v. Günther Lüschen, S. 25 ff.

Emigranten, deren in den USA erschienene Werke hier in deutschen Übersetzungen herauskamen.⁴²

Stärker als in anderen Fächern scheinen in der Geschichtswissenschaft auch die Arbeiten von Vertretern der sog. Zweiten Generation, neben George W. Hallgarten etwa George L. Mosse, Carl Schorske oder Fritz Stern anregend gewirkt zu haben. Die Analysen der jüngsten deutschen Vergangenheit allerdings kamen nicht von diesen Historikern, sondern von den ehemaligen Emigranten aus den Nachbarfächern, man denke nur an Ernst Fraenkels *Dual State* oder Franz Neumanns *Behemoth*.⁴³ Der einzige direkte Rückkehrer, Hans Rothfels, hatte zwar großen Einfluß auf die Geschichtswissenschaft der fünfziger Jahre, so unter anderem bei der Gestaltung der Zeitgeschichtsforschung. Als ehemaliger Frontmann der borussischen Schule und der sogenannten Ostforschung in den dreißiger Jahren, der erst im letzten Moment, einige Tage vor Beginn des Zweiten Weltkriegs, emigriert war, blieb er während seines Aufenthalts in den USA bis 1951 von den intellektuellen Einflüssen Amerikas nahezu unberührt. In der Bundesrepublik vertrat er ein traditionelles konservatives Geschichtsbild, das seine Orientierung nach wie vor von den alten preußischen Eliten bezog.

Im Vergleich zu den anderen gesellschaftswissenschaftlichen Fächern haben remigrierte Ökonomen in der Bundesrepublik keine entsprechende Bedeutung für die Neugestaltung des Faches gehabt.⁴⁴ Der Türkei-Remigrant Fritz Neumark wurde zwar in Frankfurt zum Nestor der bundesdeutschen Finanzwissenschaft, und in Kiel zählte der aus Dänemark zurückgekehrte Erich Schneider mit seinen mehrere Nachkriegsgenerationen prägenden Lehrbüchern zu den bedeutenden Gelehrten seiner Zunft. Aber augenscheinlich war die Internationalisierung und grenzüberschreitende

---

42 In der »Roten Reihe« *Politische Ökonomie. Geschichte und Kritik* erschien z.B. Adolph Lowe, Politische Ökonomik, Frankfurt a.M. 1965, eine Übersetzung seiner in den USA vielbeachteten Studie *On Economic Knowledge*, die mit ihrer Instrumentalanalyse eine fundamentale Herausforderung der wirtschaftswissenschaftlichen Methodologie darstellte. Lowe, früher Adolf Löwe, der in den zwanziger Jahren die Forschungsabteilung am Weltwirtschaftsinstitut in Kiel aufgebaut und ab 1931 den Lehrstuhl von Carl Grünberg in Frankfurt übernommen hatte, war zu der Zeit in Deutschland nahezu unbekannt. Zur EVA vgl. Sabine Groenewold (Hg.), »Mit Lizenz«. Geschichte der Europäischen Verlagsanstalt, Hamburg 1996.

43 Ernst Fraenkel, The Dual State. A Contribution the to Theory of Dictatorship, New York 1941; Franz Neumann, Behemoth. The Structure and Practice of National Socialism, New York 1942.

44 Dazu im Überblick Claus-Dieter Krohn, Wirtschaftswissenschaften, in: Ders. u.a. (Hg.), Handbuch der deutschsprachigen Emigration 1933-1945, Darmstadt 1998, S. 904 ff.

Kommunikation dieser Wissenschaft bereits in den fünfziger Jahren so weit fortgeschritten, daß hier ein direkter individueller »brain drain« nur schwer nachweisbar ist. Neumark stand in der deutschen etatistischen Tradition der Staatswissenschaften, von der aus er eine Verbindung zum keynesianischen Ansatz suchte. Bei Schneider ist bis heute umstritten, ob er überhaupt als Emigrant bezeichnet werden kann, da er 1936 einem regulären Ruf nach Aarhus gefolgt war und dort auch während der deutschen Besatzung Dänemarks unangefochten gelehrt hatte. Einige remigrierte Agrarökonomen, so Fritz Baade in Kiel und Hans Wilbrandt in Göttingen, sollten als Politiker sowie als Experten in internationalen Organisationen einflußreiche Positionen einnehmen. Im übrigen fällt auf, daß überproportinal viele ehemalige Ökonomen als Disziplinwechsler zurückgekehrt sind, so etwa die bereits genannten Ferdinand A. Hermens und Alexander Rüstow als Politikwissenschaftler nach Köln und Heidelberg.[45]

Als Beleg für eine erfolgreiche Integration der Wissenschafts-Remigranten in die ihnen gegenüber reservierte westdeutsche Nachkriegsgesellschaft hat Horst Möller den 1952 unter der Schirmherrschaft des Bundespräsidenten Heuss wieder begründeten Orden Pour le mérite für Wissenschaften und Künste angeführt. Zu seinen 161 Mitgliedern bis 1982 zählen auch 31 Emigranten, darunter zahlreiche Künstler, Naturwissenschaftler und erstaunlich viele Kunsthistoriker; einen Sozialwissenschaftler sucht man jedoch vergeblich.[46] Trotz der hier und da strahlenden Integration in den Universitätsbetrieb und zum Teil prägender Einflüsse haben die meisten Rückkehrer eine Doppelexistenz geführt. Die Tatsache, daß die meisten, zumindest diejenigen, die aus den USA kamen, ihre neue Staatsbürgerschaft beibehielten, mag als Hinweis dafür genommen werden, daß sie die Entwicklung in der Bundesrepublik mit erheblicher Skepsis beurteilt haben. Die Vorbehalte gegenüber den Emigranten und Remigranten, man denke nur an die verbalen Ausfälle gegen Willy Brandt noch in den sechziger Jahren, waren wenig ermutigend.[47] Darum tauchten die Remigranten auch geräuschlos in den postfaschistischen Konsens des Beschweigens der Vergangenheit ein; keiner von ihnen hat zum Beispiel gegenüber den Studenten

---

45 Vgl. Harald Hagemann und Claus-Dieter Krohn (Hg.), Biographisches Handbuch der deutschsprachigen wirtschaftswissenschaftlichen Emigration nach 1933, 2 Bde., München 1999.
46 Horst Möller, Die Remigration von Wissenschaftlern, in: Böhne/Motzkau-Valeton (wie Anm. 37), S. 605 f.
47 Hermand/Lange, »Wollt ihr Thomas Mann wiederhaben?« (wie Anm. 1); Hans Georg Lehmann, In Acht und Bann. Politische Emigration, NS-Ausbürgerung und Wiedergutmachung am Beispiel Willy Brandts, München 1976.

jemals auf seine Erfahrungen im Exil hingewiesen. Erst in den sechziger Jahren sollten ihre kritischen Analysen aus dem Exil von den Studenten entdeckt und häufig gegen ihren Willen rezipiert werden. Erst dieser autonome Aneignungsprozeß ließ das Gespür für die nach 1933 aus Deutschland vertriebenen intellektuellen Potentiale wachsen und sorgte mit dafür, daß deren Arbeiten heute vielfach zu klassischen Werken geworden sind.[48]

---

[48] Claus-Dieter Krohn, Die Entdeckung des ›anderen Deutschland‹ in der intellektuellen Protestbewegung der 1960er Jahre in der Bundesrepublik und den Vereinigten Staaten, in: Exilforschung. Ein internationales Jahrbuch, Bd. 13: Kulturtransfer im Exil, München 1995, S. 16 ff.

Intellektuelle Umwidmung

Thomas Etzemüller

Kontinuität und Adaption eines Denkstils
Werner Conzes intellektueller Übertritt in die Nachkriegszeit

»So etwas ist wohl nur in Deutschland möglich: Die feindlichen Armeen stehen an den Grenzen, aber im Innern der ›Festung ohne Dach‹ funktioniert die Postverbindung binnen 48 Stunden über 400 Km. Entfernung!«[1] Die Post funktionierte auch nach dem »Zusammenbruch« mit erstaunlicher Effektivität, und man wird den Grund in einer eingespielten Organisation und dem Leistungswillen ihrer Angestellten vermuten dürfen. Ähnlich sah es in der Geschichtswissenschaft aus, die von der Post regen Gebrauch machte. Während die Festung wegen des fehlenden Daches in Schutt gebombt wurde, berieten sich Historiker noch Anfang 1945 über Forschungsprobleme, sandten sich Bücher zu, planten Berufungen zwischen Posen, Wien und Prag oder schlossen Druckverträge ab, als herrsche tiefster Frieden. Dieses Verhalten mag heute bizarr wirken, doch der »geradezu gespenstisch anmutende Drang zur Normalität«[2] hatte seinen Sinn. Für Theodor Mayer war Wissenschaft der einzige Lebensinhalt, und dem auf dem Lande isolierten Theodor Schieder fehlte die Verbindung zu ihr »wie das liebe Brot«. Sei diese Verbindung einmal wieder hergestellt, dann trete alles andere doch in den Hintergrund.[3] Wohl deshalb versuchten nicht nur diese beiden Historiker mit allen Mitteln, inmitten des Chaos normale wissenschaftliche Zustände zu erhalten, als ginge sie der Untergang der Welt nichts an – es war der Untergang der materiellen Welt, der ohnehin nicht aufzuhalten war. Die bewährte Ordnung der akademischen Welt zu sichern versprach dagegen einen gewissen Schutz vor den kommenden Jahren, denn spätestens mit der Kapitulation mußten sie eine Art »Stunde Null« drohen sehen, eine Bilanzierung ihres persönlichen Verhaltens und wissenschaftlichen Wirkens vor 1945.

Daß diese Stunde Null nie schlug, wissen wir heute. Die Bilanz des persönlichen Verhaltens wurde in kleinen, verschwiegenen Kreisen gezogen

---

1 Siegfried A. Kaehler an Martin Kaehler am 7.9.1944, in: Siegfried A. Kaehler, Briefe 1900-1963, hg. von Walter Bußmann und Günther Grünthal, Boppard 1993, S. 281.
2 Winfried Schulze, Deutsche Geschichtswissenschaft nach 1945, München 1989, S. 25-27, Zitat S. 25.
3 Theodor Mayer an Paul Egon Hübinger vom 28.8.1954, in: Stadtarchiv Konstanz, Nachlaß Mayer, Varia 42; Theodor Schieder an Kurator Hoffmann vom 13.10.1946, in: Geheimes Staatsarchiv Berlin XX HA, Rep. 99c, Nr. 59.

und der Post nicht anvertraut. Die Geschichtswissenschaft fiel in eine Identitätskrise, doch auch diese überstand sie. Wie ist dieser Übergang in die Nachkriegszeit, in ein neues Gesellschaftssystem möglich gewesen, insbesondere für Historiker, die schon damals als schwer belastet galten? Wie funktionierte die Umorientierung und Übertragung wissenschaftlicher Ressourcen und Konzepte über einige Jahre der Ungewißheit hinweg auf das nächste stabile System? Was änderte sich durch die Übertragung im Denken und Verhalten der Historiker, was wurde gerade durch den Prozeß der Adaption gegen Veränderungen immunisiert?

Es gab verschiedene Wege. Den einfachsten wählte vielleicht Karl Brandi, von dem berichtet wird, daß er seine Vorlesung »Mittelalter I« vor dem 9. Mai 1945 begonnen und sie nach diesem Datum einfach mit »Mittelalter II« fortgesetzt habe.[4] Am Beispiel der Ostforschung kann man die Effektivität wissenschaftlicher Netzwerke und Lobbyarbeit beobachten, die geschickt die Kontinuität eines dichotomischen Weltbildes an die sich früh abzeichnende Politik des Kalten Krieges ankoppeln und dadurch sichern konnte. Einzelne Wissenschaftler begannen eine entlastende Selbstdeutung ihres Werkes, oft von Kollegen mit kreativen Argumenten unterstützt. Semantische Umbauten wurden inszeniert oder fachliche Lebenslügen aufgebaut, etwa der Gegensatz zwischen Grundlagen- und angewandter Forschung bzw. Objektivität und Ideologie. Auch die Stabilität eines Denkstiles konnte den Übertritt erleichtern, wenn auch nur im Kontext bestimmter fachlicher und gesellschaftlicher Konstellationen. Und genau darum wird es in diesem Beitrag gehen. Am Beispiel Werner Conzes werde ich einen von mehreren Pfaden durch das Tal der Unsicherheit kartographieren, um dann einen der Mechanismen professioneller wie intellektueller Umwidmungsprozesse freizulegen.

»Denkstil« und »Denkkollektiv«: Methodische Vorbemerkung

Ein Eigenname legt es nahe, die Geschichte eines Individuums in der Form einer Biographie zu schreiben und dabei besonderen Wert auf bewußte soziale und intellektuelle Handlungen zu legen. Man könnte untersuchen, wie ein solches Individuum aktiv seine Entnazifizierung betrieb oder wie es im Wissenschaftsbetrieb agierte. Man könnte seine Texte lesen, feststellen, wie sich Themen und Argumentationen ändern, welche neuen Einflüsse es aufnahm, mit wem es diskutierte, dann könnte man den Wandel seines

---

4 Schulze, Deutsche Geschichtswissenschaft, S. 113.

Denkens genauer bestimmen. Dieser Ansatz ist vielfach erprobt worden. Ich werde anders vorgehen und an Ludwik Flecks Buch »Entstehung und Entwicklung einer wissenschaftlichen Tatsache« von 1935 anknüpfen. Daraus resultiert eine Beobachterperspektive, in der das Individuum seine »Autonomie« verliert. Es wird in soziale und intellektuelle Netze eingebunden, die *es* sprechen und handeln *lassen*.[5]

Am Beispiel der »Entdeckung« der Syphilis hatte Fleck seine »Lehre vom Denkstil und Denkkollektiv« entworfen, eine, so würde man heute sagen, konstruktivistische Erkenntnistheorie.[6] Ungeachtet seiner Herkunft aus der Medizin besteht die Stärke und Attraktivität dieses Ansatzes für Historiker darin, daß es möglich ist, verborgene Formationsprinzipien des Denkens freizulegen und sie mit sozialem Handeln von Individuen in Verbindung zu setzen. Ich greife in aller Kürze zwei Punkte Flecks auf, die Begriffe »Denkstil« und »Denkkollektiv«. Fleck ging davon aus, daß es kein unmittelbares Erkennen von Fakten gibt, die unabhängig vom Beobachter existieren und ihm ein sicheres Fundament seiner Interpretationen geben. Die Syphilis wurde nicht als eine immer existierende, vom Beobachter unabhängige Realität durch wissenschaftliche Experimente und die Interpretationen von Symptomen allmählich entdeckt, sondern sie wurde als solche überhaupt erst in einem komplexen sozialen Prozeß generiert. Sie begann erst zu existieren, als man sie zu sehen begann, und man begann sie zu sehen, als sie zu existieren begann.[7]

---

5 Michel Foucault, Archäologie des Wissens, Frankfurt a.M. [5]1992; ders., Die Ordnung des Diskurses, Frankfurt a.M. 1991; ders., Was ist ein Autor?, in: ders., Schriften zur Literatur, Frankfurt a.M. 1988 S. 7-31; Pierre Bourdieu, Die feinen Unterschiede. Kritik der gesellschaftlichen Urteilskraft, Frankfurt a.M. [3]1989; ders., Entwurf einer Theorie der Praxis auf der ethnologischen Grundlage der kabylischen Gesellschaft, Frankfurt a.M. 1979; ders., Homo Academicus, Frankfurt a.M. 1992.

6 Allerdings eine radikalkonstruktivistische, keine der »Ja/Aber-Ausgaben von Konstruktivismus«, zu denen sich wohl jeder Historiker bekennt! (Ja – wir können die Realität nur in diskursiver Form erfassen/ABER – eine Realität *gibt* es trotzdem!); vgl. Niklas Luhmann, Erkenntnis als Konstruktion, Bern 1988 (Zitat S. 7); ders., Die Wissenschaft der Gesellschaft, Frankfurt a.M. 1992.

7 Über das Verhältnis dieser Konstruktion zur »Realität« kann man gemäß konstruktivistischen Theorien nur eines sagen: Da ist wohl *etwas*. Aber was? Wie sieht sein Verhältnis zur Konstruktion aus? Und wie soll man *es* überhaupt bezeichnen, wenn es durch Konstruktionen überlagert ist? Entscheidend ist: Etwas wird als Syphilis konstruiert, Methoden zur Bekämpfung werden entwickelt, dann wird eine Wirkung als Heilung definiert. Das Problem hat Stanislaw Lem in zwei Romanen durchgespielt: Eden. Roman einer außerirdischen Zivilisation. München [15]1991; The Futorological Congress (from the memoirs of Ijon Tichy). San Diego usw. 1974. Er beleuchtet nicht nur das Problem, sich aufgrund unzureichender Daten ein Bild seiner Umgebung konstruieren zu müssen, das

Hier kommen nun die erwähnten Begriffe ins Spiel: Ein Denkkollektiv ist eine Gemeinschaft von Wissenschaftlern, die in gedanklicher und sozialer Wechselwirkung stehen und die Träger eines spezifischen Denkstiles sind. Der Denkstil ist eine gedankliche Verarbeitung der Welt, die an einem Denkkollektiv hängt und seine Mitglieder dazu bringt, die Welt auf eine bestimmte Art zu sehen. Er ist gerichtetes Gestaltsehen, ein Formatierungsprinzip der Wahrnehmung, das heißt man strukturiert den Wust der Daten nicht, weil die Realität eine Struktur aufscheinen läßt, sondern weil man in einem langen Sozialisationsprozeß gelernt hat, ein bestimmtes Bild wahrzunehmen – oder gerade nicht. Fleck hat in seinem Buch drei entscheidende Punkte für die Analyse der Wissensproduktion hervorgehoben und in einen theoretischen Zusammenhang gebracht: Erstens, auch in den Naturwissenschaften werden Tatsachen nicht vorgefunden und dann bloß interpretiert, sie werden vielmehr selbst konstruiert. Es gibt keine »*hard facts*«. Zweitens, die Konstruktion ist keine rein intellektuelle Leistung, sondern in hohem Maße durch das Handeln sozialer Gruppen bestimmt.[8] Drittens ist die Konstruktion nicht beliebig, sie wird durch die »psychologische Stimmung« einer Zeit wie durch den »Denkstil« eines »Denkkollektivs« gesteuert. Das schließt Reflexion weitgehend aus, nur ein Beobachter kann die spezifische Formierung des Denkens durch einen Denkstil beschreiben.[9] Dazu muß er im Falle der Geschichtswissenschaft die »*stories*«, die *Narratio* von Texten analysieren und dabei weniger auf Argumente und explizite Aussagen achten denn auf untergründige Bilder und Metaphern, die Texte formieren; die Texte eines einzelnen Autors und die Texte einer Gruppe.[10]

---

sinnvolle Handlungen erlaubt – vielmehr wirft er die Frage auf, was überhaupt als Datum aufzufassen ist.

[8] Unter »Handeln« verstehe ich eine Verbindung aus aktiv-intentionalen und unbewußt-habitualisierten Handlungen: Man weiß, was man will, obwohl man nur begrenzt darüber reflektieren kann, warum man es will; man weiß, wie man vorgehen muß, obwohl man nur begrenzt darüber reflektieren kann, warum man auf eine bestimmte Weise vorgeht. Zusammenfassend: Thomas Etzemüller: Sozialgeschichte als politische Geschichte. Werner Conze und die Neuorientierung der westdeutschen Geschichtswissenschaft nach 1945, München 2001, S. 2-6.

[9] Ludwik Fleck, Entstehung und Entwicklung einer wissenschaftlichen Tatsache. Einführung in die Lehre vom Denkstil und Denkkollektiv, Frankfurt a.M. ²1993. Vgl. für neuere Forschungen in dieser Richtung etwa Karin Knorr-Cetina, Die Fabrikation von Erkenntnis. Zur Anthropologie der Naturwissenschaft, Frankfurt a.M. 1991; Bruno Latour/Steve Woolgar, Laboratory Life. The Social Construction of Scientific Facts, Beverly Hills 1979.

[10] Etzemüller, Sozialgeschichte, S. 268-270, mit weiterer Literatur.

Werner Conze und das Königsberger Denkkollektiv

Werner Conze wurde 1910 geboren und begann sein Studium zunächst mit der Kunstgeschichte und Geschichte. Dabei sah er aber keine Möglichkeit, in den turbulenten Jahren der Weimarer Republik Wissenschaft und Tat zu verbinden, und er fragte sich, wie »›Einsamkeit und Freiheit‹ des Studierens und damit der Verzicht auf ›Aktion‹ inmitten einer ›Entscheidungssituation‹«[11] zu verantworten seien. Auf der Suche nach einem anregenden Lehrer stieß er dann 1931 auf Hans Rothfels in Königsberg. Rothfels verstand sich als dezidiert politischer Historiker, der seine wissenschaftliche Arbeit ganz in den Dienst der deutschen Nation stellte und politisch gegen die Weimarer Republik agitierte. In der ostpreußischen Universitätsstadt begriff er es als seine Aufgabe, die ethnische »Völkermischzone« zu ordnen und zum Beweis beizutragen, daß der deutsche »Kultur-« bzw. »Volksboden« bis weit nach Osten hineinragte, um auf diese Weise territoriale Ansprüche Polens an Deutschland abzuwehren. Er wies Conze eine neue Richtung, der unter seinem Einfluß Slawistik zu studieren und sich mit osteuropäischer Geschichte zu befassen begann. 1934 promovierte er bei Rothfels mit der Studie »Hirschenhof. Die Geschichte einer deutschen Sprachinsel in Livland«, 1940 wurde er in Wien unter Gunther Ipsen, den er in Königsberg kennengelernt hatte, mit der Studie »Agrarverfassung und Bevölkerung in Litauen und Weißrußland« habilitiert. Abgesehen von einem Lehrauftrag für »Agrar-, Siedlungs-, Bauern- und Wirtschaftsgeschichte, sowie Geschichte der völkischen Sozialentwicklung« an der Reichsuniversität Posen, wohin er 1944 auf Betreiben Reinhard Wittrams berufen worden war, verlebte er den Krieg hauptsächlich als Soldat.

Ein ähnlich direktes Engagement für die nationalsozialistische Ostpolitik wie bei Theodor Schieder, Werner Markert, Carl Jantke oder Erich Maschke ist Conze nicht nachzuweisen, ebensowenig allerdings Widerstand gegen das »Dritte Reich«. Darauf läßt schon der Ruf nach Posen schließen. Außerdem war er den einschlägigen Begutachtungsstellen des Regimes als »zuverlässig« bekannt, ohne daß diese allerdings seine wissenschaftliche Arbeit wie etwa die Schieders oder Maschkes als direkte Stützung der nationalsozialistischen Weltanschauung klassifizierten. Möglicherweise verhinderte Conzes Kriegsdienst, daß er vor Kriegsende zu eng in die nationalsozialistisch orientierte Volksgeschichte beziehungsweise Ostforschung involviert wurde. Seine Dissertation wie Habilitation waren aber unzweifelhaft

---

11 Werner Conze, Akademische Antrittsrede, in: Jahrbuch der Heidelberger Akademie der Wissenschaften 1962/63, Heidelberg 1963, S. 54-60, hier S. 55.

Teil des Versuchs, den deutschen »Volks-« und »Kulturboden« nach Osten auszudehnen, während er mit einer Auftragsarbeit über Masowien die Desintegration des polnischen Territoriums hätte vorantreiben sollen, indem er die Selbständigkeit Masowiens innerhalb des polnischen Staates und den relativ starken deutschen Einfluß innerhalb Masowiens herausgearbeitet hätte. Über Vorarbeiten gedieh dieses Projekt allerdings nicht hinaus.[12]

Nach Kriegsende konnte er mit einigen Mühen seine wissenschaftliche Karriere fortsetzen. Nach einigen harten Jahren als (unbesoldeter) Lehrbeauftragter, Vertreter Kurt von Raumers, Dozent und außerplanmäßiger Professor in Göttingen und Münster wurde er 1956 schließlich auf einen hervorragend ausgestatteten Lehrstuhl, das Ordinariat für Neuere Geschichte in Heidelberg, berufen. Hier gründete er das Institut für Wirtschafts- und Sozialgeschichte und den »Arbeitskreis für Moderne Sozialgeschichte«, beides war Programm. Conze hatte sich nämlich bereits 1945 in Göttingen mit den Worten empfohlen: »Mein Hauptanliegen liegt in der Verbindung von politischer Geschichte und Soziologie, weniger im Sinne einer bloßen ›Sozial- und Wirtschaftsgeschichte‹ als einer Verfassungsgeschichte, die das Verhältnis von Staat, Volk und Gesellschaft umfaßt.«[13] Das verweist auf sein integrales sozialgeschichtliches Programm, das er in zwei Aufsätzen 1952 und 1957 dann skizzenhaft umriß. In Anlehnung an Hans Freyer und Otto Brunner hob er die herkömmliche Bedeutung der Begriffe »Gesellschaft« (das soziale Leben in einem Staat) und »Verfassung« (die politisch-rechtliche Kodifikation eines Staatswesens) in einer Verallgemeinerung dieser Begriffe auf. »Gesellschaft« war jeder organisierte Zusammenschluß von Menschen, und diese Organisation *war* eine Verfassung: eine soziale (unkodifizierte), und sie *bedurfte* einer rechtsstaatlich-politischen (kodifizierten). Dadurch waren für ihn auch Politik- und Sozialgeschichte keine Gegensätze mehr, da sie nur unterschiedliche Perspektiven auf denselben Gegenstand einnahmen, auf den »großen Wirkungszusammenhang zwischen den bewegenden sozialen Tendenzen und den gestaltenden Kräften einer wie auch immer gesetzten Herrschaft durch die jeweilige Verfassung«.[14] In diesen Ansatz

---

12 Etzemüller, Sozialgeschichte, S. 26-29, 292.
13 Werner Conze an den Dekan der Phil. Fak. der Univ. Göttingen vom 22.12.1945, in: Universitätsarchiv Göttingen, Phil. Fak., Ordner 10. Auch sein zweites Spezialgebiet, die Geschichte des deutschen resp. europäischen Ostens, wollte er immer mit der allgemeinen europäischen bzw. deutschen Geschichte verbunden sehen und nicht in einem eigenen Fach isolieren.
14 Werner Conze, Die Stellung der Sozialgeschichte in Forschung und Unterricht, in: GWU 3 (1952), S. 648-657, hier S. 654 f.

konnten sich zu Beginn der fünfziger Jahre selbst so gestandene Sozialhistoriker wie Hermann Aubin nicht hineindenken. Wenn »soziale Bewegung« mehr sei als »Sozialismus« oder »Arbeiterbewegung«, wie solle man da noch abgrenzen? Auch Feudalismus oder die Entstehung und Entwicklung des Bürgertums seien dann ja »soziale Bewegungen«. »[C]'est-à-dire pratiquement l'histoire sociale«, hatte ein französischer Kollege das auf den Punkt gebracht.[15] Conzes Kollegen war es unverständlich.[16]

Die Königsberger Universität war vor 1945 eine Hochschule, die einen ganz besonderen Reiz entwickelte. Hatten sich die dorthin berufenen Wissenschaftler einmal damit abgefunden, in die Provinz fernab des Kernreiches gezogen zu sein, so nahmen Königsberg und Ostpreußen sie auf eine ganz eigene Art ein. Die Landschaft fesselte sie ebenso wie die besondere politische Atmosphäre, die in dieser abgeschnittenen Provinz herrschte: Ostpreußen verstand sich als »Vorposten« des Reiches und des Abendlandes gegen den Osten. Hier, wo deutsche und andere Nationalitäten gemischt lebten, hatte die juristische Kategorie der »Staatsgrenze« sichtbar ihre Verbindlichkeit verloren. Mit Hilfe des Prinzips des »Selbstbestimmungsrechts der Völker« stellte Polen nach dem Ersten Weltkrieg Forderungen auf ostpreußisches Territorium an das Reich. Diese Ansprüche versuchten Königsberger Geisteswissenschaftler durch ihre Arbeit abzuwehren. Die Problematik der »östlichen Völkermischzone«[17] wirkte darüber hinaus attraktiv auf Teile des wissenschaftlichen Nachwuchses. Erich Maschke, Werner Markert, Theodor Schieder, Carl Jantke, Theodor Oberländer, Werner Conze (und andere, die uns hier weniger interessieren) gehörten der Jugendbewegung an und in Königsberg zum Teil der »Skuld«, einer jener akademischen Gilden, die »eng mit dem völkisch-radikalen Spektrum der militanten Republikgegner verzahnt« waren.[18] Die Genannten waren zwischen 1900 und 1910 geboren worden und rebellierten nach dem verlorenen Weltkrieg, in den Jahren der instabilen Weimarer Republik, in der Jugendbewegung gegen die ihrer Meinung nach alte, verkrustete Gesellschaft. Die Suche nach einer neuen

---

15 Hermann Aubin an Werner Conze vom 2.4.1955, in: Archiv des Verbandes der Historiker Deutschlands.
16 Den komplexen Prozeß der Implementierung der damals modernen Konzeption von Sozialgeschichte in die westdeutsche Geschichtswissenschaft zeichne ich ausführlich nach in: Etzemüller, Sozialgeschichte, bes. Kap. 3 und 4.
17 Hans Rothfels, Königsberg, in: Die Universitäten in Mittel- und Ostdeutschland, Bremen 1961, S. 83-103, hier S. 99.
18 Ingo Haar, »Revisionistische« Historiker und Jugendbewegung: Das Königsberger Beispiel, in: Peter Schöttler (Hg.), Geschichtsschreibung als Legitimationswissenschaft. 1918-1945, Frankfurt a.M. 1997, S. 52-103, hier S. 56.

Gemeinschaft trieb sie – wie viele Angehörige der Jugendbewegung – in den Osten, wo sie hofften, mit der Ordnung des »kolonialen Raum[es]«[19] eine neue, stabile Gesellschaftsordnung entwerfen zu können.

So fand sich in Königsberg ein Kreis zusammen, der sich nach dem Kriege durch denselben Erfahrungsschatz verbunden wußte, durch die Teilnahme an politischen Aktionen für die »deutsche Sache« und durch das überwältigende Erlebnis der ostpreußischen Landschaft, durch deren weite, einsame Wälder man in Vollmondnächten geritten war.[20] Maschke, Markert, Conze, Jantke, Schieder, Helmut Schelsky – 1939 in Königsberg habilitiert und mit Jantke, seinem Studien- und Kriegskameraden Conze sowie dem Wiener Otto Brunner eng befreundet – und die Älteren: Gunther Ipsen, Herbert Grundmann, Hans Rothfels und Kurt von Raumer, die dem jüngeren Zirkel nicht angehörten, sich ihnen aber verbunden fühlten und sie nach dem Kriege nicht vergaßen, sie weilten nicht alle zur selben Zeit in Königsberg, sie waren teilweise nur entfernt miteinander bekannt, doch nach dem Kriege gab der Bezugspunkt Königsberg ihrem Leben und ihrer Weltsicht eine bestimmte Richtung und einte sie nach 1945 locker und doch auf hinreichend stabile Art, um sie als weiteren Kreis zusammenfassend »Königsberger Gruppe« oder als engeren »Rothfels-Gruppe« nennen zu können, jenes Netzwerk, das sich nach dem Kriege für die Durchsetzung der Sozialgeschichte als wichtig erweisen sollte.[21]

Neben diesem Erfahrungsschatz formierte eine ganz spezifische Angst den Denkstil der Königsberger. Es war die gemeinsame Erfahrung permanenter Instabilität der deutschen Gesellschaft: der politischen der Weimarer Republik, der ethnisch-territorialen in Ostpreußen und der ideellen der modernen Industriegesellschaft. Der drohende »Verlust der Heimat«, die Auflösung der Ordnung, der realen wie der ideellen, formierte eine ganz bestimmte Sicht auf die Vergangenheit, die in dem politischen Projekt mündete, die bedrohte Ordnung zu wahren. Gunther Ipsen hat diese grundsätzliche Sorge 1943 in wenigen Worten zusammen-

---

19 Rothfels, Königsberg, S. 98.
20 Gespräch mit Albrecht Conze am 4.11.1998. Carl Jantkes Hamburger Haus soll noch 1999 eine einzige Reminiszenz an Königsberg dargestellt haben (Gespräch mit Heilwig Gudehus am 30.9.1999). Und im »Schwäbischen Tagblatt« vom 15.4.1971 hieß es anläßlich einer Tagung: »In einem bestimmten Raum der Rothfelsschen Historik gab es jedenfalls so etwas wie ein Solidaritäts-Kartell wissenschaftlicher Landsmannschaftlichkeit […]. Da war etwas von der Atmosphäre Rigaer Kloster-Gotik, wie sie Wittram später beschwor.«
21 Zum Problem, die Königsberg-Gruppe abzugrenzen vgl. Etzemüller, Sozialgeschichte, S. 44-48.

gefaßt: »[A]m Ende [der Verelendungsspirale] steht und kann nur stehen – der Umsturz.«[22]

Denkstil und politische Ordnungsvorstellungen Werner Conzes

Eine Annäherung an diesen Denkstil soll nun exemplarisch anhand von fünf Texten Werner Conzes, die die Jahre von 1934 bis 1986 überspannen, erfolgen:

1) »Hirschenhof. Die Geschichte einer deutschen Sprachinsel in Livland« (1934):[23] In seiner Dissertation untersuchte Conze, wie aus einem bunten Haufen deutscher Einwanderer in Livland allmählich die Einheit einer Kolonie entstand, die sich von ihrer Umgebung abgrenzte, sich nur so gegen diese behaupten konnte und »zu einem Stück gesicherten deutschen Volksbodens wurde.«[24] Mit soziologischen, statistischen, demographischen, sprachwissenschaftlichen, aber auch historischen Methoden sowie der *oral history* zirkelte Conze Hirschenhof ab, homogenisierte dessen Bevölkerung und wies nach, daß tiefreichende kulturelle, demographische und sprachliche Traditionen die Hirschenhofer eindeutig als Volksdeutsche auszeichneten, trotz russischer bzw. baltischer Staatszugehörigkeit. Nun sollte Hirschenhof die Isolation aufbrechen und in den deutschen »Volkskörper« einschmelzen, um den durch Unachtsamkeit verloren gegangenen »Volksboden« zurückgewinnen zu können. Der war unabdingbar als Basis zur Verteidigung des deutschen »Kulturbodens« sowie des Heimatrechts der Deutschen und die ihrer kulturellen Vorherrschaft im Osten, die durch das aufkeimende Nationalgefühl der kleinen ostmitteleuropäischen Völker in Frage gestellt seien.

2) »Agrarverfassung und Bevölkerung in Litauen und Weißrußland« (1940):[25] In seiner Habilitation untersuchte er den Zusammenhang zwischen »Agrarverfassung« und »Bevölkerung«. Die Agrarverfassung umgreife das Ganze der bäuerlichen Lebensordnung, sie sei die Verfassung des Land-

---

22 Gunther Ipsen, Agrarische Bevölkerung, in: D. Gusti (Hg.), Arbeiten des XIV. Internationalen Soziologen Kongresses [sic] Bucaresti. Mitteilungen. Abteilung B – Das Dorf. I. Band. Bukarest o.J. [1940], S. 8-22, hier S. 22. Das waren die letzten Worte der gedruckten Vortragsfassung, was ihnen einen prominenten Stellenwert gibt.
23 Werner Conze, Hirschenhof. Die Geschichte einer deutschen Sprachinsel in Livland, Berlin 1934.
24 Conze, Hirschenhof, S. 31.
25 Werner Conze, Agrarverfassung und Bevölkerung in Litauen und Weißrußland. 1. Teil: Die Hufenverfassung im damaligen Großfürstentum Litauen, Leipzig 1940.

volkes innerhalb eines Volkes und Staates und auf dem Lande die Volksordnung schlechthin. »Bevölkerung« verstand er nach Gunther Ipsens Bevölkerungslehre als einen beständigen Vorgang, der sich im »Lebensraum« eines Volkes vollziehe. Der Lebensraum ist aus dieser Perspektive mehr als eine Fläche, er bildet sich, dehnt sich aus oder geht zurück, je nach Fähigkeit und Willen eines Volkes, sich die natürlich gegebenen Landschaften durch Arbeit und Kampf anzueignen, zu ordnen, zu erfüllen und zu behaupten. Wegen des »Gattungsvorgangs« steht er aber in einer beständigen Spannung zur Bevölkerung. Wächst sie zu stark, übt sie Druck auf die Grenzen des Lebensraumes und den Nachbarraum aus. Das kann durch Expansion nach außen oder organisatorische Verdichtung im Innern aufgefangen werden. Geht die Bevölkerung zurück, übt sie einen Sog auf den Nachbarraum aus.[26] »Lebensraum«, »Verfassung« und »Bevölkerung« stehen also in einem Wirkungszusammenhang, und am Beispiel der Litauer und Weißrussen untersuchte Conze, wie diese durch Übernahme der deutschen Hufenverfassung Lebensraum und Bevölkerung austarierten, also kontrolliertes Wachstum ermöglichten und gleichzeitig das stets drohende Problem der »Übervölkerung« kanalisierten. So seien sie in die deutsch-mitteleuropäisch bestimmte Ordnung eingetreten und in Gegensatz zum russisch dominierten Osten geraten.

3) »Die Wirkungen der liberalen Agrarreformen auf die Volksordnung in Mitteleuropa im 19. Jahrhundert« (1949):[27] Nach dem Kriege beschäftigte sich Conze noch einige Zeit mit der Agrarverfassung, denn sie lag seiner Meinung nach aller politischen Verfassung zu Grunde. Ursprünglich habe die ländliche Verfassung drei elementaren Lebensaufgaben gedient: den Lebensunterhalt zu sichern, die Ordnung im Innern zu wahren und die Verteidigung nach außen zu leisten. Der erste Aspekt interessierte ihn nicht, ihm kam es auf die politische Funktion der Agrarverfassung an. Dazu orientierte er sich an Otto Brunners Klassiker »Land und Herrschaft« von 1939. Brunner hatte das politische Handeln sozialer Verbände untersucht und aus den Quellen eine in hohem Maße harmonische Gesellschaftsordnung herauspräpariert.[28]

---

26 Vgl. hierzu Gunther Ipsen, Bevölkerung: I. Bevölkerungslehre, in: Handwörterbuch des Grenz- und Auslandsdeutschtums, Breslau 1933, Bd. 1, S. 425-463; Josef Ehmer, Eine »deutsche« Bevölkerungsgeschichte? Gunther Ipsens historisch-soziologische Bevölkerungstheorie, in: Demographische Informationen 1992/93, S. 60-70.
27 Werner Conze, Die Wirkungen der liberalen Agrarreformen auf die Volksordnung in Mitteleuropa im 19. Jahrhundert, in: ders., Gesellschaft – Staat – Nation. Gesammelte Aufsätze. Hg. von Ulrich Engelhardt, Reinhart Koselleck und Wolfgang Schieder, Stuttgart 1992, S. 186-219.
28 Etzemüller, Sozialgeschichte, S. 70-89.

Herrschaft und Genossenschaft, Landesherr und Landvolk, innere Ordnung des Verbandes und seine Abwehrfähigkeit nach außen waren aufeinander bezogen und bildeten eine Ordnung, die nur von außen, nicht durch innere Konflikte zerstört werden konnte. Auf der anderen Seite vergaß Conze Gunther Ipsen nicht, indem er dessen Vorstellung einer Beziehung zwischen Bevölkerung, Lebensraum und Über- bzw. Untervölkerung in seinen Verfassungsbegriff einbaute: Stets drohten zwar die »unterbäuerlichen Schichten« das »Vollbauerntum« »zu überwuchern«, doch wurde ihr Wachstum lange Zeit durch die Beschränkung ihrer Existenzgrundlage eingeengt, sie vegetierten in »Kümmerformen des Lebens« dahin.[29] Dann jedoch ließ um 1800 der rasante Bevölkerungsanstieg die »Flut« anschwellen, die liberalen Agrarreformen des 19. Jahrhunderts beseitigten die Dämme der Standesgrenzen, erst die wachsende Industrie sog wie ein riesiger Schwamm den Strom der Elenden auf. Die Gesellschaftsverfassung wurde in einem neuen Zustand wieder ausbalanciert. Die Agrarverfassung beschrieb Conze in Kombination von Brunner und Ipsen als »dialektische[s] Widerspiel der Kräfte«, sie befinde sich stets »in beharrender Abwehr, in zerstörendem Angriff und in aufbauender Neubildung«, stets bedrohten »potentielle Sprengungstendenzen« die »Stabilität«.[30]

4) »Vom ›Pöbel‹ zum ›Proletariat‹« (1954):[31] Das ist Conzes vielleicht berühmtester Aufsatz. Er schließt an den letztgenannten an, vollzieht aber den Übergang zur Industrialisierungsgeschichte. Die Begriffe »Pöbel« und »Proletariat« markierten für Conze zwei unterschiedliche gesellschaftliche Verfassungszustände und spiegelten die große Transformation von der alten agrarischen zur modernen industriellen Gesellschaft. Der »Pöbel« stellte vor der industriellen Revolution den untersten Stand der Gesellschaft dar, als Arbeitskräftereservoir zwar notwendig, aber immer so in Grenzen gehalten, daß er sich nicht zu sehr vermehren konnte. Ab dem Ende des 18. Jahrhunderts stieg die Bevölkerungszahl rapide an, mit ihr die soziale Unterschicht, ebenso deren Elend. Die alte »Armenfrage«, die bislang immer karitativ behandelt worden war, verwandelte sich zum »Pauperismus«, zu einem sozialen Problem. Die ständischen Bindungen schwanden, der »Pöbel« »wucherte«, trat »über seine Grenzen und drohte, das in sich abgestimmte Gefüge der Gesellschaft zu sprengen. Konnte er noch zurückgedämmt werden, oder

29 Zit. Conze, Wirkungen, S. 110.
30 Zit. ebd., S. 106.
31 Werner Conze, Vom Pöbel zum Proletariat. Sozialgeschichtliche Voraussetzungen für den Sozialismus in Deutschland, in: Hans-Ulrich Wehler (Hg.), Moderne deutsche Sozialgeschichte, Köln ⁵1976, S. 111-136.

lief die Flut bereits über den Damm und mußte mit neuen Mitteln in ein neues Bett geleitet werden?«[32] Wie wurde, so fragte Conze, die aus dem Lot geratene Gesellschaft wieder in eine – den neuen Verhältnissen angepaßte – Form gebracht? Im Grunde, so antwortete er, war der Pauperismus durch die Industrialisierung besiegt worden, deren Hungerlöhne nicht der Gewinnsucht der Unternehmer, sondern den ökonomischen Zwängen der industriellen Anfangsjahre geschuldet gewesen seien. Die Industrialisierung hatte nicht ins Verderben geführt, sondern letztlich die Existenzgrundlage der Pauper gesichert. Das hatten fürsorgende und vorausschauende Unternehmer bereits mitten in den Not- und Hungerjahren erkennen können, und sie haben entsprechend gehandelt. Mit dem neuen Zustand verschwanden die Begriffe »Pauperismus« und »Pöbel«, es bürgerte sich der des »Proletariats« ein für diejenige Sozialschicht, die die überkommene Gesellschaftsordnung durch eine politische Revolution zu beseitigen drohte.

5) »Ostmitteleuropa. Von der Spätantike bis zum 18. Jahrhundert« (1986):[33] Dieses unvollendete Buch ist der letzte Text Conzes. In dem 1992 posthum erschienen Werk versuchte er, die Genese Ostmitteleuropas darzustellen: Nach einer langen Vorgeschichte im 8. Jahrhundert hätten sich das Ostreich (Byzanz) und das Westreich (Rom) als kulturelle Einheiten ausgebildet, dazwischen habe der Raum Ost/Mitteleuropa gelegen, umgrenzt von der West- und der Ostmacht, zwischen denen er sich entscheiden mußte. Im 9. Jahrhundert sei es zu einer endgültigen Aufteilung gekommen, Mitteleuropa sei von Osteuropa getrennt worden. Ein »Wettbewerb zwischen Rom und Byzanz«[34] habe eingesetzt. Der Grenzsaum gen Osten verfestigte sich, die Russen wurden zurückgedrängt. Die Scheidelinie zwischen dem balkanisch-russischen und dem römischen Europa, die Dichotomie Oriens – Occidens, sei sichtbar geworden.

Nachdem Conze das religiös-kulturell motivierte Gegenüber von Byzanz und Rom in einen beginnenden politischen Antagonismus zwischen Rußland und Europa überführt hat, beginnt er Ostmitteleuropa, das er als Hohlraum bereits negativ bestimmt hatte, positiv abzugrenzen: nach Osten durch die Kirchengrenze zwischen lateinischem und orthodoxem Christentum, nach Westen durch die Sprach- und politische Grenze. Anschließend füllt er den Raum mit Ordnung. Er spricht von »geopolitisch fast zwingend gewesen[er]«[35] oder mißlungener Nationsbildung bzw. davon, daß Natio-

---

32 Ebd., S. 115.
33 Werner Conze, Ostmitteleuropa. Von der Spätantike bis zum 18. Jahrhundert, München 1992.
34 Ebd., S. 15.
35 Ebd., S. 43.

nen an ihrer Vollendung verhindert wurden, wo die einheimischen Stämme an ihrer Religion festhielten. Nationen konnten sich nur in christianisierten Räumen ausbilden. Neben der Nationsbildung setzte die deutsche Ostkolonisation ein. In den Gegenden, die sich nicht als Nationen konstituieren konnten, »überschichtete« sie die einheimische Elite, der Raum wurde von oben her eingedeutscht und schließlich deutsches Sprach- und Volksgebiet. Die polnische und die ungarische Nationsbildung wirkte dem »Ostvorstoß« der Deutschen entgegen. Ostmitteleuropa wurde nach Conze zuerst durch die Mission geöffnet, dann strukturell dem Westen angeglichen, national in Form gebracht und schließlich durch den Landesausbau entwickelt, so daß bereits im Mittelalter die Grundlagen der bis ins 18. Jahrhundert wirksamen Ordnung gelegt waren. Für die Zeit seit dem 16. Jahrhundert stellt Conze seine Darstellung auf die Siedlungsgeschichte um und spricht vom geschlossenen deutschen Volksboden in Ostmitteleuropa, auch wenn eine Verlust-Gewinn-Bilanz dieses Bild etwas dynamisiert, etwa wenn Verluste zu verzeichnen sind, wo nicht scharf genug abgehobene Sprachinseln »entdeutscht«[36] wurden, oder »Gewinne deutschen Volksbodens«[37] überall dort notiert werden können, wo nichtdeutsche Menschen im Innern des deutschen Sprachraumes endgültig »eingedeutscht« wurden. Seitdem bedroht die »Moskauer Interventionspolitik« im Namen der religiös unterdrückten Brüder im Westen die Außengrenzen Ostmitteleuropas. Anfang des 18. Jahrhunderts bricht Rußland in das mittlere Europa ein, die politische Grenze verschiebt sich zu seinen Gunsten nach Westen, die Kulturgrenze dagegen schwächt sich wegen der Westorientierung Rußlands ab. In dieser Westorientierung liegt zwar die *Möglichkeit* einer Annäherung Rußlands an den Westen, doch das im 18. und 19. Jahrhundert stets aktuelle Problem »Rußland in Europa« hat sich angekündigt. Kurz danach bricht der Text, durch Conzes Tod bedingt, ab.

Faßt man diesen raschen, illustrativen Durchgang durch die fünf Texte zusammen – und man kann das durch zahllose weitere Texte Conzes und seiner Kollegen untermauern –,[38] beobachtet man, daß es Conze um Ordnung und Stabilität ging. Immer wieder läßt sich dasselbe Bild beobachten. Zunächst »Einheit« als leitende Vorstellung. Eine Sprachinsel wie Hirschenhof muß eine Einheit bilden. »Ostmitteleuropa« muß als Raum vereinheitlicht werden. An der Oberfläche erblickt man ein Durcheinander an

---

36 Ebd., S. 86.
37 Ebd.
38 Eine Auswahl des Textsamples, das ich geprüft habe, ist nachgewiesen in Etzemüller, Sozialgeschichte, S. 283, Anm. 57.

Ethnien und Nationalitäten, aber darunter läßt sich sozialhistorisch eine Einheit erkennen, die tiefer wurzelt als die oberflächliche Unordnung. Die »Grenze« bildet die zweite wichtige Leitvorstellung. Grenzen müssen eindeutig sein, sie teilen Außen und Innen. Hirschenhof wird abgegrenzt, Litauen von den Slawen getrennt, »Ostmitteleuropa« abgezirkelt und der russische Druck auf die Grenze zum Westen beschrieben. Der »Einheit« korrespondiert die Dualität von »Desintegration« und »Reintegration«, der »Grenze« die von »Angriff« und »Abwehr«; dem lag als »mentale Karte«[39] das Modell der politischen Landkarte mit ihren eindeutigen Grenzen und homogenisierenden Flächenfarben zu Grunde. Der Ansturm aus dem Osten auf die Grenze der deutschen Nation und die drohende soziale Revolution im Innern der deutschen Nation – Verteidigung nach außen und Befriedung im Innern – Bevölkerungsdruck oder Bevölkerungssog – Übervölkerung oder verfaßte Bevölkerung, diese miteinander verknüpften Grundvorstellungen bilden das Bauprinzip der sozialgeschichtlichen Texte, die Werner Conze vor wie nach dem Kriege verfaßt hat. Diese Texte sind (vor allem nach dem Kriege) zudem durch ein implizites narratives Muster strukturiert, das der Chronologie 1. »integrierte Welt« – 2. »Auflösung der stabilen Gesellschaftsordnung, sozialer Konflikt, Revolutionsgefahr« – 3. »erneute Integration der Gesellschaftsverfassung unter gewandelten Umständen, in einer neuen Ordnung« folgt, also dem Schema Ordnung – Angriff/Abwehr – Synthese.[40]

Bereits in der Zwischenkriegszeit hatten Conze und seine Königsberger Kollegen das Zeitalter der Industrialisierung als die Zeit, in der die Instabilität der Gesellschaftsverfassung permanent geworden sei, ausgemacht. Die Vormoderne dagegen, »Alteuropa« – zu welcher Metapher Brunners »Land und Herrschaft« später wirkungsvoll zusammengezogen werden sollte –, galt ihnen als Epoche der Stabilität der sozialen wie der demographischen Ordnung. Damals gab es zwar Störungen, aber die gestörte Gemeinschaft

---

39 Peter Englund, Ofredsår. Om den svenska stormaktstiden och en man i dess mitt, Stockholm 1997, S. 193. Eine mentale Karte ist die Vorstellung, die man sich automatisch und unreflektiert macht, wenn man von einem geographischen Raum spricht: Im 16. Jahrhundert z.B. sahen Englund zufolge die Schweden – sofern ihr geistiger Horizont über die Grenzen ihres Dorfes hinausging – vor ihrem inneren Auge statt der längs von Süd nach Nord gestreckten Halbinsel ein Quadrat mit einem Schwerpunkt im Dreieck Stockholm, Riga und Helsinki, wenn sie von »Schweden« sprachen.

40 Bedenken gegen das seiner Meinung nach zu grobe Schema Auflösung, Krise, Integration erhob einzig Carl Jantke, Zur Deutung des Pauperismus, in: ders./Dietrich Hilger (Hg.), Die Eigentumslosen. Der deutsche Pauperismus und die Emanzipationskrise in Darstellungen und Deutungen der zeitgenössischen Literatur, Freiburg/München 1965, S. 7-47, hier S. 7-9. Faktisch weicht aber auch sein Bild von diesem Schema nicht ab.

fiel, wie Brunner gezeigt hatte, automatisch in den Zustand der geordneten Verfassung zurück. Niemand konnte sie ausheben. Diese Gewißheit war entschwunden. Die Gebietsabtretungen, Bevölkerungsverschiebungen, ethnischen und nationalen Konflikte nach dem Ersten Weltkrieg waren der sinnfällige Ausdruck einer Welt in Unordnung. Trotzdem waren die Königsberger der optimistischen Ansicht, durch Mitarbeit in Ostforschung und Volksgeschichte zur Stabilisierung beitragen zu können, wo in mühevoller Kleinarbeit der »Volksboden« rekonstruiert wurde – bis sich mit dem Nationalsozialismus die überraschende Aussicht bot, Lebensräume wie Verfassungen in einem großen Wurf bereinigen zu können. Daran beteiligte sich auch Conze, wissenschaftlich wie als kämpfender Soldat.

Nach dem Kriege läßt sich eine dreifache Umorientierung feststellen. Das Landvolk wurde allmählich durch die Industriegesellschaft verdrängt. Das mag am Verlust des deutschen Ostens gelegen haben wie an der Erkenntnis, daß mit der Sowjetunion kein Bauernstaat nach Westen vorgerückt war. Statt offensiv die Ausdehnung von stabilisierenden Agrarverfassungen zu unterstützen, wurde die potentielle Destabilisierung der Verfassung durch Übervölkerung in den Blick genommen. Und der Blick wurde nach innen gerichtet, auf die drohende Desintegration. Die Beseitigung der demographischen, sittlichen und Standesgrenzen setzte, so lesen wir in den Texten Conzes immer wieder, die »Massen« der Unterschichten frei. Selbst als diese durch die Industrie in eine neue Gesellschaftsordnung hineingesogen worden waren, lauerten die Kommunisten vor den Werktoren, um sie für die soziale Revolution zu mobilisieren.

Dieser sorgenvolle Blick war der Motor, der Werner Conze mit den Jahren ein innovatives und immer umfangreicheres sozialhistorisches Forschungsprogramm entwerfen ließ: Stadtgeschichte, Parteiensoziologie, Unternehmergeschichte, Geschichte der Weimarer Republik, Arbeitergeschichte, Familiengeschichte usw. Je größer sein Forschungsapparat wurde, desto mehr Bereiche konnte er auf »haltende Mächte«[41] untersuchen lassen, auf Elemente, die beim Dammbau gegen den Kommunismus dienen konnten. Und er tat dies, als politischer Historiker, mit ausdrücklichem Bezug auf die Gegenwart und die Situation der Bundesrepublik. In großem Stil entwarf er die Geschichte einer Einheit, die destruktiven Tendenzen widerstand und dem Kommunismus jede Legitimation entzog. Dieser hatte sich einfach als Irrtum erwiesen: Die Arbeiterschaft in Deutschland war letztlich anerkannt,

---

41 Hans Freyer, Der Fortschritt und die haltenden Mächte, in: ders., Herrschaft, Planung und Technik. Aufsätze zur politischen Soziologie. Hg. und kommentiert von Elfriede Üner, Weinheim 1987, S. 73-83 [erstmals 1952].

nicht ausgegrenzt worden. Bismarck hatte die Sozialversicherung eingeführt. Die Weimarer Republik hatte den Arbeitern endgültig volle politische Partizipation beschert. In der Bundesrepublik war die Eingliederung vollzogen. Es gab keinen deutschen Sonderweg, der auf 1933 hinführte, das »Dritte Reich« war ein Sonderfall, Hitler hatte sich von außen kommend Einlaß erzwungen.⁴² Die Linie lief auf 1945 zu, wo sich zeigen sollte, daß die positiven Kontinuitäten der deutschen Geschichte alle unbestreitbaren Verwerfungen überdauert hatten. Deutungen jüngerer Historiker, die dieser Sicht widersprachen, kritisierte er noch in den achtziger Jahren als die »Sicherheit der nationalen Identität« schwächend.⁴³

Adaption und Kontiniutät

Wenn man den Kommunismus schon nicht nach Osten zurückdrängen konnte, so war er wenigstens als illegitimes Kind der Geschichte herauszustoßen, um ihm jegliche Attraktivität in der Bundesrepublik zu rauben. Gleichzeitig erwies Conze sich als politischer Realist. Er befürwortete die Westbindung der Bundesrepublik und eine Haltung der Härte gegen den Osten. Doch seit den späten fünfziger Jahren redete er pragmatisch einer Politik der Koexistenz mit der Sowjetunion das Wort, weil die deutsche Wiedervereinigung niemals gegen die Interessen des großen Gegenspielers zu erreichen sei.⁴⁴ Das reflektiert präzise seine Geschichtsschreibung – bzw. diese reflektiert umgekehrt seine politischen Positionen. Zunächst war sie Teil der Offensive gegen den Osten, dann der Defensive, schließlich, in seinem letzten Buch, gestand er dem Rußland der Vergangenheit die Möglichkeit einer Annäherung an den Westen zu. Seine Geschichtsschreibung kartierte also seit der Zwischenkriegszeit den jeweiligen Stand der Ost-West-Beziehungen und das projektierte Ziel des jeweiligen Vorgehens gegen den Osten. Er schrieb Geschichte als ständigen Abgleich, inwieweit die historischen Entwicklungen der Zielprojektion *schon* entsprächen oder aber

---

42 »Hitler stand von nun an vor den Toren der Republik und begehrte drohend Einlaß«: Werner Conze, Die politischen Entscheidungen in Deutschland 1929-1933, in: ders./ Hans Raupach (Hg.), Die Staats- und Wirtschaftskrise des Deutschen Reiches 1929/33. Sechs Beiträge von Hans Raupach, Dietmar Keese, Wilhelm Treue, Ursula Hüllbusch, Rudolf Vierhaus, Werner Conze, Stuttgart 1967, S. 176-252, hier S. 178.
43 Werner Conze, Staats- und Nationalpolitik. Kontinuitätsbruch und Neubeginn, in: ders./M. Rainer Lepsius (Hg.), Sozialgeschichte der Bundesrepublik Deutschland. Beiträge zum Kontinuitätsproblem, Stuttgart ²1985, S. 441-467, hier S. 444.
44 Vgl. nur Werner Conze, Geschichtsbewußtsein und Wiedervereinigung, in: außenpolitik [sic] 9 (1958), S. 547-557.

ihre Ausformung *noch* hemmten – der Zielprojektion einer Verteidigung Deutschlands tief im Osten, dann einer Koexistenz des Westens mit der Sowjetunion bei Einheit Deutschlands und einem national geordneten, befriedeten, stabilisierten Ostmitteleuropa.

Trotz solcher Adaptionen an die politischen Bedingungen der Gegenwart blieb das Grundmuster, die Geschichte in der Dichotomie von Ordnung und Chaos zu sehen, stabil. Der Denkstil wurde durch den fundamentalen Einschnitt des 9. Mai nicht beschädigt, im Gegenteil: Er diente als Transportband, auf dem Werner Conze die methodischen Innovationen der Volksgeschichte und seine eigene wissenschaftliche Arbeit in die neue Gesellschaftsordnung transferieren und dort als »Sozialgeschichte« in die westdeutsche Geschichtswissenschaft implementieren konnte. Wieso war diese erstaunliche Übertragung wissenschaftlicher Ressourcen überhaupt möglich?

Das hat mehrere Gründe. Zuerst ist die Entnazifizierung der Geschichtswissenschaft wie der deutschen Geschichte zu sehen. Daß kaum ein Historiker seine Stelle auf Dauer verlor, selbst wenn er politisch als schwer belastet galt, ist bekannt. Die Kollegen entlasteten sich in den einfacheren Fällen gegenseitig mit Persilscheinen, bei den komplizierteren wurde den Entnazifizierungsbehörden die Vergangenheit des Kollegen ins richtige Licht gesetzt. Ein Parteieintritt wurde damit erklärt, daß sie »zur geistigen Bremsung der Entwicklung« hätten beitragen wollen,[45] vierteljüdische Ehefrauen wurden in Erinnerung gebracht oder der Kollege zum Idealisten stilisiert, der geirrt habe. So wurden selbst Hermann Aubin, Erich Maschke, Theodor Schieder oder Günther Franz mehr oder weniger rasch wieder in das Amt eines Ordinarius eingesetzt. Die Auseinandersetzung mit dem eigenen Verhalten im »Dritten Reich« wurde als Privatsache angesehen, über die man sich diskret unter Kollegen aussprach. Das »Taktgefühl« ließ über die *eventuellen, individuellen* »Verfehlungen« von Kollegen hinwegsehen, sofern die Distanzierung zum Nationalsozialismus hinreichend deutlich wurde. Und die Republik hatte ohnehin ihren »Schweigemantel« über das Land gebreitet, unter dem sich die »Geläuterten« zusammenfanden und stillschweigend am Aufbau der Demokratie mitwirkten. Die wenigen Historiker, denen selbst die eigenen Kollegen die Rückkehr verweigerten, hatten das meist dem Umstand zu verdanken, daß sie die Aufstiegsregeln und Umgangsformen der Zunft mißachtet hatten. Sie hatten vor 1945 mit Hilfe der Partei ihre Karriere erfolgreich beschleunigt und dabei Kollegen unwürdig behandelt, dafür wurde ihnen nach dem Kriege eine bittere Rechnung präsentiert.

---

45 Siegfried A. Kaehler an Hermann Nohl vom 9.7.1945, in: Staats- und Universitätsbibliothek Göttingen, Cod. Ms. S.A. Kaehler 1,126.

Diesen wenigen Stigmatisierten wurde die gesamte Schuld der Zunft aufgeladen, sie waren bloße »Epigonen«, die den rechten Weg verlassen und damit die deutsche Geschichtswissenschaft in der Öffentlichkeit korrumpiert hätten. Der greise Friedrich Meinecke dagegen wurde zum Denkmal des integeren Historikers erhoben, er fungierte als *die* moralische Instanz nach dem Kriege. So gab es unter den ernst zu nehmenden Historikern keine wirklich Schuldigen und deshalb auch keinen Grund, Methoden, leitende Werte und Vorstellungen der Geschichtswissenschaft in Frage zu stellen. Der Nationalsozialismus ist in den Augen der Historiker ihrer Wissenschaft etwas Äußerliches geblieben.[46]

So, wie man sich gegenseitig entnazifizierte, so entnazifizierte man erfolgreich die deutsche Geschichte. Im Grunde sei sie sinnvoll verlaufen, nur die zwölf Jahre erschienen als ein »Betriebsunfall«, etwas unbegreiflich »Dämonisches«, das von außen über die Deutschen hereingebrochen war und sie recht eigentlich unterjocht hatte. In seinem Grunde wurzelte der Nationalsozialismus allein in der Kontinuität europäischer Geschichte, er war Folge der französischen Revolution, deren »egalitäre[r] und totalitäre[r] Demokratismus«[47] totalitäre Einparteienstaaten erst möglich gemacht habe. Aus dem Untergrund, durch die dünne, zerborstene Decke abendländischer Zivilisation, war ein gigantischer Höllenzug Bosch'scher Monstren heraufgezogen, der Deutschland und Europa gründlich verheert hatte.[48] Die Vertreibung der Deutschen aus Osteuropa erschien da nur das letzte Kettenglied in einem gesamteuropäischen Zusammenhang des Grauens, zu dem die Taten aller europäischen Völker, »nicht zuletzt« die Massenmorde der SS, beigetragen hätten.[49] Mit der Personifizierung der Diktatur in der Person Hitlers, des Undeutschen, wälzte man das »Dritte Reich« dann noch einmal von den Deutschen ab. »Im Rückgriff auf Kontingenz und Metaphysik ließ sich der Nationalsozialismus am ehesten ›aus der deutschen Gesellschaft hinauskatapultieren‹ (K. Kwiet)«.[50] Diese Deutung der Vergangenheit wurde

---

46 Etzemüller, Sozialgeschichte, S. 215 f., 219-222.
47 Gerhard Ritter an Andreas Dorpalen vom 3.7.1962, in: Bundesarchiv Koblenz, N 1166/351.
48 Solche Assoziationen erweckte Gerhard Ritter noch 1966: Gerhard Ritter, Wissenschaftliche Historie einst und jetzt. Betrachtungen und Erinnerungen, in: Historische Zeitschrift 202 (1966), S. 574-602, hier S. 582.
49 Werner Conze, Die Dokumentation der Vertreibung. Ein Beispiel zeitgeschichtlicher Methodik, in: GWU 5 (1954), S. 236-238, hier S. 236 f.
50 Peter Reichel, Zwischen Dämonisierung und Verharmlosung: Das NS-Bild und seine politische Funktion in den 50er Jahren. Eine Skizze, in: Axel Schildt/Arnold Sywottek (Hg.), Modernisierung im Wiederaufbau. Die westdeutsche Gesellschaft der 50er Jahre, Bonn 1993, S. 679-692, hier S. 682.

weder in Deutschland noch von den Alliierten wirkungsvoll in Frage gestellt.[51]

Als nächstes ist die äußerst effektive Netzwerkarbeit deutscher Historiker zu nennen. Conze gehörte den Königsberger Kreisen an, und es ist zu beobachten, wie sich die Kollegen nach dem Kriege intensiv halfen, Stellen, Dozenturen und schließlich Professuren zu erhalten. Ob es sich um Schieder, Jantke, Maschke, Wittram, Conze oder Markert handelt, alle gelangten sie bis Mitte der fünfziger Jahre durch die Intervention Rothfels', von Raumers oder Grundmanns sowie durch gegenseitige Hilfe wieder auf akademische Positionen, die ihrem professionellen Selbstwertgefühl entsprachen. Das ging freilich nur, weil die Königsberger in die Netzwerke der Ostforschung eingebunden waren. Die hatten sich in der Zwischenkriegszeit in den verzweigten Forschungsorganisationen gebildet, waren eng mit der Reichs- und der lokalen Volkstumspolitik verbunden gewesen und hatten mit Kriegsende das dreifache Problem zu bewältigen, ihre Mitglieder zu entnazifizieren, neue Stellen zu verschaffen und die Ostforschung überhaupt zu retten. All das gelang durch geschickte Lobbyarbeit. Sofort nach Kriegsende diente man sein Wissen den Westalliierten und später der jungen Bundesregierung im Kampf gegen den »Bolschwismus« an; dort wurde man im Zeichen des Kalten Krieges wohlgesonnen empfangen. Forschungsinstitute wurden im Westen gegründet, die die einzelnen Abteilungen der Ostforschung aufnahmen. Die Etablierung des Faches an Universitäten wurde vorangetrieben und erfolgreich die Schaffung von zusätzlichen Stellen gefordert – denn der Markt im Westen war eng. Diejenigen Ostforscher, die an Universitäten nicht mehr unterzubringen waren, wurden in den staatlich geförderten Instituten versorgt oder in Rente geschickt. Und obwohl den Kollegen aus dem Osten trotzdem ein gewisser Makel anhaftete, politisch und als stellenlosen Vertriebenen,[52] konnten sie letztlich auf die hilfreiche Kooperation der *scientific community* der Historiker rechnen. Wenn es vielen Historikern aus dem Osten (und den Königsbergern) aber auf diese Weise gelang, staatlich

---

51 Allerdings integrierte die Umstellung der Perspektive auf Europa die deutsche Geschichte auch positiv in die europäische, indem man nämlich Deutschland zum uralten Vorkämpfer für das »Abendland«, als Bollwerk gegen den Osten stilisierte. Wenn die deutsche Kultur seit dem Mittelalter diese entscheidende Rolle für das Abendland gespielt hatte, dann konnte das »Dritte Reich« nicht mehr als eine Anekdote der Geschichte darstellen. Besonders wichtig für diese Umstellung: Hans Freyer, Weltgeschichte Europas, 2 Bde., Wiesbaden 1948.

52 Das teilte mir Theodor Oberländer in einem Gespräch am 4.8.1997 in Bonn mit. Die Ostforscher mußten wohl einige Demütigungen hinnehmen, etwa die Überlegung, sie alle erneut einem Habilitationsverfahren zu unterwerfen.

finanzierte Professuren im Westen zu erhalten, ohne daß ernsthafter Protest wirklich spürbar wurde, war das nicht eine indirekte Wertung der Qualität ihrer wissenschaftlichen Arbeit?[53]

Und in der Tat, noch bevor Entnazifizierung und Reetablierung erfolgreich abgeschlossen waren, wurden die historiographischen Konzepte der Zwischenkriegszeit als richtig bestätigt. Die Ostforschung etwa belebte ohne zu zögern die Zielsetzung von 1918 wieder: »Die Lage von 1918 hat sich 1945 in einem nach allen Richtungen gesteigerten Masse wiederholt.«[54] Wie damals drückte Rußland gegen das »Abendland«, nur daß mittlerweile sogar mehr als die Hälfte Deutschlands dem »Bolschewismus« zum Opfer gefallen war, während in der Bundesrepublik KPD und SED gemeinsam am Umsturz arbeiteten. Diese Selbstbestätigung, daß man das Zwischenkriegsprojekt nun noch intensiver vorantreiben müsse, kam der jungen Bundesrepublik entgegen. Sie betrieb mit dem Segen des westlichen Bündnisses eine antikommunistisch orientierte Ostpolitik, die der dualistischen Weltsicht der Ostforschung korrespondierte, so daß beide Lager eine intellektuelle wie materielle Symbiose eingingen – bis sie Ende der fünfziger Jahre gemeinsam Ostpolitik wie Ostforschung in eine Sackgasse getrieben hatten, die die Königsberger aus politischem Realismus hatten weit umgehen können.

Doch auch ein interessantes Verständnis von Objektivität immunisierte die historiographische Arbeit gegen Selbstkritik. Wissenschaft sollte »ideologiefrei« und »objektiv« ausfallen. Unter Objektivität hat man nach der Definition von Hans Rothfels den »Ausschluß des willkürlich Subjektiven«[55] zu verstehen, womit nicht gesagt war, daß ein Historiker seine Person löschen und der Geschichte wertfrei gegenüber treten könne – im Gegenteil. Seine Person sei mit bestem Willen nicht eliminierbar, eliminiert werden mußte aber die Willkür. Ähnlich sah es mit dem Ideologiebegriff aus. Ideologisch war eine Geschichtsschreibung, die sich einer verordneten weltanschaulichen Lehre verpflichtet hatte, etwa der »bolschewistischen«. Ideologiefrei war eine Geschichtsschreibung, die bewußt von derartigen Weltanschauungen Abstand hielt. So konnten die Ostforschung wie die Königsberger in den dreißiger Jahren mit einem bestimmten Gedankengebäude »Ostmitteleuropa« operieren, mit der Vorstellung vom rückständigen, chaotischen »Zwischeneuropa«, das deutscher Tatkraft bedurfte. Das hielt man

---

53 Etzemüller, Sozialgeschichte, S. 37-39, 42-44.
54 Herder-Institut an die Universität Tübingen vom 25.2.1953, in: Universitätsarchiv Tübingen, 131/153.
55 Hans Rothfels, Die Zeit, die dem Historiker zu nahe liegt, in: Festschrift für Hermann Heimpel zum 70. Geburtstag am 19. September 1971, 3 Bde., Göttingen 1971, Bd. 1, S. 28-35, hier S. 32.

für ein treffendes Abbild der Realität, diese Vorstellung leitete die Forschung und diente offen politischen Zielen. Da man aber stets zugesehen habe, willkürliche Wertungen und explizit weltanschauliche Elemente aus dieser Konzeption herauszuhalten, konnte man auch nach 1945 der Überzeugung sein, wissenschaftliche Arbeit im reinen Sinne geleistet zu haben. Dem Nationalsozialismus meinte man allein auf der politischen Ebene begegnet zu sein, vor 1945 erfreut, daß die Begegnung dort so eng und fruchtbar ausfiel.⁵⁶ Nach dem Kriege war man guten Glaubens, sich nur in diesem Punkte geirrt zu haben: Die Politik hatte bei der Lösung der Probleme versagt, die Wissenschaft war mit ihren Analysen auf dem rechten Wege gewesen. Die stete Engführung der Begriffe »Objektivität« und »Ideologie« ermöglichte die Annahme, daß die Politik nie in die Wissenschaft habe eingreifen können. Und das neue politische System selbst schien den Wissenschaftlern recht zu geben, denn nach einer kurzen Phase der Unsicherheit erkannten sie, daß die Westbindung des demokratischen westdeutschen Staates und sein antikommunistischer Grundkonsens die Weiterarbeit mit den alten Denkmustern erlaubten, forderten und förderten. Deshalb hörten die (west)deutschen Historiker schon 1949 gerne auf Gerhard Ritters Wort: »Ich glaube nicht, daß sie [die Geschichtswissenschaft] irgendwelchen Anlaß hat, diese ihre Haltung heute grundsätzlich zu ändern.«⁵⁷ Was hätte revidiert werden müssen? Die große Transformationsleistung der Geschichtswissenschaft war die, den Symbiosepartner, das politische System, wechseln zu können, ohne die eigene Linie aufgeben zu müssen. Entscheidend war, als »Ritter der Nation« zu dienen und auf Seiten derjenigen Regierung zu stehen, von der die Historiker meinten, daß sie dem Wohle der Nation am besten diene und die kommunistische Gefahr abwehre.⁵⁸

Last not least fügte sich Werner Conze konform in die Zunft ein. Er war definitiv kein Bilderstürmer. Den Historismus wollte er sozialhistorisch renovieren, nicht überwinden. Das Institut des bürgerlichen, protestantischen deutschen Ordinarius mit seiner spezifischen Lebensform und Werthaltung

---

56 Vgl. hierzu auch Lutz Raphael, Radikales Ordnungsdenken und die Organisation totalitärer Herrschaft: Weltanschauungseliten und Humanwissenschaftler im NS-Regime, in: Geschichte und Gesellschaft 27 (2001), S. 5-40; Ulrich Sieg, Strukturwandel der Wissenschaft im Nationalsozialismus, in: Berichte zur Wissenschaftsgeschichte 24 (2001), S. 255-270.
57 Gerhard Ritter, Gegenwärtige Lage und Zukunftsaufgaben deutscher Geschichtswissenschaft. Eröffnungsvortrag des 20. Deutschen Historikertages in München am 12. September 1949, in: Historische Zeitschrift 170 (1950), S. 1-22, hier S. 8. Vgl. auch ders., The German Professor in the Third Reich, in: Review of Politics 8 (1946), S. 242-254.
58 Etzemüller, Sozialgeschichte, S. 296-309.

stellte er nicht in Frage, sondern lebte sie; das sicherte ihm ein Grundvertrauen der Kollegen. Wissenschaftlich baute er sich langsam Reputation auf, bis er mit dem Lehrstuhl in Heidelberg samt Institut und Arbeitskreis eine einflußreiche »Position des Sprechers«[59] erlangt hatte, die seinem sozialhistorischen Projekt in der Zunft Gewicht verlieh. Die Krise der Geschichtswissenschaft ließ die Kollegen neuere Ansätze zumindest tolerieren, zumal man Conze als Kronzeugen gegen einen »geschichtsfernen«, »abstrakten« »Soziologismus«, wie man ihn die *Annales* in Frankreich vertreten sah, in Anspruch nehmen konnte. Und schließlich war deutlich, daß die Sozialgeschichte Conzes wie die Politikgeschichte Ritters nationalen Zwecken diente, also nicht dem Sozialismus den Boden bereitete, sondern ihn bekämpfte. Conze eröffnete mit dem Projekt der Sozialgeschichte also keine zunftinterne Front, sondern er war Teil der Symbiose zwischen Historikern und ihrer Nation. Die »Diskurskoalition«[60] zwischen Wissenschaft und Nation vereinte Sozialhistoriker wie Werner Conze mit Politikhistorikern wie Gerhard Ritter.[61]

Die Tradierung des Denkstils

So konnte, unerkannt und stabil, der Denkstil fortbestehen, derjenige Komplex aus Bildern und Metaphern, mit dessen Hilfe die Königsberger ihre Deutung der Welt in anschauliche Texte umsetzten und der gleichzeitig die Deutung der Welt steuerte, ohne daß sie dessen gewahr wurden. Der Denkstil konnte fortbestehen, da die Ereignisse nicht die Macht gehabt hatten, nach 1945 eine grundlegend neue Deutung der Welt zu provozieren. Er widerstand der Herausforderungen durch konkurrierende Denkstile und Anomalien, denn die Ereignisse, durch die Brille dieses Denkstiles gesehen, bestätigten ihn – genauso der erfolgreiche Fortgang der eigenen Karriere.[62] Und all das ging eine zirkuläre und dadurch selbstimmunisierende Verbin-

---

59 Foucault, Archäologie, S. 75-82.
60 Carsten Klingemann, Soziologie im Dritten Reich, Baden-Baden 1996, S. 277. Klingemann münzt den Begriff freilich auf das Verhältnis von staatlichen Institutionen und Wissenschaft.
61 Etzemüller, Sozialgeschichte, S. 229-234.
62 Gleiches galt für die Entwicklung eines bestimmten Stranges der westdeutschen Soziologie, der Dortmunder Sozialforschung, die über Personen wie Hans Freyer, Gunther Ipsen, Elisabeth Pfeil, Carl Jantke u.a. an die »Deutsche Soziologie« der Weimarer Republik anknüpfte und das Weltbild von Angriff und Abwehr wie Desintegration und Reintegration durch empirische Forschungen bestätigte (weil es ihnen ebenfalls als Leitbild zu Grunde lag): Etzemüller, Sozialgeschichte, S. 199-210.

dung ein, die die Tradierung des Denkstiles erlaubte, dem Kollektiv Selbstsicherheit und Arbeit bescherte und die Übertragung der früher entwickelten Methoden in die Sozialgeschichte nicht nur ermöglichte, sondern geradezu erforderte. Denn wenn sich die erschreckenden Konstellationen so offenkundig wiederholten, so mußten sie weiterhin mit den bewährten Methoden, verfeinert und in größerem Stil, bekämpft werden. Daß der politische Realismus Conze und seine Königsberger Kollegen schon zu Beginn der fünfziger Jahre Abstand nehmen ließ von einem sturen Konfrontationskurs gegen die Sowjetunion, bis sie in den siebziger Jahren die Ratifizierung der »Ostverträge« befürworteten, konnte dem Denkstil nichts anhaben. Dieser Realismus war nur ein Mittel, das als stabil angesehene grundlegende Bedrohungsszenario etwas zu entschärfen. Das Wissen um konkurrierende Weltdeutungen etwa der »Frankfurter Schule« beeinträchtigte den Denkstil ebensowenig wie umgekehrt die Frankfurter sich durch die Weltsicht der Königsberger beeinflussen ließen. Man ignorierte sich höflich. Daß professionelle Ausbildung wie Redlichkeit manche Annahmen revidieren halfen, etwa die angebliche Parallele 1918-1945,[63] trug nur zum politischen Realismus bei, nicht zur Desintegration des Denkstils. Conzes Ostmitteleuropabuch spiegelt die Facetten von Kontinuität und Wandel: Es knüpft nahtlos an seine Habilitationsschrift an und zeigt, wie ungebrochen Denkstil und volks/sozialhistorische Methoden über den Systemwechsel hinweg gerettet werden konnten. Es demonstriert die Veränderungen gegenüber der Habilitationsschrift und zeigt, wie eine wache Wahrnehmung der jeweils aktuellen politischen Situation die »Oberfläche« seiner Historiographie veränderte. Conze zeichnete durch seine Historiographie stets neue Auflagen der einen fundamentalen Landkarte vom Osten, als Zielvorgabe für eine effektive, den Osten befriedende und damit der Nation dienende Politik – doch er sah die Welt stets nur in der Form einer *politischen* Landkarte, nie einer physikalischen: ohne Grenzen, heterogene Landschaften abbildend.[64] Dadurch half

---

63 Vgl. Mathias Beer, Im Spannungsfeld von Politik und Zeitgeschichte. Das Großforschungsprojekt »Dokumentation der Vertreibung der Deutschen aus Ost-Mitteleuropa«, in: Vierteljahrshefte für Zeitgeschichte 46 (1998), S. 345-389.
64 Daß man die Geschichte eines Landes von der Vergangenheit her auch ganz anders erzählen kann, zeigt Noel Malcolms Versuch, die Geschichte Bosniens seit der Vorgeschichte zu schildern. Dieses Unterfangen verlangt die Quadratur des Kreises, denn das, was wir als politische Einheit »Bosnien« sehen, ist jungen Datums. Doch statt nun diese Einheit mit Hilfe des Noch-Schon-Modells so frühzeitig und unwiderruflich wie möglich auszumachen, erzählt Malcolm die verwickelte Geschichte, die in jener Region, der *Landschaft* mit dem Namen Bosnien, stattfand, in der *später* die politische Einheit »Bosnien« liegen sollte. Die Vorstellung »Region« liefert die Einheit, die ein Buch mit

er, Volksgeschichte wie Denkstil in die politischen Interessen der Zunft wie der westdeutschen Gesellschaft einzugliedern und ihr Überleben in Form der Sozialgeschichte zu sichern.

einem Titel wie »Die Geschichte …lands« nun einmal verlangt, aber weil sie mit dem Bild der *physikalischen* Karte verbunden ist, erlaubt sie es Malcolm, obwohl das Ergebnis natürlich feststeht, die Geschichte über mehrere Jahrhunderte hinweg als prinzipiell offen darzustellen. Erst sehr spät muß er der Landschaft die politische Landkarte endgültig aufprojizieren. Freilich hebt er die jahrhundertealte kulturelle Vielfalt Bosniens, das spannungsvolle, aber durchaus mögliche Zusammenleben verschiedener Ethnien und Bevölkerungsgruppen in einem Raum ohne eindeutige politische Grenze *deshalb* hervor, um die Schuld an der Zerstörung dieser nicht-nationalen Gesellschaftsorganisation den Verfechtern nationaler Reinheit zuweisen zu können: den Serben; vgl. Noel Malcolm, Bosnia. A Short History, London 1996.

Daniel Morat

Der Sprung in den anderen Anfang
Martin Heidegger und die deutsche Universität nach 1945

Als im Juni 1957 die Freiburger Albert-Ludwigs-Universität ihr 500jähriges Jubiläum feierte, gehörten zum umfangreichen Festprogramm unter anderem zehn Festvorträge, mit denen sich die einzelnen Fächer und Fakultäten dem geladenen Publikum präsentierten, sowie mehrere fachspezifische Kolloquien.[1] Die Philosophie wurde dabei nicht von einem der aktuellen Lehrstuhlinhaber vertreten, sondern von dem 68jährigen Emeritus Martin Heidegger, der über den »Satz der Identität« sprach und über den »Satz vom Grund« das Kolloquium abhielt. Daß ausgerechnet Heidegger die Philosophie bei diesem feierlichen Anlaß repräsentierte, war trotz seines damals weithin anerkannten Ruhms keineswegs selbstverständlich. Nur etwas mehr als zehn Jahre zuvor hatte die französische Militärregierung ein Lehrverbot über ihn verhängt und er war – wenn man so sagen kann – ›unehrenhaft‹ von der Universität pensioniert worden. Erst 1951 wurde diese Pensionierung in eine Emeritierung umgewandelt, so daß Heidegger von da an großzügigere Ruhestandsbezüge bekam, vor allem aber seine *venia legendi* zurück erhielt.

Diese Reintegration in die Universität und das akademische Leben, die dann 1957 nicht nur mit dem Festvortrag in Freiburg, sondern etwa auch mit der Aufnahme Heideggers in die Heidelberger Akademie der Wissenschaften bestätigt wurde, war der vorläufige Endpunkt einer wechselvollen universitären Laufbahn, deren gleichsam negativen Höhe- und Wendepunkt das Freiburger Rektorat in den Jahren 1933/34 darstellte. Mit Pierre Bourdieu ließe sich angesichts von Heideggers akademischer Karriere von einer doppelten Distinktion sprechen: zum einen von der Distinktion gegenüber den nicht-akademischen Laien, die Heidegger als einen Repräsentanten des deutschen Mandarinentums auswies, zum anderen von der Distinktion innerhalb dieses Mandarinentums, gemäß der sich Heidegger

---

1 Vgl. Die Albert-Ludwigs-Universität 1457-1957, Bd. 2, Die Festvorträge bei der Jubiläumsfeier, Freiburg im Breisgau 1957. Zum gesamten Festprogramm vgl. die Übersicht in: Die Albert-Ludwigs-Universität 1457-1957, Bd. 1, Die Ansprachen, Glückwünsche und Ehrungen bei der Jubiläumsfeier, Freiburg im Breisgau 1961, S. 7-15.

zeitlebens als universitärer Außenseiter gerierte.² Daß sich Heidegger ausgerechnet 1933 von dieser Außenseiterposition in Teilen verabschiedete und zum Führer der deutschen Universität aufschwingen wollte, macht deutlich, daß diese Distinktionen auch etwas mit dem Nationalsozialismus zu tun haben. So schwierig es zu bestimmen ist, inwiefern Heidegger vor 1933 eindeutig oder gar zwangsläufig auf ein NS-Engagement zusteuerte, so sicher ist es doch, daß seine weitere Karriere nach 1933/34 maßgeblich von diesem NS-Engagement – wiederum negativ – determiniert blieb. Die Distinktionen, die nun, vor allem nach 1945, notwendig wurden, waren solche, die Heidegger in eine intellektuelle wie praktische Distanz zum Nationalsozialismus und dessen Wissenschaftspolitik bringen sollten, ohne seine eigene Philosophie dadurch zu diskreditieren. Um diese Distanz- bzw. Abstandnahmen vom Nationalsozialismus soll es im folgenden gehen. Dazu sollen zunächst möglichst knapp die Stationen von Heideggers universitärer Karriere rekapituliert und besonders auf das Bereinigungsverfahren 1945 bis 1951 eingegangen werden, um Heideggers ambivalente Zugehörigkeit zum deutschen Mandarinentum deutlich zu machen. Im darauffolgenden Abschnitt werden dann Heideggers inhaltliche, das heißt philosophische Positionsverschiebungen nach 1934 thesenhaft skizziert. Dabei gilt es zu zeigen, inwiefern sich in diesen Positionsverschiebungen die intellektuelle Abstandnahme vom Nationalsozialismus als verdeckte Umwidmung eigener früherer Positionen darstellt und inwiefern dadurch Heideggers als konsistent behaupteter Denkweg gerade keine offene Auseinandersetzung mit seiner eigenen Vergangenheit erlaubte, sondern diese systematisch vermied.

Heidegger als exzentrischer Repräsentant
des deutschen Mandarinentums

»Sie sehen, ich bin nicht gesonnen, ein vornehmtuender und vorsichtiger Professor zu werden [...].«³ In diesen Worten, die Heidegger im Juli 1923 angesichts seiner Berufung auf ein Extraordinariat nach Marburg an Karl Jaspers schrieb, schwingt ein eigenwilliger Triumph mit. Er denke nicht daran, so Heidegger an seinen Heidelberger Freund, mit dem er eine »Kampfgemeinschaft«⁴ zur radikalen Erneuerung der Philosophie bilden wollte,

---

2 Vgl. Pierre Bourdieu, Die politische Ontologie Martin Heideggers, Frankfurt a.M. 1976.
3 Martin Heidegger / Karl Jaspers, Briefwechsel 1920-1963, hg. v. Walter Biemel und Hans Saner, München / Frankfurt a.M. 1990, S. 41.
4 Ebd., S. 29.

sich Nicolai Hartmann, dem Marburger Großordinarius und Neukantianer, unterzuordnen. Statt dessen kündigt er an: »[I]ch werde ihm – durch das Wie meiner Gegenwart – die Hölle heiß machen; ein Stoßtrupp von 16 Leuten [...] kommt mit.«⁵ Diese Äußerungen werfen ein Schlaglicht auf Heideggers Stellung innerhalb – oder besser: außerhalb der Schulphilosophie der Weimarer Republik. 1889 als Sohn eines Mesners im oberschwäbischen Meßkirch geboren, hatte Heidegger zunächst mit einem kirchlichen Stipendium in Freiburg Theologie studiert, bevor er mit dem »System des Katholizismus« brach und sich der Philosophie zuwandte. Die ländlich-kleinbürgerliche katholische Herkunft sowie die frühe materielle und geistige Abhängigkeit von der Kirche gehören aber sicher zu den entscheidenden Faktoren von Heideggers Biographie.⁶ Nach seiner Habilitation 1916 wurde Heidegger 1918 Assistent von Edmund Husserl in Freiburg, wo er sich schnell einen Ruf als charismatischer und unkonventioneller Lehrer erwarb. Als er nach mehreren gescheiterten Lehrstuhlaspirationen 1923 schließlich nach Marburg berufen wurde, stellte das einen Moment der Genugtuung dar, der Heidegger allerdings nicht dazu veranlaßte, sich den Gepflogenheiten des ritualisierten Universitätslebens anzupassen – im Gegenteil. Das ›Wie‹ seiner Gegenwart in Marburg war unter anderem durch einen der Volkstracht angenäherten Anzug gekennzeichnet, den Heidegger speziell hatte anfertigen lassen und bei Universitätsveranstaltungen trug.⁷ Seine demonstrativ zur Schau gestellte Heimatverbundenheit äußerte sich außerdem in der Tatsache, daß er sich wann immer es ging in seine Hütte in Todtnauberg im südlichen Schwarzwald zurückzog, um dort im direkten Zwiegespräch mit den dunklen Tannen ungestört zu philosophieren. Diese Selbststilisierung Heideggers als »Maa us Todtnauberg«⁸ war Teil seines doppelten Ehrgeizes, einerseits in die Schulphilosophie einzudringen und von ihr anerkannt zu werden, sie andererseits aber radikal zu »destruieren« und eine ganz andere Philosophie an ihrer Stelle zu etablieren. Seinen Habitus als Ausnahmedenker pflegte Heidegger auch in Freiburg weiter, wohin er, ein Jahr nach der Veröffentlichung seines Furore machenden Hauptwerkes »Sein und Zeit«, 1928 als Nachfolger Husserls berufen wurde. Hermann Heimpel erinnerte sich an den ersten Eindruck, den er in einer Heidegger-

5   Ebd., S. 41.
6   Vgl. dazu allgemein Hugo Ott, Martin Heidegger. Unterwegs zu seiner Biographie, 2. Aufl., Frankfurt a.M./New York 1992.
7   Vgl. Paul Hühnerfeld, In Sachen Heidegger. Versuch über ein deutsches Genie, Hamburg 1959, S. 55.
8   Vgl. Christian Schulz-Gerstein, Ein Gerücht namens Heidegger, in: Zeit-Magazin: Nr. 50, 6.12.1974, S. 23-31, hier: S. 28.

Vorlesung in Freiburg 1930 hatte: »[D]as ist kein Philosophie-Professor […], da steht ein Philosoph, *der* Philosoph.«[9]

Der Philosoph wollte Heidegger nur drei Jahre später noch in einem ganz anderen Sinn werden, nämlich der der Bewegung. Ein Teil der Antwort auf die bis heute umstrittene Frage, was Heidegger 1933 dazu trieb, sich den Nationalsozialisten als geistiger Führer anzudienen, liegt sicher in seiner agonalen Frontstellung zur Schulphilosophie und in seinem ambivalenten Verhältnis zur Universität als sozialer und wissenschaftlicher Einrichtung. Denn nachdem er sich im April 1933 zum Rektor der Freiburger Universität hatte wählen lassen und im Mai 1933 der NSDAP beigetreten war, bestand sein politisches Hauptanliegen in einer radikalen Umstrukturierung der Universität selbst, die er nach seinen Vorstellungen von Arbeits-, Wehr- und Wissensdienst ins Werk setzen wollte. Die berühmte Rektoratsrede, in der er im Mai 1933 diese Vorstellungen in Anlehnung an den NS-Sprachgebrauch ausformulierte, trug nicht zufällig den Titel »Die Selbstbehauptung der deutschen Universität«.[10] Denn es ging für Heidegger tatsächlich um eine Behauptung der Universität, allerdings nicht – wie später gelegentlich zugunsten Heideggers unterstellt – um eine Behauptung gegenüber der NS-Politik, sondern im Einklang mit dieser Politik um eine Behauptung der ›eigentlichen‹ Universität, wie Heidegger sie verstand, gegenüber den nivellierenden und zergliedernden Tendenzen der modernen Wissenschaften. Entgegen diesen Tendenzen sollte die Universität auf ihre antiken Ursprünge zurückgeführt und zur Stätte des radikalen Fragens im Angesicht der existentiellen Entscheidung gemacht werden.[11] An der Tatsache, daß Heidegger

---

9 Hermann Heimpel, Der gute Zuhörer, in: Günther Neske (Hg.), Erinnerung an Martin Heidegger, Pfullingen 1977, S. 115-117, hier: S. 115 f. (Alle Hervorhebungen entstammen immer dem Original.)

10 Vgl. Martin Heidegger, Die Selbstbehauptung der deutschen Universität, in: ders., Die Selbstbehauptung der deutschen Universität. Das Rektorat 1933/34. Tatsachen und Gedanken, Frankfurt a.M. 1983, S. 9-19.

11 Vgl. Alan Milchman / Alan Rosenberg, Martin Heidegger und die deutsche Universität. Radikalismus und Konformität, in: Wolfgang Bialas / Georg G. Iggers (Hg.), Intellektuelle in der Weimarer Republik, Frankfurt a.M. u.a. 1996, S. 195-211. In den Augen von Jürgen Habermas war es allerdings trotz dieser Stoßrichtung gegen die aktuelle Universität ein »spezifisch deutscher Professorenwahnwitz, der Heidegger die Idee eingab, den Führer führen zu wollen«; Jürgen Habermas, Heidegger – Werk und Weltanschauung, in: Victor Farías, Heidegger und der Nationalsozialismus, Frankfurt a.M. 1989, S. 11-37, hier: S. 22. Zum Ablauf von Heideggers Rektorat vgl. neben Ott, Unterwegs, S. 131-246 besonders Bernd Martin, Martin Heidegger und der Nationalsozialismus – der historische Rahmen, in: ders. (Hg.), Martin Heidegger und das ›Dritte Reich‹. Ein Kompendium, Darmstadt 1989, S. 15-50.

bei diesem wissenschaftspolitischen Unterfangen von seinen philosophischen Grundsätzen geleitet wurde, ließ er dabei selbst keinen Zweifel. Im August 1933 schrieb er an Paul Häberlin: »Meine philosophische Arbeit im rein spekulativen Sinne muß jetzt ruhen und sich im ›Praktischen‹ bewähren.«[12]

Diese Bewährung hat sie freilich nicht bestanden. Nach nur einem Jahr reichte Heidegger von sich aus seinen Rücktritt vom Rektorat ein, blieb aber bis zum Ende des ›Dritten Reiches‹ als Professor in Freiburg tätig und hielt regelmäßig Vorlesungen und Seminare ab. Das Ende des Zweiten Weltkriegs erlebte Heidegger nicht in Freiburg, sondern in Oberschwaben, wohin er sich zur Sicherung und Ordnung seiner Manuskripte schon im Dezember 1944 zurückgezogen hatte und wo er im März 1945 zu den Vertretern der Philosophischen Fakultät stieß, welche aus Freiburg geflohen waren. Erst Ende Juni 1945 kam er nach Freiburg zurück. Dort war der Lehrbetrieb unterdessen von der französischen Militärregierung ausgesetzt worden und Heideggers Haus drohte die Beschlagnahmung. In dem Brief an den Oberbürgermeister vom 16. Juli 1945, mit dem Heidegger gegen diese Beschlagnahmung Einspruch erhob, hatte er zum ersten Mal Gelegenheit, die apologetische Argumentation zu entfalten, die er in den kommenden Monaten und Jahren immer weiter ausbaute und variierte. Er habe in der Partei nie ein Amt innegehabt, die Niederlegung seines Rektorats sei als Akt des Widerstands zu werten und er sei seit 1934 auch von Seiten des Regimes angegriffen und schikaniert worden.[13] Wenige Tage später fügte er in einem Brief an Rudolf Stadelmann hinzu, daß schon das Rektorat selbst »alles andere war als ein Eintreten für die Partei und Parteidoktrin«[14]. Und als er ebenfalls noch im Juli 1945 zum ersten Mal von der universitären Bereinigungskommission vernommen wurde, präzisierte er weiter, daß er zur Annahme des Rektorats genötigt worden sei und mit ihr nur habe Schlimmeres verhindern wollen.[15]

Diese Bereinigungskommission fällte zunächst ein Recht mildes Urteil über Heidegger, das erst durch die Intervention einzelner vom Senat verschärft wurde. Heidegger selbst schlug daraufhin im Dezember 1945 vor, seinen vermeintlichen ›Kampfgenossen‹ Karl Jaspers um ein Gutachten zu

---

12 Martin Heidegger, Reden und andere Zeugnisse eines Lebensweges, GA 16, Frankfurt a.M. 2000, S. 154.
13 Vgl. ebd., S. 367-369. Zum Folgenden vgl. neben Ott, Unterwegs, S. 279-343 auch Hugo Ott, Martin Heidegger und die Universität Freiburg nach 1945. Ein Beispiel für die Auseinandersetzung mit der politischen Vergangenheit, in: Historisches Jahrbuch 105 (1985), S. 95-128.
14 Heidegger, Reden und andere Zeugnisse, S. 370.
15 Vgl. Ott, Universität Freiburg, S. 105.

bitten, bei dem er sich freilich seit 1936 nicht mehr gemeldet hatte. Jaspers urteilte dann auch nicht in seinem Sinn. Heidegger sei mit Alfred Baeumler und Carl Schmitt einer der drei »unter sich sehr verschiedenen Professoren, die versucht haben, geistig an die Spitze der nationalsozialistischen Bewegung zu kommen«[16]. Woraus für Jaspers folgte: »Solange in ihm nicht eine echte Wiedergeburt erfolgt, [...] kann m. E. ein solcher Lehrer nicht vor die heute innerlich fast widerstandslose Jugend gestellt werden.«[17] Als der Senat daraufhin im Januar 1946 die Emeritierung unter Versagung der Lehrbefugnis beschloß (unter Protest der Philosophischen Fakultät), erlitt Heidegger im Frühjahr 1946 einen Nervenzusammenbruch und begab sich in ein Sanatorium in Badenweiler. Das Bereinigungsverfahren war damit allerdings noch nicht abgeschlossen. Denn der im Sommer 1946 eingesetzte Landesbereinigungsausschuß der französischen Militärregierung ging noch über das Urteil des Senats hinaus und dekretierte im Oktober 1946: »Il est interdit à M. Heidegger d'enseigner et de participer à toute activité de l'Université.«[18] Die Besatzungsbehörden haben ihm also nicht nur die Lehre, sondern jegliche Teilnahme am akademischen Leben verboten.

Erst als im Sommer 1949 das parallel zu den universitären Bereinigungsverfahren laufende Spruchkammerverfahren Heideggers abgeschlossen und er als »Mitläufer; keine Sühnemaßnahmen« eingestuft wurde, tat sich wieder etwas im Fall Heidegger. Die Philosophische Fakultät lancierte eine Initiative zur formellen Emeritierung Heideggers, durch die er die Lehrbefugnis zurückerlangen sollte. Nach neuerlichen Verhandlungen zwischen Fakultät, Rektor und Senat ging daraus eine vorläufige Pensionierung hervor, die schließlich mit Vollendung von Heideggers 62stem Lebensjahr, also im September 1951, in eine Emeritierung mit voller Lehrbefugnis umgewandelt wurde, so daß er seit dem Wintersemester 1951/52 wieder lehren konnte. Die eingangs beschriebene Reintegration Heideggers in die Universität war erreicht.

In Heideggers Augen blieb es allerdings eine zweitklassige Reintegration, die ihn in seinem ambivalenten Verhältnis zur Universität noch bestärkte, wahrscheinlich gerade, weil er erfahren hat, in welchem Maße er von ihr abhängig war. Das äußerte sich etwa in Heideggers beleidigter Haltung gegenüber den universitären Stellen, in der sich das Gefühl eines Anspruchs auf einen Lehrstuhl mit der Selbstvergewisserung paarte, eigentlich gar nicht auf die Universität angewiesen zu sein. So berichtete Heidegger in

---

16 Zitiert nach Ott, Unterwegs, S. 317.
17 Ebd., S. 316.
18 Ebd., S. 323.

einem Brief an Rudolf Stadelmann vom November 1945, er habe dem Rektor, als dieser ihm eröffnet hatte, daß die Freiburger Universität vorerst nicht an seiner Lehrtätigkeit interessiert sei, geantwortet, »daß ich von mir aus durchaus warten könne, daß aber die Frage sei, ob die Jugend und ob die heutige geistige Lage der Deutschen warten könne«[19]. Im Laufe der zweiten Verfahrensstufe nach 1949, als es bereits um Heideggers Reintegration ging und ihm der Rektor einen vorläufigen Lehrauftrag anbot, ließ Heidegger diesen im Juni 1950 wissen, er sehe sich nicht in der Lage, den »im Hinblick auf meine dreißigjährige akademische Lehrtätigkeit unehrenvollen Lehrauftrag anzunehmen«, da er sich nicht als »Hilfslehrer« anstellen lassen wolle.[20] In privaten Aufzeichnungen hielt er zur gleichen Zeit fest, daß »keine Institution mehr ein Recht hat, auch die nicht, der ich lange angehörte und die mich schließlich lange genug unbeachtet ließ und für entbehrlich hielt, jetzt gleichsam wie eine Gesetzesmacht aufzutreten und ihre Forderungen als absolute zu setzen«[21]. Überhaupt verabsolutiere man die Universität auf falsche Weise und gestehe ihm nicht zu, daß »aus den einfachen Notwendigkeiten meines Denkweges sich Aufgaben entfaltet haben, die eine Preisgabe der Lehrtätigkeit fordern«[22] – als ob es seine Entscheidung gewesen wäre, nicht mehr zu lehren.

In diesen Worten kommt allerdings nicht nur Trotz gegenüber der Universität zum Ausdruck, sondern ganz allgemein das Gefühl, ungerecht behandelt worden zu sein. Die tatsächlich fehlende Bereitschaft, sich offensiv mit der eigenen Vergangenheit auseinanderzusetzen, die hinter diesem Gefühl steckt, wird dabei von Heidegger noch als die eigentlich aufrichtige Haltung ausgegeben. So schreibt er in einem Brief an Herbert Marcuse vom 20. Januar 1948: »Ein Bekenntnis nach 1945 war mir unmöglich, weil die Nazianhänger in der widerlichsten Weise ihren Gesinnungswechsel bekundeten, ich aber mit ihnen nichts gemein hatte.«[23] In diesem Brief an Marcuse findet sich auch eine der wenigen Äußerungen Heideggers zum nationalsozialistischen Mord an den Juden, die sich nahtlos in seine apologetische Argumentation einfügt. Denn sein ehemaliger Schüler hatte ihn in einem Brief vom August 1947 zu einer Stellungnahme aufgefordert und ihm unter anderem vorgeworfen, daß sich ein Philosoph wohl politisch täuschen könne, daß er sich aber nicht täuschen dürfe »über ein Regime, das Millionen von

---

19 Heidegger, Reden und andere Zeugnisse, S. 406.
20 Ebd., S. 462.
21 Ebd., S. 455.
22 Ebd., S. 454.
23 Ebd., S. 431.

Juden umgebracht hat – bloß weil sie Juden waren«[24]. Darauf antwortete Heidegger:

»Zu den schweren berechtigten Vorwürfen, die Sie aussprechen ›über ein Regime, das Millionen von Juden umgebracht hat, das Terror zum Normalzustand gemacht hat und alles, was je wirklich mit dem Begriff Geist und Freiheit und Wahrheit verbunden war, in sein Gegenteil verkehrt hat‹, kann ich nur hinzufügen, daß statt ›Juden‹ ›Ostdeutsche‹ zu stehen hat und dann genau so gilt für einen der Alliierten, mit dem Unterschied, daß alles, was seit 1945 geschieht, der Weltöffentlichkeit bekannt ist, während der blutige Terror der Nazis vor dem deutschen Volk tatsächlich geheimgehalten worden ist.«[25]

Diese Äußerung deckt sich weitgehend mit dem aufrechnenden Opferdiskurs der Nachkriegszeit und der frühen Bundesrepublik und stellt in diesem Sinn keine Besonderheit dar.[26] Um zu der für Heidegger spezifischen Form der philosophischen Abstandnahme zu gelangen, muß man sich von diesen allgemein apologetischen Äußerungen abwenden und eine andere Spur verfolgen, die Heidegger ebenfalls im Laufe des Bereinigungsverfahrens ausgelegt hat. In einem Brief an das Rektorat der Albert-Ludwigs-Universität vom 4. November 1945, in dem Heidegger die Wiedereinstellung in die Lehrtätigkeit beantragte und dazu noch einmal ausführlich zu seiner Tätigkeit im ›Dritten Reich‹ Stellung nahm, schrieb er unter anderem, daß die Tatsache, daß er seit dem Sommersemester 1934 »als Philosoph in meiner Weise tätig gewesen war, Widerstand genug«[27] gewesen sei. Einige Zeilen

---

24 Zitiert nach Victor Farías, Heidegger und der Nationalsozialismus, Frankfurt a.M. 1989, S. 373.
25 Heidegger, Reden und andere Zeugnisse, S. 431. Vgl. dazu auch Heideggers Stellungnahme zu einem Bericht in der Süddeutschen Zeitung vom Juni 1950: »Wo Verbrechen geschehen sind, müssen sie gesühnt werden. Wie lange aber will man noch fortfahren, diejenigen, die sich kurze oder auch längere Zeit politisch geirrt haben, immer neu in der Öffentlichkeit zu diffamieren und dies in einem Staat, nach dessen Verfassung jeder Mitglied und Kämpfer der kommunistischen Partei sein kann. Eine seltsame Verblendung betreibt auf diese Weise die Zermürbung und die innere Auflösung der letzten substantiellen Kräfte unseres Volkes.« (ebd., S. 543)
26 Zum deutschen Opferdiskurs der Nachkriegszeit vgl. besonders die Arbeiten von Robert Moeller: Robert G. Moeller, War Stories. The Search for a Usable Past in the Federal Republic of Germany, Berkely 2001; ders., Geschichten aus der »Stacheldrahtuniversität«. Kriegsgefangene im Opferdiskurs der Bundesrepublik, in: Werkstatt Geschichte 9 (2000), H. 26, S. 23-46; ders., Deutsche Opfer, Opfer der Deutschen. Kriegsgefangene, Vertriebene, NS-Verfolgte. Opferausgleich als Identitätspolitik, in: Klaus Naumann (Hg.), Nachkrieg in Deutschland, Hamburg 2001, S. 29-58.
27 Heidegger, Reden und andere Zeugnisse, S. 401.

später präzisierte er dies: »Seit dem Jahre 1936 ging ich durch die Reihe der bis 1943 fortgesetzten Nietzsche-Vorlesungen und Nietzsche-Vorträge noch deutlicher in die Auseinandersetzung und in den geistigen Widerstand.« Denn, so Heidegger weiter, »auf einem höheren Niveau ist die Auseinandersetzung mit Nietzsches Metaphysik die Auseinandersetzung mit dem Nihilismus, als dessen eine politische Erscheinungsform sich der Faschismus immer deutlicher herausstellte«[28]. Diese Äußerungen verlangen es, sich stärker als bisher mit der Philosophie Heideggers auseinanderzusetzen und zu verfolgen, inwiefern sich in seinem Denken seit den 1930er Jahren eine offene oder verdeckte Auseinandersetzung mit dem Nationalsozialismus finden läßt.

Heideggers philosophische Abstandnahme

Will man die Mechanismen von Heideggers philosophischer Abstandnahme verstehen, so muß man zunächst verstehen, wovon es für Heidegger Abstand zu nehmen galt. Wie aus dem schon zitierten Brief an Paul Häberlin hervorgeht, bestand für Heidegger selbst kein Zweifel daran, daß sich sein politisches Handeln aus seiner Philosophie speise und diese praktisch werden lasse. Auch in seinem Denken selbst müssen sich also Motive finden lassen, die Heidegger 1933 zum NS-Engagement disponierten und die nach 1934 der Verarbeitung und der Distanzierung bedurften.[29]

Schon Heideggers in »Sein und Zeit« entfaltete Existenzphilosophie war in vielen Punkten vom kulturpessimistischen und konservativ-revolutionären Denken des ersten Jahrhundertdrittels beeinflußt, auch wenn sie noch nicht als im engeren Sinn politische Philosophie gelten kann. Nach

---

28   Ebd., S. 402. Am Ende des Briefes fügt Heidegger hinzu: »Ich rechne mir den in den letzten Jahren geleisteten Widerstand geistiger Art zu keinem besonderen Verdienst an. Wenn aber immer wieder die allzu große Behauptung aufgestellt wird, durch mein Rektoratsjahr seien viele Studierende zum ›Nationalsozialismus‹ ›verführt‹ worden, dann verlangt die Gerechtigkeit, wenigstens auch dies zu erkennen, daß ich in den Jahren zwischen 1934-1944 Tausende von Hörern durch meine Vorlesungen zu einer Besinnung auf die metaphysischen Grundlagen unseres Zeitalters erzogen und ihnen für die Welt des Geistes und seine großen Überlieferungen die Augen geöffnet habe.« (ebd., S. 404)
29   Auf die anhaltende und ausufernde Diskussion über Heideggers Frühphilosophie und die philosophische Vorgeschichte seines NS-Engagements kann hier allerdings nicht ausführlich eingegangen werden. Zur folgenden Darstellung vgl. besonders Dieter Thomä, Die Zeit des Selbst und die Zeit danach. Zur Kritik der Textgeschichte Martin Heideggers 1910-1976, Frankfurt a.M. 1990.

1928 spitzte sich sein in »Sein und Zeit« angelegter Dezisionismus aber auch im Sinne einer Politisierung zu.[30] Bereits in einer Vorlesung von 1930 definierte er die menschliche Freiheit als »wirkliches Wollen des rein Gesollten«[31]. Dieses Wollen des Gesollten tauchte dann in der schon zitierten Rektoratsrede vom Mai 1933 wieder auf als Aufforderung, das »zu sein, was wir sein sollen«[32], sowie als emphatisches Bekenntnis: »Wir wollen uns selbst.«[33] Aus dieser Rede sowie aus den anderen Reden der NS-Zeit, die gleichermaßen politische und philosophische Reden waren, spricht ein philosophischer Dezisionismus des Wollens, der die nationalsozialistische Revolution emphatisch als Aufbruch in das deutsche Schicksal begrüßte.

Diese aktivistische Selbstpreisgabe an das völkisch gedachte Schicksal, das handelnd einzuholen und umzusetzen sei, steht in der Nachfolge von Nietzsches *amor fati* und von Spenglers preußischem Sozialismus sowie unter dem Einfluß des von Ernst Jünger propagierten Heroischen Realismus, der Härte und Opferbereitschaft predigte. Die Ideale der »größten Strenge und Härte«[34], die auch Heidegger von seinen Studenten verlangte, vertrat Jünger nicht nur in seinen Kriegsbüchern und der politischen Publizistik der 1920er Jahre, sondern auch in seinen sogenannten phänomenologisch-militanten Schriften der frühen 1930er Jahre: in »Die Totale Mobilmachung« von 1930, »Der Arbeiter. Herrschaft und Gestalt« von 1932 und »Über den Schmerz« von 1934.[35] In ihnen entwarf er das Idealbild eines gefühllosen Arbeiterkrieges, der als total verfügbare Einsatzgröße den Arbeiter- und Planstaat als technokratischen Machtstaat formieren sollte. Diese Schriften kannte auch Heidegger, der sich 1945 auf sie berief, um seine Haltung im ›Dritten Reich‹ zu erklären. Denn Jüngers Essays dienten ihm sowohl dazu, ein Bild des Nationalsozialismus zu entwerfen, dem er sich 1933 verschreiben konnte, als auch dazu, sich im Anschluß daran schrittweise wieder vom

---

30 Vgl. dazu Winfried Franzen, Die Sehnsucht nach Härte und Schwere. Über ein zum NS-Engagement disponierendes Motiv in Heideggers Vorlesung »Die Grundbegriffe der Metaphysik« von 1929/1930, in: Annemarie Gethmann-Siefert/Otto Pöggeler (Hg.), Heidegger und die praktische Philosophie, 2. Aufl., Frankfurt a.M. 1989, S. 78-92.

31 Martin Heidegger, Vom Wesen der menschlichen Freiheit. Einleitung in die Philosophie, GA 31, Frankfurt a.M. 1982, S. 296.

32 Heidegger, Selbstbehauptung, S. 9.

33 Ebd., S. 19.

34 Heidegger, Reden und andere Zeugnisse, S. 97. Für einen Vergleich von Heideggers und Jüngers Dezisionismus vgl. Christian Graf von Krockow, Die Entscheidung. Eine Untersuchung über Ernst Jünger, Carl Schmitt, Martin Heidegger, Stuttgart 1958.

35 Vgl. dazu Daniel Morat, Die schmerzlose Körpermaschine und das zweite Bewußtsein. Ernst Jüngers »Über den Schmerz«, in: Jahrbuch zur Kultur und Literatur der Weimarer Republik 6 (2001), S. 181-233.

realen Nationalsozialismus zu lösen.³⁶ So sprach Heidegger im November 1933 bei seiner Rede zur »feierlichen Immatrikulation« zunächst davon, daß der deutsche Student zum Arbeiter werden müsse, und berief sich dabei auf Jünger:

> »*Ernst Jünger* hat neuerdings aus einem schöpferischen Verständnis Nietzsches heraus und auf Grund der Erfahrung der Materialschlacht im Weltkrieg die heraufkommende Seinsart des Menschen des nächsten Zeitalters *durch* die *Gestalt* des Arbeiters schlechthin gedeutet. Die Arbeit versetzt und verfügt das Volk in das Wirkungsfeld aller wesentlichen Mächte des Seins. Das *in* der Arbeit und *als* Arbeit sich gestaltende Gefüge des völkischen Daseins ist der *Staat*. Der nationalsozialistische Staat ist der Arbeitsstaat. Weil der neue Student sich angesetzt weiß für die Durchsetzung des völkischen Wissensanspruchs, *deshalb ist er Arbeiter*.«³⁷

Wenn Heidegger hier Jüngers Vision des Arbeitsstaates mit der Realität des NS-Staates noch affirmativ zur Deckung brachte, so behauptete er später, daß sein Eintreten für den Nationalsozialismus gerade ein Versuch gewesen sei, der von Jünger diagnostizierten Herrschaft des Willens zur Macht entgegenzutreten. In seiner 1945 niedergeschriebenen, aber erst 1983 veröffentlichten Rechtfertigungsschrift »Das Rektorat 1933/34. Tatsachen und Gedanken« spricht er noch einmal davon, daß sich in Jüngers Schriften »ein wesentliches Verständnis der Metaphysik Nietzsches«³⁸ ausspreche und fährt fort: »Was Ernst Jünger in den Gedanken von Herrschaft und Gestalt des Arbeiters denkt und im Lichte dieses Gedankens sieht, ist die universale Herrschaft des Willens zur Macht innerhalb der planetarisch gesehenen Geschichte.«³⁹ Dieser Herrschaft des Willens zur Macht habe er entgegentreten wollen durch eine »Besinnung auf den Geist des Abendlandes« und durch den Versuch, »die an die Macht gekommene ›Bewegung‹ zu läutern und zu mäßigen«⁴⁰. Erst später habe er erkannt, daß der Nationalsozialismus selbst Teil des Willens zur Macht gewesen sei, den er mit ihm bekämpfen wollte.

---

36 Zu Heideggers intensiver Beschäftigung mit Jüngers Schriften, vor allem dem »Arbeiter«, in den 1930er und 1940er Jahren vgl. demnächst Band 90 der Heidegger-Gesamtausgabe, der die bisher unveröffentlichten Aufzeichnungen Heideggers zu Jünger enthalten und 2003 erscheinen wird.
37 Heidegger, Reden und andere Zeugnisse, S. 206.
38 Martin Heidegger, Das Rektorat 1933/34. Tatsachen und Gedanken, in: ders., Die Selbstbehauptung der deutschen Universität. Das Rektorat 1933/34. Tatsachen und Gedanken, Frankfurt a.M. 1983, S. 21-43, hier: S. 25.
39 Ebd., S. 25.
40 Ebd.

Mit dieser Argumentation nimmt Heidegger eine philosophische Entwicklung vorweg, die tatsächlich langsamer vonstatten ging. Wie gezeigt wurde, hat er sich 1933 noch positiv auf den von Jünger imaginierten Arbeitsstaat berufen. Und auch nach dem Scheitern des Rektorats entfernte sich Heidegger nur schrittweise von dieser Position.[41] Im Zentrum dieses langsamen Distanzierungsprozesses stand, wie Heidegger selbst 1945 anführte, die Auseinandersetzung mit Nietzsche, als dessen schöpferischen Nachfolger er ja auch Ernst Jünger und seinen »Arbeiter« sah.[42] Tatsächlich gelangte Heidegger durch seine Beschäftigung mit Nietzsche im Laufe der späten 1930er und frühen 1940er Jahre zu einer seinsgeschichtlichen Deutung der Moderne, die es ihm erlaubte, den Nationalsozialismus vom erhofften Überwinder dieser Moderne zu einem ihrer Symptome umzudeuten. Das Wesen der Moderne bzw. der Neuzeit sieht Heidegger dabei geprägt durch die cartesianische Wissenschaft, die er als Metaphysik bezeichnet. Die Metaphysik sei aber »in ihrem Wesen Nihilismus«[43]. Auf Nietzsche beruft sich Heidegger, da dieser »den Gang der abendländischen Geschichte metaphysisch« gedeutet habe, »und zwar als das Heraufkommen und die Entfaltung des Nihilismus«[44]. Der Nihilismus erscheint so als »Grundbewegung der Geschichte des Abendlandes« und als Ursache ihrer »Weltkatastrophen«[45]. An anderer Stelle schreibt Heidegger, daß das »seinsgeschichtliche Wesen des Nihilismus die Seinsverlassenheit«[46] sei und die »›Weltkriege‹ und ihre ›Totalität‹« die »Folgen der Seinsverlassenheit«[47]. Auch der Nationalsozialismus erscheint also als Symptom des abendländischen Nihilismus. Als vierte Größe in dieser Gleichung ›neuzeitliche Wissenschaft = Metaphysik = Nihilismus‹ kommt noch die Technik hinzu,

---

41 Jürgen Habermas spricht hier von einem »Prozeß einer eigentümlich uneinsichtigen Enttäuschungsverarbeitung«; Habermas, Werk und Weltanschauung, S. 23.
42 Inwiefern Heideggers eigene Nietzsche-Lektüre ihrerseits durch Jüngers »Arbeiter« entscheidend beeinflußt war, ist eine Frage, die vor Veröffentlichung der einschlägigen Aufzeichnungen Heideggers nicht beantwortet werden kann. Die Möglichkeit eines solchen Einflusses hat der Bearbeiter und Herausgeber dieser Aufzeichnungen, Peter Trawny, in seinem Vortrag »Heidegger und ›Der Arbeiter‹. Zu Jüngers metaphysischer Grundstellung« auf dem 4. Jünger-Symposion in Heiligkreuztal am 24. März 2002 zur Diskussion gestellt.
43 Martin Heidegger, Nietzsches Wort »Gott ist tot«, in: ders., Holzwege, 4. Aufl., Frankfurt a.M. 1963, S. 193-246, hier: 244.
44 Ebd., S. 194.
45 Ebd., S. 201.
46 Martin Heidegger, Überwindung der Metaphysik, in: ders., Vorträge und Aufsätze, Pfullingen 1954, S. 71-99, hier: S. 91.
47 Ebd., S. 92.

welche Heidegger als die »Vollendung der Metaphysik«[48] bezeichnet und die folglich in ihrem Wesen nihilistisch sei. Nietzsches Philosophie des Willens zur Macht kommt in dieser Heideggerschen Bestimmung der Moderne deshalb eine herausragende Position zu, weil Nietzsche selbst noch der Metaphysik verhaftet sei, sie als ihr Vollender aber gleichsam auf die Spitze getrieben und dabei in ihrem Wesen kenntlich gemacht habe.

Die nivellierende und enthistorisierende Funktion dieser seinsgeschichtlichen Betrachtungsweise, die einerseits eine versteckte Kritik des Nationalsozialismus zuläßt, diese in einer Gleichsetzung mit anderen Erscheinungen der Moderne aber zugleich wieder entschärft, wird an einer Stelle des Vortrag über »Die Begründung des neuzeitlichen Weltbildes durch die Metaphysik« besonders deutlich, den Heidegger 1938 in Freiburg gehalten und 1950 unter dem Titel »Die Zeit des Weltbildes« in seinem Sammelband »Holzwege« veröffentlicht hat. In einem – 1938 allerdings nicht vorgetragenen – Zusatz schreibt er im Zuge einer Kritik der modernen Subjektphilosophie:

> »Der Mensch als Vernunftwesen der Aufklärungszeit ist nicht weniger Subjekt als der Mensch, der sich als Nation begreift, als Volk will, als Rasse sich züchtet und schließlich zum Herrn des Erdkreises sich ermächtigt. [...] Im planetarischen Imperialismus des technisch organisierten Menschen erreicht der Subjektivismus des Menschen seine höchste Spitze, von der er sich in die Ebene der organisierten Gleichförmigkeit niederlassen und dort sich einrichten wird. Diese Gleichförmigkeit wird das sicherste Instrument der vollständigen, nämlich technischen Herrschaft über die Erde.«[49]

Diese Art der Modernekritik ließ sich problemlos in die Nachkriegszeit hinüberretten, ja nach 1945 entfaltete sie erst ihre eigentliche Funktion. Denn mit ihr konnte sich Heidegger einerseits als Kritiker des Nationalsozialismus gerieren, gleichzeitig aber dessen spezifische Verbrechen und damit seine eigenen Schuldanteile verwischen. Wie schon gezeigt wurde, griff er dieses Deutungsmuster seiner Nietzsche-Vorlesungen in der Rechtfertigungsschrift von 1945 auf und sprach von der »universale[n] Herrschaft des Willens zur Macht innerhalb der planetarisch gesehenen Geschichte«, um dann fortzufahren: »In dieser Wirklichkeit steht heute Alles, mag es Kommunismus heißen oder Faschismus oder Weltdemokratie.«[50] Damit wird die entlastende

---

48 Ebd., S. 80.
49 Martin Heidegger, Die Zeit des Weltbildes, in: ders., Holzwege, 4. Aufl., Frankfurt a.M. 1963, S. 69-104, hier: S. 102 f.
50 Heidegger, Rektorat, S. 25.

Funktion dieses Deutungsmusters deutlich. Denn Heidegger nimmt nicht nur für sich in Anspruch, er habe dieser nihilistischen Wirklichkeit von Anfang an entgegen wirken wollen. Der NS selbst wird relativiert, indem er in eine allgemeine Seinsverlassenheit aufgehoben wird, die in Heideggers Augen nach 1945 noch andauerte. Vor allem aber macht Heidegger so seine eigene Willensmetaphysik der Jahre 1930 bis 1934 vergessen. Denn das »Wollen des rein Gesollten« kommt in seiner späteren Argumentation nicht mehr vor.

Um sich von dieser eigenen Vergangenheit der emphatisierten Täterschaft nachhaltig zu distanzieren, ging Heidegger nach 1945 allerdings noch einen zweiten Schritt. Er stellte den Nationalsozialismus nicht nur als nur eine Erscheinungsform des planetarischen Nihilismus dar, sondern er stellte sich auch selbst außerhalb dieses ›Seinsgeschicks‹, indem er mit seiner Spätphilosophie eine »Überwindung der Metaphysik« anstrebte. In den so betitelten Aufzeichnungen, die er in den Jahren zwischen 1936 und 1946 verfaßte und aus denen er 1954 Auszüge veröffentlichte, schreibt er: »Mit Nietzsches Metaphysik ist die Philosophie vollendet. [...] Aber mit dem Ende der Philosophie ist nicht auch schon das Denken am Ende, sondern im Übergang zu einem anderen Anfang.«[51] Wie dieser ›andere Anfang‹ in den Augen Heideggers aussehen könnte, läßt sich anhand des Vortragszyklus »Einblick in das was ist« darlegen, den Heidegger im Dezember 1949 im Club zu Bremen hielt und der die vier Vorträge »Das Ding«, »Das Ge-Stell«, »Die Gefahr« und »Die Kehre« umfaßt.[52]

Im Vortrag über »Das Ge-Stell« entwickelt Heidegger noch einmal seine Technikkritik, wobei er sie nun im Begriff des Ge-Stells zusammenfaßt. Mit dem Ge-Stell ist dabei nicht eine wie immer geartete technische Konstruktion

---

51 Heidegger, Überwindung der Metaphysik, S. 83.
52 Vgl. Martin Heidegger, Einblick in das was ist. Bremer Vorträge 1949, in: ders., Bremer und Freiburger Vorträge, GA 79, Frankfurt a.M. 1994, S. 3-77. Den Vortrag über »Das Ding« hielt Heidegger 1950 noch einmal in der Bayerischen Akademie der Schönen Künste. Der Vortrag über »Das Ge-Stell« bildete die Grundlage für den 1953 ebenfalls in der Bayerischen Akademie der Schönen Künste auf der Tagung über »Die Künste im technischen Zeitalter« gehaltenen Vortrag »Die Frage nach der Technik«. Außer in den Akademiejahrbüchern wurden diese Vorträge 1954 auch in dem Sammelband »Vorträge und Aufsätze« von Heidegger publiziert; vgl. Martin Heidegger, Vorträge und Aufsätze, Pfullingen 1954, S. 13-44 u. S. 163-185. 1962 erschien zudem eine kleine Sonderausgabe, in der »Die Frage nach der Technik« zusammen mit der »Kehre« veröffentlicht wurde; vgl. Martin Heidegger, Die Technik und die Kehre, Pfullingen 1962. Alle vier Vorträge, so wie sie 1949 zunächst in Bremen und 1950 noch einmal im Kurhotel Bühlerhöhe bei Baden-Baden gehalten wurden, sind zusammen erst 1994 im Rahmen der Gesamtausgabe erschienen.

gemeint, sondern die Gesamtheit des Bestellens, wobei Heidegger unter »Bestellen« die Art und Weise versteht, in der das metaphysische bzw. technische Denken den Dingen gegenübertritt, indem es sie eben als zu vernutzende Objekte vor sich hin stellt und zu seinem Bestand macht. Außerdem führt er im Vortrag über »Die Gefahr« den Begriff der Verwahrlosung ein. Die Verwahrlosung ist wiederum nicht ein Verrotten oder Verlottern, sondern das Gegenteil der Verwahrung, also des Wahrens im Sinne der Wahrheit. Da nach Heideggers Definition die Wahrheit die Unverborgenheit des Seins ist, ist die Verwahrlosung eine Form der Verborgenheit des Seins, in die die Dinge durch die Technik gestoßen werden. Heidegger wähnt sich folglich in einer »Epoche der vollendeten Verwahrlosung des Dinges durch das Ge-Stell«[53]. Diese Epoche der Verwahrlosung entspricht noch immer dem zuvor beschriebenen metaphysischen Zeitalter des Nihilismus. Heideggers nivellierende Einordnung des Nationalsozialismus in das Geschick der Seinsverlassenheit herrscht also auch hier. Daß diese Nivellierung gleichzeitig eine prekäre Verharmlosung der Verbrechen des Nationalsozialismus impliziert, zeigt sich dann, wenn Heidegger mit Blick auf die ›Herrschaft der Technik‹ schreibt: »Ackerbau ist jetzt motorisierte Ernährungsindustrie, im Wesen das Selbe wie die Fabrikation von Leichen in Gaskammern und Vernichtungslagern, das Selbe wie die Blockade und Aushungerung von Ländern, das Selbe wie die Fabrikation von Wasserstoffbomben.«[54]

Obwohl die Epoche der Verwahrlosung für Heidegger also 1949 noch immer nicht zu Ende ist, kündigt sich ihm doch die »Ankunft eines anderen Geschicks«[55] an, die er in dem Vortrag über »Die Kehre« beschreibt.[56] Denn auch wenn der Mensch die Technik nicht handelnd *über*winden könne, so könne er sie doch denkend *ver*winden. Zu dieser »Verwindung des Wesens der Technik« bedarf es laut Heidegger allerdings des denkerischen Rückgangs des Menschen »in die Weite seines Wesensraums«. Dazu muß er »das Wesen des Seins überhaupt erst als das Denk-würdige bedenken«, um es »in

---

53 Heidegger, Einblick in das was ist, S. 51.
54 Ebd., S. 27. Dieser Vergleich fehlte in den überarbeiteten Versionen des Vortrags. Er wurde erst 1994 im Rahmen der Gesamtausgabe veröffentlicht und löste eine späte Debatte über Heideggers Verhältnis zum Holocaust aus. Vgl. dazu Alan Milchman / Alan Rosenberg (Hg.), Martin Heidegger and the Holocaust, Atlantic Highlands, N. J. 1996.
55 Ebd., S. 69.
56 Zum schillernden Begriff der Kehre und seinen verschiedenen Bedeutungen bei Heidegger vgl. Alberto Rosales, Zum Problem der Kehre im Denken Heideggers, in: Zeitschrift für philosophische Forschung 38 (1984), S. 241-262; ders., Heideggers Kehre im Lichte ihrer Interpretationen, in: Dietrich Papenfuss / Otto Pöggeler (Hg.), Zur philosophischen Aktualität Martin Heideggers, Bd. 1, Philosophie und Politik, Frankfurt a.M. 1991, S. 118-140.

seine Wahrheit [...] wahren« zu können.⁵⁷ Dieses denkerische Wahren der Wahrheit des Seins ist für Heidegger genau das Gegenteil der metaphysischen Philosophie, die das Sein nicht wahrt, sondern verwahrlost. Durch die denkerische Überwindung der Metaphysik soll der Mensch also das »Wohnen in dem Bereich« lernen, »in dem sich die Verwindung des Seinsgeschickes, die Verwindung des Ge-Stells, ereignet«⁵⁸. Der Mensch soll derjenige sein, »der des Wesens des Seyns wartet, indem er es denkend hütet. Nur wenn der Mensch als der Hirt des Seins der Wahrheit des Seyns wartet, kann er überhaupt eine Ankunft des anderen Seinsgeschicks erwarten [...].«⁵⁹

Der Mensch als »Hirt des Seins«, von dem es an anderer Stelle heißt, daß er »außerhalb des Ödlandes der verwüsteten Erde«⁶⁰ wohnt, ist eine Formulierung aus dem »Brief über den ›Humanismus‹« von 1946. Mit diesem an Jean Beaufret gerichteten Text versuchte Heidegger, die Rezeption seiner Frühphilosophie aus »Sein und Zeit« zu lenken, indem er sie auf sein nachmetaphysisches Denken hin umdeutete.⁶¹ In ihm spricht Heidegger auch davon, daß »in der jetzigen Weltnot« »weniger Philosophie« Not tue und mehr »Achtsamkeit des Denkens«. Dieses »künftige Denken« sei allerdings keine Philosophie mehr, da es »anfänglicher« bzw. »ursprünglicher« denke als die Metaphysik.⁶² Ein Jahr später, 1947, notierte Heidegger im gleichen Sinn: »Den Schritt zurück aus der Philosophie in das Denken des Seyns dürfen wir wagen, sobald wir in der Herkunft des Denkens heimisch geworden sind.«⁶³

Dieses Heimischwerden im anderen Anfang, diese »Heimkunft in die ›Seinsnähe‹«⁶⁴ ist nicht nur ein Schritt zurück, sondern auch ein Schritt hinaus aus dem historischen Zusammenhang, in dem die Verwahrlosung des Seins und damit der Nationalsozialismus und Heideggers eigene aktivistische Vergangenheit angesiedelt sind. Heideggers nachmetaphysisches Post-

---

57 Heidegger, Einblick in das was ist, S. 70.
58 Ebd., S. 71.
59 Ebd., S. 71 f.
60 Heidegger, Überwindung der Metaphysik, S. 97.
61 Vgl. dazu Anson Rabinbach, Heidegger's »Letter on Humanism« as Text and Event, in: ders., In the Shadow of Catastrophe. German Intellectuals between Apocalypse and Enlightenment, Berkeley/Los Angeles/London 1997, S. 97-128.
62 Martin Heidegger, Brief über den »Humanismus«, in: ders., Wegmarken, GA 9, Frankfurt a.M. 1976, S. 313-364, hier: S. 364.
63 Martin Heidegger, Aus der Erfahrung des Denkens, Pfullingen 1954, S. 19.
64 Rainer Marten, Heideggers Heimat. Eine philosophische Herausforderung, in: Ute Guzzoni (Hg.), Nachdenken über Heidegger. Eine Bestandsaufnahme, Hildesheim 1980, S. 136-159, hier: S. 140.

histoire⁶⁵, in dem der Mensch nicht mehr tätig handeln, sondern nur noch denkerisch hüten soll, ist also auch eine Antwort auf seine eigene, jetzt vergessene Propaganda der Tat. Der Weg dahin, aus der Philosophie in das andere Denken, ist allerdings nicht nur ein Schritt, sondern ein regelrechter Sprung. Die Metapher des Sprungs entwickelt Heidegger in seinem Freiburger Festvortrag über den »Satz der Identität« aus dem Jahr 1957. Darin spricht er davon, daß im Menschen ein »Gehören zum Sein«⁶⁶ walte, stellt aber fest: »Wir kehren noch nicht in das Zusammengehören [mit dem Sein] ein.« Auf die Frage, wie es zu einer solchen Einkehr kommen kann, antwortet er sich selbst: »Dadurch, daß wir uns von der Haltung des vorstellenden Denkens absetzen. Dieses Sich-Absetzen ist ein Satz im Sinne eines Sprunges«, und zwar eines Sprungs »in das Gehören zum Sein«.⁶⁷ Zusammenfassend bemerkt Heidegger dazu: »Unterwegs vom Satz als einer Aussage über die Identität zum Satz als Sprung in die Wesensherkunft der Identität hat sich das Denken gewandelt.«⁶⁸ Man könnte in seinem Sinn auch sagen: ist es überhaupt erst zum Denken geworden, nämlich zum wesentlichen, das Sein bedenkenden Denken, das der neuzeitlichen, metaphysischen Philosophie entgegengesetzt ist. Diese Absetzung von der wissenschaftlichen Philosophie hat Heidegger passender Weise schon in der ersten Vorlesung vollzogen, die er nach der Aufhebung seines Lehrverbots im Wintersemester 1951/52 halten durfte und die »Was heißt Denken?« überschrieben war. Nach dem Gesagten ahnt man schon, daß damit nicht mehr die Universitätsphilosophie gemeint war. Und tatsächlich bekamen die auf den umstrittenen Philosophen neugierigen Philosophiestudentinnen und -studenten in einer der ersten Vorlesungsstunden von diesem zu hören: »Wir stehen außerhalb der Wissenschaft. [...] Wir *sind* nämlich jetzt gesprungen, heraus aus dem geläufigen Bezirk der Wissenschaften und sogar, wie sich zeigen wird, der Philosophie.«⁶⁹

Damit ist auch wieder das Verhältnis Heideggers zur Universität nach 1945 angesprochen. Denn seine zweistufige philosophische Abstandnahme, die zunächst im Deutungsmodell der nihilistischen Metaphysik den Nationalsozialismus auf eine Stufe stellt mit anderen Erscheinungen der Moderne

---

65 Vgl. Lutz Niethammer, Posthistoire. Ist die Geschichte zu Ende?, Reinbek bei Hamburg 1989, S. 82-104.
66 Martin Heidegger, Der Satz der Identität, in: Die Albert-Ludwigs-Universität 1457-1957, Bd. 2, Die Festvorträge bei der Jubiläumsfeier, Freiburg im Breisgau 1957, S. 69-79, hier: S. 73.
67 Ebd., S. 74.
68 Ebd., S. 78.
69 Martin Heidegger, Was heißt Denken?, Tübingen 1954, S. 16.

und sich dann selbst mit der Behauptung eines ›anderen Anfangs‹ davon distanziert, hat Heidegger auch der universitären Philosophie endgültig entfremdet. Mit seinem Sprung ins Posthistoire hat er in mehrfacher Hinsicht eine Distanzierung vollzogen: zum einen von der Metaphysik, die er als herrschendes Seinsgeschick umstandslos mit dem Nationalsozialismus identifiziert hatte, so daß er diesen zusammen mit dem Nihilismus und dem Wesen der Technik ebenfalls hinter sich lassen konnte, zum anderen aber auch von der Schulphilosophie und der Universität, womit er seine Distinktion innerhalb des professoralen Mandarinentums auf einer neuen Stufe vorsetzte. Freilich verzichtete er deshalb nicht darauf, sein wesentliches Denken in den heiligen Hallen der Universität zu verkünden, sobald er wieder die Erlaubnis dazu hatte. Vor allem aber hat Heidegger mit dem Sprung in den anderen Anfang eine Abstandnahme von seiner eigenen philosophischen wie politischen Vergangenheit vollzogen. Denn mit dem Abschied von der Metaphysik und mit der Umwidmung seiner eigenen Frühphilosophie zum Beginn des wesentlichen Denkens blieb sein NS-Engagement nur noch als ›politischer Irrtum‹ an der Oberfläche seines Denkens zurück, der nichts mehr mit dessen Tiefe zu tun hatte und zudem mit der allgemeinen Irrnis des Zeitalters zu entschuldigen war. Gleichzeitig drehte Heidegger mit dieser denkerischen Volte die Beweislast im Streit um seinen ›Fall‹ einfach um. Denn wenn die Seinsvergessenheit andauerte und nur er gesprungen war, dann waren es die anderen, die noch in die Schuld des Zeitalters verstrickt waren. Heidegger selbst aber sah sich nicht genötigt, sich offensiv mit den politischen Implikationen seiner Philosophie und mit der NS-Vergangenheit seiner akademischen Karriere auseinanderzusetzen.

Idealistischer Umbau

KAI ARNE LINNEMANN

Die Wiederkehr des akademischen Bürgers
Herman Nohl und die Pädagogik der Sittlichkeit

Herman Nohl gehörte zu der kleinen Gruppe von Professoren, die nach der Befreiung 1945 bei Alliierten und deutschen Kollegen gleichermaßen Vertrauen genossen und sofort mit Aktivitäten zum Wiederaufbau der deutschen Hochschulen beginnen konnten. Der Göttinger Pädagoge war ursprünglich Philosoph, nach der Jahrhundertwende Assistent von Wilhelm Dilthey, stieg aber dann noch in der Weimarer Republik zum Nestor wissenschaftlicher Pädagogik auf. Schon von daher verkörperte Nohl noch einen Rest vom Typus des Universalgelehrten, der sich ähnlich wie Karl Jaspers auf dem Niveau umfassender Welterklärungen zur »geistigen Situation der Zeit« äußern konnte, ohne scharfe politische Konturen abgeben zu müssen. Seine Entlassung im Jahr 1937 schien außerdem klar zu signalisieren, daß es sich bei Nohl um einen aktiven Gegner des Nationalsozialismus handelte. Nohl wurde zum gesuchten Partner der britischen Besatzungsmacht. Selten gab es Unstimmigkeiten, die der empatische Nohl nicht beilegen konnte. Als er (nicht ganz freiwillig) im Juni 1946 zum britischen »Assessment Centre« für politische Führungskräfte verpflichtet wurde, um demokratisches Argumentieren zu üben, kam er begeistert von der Einrichtung englischer »Debating Clubs« zurück.[1] Damit erscheint Nohl als gelungene Verkörperung alliierter Planungen, aus der unpolitischen deutschen Honoratiorenelite für eine demokratische Zukunft den Akademiker als Staatsbürger zu aktivieren.[2]

Anfang der fünfziger Jahre war so aus Nohl ein politisch einflußreicher, vielgelesener Repräsentant des guten alten und des besseren kommenden Deutschland geworden, der 1953 von der Stadt Göttingen gemeinsam mit den Nobelpreisträgern Max Born und James Franck zum Ehrenbürger ernannt wurde.[3] Nohls Engagement als »akademischer Bürger« war für ihn

1 Elisabeth Blochmann, Herman Nohl in der pädagogischen Bewegung seiner Zeit 1879-1960, Göttingen 1969, S. 201.
2 Im Windschatten der Vorzeigebeispiele überwanden auch Teile des deutschen Bürgertums in Beamtenlobby und Berufsverbänden ihre Statuskrise. Vgl. Hannes Siegrist, Der Wandel als Krise und Chance. Die westdeutschen Akademiker 1945-1965, in: Klaus Tenfelde/Hans-Ulrich Wehler (Hg.), Wege zur Geschichte des Bürgertums, Göttingen 1994, S. 289-314, hier S. 290.
3 Vgl. Albert Einstein/Hedwig und Max Born, Briefwechsel 1916-1955, kommentiert von Max Born, München 1969, S. 262 u. S. 264.

allein nicht zur Fortsetzung seiner Karriere notwendig; vielmehr wurde er von Alliierten, Kollegen, der Landesregierung und seinem Publikum in diese Position manövriert, von wo aus sich die Übergänge in eine zivile Ordnung souverän begleiten und moderieren ließen. Bei Kriegsende war Nohl 65 Jahre alt, konnte jedoch aus dieser Stellung heraus die wissenschaftliche Ausrichtung der deutschen Pädagogik bis zu seinem Tod 1960 in verblüffendem Ausmaß auf seinem geisteswissenschaftlichen Kurs halten und so die normale Generationenfolge in der Wissenschaft über den Haufen werfen. Dem formal unbelasteten Nohl gelang es, über wilhelminisch anmutende Konzepte wie »Bürgertum« und »Sittlichkeit« eine Stellung in der Öffentlichkeit zu erlangen, an die seine Schüler – belastete, unbelastete und remigrierte – anknüpfen konnten, um auch selbst wieder im Nachkriegsdeutschland Fuß zu fassen. Nohls öffentliche Präsenz und sein repräsentierendes Handeln begannen dabei auch, das starre Kommunikationsverhältnis von Universität und Öffentlichkeit, das eindimensionale Verhältnis der Mandarine zur Politik strukturell aufzubrechen.

Nohls Rolle gründete in verschiedenen Faktoren, die zusammenwirkten und einander bis in die fünfziger Jahre immer mehr verstärkten. Es gelang Nohl in der Nachkriegszeit, diese Faktoren in seinem öffentlichen Erscheinungsbild zu bündeln und mit der Rolle des traditionsgewissen Bewahrers authentisch zu repräsentieren. Nohl verfügte über eine universitäre Hausmacht, obwohl er das Rektorat 1946/47 offen ablehnte, einen großen, fest gefügten, auch publizistisch vorzeigbaren Schülerkreis, politische Beziehungen zu Besatzungsmacht und Ministerien und gab mit der *Sammlung* eine jener kulturpolitischen Zeitschriften heraus, die die intellektuelle Landschaft der Nachkriegszeit nachdrücklich prägen sollten.[4] Außerdem hatte er in den dreißiger Jahren einen abgerundeten Korpus aus Schriften fertiggestellt, die den deutschen Geist und die deutsche Tradition auf den Feldern der Pädagogik, Ästhetik, Philosophie, »Menschenkunde« (Psychologie) und Ethik bilanzierten. Diese fünf Bände wurden unter Besatzungsstatut unverzüglich und auch in problematischen Passagen unverändert nachgedruckt und avancierten zu Bestsellern ihres Genres.

Mein Beitrag legt den Schwerpunkt auf die Umwidmung von Nohls intellektuellen und rhetorischen Ressourcen.[5] Dabei ist zu zeigen, wie Nohls

---

4   Vgl. Anikó Szabó, Vertreibung, Rückkehr, Wiedergutmachung. Göttinger Hochschullehrer im Zeichen des Nationalsozialismus, Göttingen 2000, S. 620 ff.
5   Vgl. Mitchell G. Ash, Verordnete Umbrüche – Konstruierte Kontinuitäten: Zur Entnazifizierung von Wissenschaftlern und Wissenschaften nach 1945, in: Zeitschrift für Geschichtswissenschaft 43 (1995), S. 903-923.

Philosophie sich wandelte, um schließlich nach 1945 als »sittliche Reserve« wahrgenommen und genutzt zu werden. Nohl drehte dazu nach 1933 den Uhrzeiger deutscher Lebensphilosophie auf einen Stand zurück, der jenseits von Relativismus und Staatsmetaphysik wieder die Diskussion ethischer Prinzipien erlauben sollte. »Bürgertum« und »Sittlichkeit« gingen dazu bei Nohl eine Verbindung ein, die ideengeschichtlich veraltet, aber eben pragmatisch geöffnet war. Nohls Denken, so die These, führte dabei auf ebenso sanftem Wege aus dem Nationalsozialismus hinaus, wie es das deutsche bürgerliche Denken seit 1930 in Nationalpädagogik und Volksgemeinschaft hinein begleitet hatte.

1. Nohl und das Soziale der Pädagogik

Die ideologiekritische Analyse der pädagogischen Texte ihrer Gründerväter ist mittlerweile ein fester Bestandteil der facheigenen Geschichtsschreibung der Pädagogik. Die Sensibilität für Affinitäten zu rassistischem oder totalitärem Denken ist hoch entwickelt und in der Diskussion um die pädagogische Verwendbarkeit der Klassiker unverzichtbar.[6] Dabei gerät jedoch aus dem Blickfeld, daß sich die Annäherung der bürgerlichen Intellektuellen an den Nationalsozialismus als Prozeß vollzog, wobei wissenschaftliche Ressourcen mehrmals umgruppiert wurden. Die Einschätzung von Nohl als »liberal«, seine Kontakte zur Sozialdemokratie und seine spätere Zusammenarbeit mit den Alliierten stehen aus statisch ideologiekritischer Sicht kaum erklärbar neben der nach rechts offenen Volksgemeinschaftsrhetorik und romantisch-konservativen Ordnungsvorstellungen.

Herman Nohl hatte sich mit dem Begriff des »Pädagogischen Bezugs«[7] in dem sozialpolitischen und -pädagogischen Diskurs der Weimarer Republik fest etabliert. Seit Ende der zwanziger Jahre wurde von einer »geisteswissen-

---

6 Vgl. Peter Dudek, »Der Rückblick auf die Vergangenheit wird sich nicht vermeiden lassen«. Zur pädagogischen Verarbeitung des Nationalsozialismus in Deutschland (1945-1990), Opladen 1995; Wolfgang Keim, »Nicht das Wegsehen, sondern das Hinblicken macht die Seele frei« – die Verdrängung des Faschismus durch die bundesdeutsche Pädagogenschaft in der Adenauer-Ära«, in: Jürgen Eierdanz/Armin Kremer (Hg.), »Weder erwartet noch gewollt« – Kritische Erziehungswissenschaft und Pädagogik in der Bundesrepublik zur Zeit des Kalten Krieges, Hohengeren 2000, S. 19-46; Hasko Zimmer, Die Hypothek der Nationalpädagogik. Herman Nohl, der Nationalsozialismus und die Pädagogik nach Auschwitz, in: Auschwitz und die Pädagogik, Frankfurt a.M. u.a. 1995 (Jahrbuch für Pädagogik 1995), S. 87-114.
7 Dorle Klika, Herman Nohl. Sein »Pädagogischer Bezug« in Theorie, Biographie und Handlungspraxis, Köln/Wien/Weimar 2000.

schaftlichen Pädagogik« gesprochen, die sich um Nohl aufbaute. Die Schule berief sich auf eine niemals formulierte Pädagogik von Nohls Lehrer Wilhelm Dilthey, dessen Anliegen für Nohl mit der Erfahrung des Ersten Weltkriegs und dem offenen Ausbrechen sozialer Konflikte akut geworden war. Noch in den zwanziger Jahren kamen bereits erste Schüler Nohls in einflußreiche Positionen. Sein erster Assistent Wilhelm Flitner trat 1929 eine eigene Professur in Hamburg an, und seine Schülerin und spätere Biographin Elisabeth Blochmann wurde ein Jahr später Professorin für Sozialpädagogik und Theoretische Pädagogik in Halle.[8] Gemeinsam mit Eduard Spranger und Theodor Litt waren Nohl und Flitner Herausgeber der bis in die 30er Jahre maßgeblichen pädagogischen Zeitschrift »Die Erziehung«. Ebenfalls Referenzcharakter für die junge akademische Disziplin bekam das von Nohl und Ludwig Pallat herausgegebene »Handbuch der Pädagogik«, dessen Bände von 1928 bis 1933 erschienen.[9] Nohl wurde damit, mehr als der ältere Spranger und der streitbare Litt, zu dem ideellen »Kern«, um den sich zum Ende der Weimarer Republik die »Pädagogische Bewegung«, wie er die Disziplin auch selbst bezeichnete, gesammelt hatte. Nohl wollte mit dieser Bezeichnung den historisch-hermeneutischen Anschluß herstellen an die erste von ihm so betitelte »Deutsche Bewegung«, die – kurzgefaßt – in »Sturm und Drang« begonnen hatte, seit 1830 immer mehr kränkelte und nach dem politischen Scheitern 1848/49 im Pessimismus Schopenhauers dann sichtbar erloschen war.

»Man kann diese Einheit des höheren Lebens, die das Wesen eines Volkes ausmacht, auch seinen Glauben nennen, ohne ihn verwest ein Volk, mit ihm gelingt das Schwerste.«[10]

Dabei handelte es sich nicht bloß um aufarbeitende Geistesgeschichte, sondern um die Entwicklung von Wissenschaft in direkter Verkopplung mit dem Schicksal des nationalen bürgerlichen Geistes, zu dem die soziale Perspektive für Nohl selbstverständlich hinzugehörte. Pointiert könnte man sagen, Nohl habe zur Etablierung wissenschaftlicher Pädagogik die Hermeneutik Diltheys aus Erleben, Ausdruck, Verstehen vom Kopf auf die

---

8 Vgl. Dietrich Hoffmann, Die »Göttinger Schule« als Beispiel für die Entwicklung einer lokalen Wissenschaftskultur, in: Zeitschrift für internationale erziehungs- und sozialwissenschaftliche Forschung 15 (1998), S. 145-170, vgl. v. a. S. 147-150.
9 Herman Nohl/Ludwig Pallat (Hg.), Handbuch der Pädagogik, 5 Bde. u. Erg.-Bd., Langensalza/Berlin/Leipzig 1928-1933.
10 Herman Nohl, Die Deutsche Bewegung. Vorlesungen und Aufsätze zur Geistesgeschichte von 1770-1830, hrsg. v. Otto Friedrich Bollnow, Göttingen 1970, Zitat S. 87. Vgl zur »deutschen Bewegung« S. 227.

Füße gestellt.¹¹ Auch Eduard Sprangers wohl meistgelesene Arbeit »Die Psychologie des Jugendalters« von 1925 bemühte eine ähnliche Methodik, wobei zuerst psychologisch-pädagogische Erkenntnisse aus der Interpretation von literarischen Figuren und ihren Autoren gewonnen und dann zur »Anwendung« anschließend in eine Art Didaktik für den jugendlichen Geist eingebaut wurden.¹² Auf diesem gemächlichen Weg zu »Experten in der Sozialpolitik«¹³ konnten die geisteswissenschaftliche Forschung der Mandarine und die zaghaft einsetzende empirische Arbeit einiger ihrer Schüler einander recht zwanglos ergänzen und schließlich die Pädagogik als eigenständige Wissenschaft erfolgreich etablieren. Weniger durch eigene programmatische Texte, als vielmehr durch die Sicherung des geistigen Kitts war Nohls Name so auch mit der Entstehung der Sozialpädagogik fest verknüpft. Als Meilenstein in der Entwicklung der Sozialpädagogik gilt der von Nohl betreute fünfte Band des Handbuchs der Pädagogik von 1929, mit der Hauptautorin Gertrud Bäumer und dem für den empirischen Part »adoptierten« Nohl-Schüler Curt Bondy, der als Gefängnispädagoge aus der praktischen Arbeit kam.¹⁴ In der notorischen Krise des Weimarer Sozialsystems konnte sich kein klassenübergreifend konsensfähiger Erziehungsbegriff in der Öffentlichkeit etablieren, ein Resultat des in sich »blockierten Wohlfahrtsstaats« (Marcus Gräser). In der bürgerlich-konservativen Presse wurde »Erziehung« hartnäckig als Aufstieg des Bürgersohns verteidigt, während Sozialpädagogik als Zwangsmaßnahme dargestellt wurde.¹⁵ Das konservative Milieu in der Weimarer Republik assoziierte Nohl und seine Schule denn auch mit den mitunter verhaßten modernen pädagogischen und sozialen Einrichtungen. Aktivitäten wie die Angliederung eines Kindergartens

---

11 Erleben, Ausdruck und Verstehen besitzen in der Philosophie Diltheys keine zeitliche oder logische Reihenfolge – Nohls historische Pädagogik ließe sonst fast eine Umkehrung vermuten: Verstehen, Verstehen verbreiten (Lehren) und gemeinsam prägendes Lehr-Erleben (Handeln in der Polarität des pädagogischen Bezuges). Vgl. Matthias Jung, Dilthey zur Einführung, Hamburg 1996.

12 So stehen etwa Ernst Wurche, Don Carlos, Otto Braun (1897-1918), Cäsar, Christus, Alexander und Sokrates problemlos nebeneinander. Vgl. Eduard Spranger, Psychologie des Jugendalters, Leipzig 1925, z.B. S. 223.

13 Lutz Raphael, Experten im Sozialstaat, in: Hans-Günther Hockerts (Hg.), Drei Wege deutscher Sozialstaatlichkeit. NS-Diktatur, Bundesrepublik und DDR im Vergleich, München 1998, S. 231-258, vgl. v. a. S. 235.

14 Joachim Henseler, Wie das Soziale in die Pädagogik kam. Zur Theoriegeschichte universitärer Sozialpädagogik am Beispiel Paul Natorps und Herman Nohls, Weinheim/München 2000, S. 132 f.

15 Marcus Gräser, Der blockierte Wohlfahrtsstaat. Unterschichtjugend und Jugendfürsorge in der Weimarer Republik, Göttingen 1995.

an das Pädagogische Seminar in Göttingen führten so zu der schiefen, jedoch folgenreichen Zuschreibung vom »roten Nohl«[16].

Beginnend mit einem Vortrag vor Göttinger Lehrern 1928, der dann im Stadtpark vor »über tausend Menschen« (so Nohl) wiederholt werden sollte, bemühte sich Nohl öffentlich um Auswege aus der Krise: »der Superintendent und der Kommunist bedankten sich gleicherweise in der Diskussion«[17]. Nohls Forderung nach der »Autonomie« der Pädagogik hatte nie politische Abstinenz bedeutet, sondern sollte das Bildungsrecht des einzelnen Menschen unabhängig von politischen Konjunkturen etablieren. Im Extremfall, wenn diese Autonomie gefährdet war, sollten sogar die politischen Parteien gegeneinander ausgespielt werden. Dies überschnitt sich noch mit der Versuchung, zum Beweis der pädagogischen Kompetenz aus der eigenen Philosophie heraus die soziale Frage zu lösen. Seit 1931 tendierten Nohls Vorträge immer stärker in Richtung einer »Volksgemeinschaft« als Heilmittel gegen das schwindende Zusammengehörigkeitsgefühl der Bevölkerung und mangelnde soziale Solidarität, die sich in der Spar- und Deflationspolitik Brünings manifestierte. Nohl sah als greifbare Lösung nur eine entgegenwirkende »Nationalpädagogik«. Fortschrittliche sozialpolitische Einsichten vermischten sich hier stärker als in früheren und späteren Schriften mit konservativen, sozialromantischen und utopischen Elementen. Selbst über eugenische Methoden soll Nohl 1933/34 in seiner Vorlesung als Teil der nationalsozialistischen Erziehung referiert haben, ohne deutlich auf Distanz zu gehen.[18] In Nohls Stil Zustimmung oder Ablehnung zu erkennen, ist nicht einfach. Hasko Zimmer bringt gegen Nohl vor, dieser habe seinen Lehrer Otto Hintze zitierend dazu aufgerufen, »sich des polnischen Bazillus zu erwehren«[19]. Allerdings handelt es sich im Original um ein zehnzeiliges Zitat, in dem Hintzes infrastrukturelles Denken durch sein Votum für die Industrialisierung Westpreußens im Jahr 1903 belegt werden soll. Die kurze problematische Formulierung im langen Zitat wäre von Nohl allerdings ohne Probleme auch wegzulassen gewesen. Das Urteil von Herwig Blankertz aus dem Jahre 1982 ist damit zutreffend, daß der liberale Nohl als Person und seine Theorie des »pädagogischen Bezugs« nicht wirklich mit dem Nationalsozialismus kompatibel waren, von Nohl aber eine Verständigung mit der neuen nationalsozialistischen »Erziehungswirklichkeit« allzu übereifrig

---

16 So überliefert von Elisabeth Blochmann. Vgl. dies., Nohl, S. 97.
17 Ebd., S. 117.
18 Vgl. Keim, »Nicht das Wegsehen, sondern das Hinblicken macht die Seele frei«, S. 34-36.
19 Zimmer, Hypothek, S. 91.

sondiert wurde.[20] Charakteristisch für Nohls Rolle ist dabei die rationale Einbindung von wirtschafts- und sozialpolitischen Maßnahmen in das volksgemeinschaftliche Ideal. Hier beginnt von respektabler, nicht gerade ausgesprochen konservativer Seite aus der sanfte Einstieg in den Nationalsozialismus, der seit 1930 auch zurückhaltende Bildungsbürger und bisher resistente Gruppen in einen nationalen Aufbruch zu integrieren vermochte.[21]

Charakteristisch für diese »gemäßigte« Zustimmung ist Nohls Stellung- und Distanznahme zum völkischen Schriftsteller und als Göttinger Nachbar geschätzten Freund Hans Grimm. In fünf Vorträgen rund um das »Problem« der Osthilfe versuchte Nohl zwischen 1930 und 1933, die leidenschaftliche Diskussion um den »Osten« so zu entmystifizieren und zu objektivieren, daß aus der »Osthilfe« eine künftige »Nationalpädagogik« entstehen konnte. Grimms Parole vom »Volk ohne Raum« stellte Nohl die These vom »Raum ohne Volk«[22] gegenüber. Während Hans Grimm in seinem Roman eine Verabsolutierung der bäuerlichen Lebensform als sittlichen Grundwert vornahm, bezog Nohl hier ganz rational die Gegenposition: Natürlich sei das Land weder sittlich noch wirtschaftlich überlegen, vielmehr herrschten aus pädagogischer Sicht erschreckende Zustände.[23] Die Kultur müßte demnach nicht vom Land in die Stadt, sondern von der Stadt ins Land hinein wirken. Die Pädagogen erwartete dabei eine Schlüsselrolle: professionelle Siedlungshelferinnen, ausgebildet z.B. von Nohls eigenen Doktorandinnen, sollten mit einem vollen Gehalt eigenständig als »Sozialbeamtin«[24] vor Ort Sozialarbeit betreiben können. Im Unterschied zu Grimm klingen bei Nohl keine imperialistischen Forderungen an, auch keine Kritik am Versailler Vertrag. Die Siedlungshelferinnen sollten zwar »im Osten« eingesetzt werden, die

---

20 Herwig Blankertz, Die Geschichte der Pädagogik. Von der Aufklärung bis zur Gegenwart, Wetzlar 1982, S. 271 f.
21 Wie Hans Mommsen in seiner Intervention auf dem Frankfurter Historikertag betonte, »ist« diese Art Partizipation der Nationalsozialismus. Vgl. Hans Mommsen, Der faustische Pakt der Ostforschung mit dem NS-Regime. Anmerkungen zur Historikerdebatte, in: Winfried Schulze/Otto-Gerhard Oexle (Hg.), Deutsche Historiker im Nationalsozialismus, Frankfurt a.M. 1999, S. 265-273.
22 Herman Nohl, Landbewegung, Osthilfe und die nationale Aufgabe der Pädagogik, in: ders., Landbewegung, Osthilfe und die Aufgabe der Pädagogik, Leipzig 1933, S. 1-16, hier S. 3. Der Vortrag wurde gehalten am 19. Juli 1931. Vgl. a. die Interpretation des Romans »Volk ohne Raum« von Georg Heintz u.a. in: Kindlers Neues Literatur Lexikon, hrsg. v. Walter Jens, München 1988, Bd. 6, S. 919-921.
23 Nohl, Landbewegung, S. 11.
24 Herman Nohl, Die zweifache deutsche Geistigkeit und ihre pädagogische Bedeutung, in: ders., Landbewegung, S. 51-68, hier S. 68. Der Vortrag wurde gehalten am 28. Mai 1932.

»Osthilfe« begann jedoch für Nohl gleich hinter Hamburg – schon Mecklenburg war nicht flächendeckend besiedelt und aus seiner Sicht noch Entwicklungsland.[25] Außerdem betonte Nohl im Gegensatz zu Grimms heroischem Männlichkeitswahn die spezifisch »weiblichen Tugenden«, die im Sinne von »soft skills« den eigentlichen kulturellen Aufbau vornahmen. Nohls Hoffnung war, in der Verbindung von »romantischer« Ostsiedlung und »realistischer« sozialer Infrastrukturpolitik im Osten den in der Weimarer Republik bisher vermißten staatlichen Gründungsmythos zu schaffen:

> »›Nicht was wir gestern waren, sondern was wir morgen gemeinsam sein werden, vereint uns zum Staat‹ (Ortega y Gassett). Die Nation beruht nicht bloß auf Blut und Geschichte, sondern ist vor allem ein ›mitreißendes Zukunftsprogramm‹«.[26]

Erst ein mitreißendes »Fanal« könne bewirken, »daß die Kraft des Volkes entschlossen marschiert« – allerdings nicht bewaffnet gen Osten, sondern gegen die staatlichen Sparmaßnahmen[27]. Nohl besaß für einen Weimarer Intellektuellen ungewöhnlich viel Vertrauen in einen zyklisch auch wieder einsetzenden Konjunkturaufschwung, die nüchterne Deflationspolitik blieb für ihn jedoch eine destruktive Gefahr, für den Zusammenhalt der Volksgemeinschaft genauso wie für die Finanzierung von pädagogischen Aktivitäten. Dagegen stand die völlig überhöhte Hoffnung auf die »Osthilfe« als ein

> »Unternehmen, das die nationalen Leidenschaften unserer Jugend nicht nur sinnlos verströmen läßt, sondern wie in einer Talsperre aufstaut, um sie für das ganze Land fruchtbar zu machen.«[28]

Die emphatische Formulierung scheint allerdings die Hoffnung selbst schon zu widerlegen, man könne Leidenschaft für die Volksgemeinschaft entfachen, ohne daß sie sich heroisch-männlich irgendwann eben doch auch über die Grenzen des Landes hinaus ergießen würde. Nicht eugenische oder radikale Anklänge markieren die wirksamste Verbindung Nohls zum Nationalsozialismus, sondern die Verbindung von rationalen sozialpolitischen Wegzielen mit der romantisch verklärten Vision einer wohltemperiert ausgeglichenen Gesellschaft.

25 Vgl. Herman Nohl, Die pädagogische Osthilfe, in: ders., Landbewegung, Osthilfe und die Aufgabe der Pädagogik, Leipzig 1933, S. 17-34, hier S. 21 f. Der Vortrag wurde gehalten im Februar 1932.
26 Nohl, Landbewegung, S. 7.
27 Ebd., S. 16.
28 Ebd., S. 16.

2. Das Ende der Zuversicht – Entpolitisierung, Entlassung, Einkehr

Anders als andere gesellschaftliche Gruppen setzte Nohl den Nationalsozialismus unmittelbar nach der Machtergreifung 1933 auch dem vollen Realisierungsdruck seiner Vision aus: »die hemmungslose Wucht dieser ›Gleichschaltung‹ der Herzen und Hirne« konnte zwar durch »geniale Propaganda [...] über Nacht eine höhere Welt hervorzaubern«, müsse aber nunmehr ihren Erfolg finden in der »Befriedung des Lebens der einfachen Menschen«[29]. Obwohl der Nationalsozialismus dem deutschen Bürgertum die von Nohl gewünschte Synthese aus modernen Elementen, Romantik und Aufbruch lange Zeit recht erfolgreich simulieren konnte, überkam Nohl doch schon im Laufe des Jahres 1933 Skepsis. In seiner Veröffentlichung »Die pädagogischen Bewegungen« ließ er abwägend anklingen, ob das »sacrificium intellectus«, das die Jugend mit dem Ruf »wir sind keine Bürger mehr, denn wir sind Gläubige«[30] so freimütig gebracht habe, auch vom Nationalsozialismus eingelöst werden könne. In der Wiederauflage der Schrift von 1935 fragte Nohl hingegen schon, ob nun auch »wie in den Staaten der Inquisition« der »freien Geistigkeit« insgesamt das Ende drohe.[31]

Nohls Schüler spürten den politischen Gegenwind unmittelbar nach der Machtübernahme des Nationalsozialismus. Elisabeth Blochmann, Curt Bondy und Elisabeth Siegel wurden 1933 schon in den ersten Wochen entlassen. Auch Erich Weniger mußte noch 1933 und später wiederholt seine Stelle wechseln. Nohl selbst drängte seine Schüler dazu, Einfluß auf den Nationalsozialismus auszuüben und den nationalen Aufbruch mitzugestalten – von Erika Hoffmann, Elisabeth Siegel und Wolfgang Döring handelte er sich dabei deutliche Absagen ein.[32] Trotzdem konnte allein Nohls damaliger Assistent, Otto Friedrich Bollnow, ohne Unterbrechungen weiter unterrichten.

Wann Nohl seine ambivalente Haltung zum Nationalsozialismus aufgab, ist nicht mit einem Datum zu beantworten. Sicher ist, daß seine unfreiwillige Emeritierung Nohl 1937 symbolisch aus der Volksgemeinschaft ausschloß. Derart zum »Abschuß« freigegeben, erreichte es nun auch der Verlag der »Erziehung«, Herman Nohl und Theodor Litt aus dem Herausgeberkreis

---

29 Ebd., aus dem Nachwort von 1933, S. 95 f.
30 Nohl zitiert dazu Leopold Dingräves Aufsatz »Wo steht die junge Generation?« aus der Zeitschrift »Die Kommenden« von 1931. Herman Nohl, Die pädagogischen Bewegungen und ihre Theorie, 2., durchges. u. mit einem Nachwort versehene Aufl., Frankfurt a.M. 1935, S. 120.
31 Nohl, Bewegungen, S. 288
32 Vgl. Klika, Nohl, S. 284-286.

zu entfernen. Anlaß war ein Artikel, in dem Nohl den »Bürger« als »übergeschichtliche Gestalt« behandelte und in Aussicht stellte, daß die frühere oder spätere Verbürgerlichung jeder Bewegung (also auch der nationalsozialistischen) zu erwarten, ja zu erhoffen sei.[33]

Diese letzte Hoffnung auf eine Deradikalisierung der antibürgerlichen Bewegung ging in Nohls Entwicklung während der Jahre 1935-1939 einher mit dem Abbau emphatischer Formulierungen, verbunden mit einem Wechsel des Genres. Zum ersten Mal nach dem pädagogischen Erweckungserlebnis des Ersten Weltkriegs gelang es Nohl, lange geplante und aufgeschobene philosophische Schriften zu publizieren. Nohl war schon mit der Revolution von 1918 zum politisch aktiven Gelehrten geworden, wurde so jedoch vor allem von Konservativen und mißtrauischen Kollegen wahrgenommen, nicht so sehr von den eigenen Schülern, die in sozialpolitischer Hinsicht durchweg radikaler dachten. Mit dem Jahr 1933 wurde Nohl jedoch wieder zum »unpolitischen« Gelehrten und lieferte 1935 mit seiner »Ästhetik« schließlich das »dicke Buch«, das für den Ordinarius schon Jahre vorher standesgemäß gewesen wäre. Im Band »Die ästhetische Wirklichkeit« ging Nohls Habilitation von 1908 mit dem Titel »Weltanschauungen der Malerei« auf. Mit dieser Fortführung der Diltheyschen Typenlehre holte Nohl das einzige wissenschaftliche Argument wieder ein, das er seiner ansonsten genuin historischen Lebensphilosophie je entgegengestellt hatte. Stile, wiedererkennbare Typen in der Malerei selbst dort, wo verbissen um Originalität gerungen wurde, waren für Nohl der Beweis, daß Individuum und Gemeinschaft sich nicht ausschließen, sondern gegenseitig befruchten konnten und mußten. Nohls »ästhetische Wirklichkeit« ist durchzogen vom Gedanken der Versöhnung des Unversöhnlichen, eine Hoffnung auf die »tiefe wechselseitige Verknüpfung von Kunst und Volk«[34] Diese Hoffnung galt auch modernen Malern wie Franz Marc, der von Nohl auch persönlich unterstützt und noch vor dem Ersten Weltkrieg gefördert wurde. Wie in der Oper, so Nohl, komme es an auf die »Steigerung, auch die inhaltliche Dissonanz, die gegensätzlichen Gemütsgehalte zur Einheit der Polyphonie zu verweben«.[35]

Das Scheitern der pluralistischen Polyphonie gegenüber der nationalsozialistischen Gesellschaft bekam Nohl dann selbst spüren. Er stand nicht nur unter dem Verdacht des »roten Nohl«, er war auch, wie es damals hieß,

---

33 Vgl. Klaus-Peter Horn, Pädagogische Zeitschriften im Nationalsozialismus. Selbstbehauptung, Anpassung, Funktionalisierung, Weinheim 1996, S. 253-255.
34 Herman Nohl, Die ästhetische Wirklichkeit, Frankfurt a.M. 1935, S. 215.
35 Ebd., S. 173.

durch seine Frau »jüdisch versippt«. Daß ihm für die interne Begründung der Entlassung 1937 nicht nur sozialdemokratische, sondern gar KPD-Kontakte unterstellt wurden, zeigt, wie sich die beiden Vorwürfe gegenseitig abstützten und aufschaukelten.³⁶ Die Entlassung seines als »jüdisch« gebrandmarkten Freundes Georg Misch zerbrach 1938 auch die Göttinger Arbeitsgemeinschaft der beiden selbsternannten Verwalter des Dilthey-Erbes. Wie schon einige Schülerinnen und Schüler Nohls emigrierte nun auch Misch und beließ seine Frau, die Tochter Diltheys, in der Obhut des Göttinger Freundeskreises. Drei der fünf Kinder von Herman und Bertha Nohl gingen nach England. Schon in den Jahren 1933-1938 wiederholte sich also für Nohl die prägende Verlusterfahrung des Ersten Weltkrieges, in dem er schon einmal beste Freunde und erste eigene Schüler verloren hatte.³⁷

Nohls ästhetische Versöhnungshoffnung versagte nicht nur – wenig überraschend – unter der Bedingungen einer liberalen Gesellschaft vor 1930, sie zerbrach auch in und an der Volksgemeinschaft. Nohl vollzog keine öffentliche Abkehr vom System, sondern eine innere Einkehr, keine Emigration, denn dazu bestand später nach dem Tod seiner Frau keine zwingende Notwendigkeit mehr. Als einziger Göttinger Professor wurde Nohl dennoch im März 1943 64jährig zur Fabrikarbeit in der Göttinger Schraubenfabrik eingezogen, bis nach gesundheitlichen Ausfällen der damalige Dekan sich doch noch zur Fürsprache für ihn durchrang.³⁸

3. Von »Kraft« zu »Maß« – die Deradikalisierung von Nohls Philosophie

Nohls Rückkehr zur Ästhetik machte den Weg frei zur Abkehr von einer zuerst pragmatisch, zuletzt nur noch »historistisch« zu rechtfertigenden Akzeptanz der immer mehr abgelehnten »Erziehungswirklichkeit«. Nohl war kein »Hellsichtiger«, und es war die nationalsozialistische Politik und Gesellschaft, die den potentiellen Sympathisanten von 1933 an langsam ausgrenzte, ihn ebenso langsam auf die Suche nach Alternativen brachte und einen »sanften« Ausstieg aus dem Nationalsozialismus in die Wege leitete.

---

36 Vgl. Horn, Zeitschriften, S. 258, Fn. 117. Zum Vorwurf von 1934 Nohl sei »extremer Sozialdemokrat« vgl. Erwin Ratzke, Das Pädagogische Institut der Universität Göttingen. Ein Überblick über seine Entwicklung in den Jahren 1923-1949, in: Heinrich Becker/Hans-Joachim Dahms/Cornelia Wegeler (Hg.), Die Universität Göttingen unter dem Nationalsozialismus, 2., erw. Aufl., München 1998, S. 287-317, hier S. 326 f.
37 Vgl. Klika, Nohl, S. 196-198.
38 Blochmann, Nohl, S. 183.

Studentinnen aus Oxford und Cambridge wohnten in den dreißiger Jahren noch bis 1939 bei Herman Nohl, und er selbst bereiste England zu dieser Zeit mehrmals, sogar noch einmal im Krieg.[39] Nohls Position in der Ethik war immer vom historisch-hermeneutischen Denken der »deutschen Bewegung« geprägt. Ihn faszinierte jedoch, was er englischen »Common sense« und englische »self-control«[40] nannte. In diesen Begriffen vermutete er neutrale Alternativen zu einer Nationalpädagogik, die zwar die Bevölkerung zum Aufbruch hatte mitreißen können, dabei aber mit Sinn und Inhalten willkürlich umsprang und die Entwicklung des Individuums im Endeffekt behinderte. Politische Ideen anderer Nationen einfach zu integrieren war jedoch Nohls historistischem Denken fremd. Wie schwierig gesellschaftliche Kritik mit den Mitteln dieser »wehrlosen« deutschen Philosophie geleistet werden konnte, war Nohl bewußt, ohne daß er sich davon hätte wirklich freimachen können:

> »Die Ergebnisse der Analyse des sittlichen Bewußtseins werden die objektive sittliche Welt interpretieren und umgekehrt, die Vertiefung in diese objektive sittliche Welt wird unser eigenes sittliches Bewußtsein von dieser Subjektivität befreien. Das ist der Zirkel, in dem alle geisteswissenschaftliche Besinnung sich entwickelt, wir haben keinen anderen Weg.«[41]

Rationale Reflexionskategorien, wie sie Kant in seiner »Pflichtethik« bemühe, führten in die Irre und stünden einem Unrecht mit gutem Gewissen auch nicht entgegen. Das Problem lag darin, eine Reihe von ethischen Prinzipien zu etablieren, ohne ihnen einen festen normativen Anspruch zu geben, ohne also nach Nohls Empfinden hinter die Errungenschaften des Historismus zurückzugehen. Nohl tat sich hier wegen seiner Verbundenheit mit der Pädagogik ungleich schwerer als viele Sozialtheoretiker. Max Webers »Wissenschaft als Beruf« konnte nicht der geistige Fluchtpunkt einer zur praktischen Arbeit verurteilten Ethik in der Bildung sein.[42] Die Lösung fand Nohl nur in einem halbgaren »Dennoch«, einem bewußten Traditionsbruch, der ihn hinter Diltheys »reinen Empirismus des Erlebens« zurückgehen und sich zur Eigenständigkeit der Ethik bekennen ließ, aber das Individuum scheinbar noch vor die Wahl stellte. Die Distanz zum Neukantianismus blieb demonstrativ gewahrt, indem Nohl alle ethischen Begriffe

---

39 Vgl. Dietrich Hoffmann, »Göttinger Schule«, S. 154.
40 Vgl. ebd., S. 180.
41 Herman Nohl: Einführung in die Philosophie, Frankfurt a.M., 2. Aufl., 1946, S. 94.
42 Vgl. Friedrich Jonas, Geschichte der Soziologie, Bd. 1, Aufklärung, Liberalismus, Idealismus, Sozialismus, Übergang zur industriellen Gesellschaft, 2. Aufl., Opladen 1981, S. 290-292.

(z.B. die Ritterlichkeit) nur als intersubjektive Übertragung individueller Erfahrungen verstand.[43] Dieser ideengeschichtliche Krebsgang war für Nohl in den dreißiger Jahren weitaus langwieriger als für diejenigen Intellektuellen, die aus der »Katastrophe« des Jahres 1945 und ihrer persönlichen Schockerfahrung blitzartig zum Idealismus konvertierten und sich auch mehr oder weniger beliebig bei Nohls Schriften zur »Sittlichkeit« bedienten.

Nohls Verkettung von subjektiver Sittlichkeit und objektiver sittlicher Welt funktionierte nur in einer komplizierten Rekursion. Das »Sollen« dürfe nie vom konkreten gegenwärtigen Inhalt, der im Leben realisiert werden soll, getrennt werden. Ethisches Handeln verwirklicht sich damit bei Nohl nicht in der individuellen Aufnahme des »Sollens«, also der »guten Tat«, sondern in der Aufnahme der Intention, des »Inhalts« des Sollens:

»Jetzt machen wir uns verantwortlich, und indem wir dann bewußt die eine Wertrichtung in diese Einheit aufnehmen und unsere eigene ganze Wertexistenz, ja schließlich unsere Existenz überhaupt mit ihr verbinden, setzen wir sie in uns durch und handeln dann im Kantschen Sinne sittlich, wie wir sollen«[44]

Das gälte auch, wenn wir das historische, also vor dem konkreten Handeln so geltende, sittliche »Gute« nicht tun, sondern das Gegenteil, also das potentiell »Üble«. Radikalität und fanatisches Handeln können diese spezielle Verantwortungsethik jedoch ebenso mühelos entwerten, wie blinde Legalität die Kantsche Pflichtethik.

Die beiden noch folgenden großen Arbeiten Nohls, »Charakter und Schicksal. Eine pädagogische Menschenkunde« und »Die sittlichen Grunderfahrungen. Eine Einführung in die Ethik« versuchten 1938 und 1939 zaghaft, diese Fehlstelle anzugehen. So suchte Nohl in der Menschenkunde erstmals so etwas wie anthropologische Grundlagen, um die »Tugend lehrbar«[45] zu machen. Rolf Bernhard Huschke-Rhein hat darauf hingewiesen, daß Nohl hier erstmals in seinem Wissenschaftsverständnis so etwas wie eine Vorform empirischer Analyse überhaupt mit herangezogen hat.[46]

---

43 Vgl. Dietrich Hoffmann, »Göttinger Schule«, S. 157. Vgl. Friedrich Jonas, Geschichte der Soziologie, Bd. 2, Von der Jahrhundertwende zur Gegenwart, 2. Aufl., Opladen 1981, S. 175-180.
44 Nohl, Philosophie, S. 96.
45 Herman Nohl, Charakter und Schicksal. Eine pädagogische Menschenkunde, Frankfurt a.M. 1938, S. 15.
46 Vgl. Rolf Bernhard Huschke-Rhein, Das Wissenschaftsverständnis in der geisteswissenschaftlichen Pädagogik. Dilthey – Litt – Nohl – Spranger, Stuttgart 1979, S. 351-354. Leider folgt die Analyse in dieser aufschlußreichen Arbeit allein systematischen Gesichtspunkten.

Während Nohls Chiffre für das soziale und das Fürsorgeverhalten von Männern (bei Frauen lag es ja schon in der Natur), »die Ritterlichkeit«, früher ohne weitere Begründung auskam, bemühte er nun Erzählungen über das Sozialverhalten eines Silberrücken-Gorillas.[47] Der notwendige, zum Handeln treibende Widerpart dieses sozialen Potentials des Menschen ist bei Nohl das »Ideal der Kraft«: »der Held ist zunächst immer der Stärkere. Man folgt ihm, auch wenn er zum Unrecht führt.«[48]

Die ethische Abgrenzung dieses Ideals gegen Hybris und fanatisches Handeln legte Nohl in die Begriffe »Maß« und »Bescheidung«. An dieser Stelle gelang Nohl dann die Aufnahme der bewunderten englischen »self control«, indem Maß und Bescheidung sittliches Handeln von der egozentrischen Ritterlichkeit zum gesellschaftlichen »Ideal der Vollkommenheit«, später dann dem »Gentleman-Ideal«, weiterentwickeln.[49] Rivalität als notwendige gegenseitige Steigerung der Kräfte findet weiterhin ihren Platz in der Gesellschaft, im regulierten und umgrenzten Umfeld des »Sports«; der vom (nationalen) Zweck her definierte deutsche Begriff der Leibeserziehung wurde von Nohl schon zuvor kritisch kommentiert.[50] So wurde aus den sittlichen Erfahrungen bei Nohl zuletzt aber doch wieder ein wenig verbindlicher »Stil«. Für den Erfolg von Nohls Philosophie in der Nachkriegszeit war allerdings auch nicht in erster Linie ihre innere Konsequenz entscheidend, sondern die einfache Zugänglichkeit und der bekannte und sanfte Anklang ihrer einzelnen Stichworte.

Nohls Texte wurden auch reicher an jenen vorsichtigen Anspielungen, die nach dem Ende des Nationalsozialismus als Resistenz auslegbar waren. Vor dem Hintergrund von Entmachtung und Rücktritt des Generaloberst Ludwig Beck war z.B. folgendes über die »Treue in der Bindung« zu lesen:

> »Bei der Wahrhaftigkeit fanden wir noch die positive Formel: Du sollst die Wahrheit realisieren. Hier dagegen wird man nicht sagen: Du sollst versprechen. Im Gegenteil: ›Du sollst nicht unnützlich schwören.‹ Der sittliche Imperativ erscheint darum hier vor allem in der negativen Wendung: Du sollst nicht.«[51]

---

47 Nohl, Menschenkunde, S. 135 f.
48 Herman Nohl, Die sittlichen Grunderfahrungen. Eine Einführung in die Ethik, 2. Aufl., Frankfurt a.M. 1947, S. 46. Vgl. die Formulierung der Erstauflage von 1939 »der Held ist zunächst der Stärkste«.
49 Herman Nohl, Grunderfahrungen, S. 65-68.
50 Vgl. Herman Nohl, Schuld und Aufgabe der Pädagogik, Stuttgart 1962 (Beiträge zur Lehre und Forschung der Leibeserziehung 12), darin »Der Wetteifer in der Schule« (1929) und »Vom Ethos des Sports« (1951).
51 Nohl, Grunderfahrungen, S. 116 f.

Die Formulierung nahm die Diskussion konservativer Kreise um die Grenzen der Verpflichtung des Soldateneides vorweg und zeigt die konservative Hemmung bei Nohls eigenem Weg aus der staatsmetaphysischen Bindung heraus.

Im Laufe der dreißiger Jahre waren die hochgehaltenen Traditionen der Jugendbewegung in einer Nationalpädagogik aufgegangen, die überdeutlich als Erziehung zum Krieg erkennbar war.[52] Damit mußte Nohl auch den Begriff hinterfragen, an dem seine sozialpolitischen Pläne anknüpften. Die Ausrichtung von Erziehung und Solidarität an einer großen gemeinsamen nationalen Aufgabe gab Nohl im Angesicht des Krieges 1939 auf, Harmonie im Staatswesen erschien ihm nun wieder als eine Bedrohung der individuellen Entwicklung.

»Jeder einzelne von uns ist Schnittpunkt vieler Kreise solchen objektiven Lebens, ist Mensch und Bürger, ist Christ und Bürger, hat seinen Beruf und zugleich die Verpflichtung gegen seine Familie und schließlich noch sein eigenstes Sollen, das er opfern muß oder behaupten will.«[53]

»Hier läßt sich nichts harmonisieren, sondern wir stehen vor einer Kluft und einem Widerstreit im sittlichen Leben selbst, der die Konflikte des individuellen sittlichen Lebens ins Gigantische steigert.«[54]

Nohl erwartete, daß im bevorstehenden Krieg von beiden Seiten sittliche Begründungen mit Absolutheitsanspruch ins Feld geführt würden. Für Nohl war damit das gesamte gesellschaftliche Leben gefährdet, war doch »Verstehen [...] die Bedingung jeder Gemeinschaft«.[55] Damit erscheint seine Hermeneutik auch in einem noch ungewohnten Zusammenhang, einer kommunikativen Rolle im politischen Diskurs. Eine solche vermittelnde Funktion des Verstehens war bisher in der Gegenüberstellung von »objektivem« und »subjektivem« Leben nur angedeutet worden. Ein unbelasteter Austausch über die »sittlichen Erfahrungen« war im Krieg für Nohl nicht mehr zu erwarten und ein Rückweg zum »common sense« verbaut. Mit den Erfolgen des Blitzkrieges ersetzte das »Ideal der Kraft« schrittweise jedes gesellschaftliche »Maß« und die Notwendigkeit, im Nohlschen Sinne Gemeinschaft noch zu »verstehen«. Näher als mit dieser Vision vom Ende des gegenseitigen Verstehens in einer totalitären Erfolgsethik sind Nohls Kate-

---

52 Vgl. Ulrich Herrmann (Hg.), »Die Formung des Volksgenossen«. Der »Erziehungsstaat« des Dritten Reiches, Weinheim u.a. 1985.
53 Nohl, Grunderfahrungen, S. 197.
54 Ebd., S. 176.
55 Ebd., S. 163.

gorien einer theoretischen Analyse des Nationalsozialismus jedoch auch später nicht mehr gekommen.

4. Die »sittliche Reserve« im Wiederaufbau

Noch am ersten Tag der deutschen Kapitulation, dem 9. Mai 1945, bewegte der neue Rektor der Universität Rudolf Smend die Fakultäten zu einer förmlichen Erklärung gegenüber den vier Entlassenen Nohl, Julius von Gierke, Hans von Wartenberg und Rudolf Ehrenberg:

> »Die Universität begrüßt es als eine glückliche Folge des Wegfalls eines Teils der bisherigen Gesetzgebung, daß die darauf beruhende vorzeitige Entpflichtung einer Anzahl hochgeschätzter Mitglieder ihres Lehrkörpers ihre Grundlage verloren hat.«[56]

Damit hob Smend de facto Nohls Zwangsemeritierung auf, kam gleichzeitig Forderungen der Alliierten zuvor und aktivierte die opportunen Teile des brachliegenden Potentials der Göttinger Universität. Die Universitätsleitung als Schnittstelle zu Öffentlichkeit und Alliierten griff hier reflexhaft auf ihre ehedem prominenten Akademiker zurück, mit Nohl auf den bekannten Autor und Erben der Dilthey-Schule. Weniger entgegenkommend waren im administrativen Kleinkrieg um Räume und Buchbestände die einzelnen Kollegen in den Fakultäten. So hatte sich der Philosoph Heyse in den Räumen des ehemaligen pädagogischen Seminars häuslich niedergelassen und konnte aufgrund kollegialer Rücksichtnahmen erst 1953 dort hinausgedrängt werden, indem man ihm eine Wohnung suchte. Die Buchbestände des aufgelösten pädagogischen Seminars waren wie Kriegsbeute auf andere Seminarbibliotheken verteilt worden, und auch über ihrer Rückgabe vergingen Jahre.[57] Nohls pädagogisches Seminar genoß vor allem wohlwollende Förderung von außen, von der britischen Besatzungsmacht und später der Landesregierung – oder von Einzelnen wie dem 1945/46 ebenfalls noch einflußreichen Herbert Schöffler. Diese kleine Koalition der »Anständigen« – eine Achse aus Nohl, Rektor Smend und Dekan Schöffler[58] – machte die Wiederaufnahme des Lehrbetriebs in Göttingen zum Wintersemester 1945 (als erste deutsche Universität überhaupt) zu einem symbolischen Ausdruck für gelungenes Handeln der »ersten Stunde«. Die Metaphorik, mit der später

---

56 Szabó, Vertreibung, S. 102.
57 Vgl. Ratzke, Institut, S. 329.
58 Vgl. Szabó, Vertreibung, S. 107.

die junge Bundesrepublik bei der Suche nach vorzeigbaren Wurzeln auf solche Elemente einer Gründung vor der Gründung zurückgriff, ist bezeichnend: »Sechs Jahre danach« hieß es in einer Broschüre der Bundesregierung von 1951, daß Deutschland »sogar in kurzer Frist die Lähmung einer totalen Resignation überwand [...] bezeugte eine Reserve sittlicher und geistiger Kräfte, die aus tiefen Quellen aufsprang.«[59] Nohl ist in dieser Sicht als Teil dieser stillen »sittlichen« Reserve zu sehen. Viel mehr noch bedeutete, daß er treuhänderisch daran ging, eine Sammlung dieser Reserven einzuleiten, mit dem Effekt, daß sechs Jahre später Reserve genannt werden konnte, was 1945 noch bis in kleinste Dörfer versprengte und keineswegs von vornherein »geistig und sittlich« gefestigte Akademiker waren. Wie diese Stellung Nohls wahrgenommen wurde, reflektiert seine Würdigung durch den niedersächsischen und vormals preußischen Kultusminister Adolf Grimme:

»Das eigentlich Lebenzündende und Niveaugebende war die schlichte Tatsache, daß Nohl Nohl war, wo immer er zugegen war und eingriff oder auch – nicht eingriff. Er war da – das war's und ist's immer noch, was, wo eben er dabei war.«[60]

Während der letzten Kriegsmonate füllte sich das Haus des »Freundeskreises des Pädagogischen Seminars« in Lippoldsberg bei Göttingen mehr und mehr mit Dauergästen. Pädagogen, Pädagoginnen, auch Ehefrauen der Schüler quartierten sich hier nun ebenfalls über einige Ferienwochen hinaus ein. Andere, wie Nohls Mitherausgeber des »Handbuchs« Ludwig Pallat, zogen nach Göttingen. Auch für deutsche Historiker war Göttingen 1945 zu einem regelrechten Fluchtpunkt geworden.[61]

Mit der Ermordung Adolf Reichweins, Schwiegersohn Pallats, hatte die pädagogische Gemeinde nach dem 20. Juli 1944 auch ein gemeinsames Opfer zu beklagen. Erika Hoffmann erinnert sich, daß Nohl mit Reichwein über die Zeit nach dem Nationalsozialismus in Diskussion stand und ihm junge Mitarbeiter vermittelte.[62] Der Nachruf auf Reichwein eröffnete die erste Ausgabe der Zeitschrift *Die Sammlung*, und so wurde der Widerständler in jene Sammlung versprengter und nicht immer »anständig« gebliebener Schüler um den letzten gebliebenen Fixpunkt, Herman Nohl, integriert.

---

59 »6 Jahre danach. Vom Chaos zum Staat«, hrsg. v. Presse- und Informationsamt der Bundesregierung, Wiesbaden 1951, S. 87.
60 Blochmann, Nohl, S. 197.
61 Kai Arne Linnemann, Das Erbe der Ostforschung. Zur Rolle Göttingens in der Geschichtswissenschaft der Nachkriegszeit, Marburg 2002.
62 Vgl. Diskussionsbeitrag Erika Hoffmann zum Nohl-Kolloquium am 6. Oktober 1979 in Göttingen, in: Neue Sammlung 19 (1979), S. 579-581.

Nohl hatte schon bei seiner eigenen Umorientierung im Laufe der dreißiger Jahre jene behutsame Sprache entwickelt, mit der er 1945 nach der Kapitulation ohne Verzögerung, ohne die Sprachlosigkeit eines Schocks, zukunftsorientiert auftreten konnte. Nohls historisches Verständnis der Geschichte blieb dabei so konsequent, daß er den Nationalsozialismus nicht einfach abstreifte. Nohl stellte klar, daß der Ruin Deutschlands in Nationalsozialismus und Krieg verwurzelt war und »eine letzte entsetzliche Folge einer längeren geschichtlichen Entwicklung ist, in der wir alle mehr oder minder mitgemacht haben« – »Reinigung«, »Metanoia« gegenüber den Fehlentwicklungen stand an[63]. Dafür eröffnete und prägte Nohl mit der Zeitschrift *Die Sammlung* jenes Nachkriegsgenre der politisch-kulturellen Zeitschriften, das mit einer recht geringen Binnendifferenzierung[64] solchen Leitkriterien wie »Bescheidung« (gerade auch in der Sprache), »Einkehr«, »Innerlichkeit« und »Sittlichkeit« folgte.

> »Der Rückblick auf die Vergangenheit wird sich nicht vermeiden lassen, aber unser Wille ist entschlossen nach vorwärts gerichtet in den grauen Morgen unserer Zukunft. Unser Kompaß ist die einfache Sittlichkeit, ein standhafter Glaube an die Ewigkeit der geistigen Welt, Liebe zum Nächsten und die lebendige Hoffnung, daß auch uns wieder einmal die Sonne der Ehre und des Glücks scheinen werde. Wurde bisher sehr laut gesprochen, so wollen wir still und sachlich reden.«[65]

Diesem ersten Heft der Sammlung vom Oktober 1945 folgte Jaspers *Wandlung* einen Monat später, *Die Gegenwart* dann zwei, Kogons und Dirks *Frankfurter Hefte* sechs, Anderschs *Der Ruf* zehn Monate später. Nohls *Sammlung* konnte Autoren mit (leicht) problematischem Ruf durchaus bei ihrer Rehabilitierung helfen. Wer hier veröffentlichte, trat dafür ein in einen Konsens des Wohlverhaltens und des Bemühens um einen neuen Anfang. Sogar politische Vorwürfe gegen die Leitung des Vandenhoeck & Ruprecht-Verlages wurden fallengelassen, nachdem Briten in Hannover Exemplare der *Sammlung* inspiziert hatten und vom Inhalt angetan waren.[66] Nohls Be-

---

63 Vortrag in Hildesheim über die sittliche Aufgabe der Gegenwart nach 1945, zitiert nach: Dudek, »Der Rückblick auf die Vergangenheit wird sich nicht vermeiden lassen«, S. 106.
64 Ingrid Laurien spricht mit Blick auf die große Zeitschriftenlandschaft dieser Jahre von einer »täuschenden Fülle«. Vgl. Ingrid Laurien, Politisch-kulturelle Zeitschriften in den Westzonen 1945-1949. Ein Beitrag zur politischen Kultur der Nachkriegszeit, Frankfurt a.M. u.a. 1991, S. 1.
65 Herman Nohl, Vorwort, in: Die Sammlung 1 (1945/46).
66 Vgl. Theresia Vennebusch-Beaugrand, Die Sammlung. Zeitschrift für Kultur und Erziehung. Ein Beitrag zur deutschen Nachkriegspädagogik, Köln/Weimar/Wien 1993, v. a. S. 11-19.

ziehungen zu britischen Besatzungsoffizieren und britischen Hochschuloffizieren waren so gut, daß dieser Zwischenfall automatisch mit einer Intrige des »einen« aus der Verwaltung in Zusammenhang gebracht wurde, der nicht auf Nohls Seite war[67]. Betrachtet man vor allem die geisteswissenschaftliche Pädagogik selbst, so bekam diese Konstellation um Nohl den Charakter eines zweiten Gründungsmythos.

»Die englische Moralität bewährt sich«, schrieb Nohl an seine Schülerin Erika Hoffmann.[68] Der Aufsatz »Der Bürger« in der *Sammlung* von 1945 sollte das auch als Wegzeig für die deutsche Zukunft herausstellen. Sein Bürgergedanke, der vor dem Krieg vergeblich auf die Deradikalisierung des nationalsozialistischen Systems gehofft hatte, stand jetzt am Anfang der Begründung einer »vita civilis« aus dem Geist der »einfachen Sittlichkeit«.[69] Gleich mehreren Defiziten Politischer Philosophie in Deutschland gedachte Nohl dabei abzuhelfen: Zum einen wollte er das Verständnis vom Bürger als jenen »Mittelstand« etablieren, der nach Aristoteles' Politeia allein wirklich fähig sei, einen Staat »aus möglichst gleichen und ähnlichen Bürgern« aufzurichten.[70] Ferner sollte nun auch eine politische Rationalität zu ihrem Recht kommen, gemäß der »Tugend der ›Ökonomen‹, die die feine Linie des Notwendigen findet«. Wieder einmal plädierte Nohl nicht für konkrete Maßnahmen, sondern forderte einen bestimmten Stil ein: Vorbild war die Bescheidung des Sokrates (»nur ganz schlicht reden«), »seine Haltung und sein Common sense«, »jene sokratische kritische Ironie«. Doch diesmal lagen die Vorbilder auch außerhalb der »deutschen Bewegung«: »in England entwickelte sich diese Haltung von Bacon an und wird der Denkstil eines ganzen Volkes«[71].

Zielsicher traf nahezu das gesamte Werk Nohls seit 1935 den Nerv des Nachkriegsdiskurses. Seine Rhetorik des Neuanfangs, die einfache, emotionale und idealistische Sprache wirkte zusammen mit der Unbefangenheit, mit der der noch vor der Jahrhundertwende sozialisierte Nohl traditionsgeladene Begriffe wie »Menschentum«, »Volk«, »Sittlichkeit« und »Geist« benutzen konnte. Theodor Schulze stellte 1979 fest, daß zwischen dieser Sprache Nohls und »unserer« skeptischen und distanzierteren Sprache ein »geschichtlicher Einbruch« liegt.[72] Es liegt jedoch näher, statt eines »Ein-

---

67 Vgl. Blochmann, S. 200 f.
68 Zitiert nach Eva Matthes, Geisteswissenschaftliche Pädagogik nach der NS-Zeit. Politische und pädagogische Verarbeitungsversuche, Bad Heilbrunn 1998, S. 74.
69 Herman Nohl, Der Bürger, in: Die Sammlung 1 (1945/46), S. 85.
70 Ebd., S. 91
71 Ebd., S. 92-94.
72 Theodor Schulze, »Der Sinn des Lebens liegt im Leben selbst ...« Ein neugieriger Rückblick auf die geisteswissenschaftliche Pädagogik zum 100. Geburtstag von Herman Nohl, in: Neue Sammlung 19 (1979), S. 542-564, hier S. 545 f.

bruch« einen längeren »Korridor« anzunehmen. Für die Zeit der kulturphilosophischen Zeitschriften scheint der gesamte Diskurs stillgestellt auf diese ideengeschichtlich zum Idealismus zurückgeführte Rhetorik. Aus dem Zeitschriftensterben zum Zeitpunkt von Währungsreform und Staatsgründung schließt Ingrid Laurien, daß dies ein Resultat der von den Alliierten »gelenkten Öffentlichkeit« war.[73] Nohls Zeitschrift *Die Sammlung* existierte jedoch auch darüber hinaus und die »hermeneutisch-pragmatische« Rhetorik der geisteswissenschaftlichen Pädagogik dominierte die akademische Disziplin bis in die sechziger Jahre.[74] Der »Stillstand« der wissenschaftlichen Begrifflichkeiten dauerte zumindest in der Pädagogik also wesentlich länger an – hier kehrte Nohl nach 1945 in eine so starke Stellung zurück, daß die Weiterentwicklung der wissenschaftlichen Terminologie in der Pädagogik gebremst wurde. Nur vereinzelter Kritik von außerhalb der Disziplin erschien diese Sprache schon in den fünfziger Jahren gegenüber den gesellschaftlichen Problemen und dem technischen und gesellschaftlichen Organisationsgrad der Gesellschaft nicht mehr angemessen.[75] Selbst wenn Theodor Schulze 1979 im Rückblick konstatiert, daß mit dem Tod von Nohl, Weniger, Spranger und Litt innerhalb weniger Jahre deren pädagogische Konzeption zum Ende kam, so scheint er sich bei aller sorgfältigen Ideologiekritik selbst auch noch in einem spezifischen Bann Nohls zu befinden: »Und dann habe ich mir vorzustellen versucht, was Herman Nohl auf diese Fragen antworten könnte.«[76] In den siebziger Jahren kam es sogar zu dem bemerkenswerten Versuch, die Verwandtschaft der geisteswissenschaftlichen Pädagogik mit dialektischem Denken und kritischer Theorie nachzuweisen.[77] Die starke Stellung von Nohls Generation in der Pädagogik der Nachkriegszeit ist auch quantitativ nachzuweisen. Wurden in den Jahren 1933-1945 vor allem die Jahrgänge zwischen 1894 und 1914 an Universitäten berufen, entstammte nach 1945 selbst bei Neuberufungen ein Drittel der Altersgruppe von 1871 bis 1893.[78]

73 Laurien, Zeitschriften, S. 48.
74 Vgl. Blankertz, Pädagogik, S. 282.
75 Vgl. Jürgen Habermas, Der Zeitgeist und die Pädagogik, in: Merkur. Deutsche Zeitschrift für europäisches Denken 10 (1956), S. 189-193, hier S. 192 f.
76 Schulze, »Der Sinn des Lebens liegt im Leben selbst ...«, S. 544, Zitat S. 564.
77 Vgl. Helmut Gaßen, Geisteswissenschaftliche Pädagogik auf dem Weg zu kritischer Theorie. Studien zur Pädagogik Erich Wenigers, Weinheim/Basel 1978; Wolfgang Klafki, Diskussionsbeitrag zum Nohl-Kolloquium am 6. Oktober 1979 in Göttingen, in: Neue Sammlung 19 (1979), S. 569-575.
78 Vgl. Peter Dudek, Wissenschaftliche Pädagogik im Nachkriegsdeutschland, in: Walter H. Pehle/Peter Sillem (Hg.), Wissenschaft im geteilten Deutschland. Restauration oder Neubeginn nach 1945? Frankfurt a.M. 1992, S. 57-73, hier S. 60.

Der Einfluß von Nohl begründete sich aus dem gelungenen Umbau seines Denkens, aber auch aus diversen externen Faktoren, die seine Schüler und noch deren Schüler über wissenschaftliche Gründe hinaus motivierten, die geisteswissenschaftliche Methodik fortzuführen oder sie zumindest stark im Diskurs zu halten. Die semantische, selbst die »dialektische« Anknüpfung an Nohl war dabei wichtiger als eine lineare logische Fortführung seiner Pädagogik. Unmittelbar nach 1945 machten selbst solche Schüler Nohls, die akademisch mittlerweile »erwachsen« waren[79], diesen Kurs mit, weil Nohls Prestige und Nohls Sprache sie vor ihrer eigenen Vergangenheit schützen konnte. Sogar Otto Friedrich Bollnow, der die Lebensphilosophie wissenschaftlich schon in den dreißiger Jahren hinter sich gelassen hatte, schwenkte wieder auf Nohls Kategorien ein und fand 1946 mit einem Vortrag zur »einfachen Sittlichkeit« seinen Weg zurück in die Öffentlichkeit.[80] Er machte das Schlagwort auch zum Titel seiner Aufsatzsammlung von 1947, obwohl »Sittlichkeit« in seiner Anthropologie kaum eine konstitutive Rolle spielte. Bollnow hatte zwar Nohls anthropologische Tastversuche aus den »sittlichen Grunderfahrungen« (Nohls Ethik) weitergeführt, sich aber im Titel an die populäre »Sittlichkeit« angelehnt, nicht an die methodisch maßgeblichen »Grunderfahrungen«. Für Bollnows Ethik von 1953 war ein solcher Generalnenner mit Wiedererkennungswert nicht mehr notwendig.[81] Dort stehen die einzelnen »Tugenden« phänomenologisch betrachtet nebeneinander, und Bollnow versuchte, aus der Anthropologie typischer einfacher Einzelsituationen (Grunderfahrungen) ein verlorenes Seins- oder Urvertrauen rekonstruierbar zu machen.[82]

Auch Erich Weniger knüpfte an Nohls Vorlagen zu Bürgertum und Sittlichkeit an. Wenigers Entnazifizierung war durch sein Engagement in der Militärpädagogik und seinen Kontakt zu hohen Wehrmachtsoffizieren eine

---

79 Nohl hatte nach 1945 keinen Assistenten mehr, promovierte zwar später wieder neue Schüler, hatte aber die einzige Habilitation seiner Laufbahn – Erich Weniger – schon hinter sich; wobei, wie Dietrich Hoffmann berichtet, die Promotion bei Nohl oder Weniger für eine akademische Karriere bis in die sechziger Jahre allemal ausreichend gewesen sei. Vgl. Dietrich Hoffmann, »Göttinger Schule«, S. 156.
80 Bollnow hatte sich im Nationalsozialismus nach Erwin Ratzkes Urteil »sehr prononciert zugunsten des Regimes« geäußert. Stellungnahmen wie sein Eintreten für die »totale Umgestaltung« der Universität wurden in anderen Fällen nach 1945 oft als unkollegiales Verhalten interpretiert. Vgl. Ratzke, Institut, S. 324.
81 Vgl. Otto Friedrich Bollnow, Einfache Sittlichkeit. Kleine philosophische Aufsätze, Göttingen 1947; Otto Friedrich Bollnow, Wesen und Wandel der Tugenden, Frankfurt a.M. 1958.
82 Vgl. Otto Friedrich Bollnow im Gespräch, hrsg. v. Hans-Peter Göbbeker und Hans-Ulrich Lessing, München 1983, S. 34 f.

komplizierte, langwierige Angelegenheit, bei der sein Verhalten nach 1945 bei der Beurteilung vermutlich den Ausschlag gab.[83] Daß er 1946 Direktor der neugegründeten Pädagogischen Hochschule Göttingen wurde und noch vor erfolgter Entnazifizierung Nohls Lehrstuhl an der Universität übernehmen konnte, ist nur durch die Konstellation um Nohl zu erklären. Erich Weniger versuchte in seinen ersten Schriften nach 1945, Nohls sittliche Reserve des Bürgertums konkret auf Personen und Schriften zu projizieren. Während Wenigers Eintreten für die Berufung von Emigranten wie Curt Bondy und Elisabeth Blochmann (die aber ohnehin der Nohl-Schule angehörten) auf der einen Seite glaubwürdige Personen aktivierte, integrierte er belastete Kollegen über ihr bürgerliches Denken. So holte er mit einer Rezension die Göttinger Historiker Reinhard Wittram und Percy Ernst Schramm mit ins Boot. Beide hatten ihre Familiengeschichte veröffentlicht. Die Wittrams waren eine Lehrer- und Pastorenfamilie aus dem Baltikum, und die Schramms Kaufleute in Hamburg, also »Buddenbrooks«, ein noch heute wirksamer Inbegriff deutschen Bürgertums.[84] In den Schriften sei zu erkennen, daß »Maß und Mitte im Zusammenklang von Selbstbewußtsein und Bescheidung dem deutschen Leben doch nicht durchaus fremd gewesen sind«[85]. Nohls Schwiegersohn, der Theologe Wilhelm Kamlah, ergänzte den Sittlichkeitsdiskurs auch noch um die religiöse Variante. So begegnet Kamlah den nihilistischen Philosophen, die »als bevorzugte Seher [...] nun den sicheren Bürger das Gruseln erst lehren müssen« mit einem Aufruf zur »Neugründung der Naivität«[86]. Damit wurde alliierten Interpreten der politischen Fehlentwicklung in Deutschland ein Arsenal verschiedener Elemente unbelasteter deutscher Tradition entgegengehalten. Im Rückblick stellte Erich Weniger 1959/60 in seiner Kritik an der alliierten »Umerziehung« Nohls »einfache Sittlichkeit des Gentlemanideals« als das Element heraus, das es ermöglicht hatte, britischen Vorstellungen von »Reeducation« auf gleicher Augenhöhe entgegenzutreten.[87] Die Rückkehr von wilhelminisch

---

83 Vgl. Matthes, Pädagogik, S. 134 f. Wenigers Teilnahme am Widerstand des 20. Juli 1944 war von ihm nicht zu beweisen. Gegen Weniger sprach eine mit Hitler-Zitaten ausstaffierte Schrift »Die Erziehung des deutschen Soldaten« von 1944.
84 Zu Reinhard Wittram vgl. Linnemann, Erbe. Zu Schramm vgl. Joist Grolle, Der Hamburger Percy Ernst Schramm – ein Historiker auf der Suche nach der Wahrheit, Hamburg 1989.
85 Erich Weniger, Zur Geschichte des Bürgertums, in: Die Sammlung 4 (1949), S. 766-768, hier S. 768.
86 Wilhelm Kamlah, Die Verlegenheit dieser Zeit. Eine Untersuchung an der Grenze von Philosophie und Theologie, in: Die Sammlung 7 (1952), S. 1-14. Zitate auf S. 1 und S. 9.
87 Erich Weniger, Die Epoche der Umerziehung 1945-1949, Sonderdruck aus Westermanns Pädagogische Beiträge 11 (1959) und 12 (1960), S. 18 f.

sozialisierten Mandarinen wie Nohl stellte noch einmal den Nimbus des Gelehrten über die wissenschaftliche Auseinandersetzung und bewirkte einen »verkehrten Generationswechsel«. Die Schüler verfolgten ihre eigenen wissenschaftlichen Wege im Anschluß daran weitaus weniger energisch, als dies sonst der Fall gewesen wäre.

Zugleich entstand jedoch für die wenigen Unangreifbaren als Hüter der »humanistischen Resttradition«[88] der Druck, den akademischen Schutzraum zu verlassen. Nohls Eingreifen in den sozialen Diskurs hielt ihn in der Öffentlichkeit präsent. Die öffentliche Karriere des Begriffs der »Sittlichkeit« in der Nachkriegszeit war durch die stets präsente Doppelbedeutung als analytische und normative Kategorie gesichert. Nohl hätte zwar niemals einen normativen Verhaltenskatalog aus seiner »Sittlichkeit« machen wollen. Aber seine Feststellung, daß Flüchtlingskinder zu 75 Prozent kein eigenes Bett hätten, schloß doch an den Diskurs über die »sittliche Verwahrlosung« unter den Arbeitern im 19. Jahrhundert an und sorgte dafür, daß Nohl mit sittlicher Deutungskompetenz identifiziert wurde.[89] Die Verknüpfung von konservativer Analyse und zeitgemäßer, sozial-progressiver Abhilfe bei Nohl hatte System: Junge Frauen würden »in die Büros« drängen, ohne ihre geistige, vor allem jedoch emotionale Ausbildung als künftige Mütter schon erreicht zu haben.[90] Daß hier nun die Kinder dieser bürgerlichen Frauen vom Abstieg betroffen waren, brachte Nohl in die Position, Maßnahmen wie den Pflichtkindergarten und die Ganztagsschule zu fordern. Eine Rückkehr zu alten Zuständen war zur Rettung des bürgerliches Geists völlig unzureichend. Nohl sah auch die bürgerliche Familie in einer modernen arbeitsteiligen Gesellschaft nicht mehr in der Lage, ihre pädagogischen Aufgaben allein zu bewältigen. Das bedeutete eine Übertragung der »sittlichen« Verantwortung auf gesellschaftliche Institutionen.[91] Damit verband sich ein Schritt auf dem Weg zur pädagogischen Arbeitsteilung einer modernen Gesellschaft und die Unterwerfung von »Autorität« unter utilitaristische Kriterien und Rechtfertigungszwang. Die Pädagogik der Sittlichkeit brachte diesen Prozeß insofern voran, als sie ihn gegen konservatives wie alliiertes Mißtrauen abdichten konnte.

---

88 Habermas, Zeitgeist, S. 192.
89 Herman Nohl, Die pädagogische Aufgabe der Gegenwart, Vortrag beim DRK Hannover vom 6.10.1947, in: ders., Die pädagogische Aufgabe der Gegenwart, S. 5-13, vgl. hier S. 6.
90 Nohl, Aufgabe, S. 12.
91 Herman Nohl, Die Erziehung in der Kulturkrise, Vortrag bei der Nordwestdeutschen Universitätsgesellschaft in Wilhelmshaven von Juni 1948, in: ders., Die pädagogische Aufgabe der Gegenwart, S. 23-30, vgl. hier S. 28.

GERHARD KAISER / MATTHIAS KRELL

Ausblenden, Versachlichen, Überschreiben
Diskursives Vergangenheitsmanagement in der Sprach- und Literaturwissenschaft in Deutschland nach 1945

Einleitung

Als »akademische Vergangenheitspolitik« läßt sich jener Teilbereich einer Wissenschaftskultur bezeichnen, dem die Selektion, Tradierung und Zirkulation der Geschichten über das vergangene Fachgeschehen obliegt. Die politische Zäsur des Jahres 1945 zeigt die ordnungs- und kontinuitätsstiftende Funktion dieses Teilbereiches in den Hochschullandschaften West- und Ostdeutschlands lediglich besonders deutlich. Gilt es doch in der unmittelbaren Nachkriegszeit und in den frühen fünfziger Jahren aus naheliegenden Gründen in besonderem Maße, die Geschichten des eigenen Faches erzählend oder verschweigend so zu inszenieren, daß die Reproduktion des eigenen wissenschaftlichen Teilsystems über den »Bruch« in der Fachumwelt hinaus gewährleistet bleibt. Insofern wir uns hier der germanistischen Literaturwissenschaft (West) und Sprachwissenschaft (Ost) zuwenden, bedeutet dies: Professorale Erinnerungs- und Vergessenskultur im Blick auf die miterlebte und mitgeschaffene Vergangenheit der eigenen Fächer während der NS-Zeit muß immer auch verstanden werden als das diskursive Management der eigenen germanistischen Fachvergangenheit unter gewandelten politisch-gesellschaftlichen Rahmen- und Resonanzbedingungen. Das wirft die Frage auf nach den zentralen Begriffen, den grundlegenden narrativen Mustern, den rhetorischen Strategien, die das semantische Inventar des Vergangenheitsmanagements konstituieren. Darüber hinaus stellt sich die allgemeinere Frage, ob und, wenn ja, wie die semantischen Bestände der Fächer unter je gewandelten politischen Ressourcenkonstellationen umgebaut werden.[1]

---

1 Dies sind zugleich die Hauptfragen des von der VW-Stiftung geförderten Siegener Forschungsprojektes *Semantischer Umbau der Geisteswissenschaften nach 1933 und 1945. Diktaturen im Vergleich.* Ausführlich dazu s.: Clemens Knobloch, Über die Schulung des fachgeschichtlichen Blickes: Methodenprobleme bei der Analyse des »semantischen Umbaus« in Sprach- und Literaturwissenschaft, in: Georg Bollenbeck / Ders. (Hg.), Semantischer Umbau der Geisteswissenschaften nach 1933 und 1945, Heidelberg 2001, S. 203-235; Georg Bollenbeck, Das neue Interesse an der Wissenschaftshistoriographie und das Forschungsprojekt »semantischer Umbau der Geisteswissenschaften«, in: ebd., S. 9-40.

Anhand einiger Beispiele aus der Literaturwissenschaft und der Sprachwissenschaft wollen wir der Frage nachgehen, welche diskursiven Äquivalenzen und Differenzen sich hinsichtlich der rhetorischen Strategien der akademischen Vergangenheitspolitiken in Westdeutschland und der DDR ausmachen lassen. Es dürfte nicht überraschend sein, daß Strategien des Ausblendens der Vergangenheit in beiden Systemen besonders nahe liegen. Dabei geht es uns jedoch nicht so sehr darum, die sattsam bekannte These des Ausblendens erneut zu belegen. Gezeigt werden soll vielmehr, *wie*, d.h. mit welchen semantischen Strategien der mit dieser These angesprochene Sachverhalt realisiert wird. Es handelt sich dabei um den ersten Ansatz eines interdisziplinären Vergleiches.

Drei typische diskursive Strategien des Vergangenheitsmanagements in der westdeutschen Literaturwissenschaft und der ostdeutschen Sprachwissenschaft sollen beschrieben werden: die Rhetorik des Ausblendens, die Semantik der Sachlichkeit und schließlich das Überschreiben.

Es ist evident, daß es keinen Zugriff auf eine (Fach-)Vergangenheit »an sich« gibt. Vergangenheit ist immer schon selektiv rekonstruierte, das heißt »gegenwärtige Vergangenheit« (R. Koselleck)[2]. Der Hinweis darauf sollte jedoch gerade bei der Betrachtung der eigenen fachlichen Vergangenheit der Nachkriegszeit vom Standpunkt der Gegenwart aus nochmals nachdrücklich in Erinnerung gerufen werden. Denn schließlich gilt für jede Erinnerungskultur – und das heißt: auch für diejenige des vorliegenden Beitrags – jene bekannte erkenntnistheoretische Einschränkung, die Max Weber im Hinblick auf »Kultur« im allgemeinen formuliert: Kultur »ist ein vom Standpunkt des *Menschen* aus mit Sinn und Bedeutung bedachter endlicher Ausschnitt aus der sinnlosen Unendlichkeit des Weltgeschehens.«[3]

Die Rhetorik des Ausblendens

In seinen 1947 publizierten Ausführungen *Über die gegenwärtige Situation einer deutschen Literaturwissenschaft* kommt der Göttinger Germanist Kurt May rückblickend auf die Literaturwissenschaft zwischen 1933 und 1945 zu dem Urteil: »Aber bestimmend, allgemein gültig ist die völkische Konzeption einer Geschichte der deutschen Literatur gewesen [...] Die ›germanische

---

2 S. dazu die Ausführungen von Reinhart Koselleck, Vergangene Zukunft. Zur Semantik geschichtlicher Zeiten, Frankfurt a.M. 1979.
3 Max Weber, Die »Objektivität« sozialwissenschaftlicher Erkenntnis, in: Ders., Gesammelte Aufsätze zur Wissenschaftslehre, 7. Aufl., Tübingen 1988, S. 180.

Kontinuität‹ wurde zum entscheidenden Wertmaßstab für deutsche Dichtung«[4]. Und weiter: »Die völkisch gedeutete, politisch bewertete deutsche Literaturgeschichte als Wissenschaft, ist zu einem Extrem von falsch verstandener Geschichtlichkeit entartet«[5]. Aus Mays möglicherweise auch von impliziter Selbstkritik nicht freiem Aufsatz[6] wird hier vor allem deshalb zitiert, weil er als Dokument einer innerdisziplinären, kritischen Sichtung der unmittelbaren Fachvergangenheit eher eine frühe Ausnahme geblieben ist. Denn daß die westdeutsche germanistische Literaturwissenschaft als disziplinäre Gemeinschaft bis in die zweite Hälfte der sechziger Jahre eine Vergangenheitspolitik betreibt, die in weiten Teilen durch das Ausblenden ihrer – gelinde gesagt – unrühmlichen Fachvergangenheit der Jahre 1933 bis 1945 gekennzeichnet ist, dürfte mittlerweile ein Gemeinplatz der germanistischen Wissenschaftshistoriographie sein.[7] Dennoch mag es für eine Gesamtschau der »akademischen Vergangenheitspolitik« lohnenswert sein, sich die jeweiligen Strategien und »Sprachspiele«, die dieses Ausblenden ermöglichen, im Hinblick auf ihre semantischen Hauptbestände einmal genauer anzuschauen.[8]

4 Kurt May, Über die gegenwärtige Situation einer deutschen Literaturwissenschaft, in: Trivium 5 (1947), S. 293-303, S. 294 f.
5 May, ebd., S. 296.
6 May beteiligt sich am Beitrag der Germanistik zum »Kriegseinsatz der Deutschen Geisteswissenschaften«, dem fünfbändigen Sammelwerk »Von deutscher Art in Sprache und Dichtung«, mit einem ebenfalls die hier von ihm kritisierte völkische Optik bemühenden Aufsatz (s. Kurt May, Wiederaufleben der Saga in der jüngsten deutschen Prosa, in: Gerhard Fricke / Franz Koch / Klemens Lugowski (Hg.), Von deutscher Art in Sprache und Dichtung, Vierter Band, Stuttgart und Berlin 1941, S. 415-435).
7 Gleichwohl nimmt das Fach seit der Mitte der sechziger Jahre (Stichwort »Münchner Germanistentag« 1966) innerhalb der Geisteswissenschaften eine Vorreiterrolle hinsichtlich der Thematisierung der eigenen Fachvergangenheit zwischen 1933 und 1945 ein.
8 Zur Methoden- und Personalgeschichte sei hier nur soviel vermerkt: Jene Phase, zu der die westdeutsche Germanistik der Nachkriegszeit und der fünfziger Jahre gerechnet werden kann, beginnt bereits gegen Ende der 30er Jahre. Sie endet, nachdem sich seit dem Ende der fünfziger Jahre zunehmende Diskontinuitätssignale ausmachen lassen, erst im zweiten Drittel der sechziger Jahre. Holger Dainat, einer der kenntnisreichsten Fachhistoriker, hat in seinen Beiträgen wiederholt darauf hingewiesen, daß sich an den personellen Grundstrukturen der Disziplin, deren Fundamente zwischen 1938 und 1944 gelegt werden, in der Nachkriegszeit wenig geändert hat. (s. dazu etwa: Holger Dainat, Zur Berufungspolitik in der Neuen deutschen Literaturwissenschaft 1933-1945, unv. Man.) Zwar werden jene Ordinarien, deren geistiger Kriegseinsatz für das »tausendjährige Reich« allzu offensichtlich ist, nach 1945 aus dem aktiven Hochschuldienst entlassen (Ernst Bertram, Herbert Cysarz, Franz Koch, Josef Nadler, Karl Justus Obenauer, Hermann Pongs). Zwar kehren auch einige Germanisten – wie Richard Alewyn, Wolfgang Lippe, Werner Milch – aus dem unfreiwilligen Exil an deutsche Universitäten zurück. Es ist jedoch kaum zu übersehen, daß personelle Kontinuitäten das disziplinäre Erscheinungsbild bis weit in die fünfziger Jahre hinein dominieren.

Tabuisierungen

Als einfachste und deshalb zugleich wohl am häufigsten bemühte Ausblendungs- oder Vergessensstrategie innerhalb der beiden sich konstituierenden politischen Systeme erscheint auch in der Germanistik die simple Tabuisierung der disziplinären Vergangenheit während der NS-Jahre. Eindrucksvolles Anschauungsmaterial für dieses »kommunikative Beschweigen« (H. Lübbe) liefert für die westdeutsche Literaturwissenschaft – um nur ein Beispiel zu nennen – ein Beitrag über die »Geschichte der Deutschen Philogie«, der 1952 im seit 1945 vorbereiteten Sammelwerk »Deutsche Philologie im Aufriß« erscheint. Das Sammelwerk, so der Herausgeber Wolfgang Stammler im Vorwort, soll »ein Umblick über den jetzigen Stand der germanistischen Wissenschaft [sein], ein Umblick, der in gleicher Weise zusammenfassende Rückschau wie vorwärtsweisende Anregung für die Forschung der Zukunft sein [soll].«[9]

Zwar räumt der Autor des Artikels zunächst ein, »daß eine Geschichte der dt. Ph. sich nicht begnügen darf mit der Aneinanderreihung der fachlichen Tatsachen, sondern die schicksalhafte Verknüpfung dieser Wissenschaft mit den großen geistigen Bewegungen aufzeigen muß. Erkenntnis und Erlebnis der geschichtlichen Welt, dieser bedeutsamste geistige Vorgang der neueren Geschichte, bildet den tragenden und fördernden Grund auch dieser geschichtlichen Wissenschaft.«[10] Auffallend ist indes, daß die »schicksalhafte Verknüpfung« der Philologie mit der »neueren Geschichte« im vorliegenden Abriß spätestens Anfang der dreißiger Jahre zu enden scheint. Widmen sich im Rahmen des immerhin 145 Spalten langen Beitrags ohnehin nur etwas mehr als 20 Spalten der Geschichte der Philologie im 20. Jahrhundert, so bleiben innerhalb dieser Darlegungen die fachlichen wie geschichtlichen Ereignisse nach der geistesgeschichtlichen »Wende« der zehner und zwanziger Jahre vollständig ausgeblendet. Diese Strategie eines vollständigen Ausblendens harmoniert indes bestens mit jener nach 1945 allseits bemühten Rhetorik eines fachlichen Neuanfangs, die auch im Vorwort des Bandes nicht ausgespart wird. So verkünden bereits die ersten Zeilen: »Die deutsche Philologie, die Wissenschaft vom deutschen Geist in Wort und Wesen, steht an dienender und bedeutender Stelle als mitverantwortliche Kraft mitten im geistigen Neuaufbau des deutschen Volkes.«[11]

9 Deutsche Philologie im Aufriß, hrsg. von Wolfgang Stammler, Band 1, Berlin / Bielefeld 1952, S. V.
10 Joseph Dünninger, Geschichte der Deutschen Philologie, in: Deutsche Philologie im Aufriß, ebd., S. 86.
11 Stammler, a.a.O., S. V.

Argumentationsfiguren der individuellen
oder disziplinären Anständigkeit

Eine differenziertere Rhetorik des Ausblendens findet sich in jenen Texten, die durch Argumentationsfiguren der individuellen oder disziplinären Anständigkeit gekennzeichnet sind. Die rhetorische Strategie, Dokumente der Anpassungsbereitschaft zu Quasi-Manifesten der Opposition umzustilisieren, zieht sich wie ein roter Faden durch die argumentative Landschaft der Autobiographien westdeutscher Literaturwissenschaftler. Daß selbst ein frühzeitiger Parteieintritt letztlich als Zeichen individueller Anständigkeit gelesen werden kann, erfahren wir etwa bei Benno von Wiese noch in den achtziger Jahren:

> »Im Frühjahr 1933 besuchte mich mein Freund Fritz Scheid. [...] Eindringlich suchte er mir klarzumachen, daß wir nicht draußen bleiben dürften, daß wir verpflichtet seien, ›Schlimmes oder noch Schlimmeres zu verhüten‹. ›Draußen‹ nämlich seien wir erst wirklich machtlos. Um das zu verhindern, müßten wir noch rechtzeitig in die NSDAP eintreten. Und so geschah es im April 1933. Wir schrieben sogleich zusammen törichte Thesen zur Reform deutscher Hochschulen nieder, die glücklicherweise niemand ernst genommen hat.«[12]

Zur Dokumentation der eigenen Anständigkeit kann auch der Dissens mit einer der kulturpolitisch aktiven Institutionen bemüht werden. Daß der aufgrund des Ämterchaos gerade in der Kulturpolitik nicht selten war, ist bekannt.[13] Dazu liest man bei Josef Nadler, der im Hinblick auf seine berühmt-berüchtigte Literaturgeschichte ausführt:

> »Das Werk hatte sich von der ersten bis zur vierten Auflage weder sachlich noch weltanschaulich geändert. Die Schriften Alfred Rosenbergs sind nicht einmal mit den Titeln erwähnt, geschweige denn behandelt, obwohl dazu schon eine gewisse sachliche Verpflichtung bestand. [...] Das Werk hatte mit der Rassenpsychologie nicht das geringste zu tun, ja es stand ihr entgegen. Das war auch der Grund für die unverhohlene Feindschaft, mit der das Amt Rosenberg mir persönlich und allen mei-

---

12 Benno von Wiese, Ich erzähle mein Leben. Erinnerungen, Frankfurt a.M. 1982, S. 138. Zu von Wieses Thesen s.: Benno von Wiese/F.K. Scheid, 49 Thesen zur Neugestaltung deutscher Hochschulen, in: Volk im Werden, Bd. 1, Heft 2, 1933, S. 13-21.
13 Vgl. etwa für die Kulturpolitik Jan-Pieter Barbian, Literaturpolitik im »Dritten Reich«, München 1995 und für die Wissenschaftspolitik Michael Grüttner, Art. »Wissenschaft« in: Wolfgang Benz/Hermann Graml/Hermann Weiß (Hg.), Enzyklopädie des Nationalsozialismus, München 1997, S. 135-153.

nen Arbeiten begegnet ist. Ein Verbot des vierten Bandes vor seinem Erscheinen hat der Verlag nur mit Mühe [...] verhindert.«[14]

Zu einer weiteren probaten Strategie des Ausblendens ihrer »kritischen Jahre 1933-1945« (Horst Oppel) formieren sich nach 1945 und in den fünfziger Jahren jene Redeweisen, die mit dem auch nach 1933 angeblich ungebrochenen disziplinären Eigensinn argumentieren. Kennzeichnend für dieses »Sprachspiel« ist zweierlei: Zum einen wird das Fachgeschehen zwischen 1933 und 1945 retrospektiv dadurch versachlicht, daß ein gleichsam »harter Kern« der Fachwissenschaft postuliert wird. Das Festhalten an lediglich sachorientierter Forschung habe die meisten Literaturwissenschaftler gegenüber politisierten Zudringlichkeiten immunisiert. Zum anderen und damit einhergehend wird eine Politisierung der Disziplin marginalisiert und personalisiert. Argumentiert wird demzufolge, daß die Disziplin als solche ungeachtet des politischen Engagements einiger weniger Wirrköpfe im Grunde immer nur der Wissenschaft gedient habe. Lediglich exemplarisch und weil sie diese Argumentationsfigur gleichsam in Reinform zeigen, seien hier die Ausführungen Horst Oppels zitiert, der 1953 anläßlich eines Situationsberichtes zur Lage der Allgemeinen Literaturwissenschaft erklärt: »Aber nach unserer Meinung gereicht es der deutschen Literaturwissenschaft durchaus zur Ehre, daß sie politisierende Sprecher wie K.J. Obenauer, H. Kindermann, W. Linden und F. Koch ihr Programm einer ›volkhaften Literaturwissenschaft‹ ausposaunen ließ, während sie gleichzeitig in aller Stille unverdrossen und mit dem nötigen Ernst weitergearbeitet hat.«[15] Als beliebtestes »Bauern-

---

14 Josef Nadler, Kleines Nachspiel, Wien 1954, S. 90. Zu Nadler, dessen Verhältnis zum NS sich bei genauerer Betrachtung durchaus komplexer und widersprüchlicher gestaltet, als jene vielstimmigen Kommentatoren ahnen lassen, die ihn zum Prototypen eines NS-Germanisten stilisieren, vgl.: Wendelin Schmidt-Dengler, Nadler und die Folgen. Germanistik in Wien 1945 bis 1957, in: Wilfried Barner/Christoph König (Hg.), Zeitenwechsel. Germanistische Literaturwissenschaft vor und nach 1945, Frankfurt a.M., 1996, S. 35-46; Ralf Klausnitzer, Krönung des ostdeutschen Siedelwerks? Zur Debatte um Josef Nadlers Romantikkonzeption in den zwanziger und dreißiger Jahren, in: Euphorion 93 (1999), S. 99-125; Sebastian Meissl, Germanistik in Österreich. Zu ihrer Geschichte und Politik 1938-1938, in: Franz Kadrnoska (Hg.), Aufbruch und Untergang. Österreichische Kultur zwischen 1918 und 1938, Wien 1981, S. 475-496; Sebastian Meissl, Zur Wiener Neugermanistik der dreißiger Jahre: Stamm, Volk, Rasse, Reich. Über Josef Nadlers literaturwissenschaftliche Position, in: Klaus Amann/Albert Berger (Hg.), Österreichische Literatur der dreißiger Jahre, Wien 1985, S. 130-146.

15 Horst Oppel, Zur Situation der Allgemeinen Literaturwissenschaft, in: Die Neueren Sprachen, Neue Folge, 1953, S. 9 f. Daß Oppel selbst einer »volkhaften Literaturwissenschaft« nicht ganz so distanziert gegenüber stand, wie er hier Glauben machen will, scheint er geflissentlich auszublenden. 1939 jedenfalls konnte man beim jungen aufstrebenden

opfer« wird zumeist der auch während der NS-Zeit nicht zu innerdisziplinärem Ansehen gelangte, bereits erwähnte Literaturhistoriker Josef Nadler bemüht. So insistiert auch Oppel, »daß die deutsche Forschung sich rechtzeitig und energisch von Nadler abgesetzt hat« und »daß es kaum ein anderes Land gibt, in dem *racial theory* und *centrally political outlook* so schnell abgetan und so gründlich überwunden worden sind wie in Deutschland.«[16] Als Sündenböcke werden besonders gerne jene Ordinarien herangezogen, die nach 1945 ohnehin angesichts ihres politischen Engagements ihrer Ämter enthoben werden, wie z.B. Herbert Cysarz oder Franz Koch.

»Nicht auf Einzelheiten kommt es an ...«[17]:
Inszenierung eines Neuanfangs

Neuanfang und damit vielfach einhergehend die schlichte Tabuisierung der eigenen fachlichen wie auch individuellen Vergangenheit beherrschen auch die einschlägigen Beiträge in der ostdeutschen Sprachwissenschaft, die sich ebenfalls auf den Weg machen muß, ihren Gegenstandsbereich neu abzustecken. Die hinlänglich bekannte und ostentativ zur Schau gestellte antifaschistische Attitüde markiert hierbei zwar einen wichtigen Bestandteil des rhetorischen Inventars exoterischer Texte, scheint für die Sprachwissenschaft aber hinreichend zu sein, um Reputation zu gewinnen.

Zum Verständnis ist vorab auf diejenige Diskussion in der Sprachwissenschaft der SBZ/DDR in den Endvierzigern und zu Beginn der fünfziger Jahre einzugehen, in denen das Selbstverständnis der Sprachwissenschaft unter den neuen politischen Vorzeichen thematisiert wird. Dabei geht es hier nicht um eine inhaltliche Stellungnahme zu den jeweiligen Positionen, sondern um deren Scharnierfunktion mittels derer der fachwissenschaftliche Diskurs mit dem offiziellen Staatsdiskurs vereint werden soll.[18]

<small>Dozenten der Vergleichenden Literaturwissenschaften durchaus einige von zeitbedingtem Resonanzkalkül geprägte Ausführungen zu Ansätzen einer volkhaften Literaturwissenschaft lesen. Vgl. dazu: Horst Oppel, Die Literaturwissenschaft in der Gegenwart. Methodologie und Wissenschaftslehre, Stuttgart 1939, S. 116 ff.
16 Oppel, S. 10.
17 Das Zitat im Zusammenhang: »Nicht auf Einzelheiten kommt es an, sondern zum Verständnis der Grundlagen, auf denen sich die sowjetische Sprachwissenschaft weiterentwickelt, muß die führende Linie klar herausgearbeitet werden«. (Iwan Iwanowitsch Meschtschaninow, Die neue Sprachtheorie in ihrer heutigen Entwicklungsstufe, in: Deutschunterricht 1 (1949), S. 3-25, S. 11).
18 Wir stützen diese Darlegungen insbesondere auf die Diskussion in der 1948 gegründeten Zeitschrift »Deutschunterricht« (nicht zu verwechseln mit dem westdeutschen Pendant</small>

Der fachwissenschaftliche Diskurs dieser Zeit ist stark geprägt durch die Frage nach der Art und Weise der Implementierung des Marxismus-Leninismus (im folgenden ML) in die Sprachwissenschaft. Zunächst gilt hierbei das Augenmerk der Theorie Nikolaj J. Marrs, der mit der sogenannten Stadialanalyse lange Zeit die sowjetische Sprachwissenschaft dominiert und dessen Theoreme gegen Ende der vierziger Jahre in die Diskussionen der SBZ/ DDR-Sprachwissenschaft eindringen. Mit der Stadialanalyse behauptet Marr und sodann sein Schüler Iwan I. Meschtschaninow, daß die Sprache dem gesellschaftlichen Überbau zurechenbar sei und revolutionäre Veränderungen deutliche Spuren in ihr hinterlassen würden. Die Einbindung dieser Theoreme in die DDR-Sprachwissenschaft findet weniger in der konkreten Auseinandersetzung mit den teils verworrenen Thesen Marrs und Meschtschaninows statt als vielmehr in den diesbezüglichen emblematischen Verweisen auf die sowjetische Wissenschaft.

Eine unerwartete Wende nehmen die Kompatibilitätsbemühungen der ostdeutschen Sprachwissenschaft, als sich Josef W. Stalin über die Prawda in diese, die sowjetische Sprachwissenschaft dominierende Vorstellung einschaltet, indem er den Thesen Marrs widerspricht. Nun ist der Umstand, daß sich ein Despot in die Diskussion eines eher randständigen Faches einmischt an sich schon ein Ereignis, das einer besonderen Würdigung bedürfte.[19] Für unsere Zusammenhänge ist es jedoch ausreichend festzuhalten, daß mit Stalin ein ebenso prominenter wie fachfremder Akteur auf der sprachwissenschaftlichen Bühne erscheint, den man keinesfalls ignorieren kann, weil sich das Fach bereits über die alleinige Bezugnahme auf die Person Stalins in besonderer Weise politisch-gesellschaftlich legitimieren und aufwerten kann. In Stalins Beitrag über den Marxismus und Fragen der Sprachwissenschaft sieht die Sprachwissenschaft der DDR sozusagen eine Steilvorlage,

---

»Der Deutschunterricht«), einer verteilersprachlichen Zeitschrift, weil vor allem in ihr die Wissensbestände der Fachwissenschaft einem über den fachlichen Rahmen hinausgehenden Adressatenkreis zugänglich gemacht wurde.
Für die esoterische Textproduktion ist zweifelsohne eine differenziertere Betrachtung notwendig. Vgl. dazu für die erste Hälfte der fünfziger Jahre den Hinweis von Viola Oehme, Stalins Schrift *Der Marxismus und die Fragen der Sprachwissenschaft* und ihre Bedeutung für den Grammatikunterricht in der DDR der 50er Jahre, in: Horst Ehrhardt (Hg.), Linguistik, Sprachunterricht und Sprachlehrerstudium in Ostdeutschland (1946-1990), Frankfurt a.M. u.a. 1994, S. 183-196, S. 183.

19   Stalin stuft die Sprache als weder dem Überbau noch der Basis zugehörig ein, sondern unterstreicht vor allem ihren Werkzeugcharakter, der sich der Dialektik von Basis und Überbau weitestgehend entzieht. Vgl. hierzu: Udo Hagedorn, Die Diskussion um Stalins »Marxismus und Fragen der Sprachwissenschaft« in der DDR, Siegen 2001 (unveröffentl. Staatsexamen).

mittels derer sie sich gesellschaftlich und politisch ins Gespräch zu bringen erhofft. Durch die rhetorische Einarbeitung des Marxismus-Leninismus und insbesondere des Beitrags Stalins verschafft sich die Sprachwissenschaft darüber hinaus gleichsam eine semantische Schutzglocke, die sie vor staatlichen Zudringlichkeiten schützen soll.

1948 scheinen die semantischen und rhetorischen Spielräume noch relativ offen zu sein. So liest man etwas erstaunt die Reaktion auf das Erscheinen der Erstausgabe der im Westen Deutschlands erscheinenden Zeitschrift *Der Deutschunterricht*, weil hier Stereotype auftauchen, die für die sprachwissenschaftlichen Verlautbarungen im *Deutschunterricht* hinsichtlich der NS-Vergangenheit ansonsten ungewöhnlich sind:

»In den Jahren von 1933 bis 1945 hatten der lähmende Druck und Zwang, die auf der Öffentlichkeit lasteten, eine geistige Dürre erzeugt. Daher wird jeder Versuch, in dieser Beziehung tatkräftige Hilfe zu bringen, aus vollem Herzen begrüßt. Besonders auf schulischem Gebiet sind der Hunger nach Anstrengung, nach Orientierung, nach Wiederaufbau [sic!] und fortschrittlichem Aufbau, nach seelischer Freiheit und Entfaltung spürbar.«[20] Der gesamtdeutsche Impetus ist hier noch unverstellt vernehmbar, allerdings verdeutlicht Werner Simons Aufsatz über Probleme der Sprachforschung[21] aus demselben Jahr mehr das Kennzeichnende in der rhetorischen Ausrichtung der Sprachwissenschaft dieser Zeit. Er vermeidet einerseits eine offene ideologische Parteinahme, andererseits nimmt er doch Bezug zu den Entwicklungen in der UdSSR. Nur an einer Stelle erwähnt Simon sehr zurückhaltend, daß sich die russische Sprachwissenschaft als heuristisches Prinzip der marxistischen Theorie verpflichtet sehe, was insofern ein Fortschritt darstelle, als somit »alle sprachlichen Erscheinungen auf ihre geistigen Wurzeln« zurückgeführt würden, somit die Einheit von Sprache und Denken hervorgehoben werde.[22] Zugleich, und das unterscheidet diesen Text in seiner Freizügigkeit von späteren, kritisiert er die Theorie Marrs/Meschtschaninows insofern, als er deren Unterscheidung zwischen evolutionärer und revolutionärer Änderung der Sprache in Frage stellt und für eine gradmäßige Verschiedenheit der Änderung von Sprachen plädiert. Er betont dagegen das »ungeheure Trägheitsmoment« der Sprache, deren Formen sich gegenüber gesellschaftlich-politischen Einflüssen als resistent erweisen. Forschungsgeschichtlich findet er die Anknüpfungspunkte in der Weimarer

---

20 Willy Steinbrecher, Ohne Titel, in: Deutschunterricht 3 (1948), S. 34.
21 Werner Simon, Ein Problem der gegenwärtigen Sprachforschung, in: Deutschunterricht 1/1948, S. 2–8.
22 Simon, ebd., S. 5.

Zeit, wenn er konstatiert: »Daß die Geschichte eine ›Paläontologie des Geistes‹ sei, ist mir als Kennzeichnung für alle echte etymologische Bemühung schon 1919 als jungem Studenten aus der Tradition deutscher Forschung einprägsam entgegengetönt.«[23] Die NS-Zeit bleibt außen vor, obwohl man gerade die in jener Zeit starken sprachpflegerischen Versuche ebenso wie die inhaltsbezogene Sprachwissenschaft gegen Marr/Meschtschaninow hätte wenden können. Man mag dieses Ausblenden als Zufall abtun, doch es erscheint eher symptomatisch für die Sprachwissenschaft der SBZ/DDR dieser Zeit. Ein Blick auf die Grammatikforschung bestätigt diesen Befund nachdrücklich.[24]

Bereits 1949 verengt sich die Bandbreite diskursiver Möglichkeiten. Die Sprachwissenschaft soll offenkundig durch die sowjetische Einflussnahme im Sinne des ML auf Linie gebracht werden. In einem von A. Fedorow eingeleiteten Aufsatz Meschtschaninows fällt unmittelbar auf, daß beide keineswegs die Lehre des ML propagieren, sondern mittels Personenkult die Marschrichtung vorgeben. Da die rhetorische Strategie dieser beiden genannten als typisch angesehen werden kann, schauen wir uns im folgenden deren Vorgehen genauer an. Im Vollzug einer Äußerung wird nicht argumentiert, sondern Gemeinschaft hergestellt: »Auch im nationalen Kampf des deutschen Volkes ist unsere deutsche Sprache eine der stärksten Kräfte. Die Imperialisten mögen noch so wüten, die Sprache von Luther und Lessing, von Goethe und Schiller, von Marx und Engels wird die imperialistischen Interventen überdauern und dem deutschen Volke eine unbesiegbare Kraft in seinem Kampfe um nationale Einheit und Unabhängigkeit verleihen.«[25]

An die Stelle wissenschaftlicher Argumentationen treten auf diese Weise simplifizierende Stereotypen und schlichte Deutungsmuster, aber deren kommunikativer Sinn ist maßgeblich an der Konstituierung des sprachwissenschaftlichen Systems beteiligt. Es genügt vielfach schon Akteure zu benennen und die wissenschaftliche Präzision rhetorisch zu behaupten (s. Kap. 4). Man reiht sich so in die richtige Wissenschaft ein, wenn auch

---

23 Simon, ebd., S. 6.
24 Bis Ende der fünfziger Jahre dominiert die an den Junggrammatikern orientierte historische Grammatik, was sich sich nicht nur in der Rezeption, sondern auch der Neuauflage von den Werken Hermann Pauls niederschlägt. Vgl. Werner Hackel, Grammatikforschung und -lehre im muttersprachlichen Bereich Ostdeutschlands (1946-1990), in: Ehrhardt (Hg.): Linguistik, S. 129-182, S. 133 f.
25 So äußert sich ZK-Mitglied Fred Oelßner in: ders., Unsere Sprache als Waffe im Kampf um nationale Einheit und Unabhängigkeit, in: Deutschunterricht, 5 (1951), S. 2.

der Bezug auf einen herausragenden Akteur oder dessen Äußerung in aller Regel eine argumentative Leerstelle bleibt.[26]

Die stets anwesende und kontrollierende, politisch-gesellschaftliche Instanz in den wissenschaftlichen Diskursen, die für die Bundesrepublik zu Recht als der »unsichtbare Dritte«[27] ausgemacht werden kann, ist hier alles andere als unsichtbar. Für die Sprachwissenschaft in der SBZ/DDR bedeutet dies schon ab Ende der vierziger Jahre, daß die facheigene Logik als argumentatives Bezugssystem für richtige Aussagen im Sinne der Wissenschaft keineswegs ausreichend ist. Die verordnete dialektische Einheit von Wissenschaft und Politik, die vor allem durch die Orientierung an Akteuren und durch die emblematische Bezugnahme auf den ML symbolisch hergestellt wird, wird zentral in diejenigen Äußerungen des Fachs integriert, die an der Schnittstelle zwischen fachlicher Akzeptanz und öffentlicher Wahrnehmung plaziert werden.[28]

Darüber hinaus ist die Herausstellung des ML für die Sprachwissenschaft dadurch schmackhaft, daß sie mittels der Rezeption und Argumentation marxistisch-leninistischer Positionen Innovation artikulieren kann. Denn laut Fedorow (offensichtlich Nietzsche zitierend) vollzieht die Übernahme des ML eine »Umwertung aller Werte«[29]. Wer mag da noch in die jüngste Vergangenheit schauen? Hier liegt das Komplettangebot der sprachwissenschaftlichen Runderneuerung auf silbernem Tablett mit der »Existenz der neuen linguistischen Theorie, die zu den wissenschaftlichen Errungenschaf-

---

26 Es sei nochmals darauf hingewiesen, daß die hier vorgenommenen Einschätzungen aufgrund der Unterscheidung von esoterischer und exoterischer Textproduktion getroffen werden. Hinsichtlich der Bewertung der Sprachwissenschaft in der DDR besteht keineswegs eine einheitliche Auffassung; auch hier setzt das Siegener Projekt an, um aus der Perspektive der semantischen Umbauten zumindest einige Schneisen in das immer noch unübersichtliche Dickicht zu schlagen. Einige divergierende, wissenschaftliche (Selbst-) Reflexionen auf das Fach seien hier genannt: Wolfgang Bierwisch, Grammatikforschung in der DDR: Auch ein Rückblick, in: Jahrbuch für internationale Germanistik 2 (1991), S. 14-18; Ergebnisse, Stand und Perspektiven der germanistischen Linguistik in der DDR, in: Zeitschrift für Germanistik 6 (1989), S. 680-703 und 1 (1990), S. 49-56; Gerhard Helbig, Zu Entwicklungen der germanistischen Grammatikforschung in der ehemaligen DDR (ein Rückblick), in: Deutsch als Fremdsprache 2 (1990), S. 67-76; Hartmut Schmidt, Sprachhistorische Forschung an der Akademie der Wissenschaften der DDR. Ein Rückblick, in: Jahrbuch für Internationale Germanistik 2 (1992), S. 8-33.
27 Georg Bollenbeck/Clemens Knobloch, Der unsichtbare Dritte. Die Geisteswissenschaften zwischen Autonomie und gesellschaftlicher Resonanz, in: Frankfurter Rundschau vom 23.01.01.
28 Vgl. zum Verhältnis von Wissenschaft und Politik auch: Jürgen Kocka, Wissenschaft und Politik in der DDR, in: Ders./Renate Mayntz (Hg.), Wissenschaft und Wiedervereinigung. Disziplinen im Umbruch, Berlin 1998, S. 435-460.
29 Fedorow in Meschtschaninow, Neue Sprachtheorie, S. 5.

ten der sozialistischen Epoche gehört«[30], mundgerecht serviert vor. Der semantische Umbau vollzieht sich hier also keineswegs in stillen Themenwechseln oder behutsamen Umbenennungen. Vielmehr gelten die proklamierte Innovation und Umwertung als zukunftsorientierte Projekte, die die ausgeblendete und unliebsame Vergangenheit verabschieden.

Und noch etwas sei in diesem Zusammenhang zumindest angedeutet: In der unverhüllten Orientierung an bestimmte Protagonisten zeichnet sich nämlich nach wie vor der Habitus des Mandarins (Ringer) ab. Meschtschaninow und Fedorow offerieren hier also ein Angebot, das das Weiterleben des Mandarinentums unter anderen gesellschaftlichen und politischen Ressourcenkonstellationen erlauben soll. Insofern kann die Zuwendung der Hochschullehrerschaft zum ML insbesondere auch unter dem Aspekt der Erhaltung ihrer eigenen Reputation gesehen werden.

Semantik der Versachlichung

Mit der Übernahme der staatlich verordneten Wissenschaftsrhetorik wird zugleich ein sprachlicher Habitus der Sachlichkeit geprägt, der sich deutlich von den antipositivistischen Redeweisen abgrenzt, die vor und während des Nationalsozialismus der ursprungsmythologische »Volks«-Begriff evoziert.

Bei Meschtschaninows Lobgesang auf seinen Lehrer Marr fällt ein weiterer Aspekt auf, den man unter diese Rhetorik der Sachlichkeit subsumieren kann:

Die Probleme der ML-Wissenschaft (alle Zitate aus dem Beitrag Meschtschaninows) stellen sich alle entweder als »kompliziert« oder »schwierig« dar, stets sind »höchste Präzision und Genauigkeit« von Nöten, es sei »*streng* zu unterscheiden«, alles müsse »ständiger Kontrolle« unterliegen. »Größte Sorgfalt und methodische Sicherheit« werden dabei als grundlegende Voraussetzung unterstellt.

Diese heute ohne Frage lächerlich wirkende Aufwertungsrhetorik der eigenen Arbeit, die insbesondere diejenigen Texte kennzeichnet, die explizit auf den ML Bezug nehmen, ergänzt das propagierte wissenschaftliche Konzept des ML insofern, als die Aussagen mit einer gleichsam naturwissenschaftlichen, unbestechlichen, positivistischen Semantik eingekleidet werden. Auch wenn diese Sachlichkeits-Rhetorik mit Emphase vorgetragen wird, suggeriert sie so etwas wie empirische Genauigkeit des wissenschaftlichen Diskurses. In dieser Hinsicht profitieren wissenschaftlicher und po-

---

30 Ebd.

litischer Diskurs voneinander: Während auf wissenschaftlicher Seite fachliche und individuelle Reputation aufgewertet werden können, kann sich die Politik im selben semantischen Kleid mit den Erkenntnissen der Wissenschaft schmücken und ihre Argumentation als wissenschaftlich abgesichert präsentieren.

Auch die Literaturwissenschaft der frühen Bundesrepublik sieht sich gezwungen, vom dezidiert antipositivistischen, volksetymologischen Geraune Abstand zu nehmen und ebenso – zumindest rhetorisch – ihre neue Sachlichkeit zu betonen. Sicherlich unterscheiden sich die Resonanzbedingungen in der sich zunehmend westlich orientierenden Bundesrepublik erheblich von denen im östlichen Teil Deutschlands. Die westdeutsche Literaturwissenschaft muß sich semantisch auf eine als heterogener einzuschätzende Öffentlichkeit ausrichten. Gleichwohl, wenn auch nuancierter, wird die rhetorische Versachlichung literaturwissenschaftlicher Wissensproduktion zum gängigen Inszenierungs-Topos.

Eine »Art Diätkur«[31] verschreibt entsprechend schon Kurt May 1947 in der bereits erwähnten Bestandsaufnahme seiner Wissenschaft – insonderheit der Literaturgeschichtsschreibung. So bildet denn auch jene ostentativ bemühte Versachlichungs- und Ernüchterungsrhetorik, die nach 1945 den literaturwissenschaftlichen Diskurs dominiert, die prospektive Kehrseite retrospektiver Ausblendungen. Ein »neues« Ethos philologischer Askese wird im Zusammenhang mit der »Interpretation« allenthalben rhetorisch inszeniert. Daß es sich dabei in der Tat hauptsächlich um eine rhetorische Inszenierung handelt, dem das ungebrochene Pathos eines weiterhin die eigene Tätigkeit der »Dichtungsdeutung« sakralisierenden Mandarinentums diametral entgegensteht, ist bekannt.[32] In der Fachöffentlichkeit, auf Tagungen und in Leitartikeln ertönt die »Forderung nach strenger, sachlicher *Werkinterpretation*«[33]. Aufgabe des Literaturwissenschaftlers, so etwa Paul Böckmann, sei es, sich »der Sache zu überlassen« und »die Sachlichkeit der Wissenschaft und ihrer forschenden Haltung auch noch in gefühls-

---

31 Kurt May: Über die gegenwärtige Situation einer deutschen Literaturwissenschaft, S. 303.
32 Und bestens nachzulesen etwa bei: Marcus Gärtner, »Die ganze Schwere des Irdischen sinnbildet im grasenden Vieh« – Zur Sprache der germanistischen Literaturwissenschaft nach 1945, in: Georg Bollenbeck/Clemens Knobloch (Hg.), Semantischer Umbau, S. 80-96.
33 Hans-Joachim Schrimpf, Jahrestagung der deutschen Hochschulgermanisten. Krise und Erneuerung der deutschen Literaturwissenschaft, in: Universitas 8 (1953), S. 1311.

dunkle Bereiche hinein[zu]tragen.«³⁴ Man wird, anknüpfend an Latours Überlegungen zur »zirkulierenden Referenz«³⁵ wissenschaftlicher Ausdrücke und Programme davon ausgehen dürfen, »dass ›erfolgreiche‹ wissenschaftliche Modelle über die Fähigkeit verfügen müssen, in wechselnden und heterogenen semantischen Bezugssystemen bündig zu wirken.«³⁶ Im Blick auf die germanistische Literaturwissenschaft der Nachkriegszeit mag hier das Modell der sachbezogenen (sog. werkimmanenten) »Interpretation«, zentriert um den ordnungsstiftenden Hochwert- und Scharnierbegriff der »Dichtung«, als veranschaulichendes Beispiel dienen. Bekanntlich bereits 1939 vom Schweizer Literaturwissenschaftler Emil Staiger in Grundzügen entworfen und seitdem erfolgreich in Umlauf gebracht, 1948 dann in der »Bibel« der Fünfziger-Jahre-Germanistik – Wolfgang Kaysers *Das sprachliche Kunstwerk* – in einer formalisierten und methodisch strengeren Variante dargelegt, ist es das Hauptanliegen der werkimmanenten Richtung, das »Wortkunstwerk als Wortkunstwerk, die einzelne Dichtung in ihrem Wesen als ›Dichtung‹ zu erschließen.«³⁷ Sieht man hier einmal von den durchaus wichtigen, aber innerfachlich begrenzten Fragen nach der Theorie, den Ursprüngen, nach den Vorläufern oder den unterschiedlichen Spielarten der unter dem Fahnenwort »Interpretation« zusammengefaßten Richtung(en) ab³⁸, so läßt sich zeigen: Die kontinuierliche Erfolgsgeschichte, mithin die »zirkulierende Referenz« des als methodische »Neubesinnung« inszenierten Programms nach 1945 und in den fünfziger Jahren hängt nicht unwesentlich damit zusammen, daß das Versachlichungs-Pathos der Interpretation jene Leitargumentation für ein unpolitisch-asketisches Philologenethos liefert,

---

34 Paul Böckmann, Der Beitrag der Literaturwissenschaft zu unserer Zeit, in: Die Sammlung 7 (1952), S. 181.
35 Bruno Latour, Die Hoffnung der Pandora. Untersuchungen zur Wirklichkeit der Wissenschaft, Frankfurt a.M. 2000, bes. S. 119 ff.
36 Clemens Knobloch, Über die Schulung, S. 228.
37 So in der tautologischen Diktion durchaus zeittypisch: Hermann Otto Burger, Methodische Probleme der Interpretation, in: Germanisch-Romanische Monatsschrift, 32 (1950), S. 81.
38 Vgl. zu diesen Themenkomplexen: Peter Salm, Drei Richtungen der Literaturwissenschaft. Scherer-Walzel-Staiger, Tübingen 1970; Klaus L. Berghahn, Wortkunst ohne Geschichte. Zur werkimmanenten Methode der Germanistik nach 1945, in: Monatshefte 71 (1979), S. 387-398; Klaus R. Scherpe, Die Renovierung eines alten Gebäudes. Westdeutsche Literaturwissenschaft 1945-1950, in: Walter H. Pehle/Peter Sillem (Hg.), Wissenschaft im geteilten Deutschland. Restauration oder Neubeginn nach 1945? Frankfurt a.M. 1992, S. 149-163; Bernhard Böschenstein, Emil Staigers Grundbegriffe: ihre romantischen und klassischen Ursprünge, in: Wilfried Barner/Christoph König (Hg.), Zeitenwechsel, S. 268-281; Danneberg, Lutz: Zur Theorie der werkimmanenten Interpretation, in: ebd., S. 313-344.

auf das nach 1945 gerade von deutschen Germanisten zwecks Beschwörung einer »Stunde Null« dankbar zurückgegriffen werden kann. Darüber hinaus trägt zum Erfolg der Methode auch ihre relativ reibungslose Transferierbarkeit in exoterische Diskurse bei: Gemeint ist hier v.a. ihre Kompatibilität mit den pragmatischen Anforderungen und den an tradierten Kanonbeständen orientierten Gepflogenheiten des Deutschunterrichts an den höheren Schulen. Daß die »neue« Methode in diesem Sinne ein hohes Maß an exoterischer Anschlußfähigkeit aufweise, wird seitens der Literaturwissenschaft gerne und oft betont. So führt etwa Arno Mulot in einem Artikel, der die erste deutsche Germanistentagung in München (September 1950) Revue passieren läßt, ganz in diesem Sinne aus:

> »Es war zweifellos ein bedenkliches Symptom, daß sich Schule und Universität auf dem Gebiet der Dichtungsbetrachtung so weit entfremden konnten. [...] Und hier scheint uns das Bedeutsame der dichtungswissenschaftlichen Neubesinnung für die Schule zu liegen. [...] Bei der Interpretation in der unmittelbaren Nähe des Werkes und des spezifisch Poetischen zu bleiben, die Funktion und Leistung des Dichterischen aufzuschließen, daß nicht in einem grauen Begriffsnetz außerdichterischer Explikationen das elementare Dichtungserlebnis zerstört wird [...]: in diesem Ziel kann sich der Lehrer wieder eins wissen mit der Wissenschaft von der Dichtung.«[39]

Daß leistungsbezogene Relevanzerklärungen dieser Art in der Nachkriegszeit und den fünfziger Jahren besonders starke Resonanzeffekte erzielen können, wird schlaglichtartig deutlich, wenn etwa der Diskussionsbericht des Frankfurter Germanistentages 1956 vermerkt, daß im Anschluß an einen Vortrag über die Behandlung von klassischen Dramen im Unterricht »ein großer Teil der Deutschlehrer den unmittelbaren Weg über die Gestalt und das Kunstwerk vorzieht, weil die Gefahr, das Kunstwerk als Zeitdokument zu betrachten, gespürt wird.«[40] Die feste Verankerung des »Interpretations«-Modells an den Schulen wiederum deutet auf die zentrale Funktion jener »verteilersprachlichen« Texte hin, denen im Rahmen unserer Untersuchungen besondere Aufmerksamkeit zukommt.

Auch die erste Einführung in die Germanistik, die nach dem Krieg erscheint, schwört die Studenten ein auf sachliche Grundtugenden wie

---

39 Arno Mulot, Zur Neubesinnung der Literaturwissenschaft, in: Germanisch-romanische Monatshefte 3 (1950), S. 177.
40 Gustav Mahlberg, Die 4. Tagung des Gesamtverbandes der Deutschen Germanisten vom 1. bis 5.10. 1956 in Frankfurt a.M., in: Wirkendes Wort, 7 (1956/57), S. 59.

»Knappheit, Schlichtheit und Verständlichkeit«[41] und betont: »Wahre Wissenschaft bleibt immer schlicht und einfach.«[42] Und selbst die Literaturgeschichtsschreibung partizipiert an dieser Semantik der Deemphatisierung. Vorbei scheinen die Zeiten jener großzügig argumentierenden Geistesgeschichten, denen die einzelnen literarischen Texte nur positivistische Verschnaufpausen zwischen den Synthesegipfeln darstellten. Vorbei auch die nach 1933 besonders beliebte Teleologisierung der gesamten Literaturgeschichte im Zeichen des »deutschen Volkes«. Zwecks Wiedergewinnung von politisch neutralem Terrain und zur Normalisierung ihrer literaturgeschichtlichen Rekonstruktionsangebote setzt die Literaturgeschichtsschreibung nach 1945 und in den fünfziger Jahren verstärkt auf jene Darstellungsmittel, denen gleichsam eo ipso das Flair wissenschaftlicher Faktizität und Nüchternheit eigen ist: auf Daten und Tabellen. So erscheinen zwischen 1949 und 1952 etwa jene drei Bände einer *Deutschen Literaturgeschichte in Tabellen*, denen die Herausgeber Fritz Schmitt und Gerhard Fricke im Nachwort selbst eine »gewisse objektive Nüchternheit«[43] attestieren. 1952 gibt Heinz Otto Burger die *Annalen der Deutschen Literatur* heraus und betont im Vorwort:

> »Noch nie hat meines Wissens die Literaturwissenschaft von unten angefangen, das heißt dort, wo die Geschichtsschreibung herkommt und wohin die Geschichtswissenschaft immer wieder einkehrt: bei der einfachen Annalistik. [...] Das vorliegende Buch möchte deshalb Chronologie und Synchronismus der Literaturwerke einmal besonders herausarbeiten. Den Vorwurf des ›Neu-Positivismus‹«,

so der Herausgeber dem Jahrzehnte bemühten »Gott-sei-bei-uns« eines jeden aufrechten Germanisten nunmehr sachlich ins Auge blickend, »fürchten wir nicht.«[44]

1953 schließlich beginnt die bis heute ungebrochene Erfolgsgeschichte von Frenzels *Daten deutscher Dichtung*[45].

---

41 Richard Newald, Einführung in die Wissenschaft der deutschen Sprache und Literatur, 2., durchgesehene und verb. Auflage, Lahr 1949, S. 40.
42 Ebd., S. 19.
43 Gerhard Fricke/Fritz Schmitt, Deutsche Literaturgeschichte in Tabellen, Teil III: 1770 bis zur Gegenwart, Bonn 1952, S. 295.
44 Annalen der Deutschen Literatur, hrsg. Von Heinz-Otto Burger, Stuttgart 1952, Vorwort S. 2.
45 Herbert A. und Elisabeth Frenzel, Daten deutscher Dichtung. Chronologischer Abriß der deutschen Literaturgeschichte, Köln 1953.

Im Blick auf die in der Nachkriegszeit innerhalb der Germanistenzunft dominierenden Rhetorik der Nüchternheit und deren Dialektik resümiert Eberhard Lämmert seine Studentenzeit: »Unpathetische Genauigkeit wurde uns schon beinahe wieder pathetischer Vorsatz.«[46]

Überschreibungen

»Überschreibungen« oder Palimpseste, das meint hier vor allem jene semantischen Umbauten, mit denen die germanistischen Disziplinen diejenigen textlichen Spuren, die als Zeichen einer Kollusion mit dem politischen System zwischen 1933 und 1945 gedeutet werden können, zu löschen versuchen.

Es ist bekannt, daß insonderheit die ohnehin stark konservativ bis völkisch gesinnte germanistische Professorenschaft unmittelbar nach 1933 – sei es aus Resonanzkalkül, sei es aus Überzeugung – aggressiv-deutschnationale Hymnen an die Macht singt.[47] Das deutsche »Volk«, dem alle »wahre« Dichtung entspringt und für das sie geschrieben ist, wird nicht zuletzt der Germanistik zum quasi metaphysischen Letztbegründungsbegriff, zur rhetorischen Dauerressource. Aus naheliegenden Gründen scheint nun nach 1945 die Rede vom »volkhaften« Ursprung »arteigener« deutscher Kunst wenig opportun. Das NS-Regime wird von den Gebildeten unter seinen neuen Verächtern rasch rhetorisch umstilisiert vom Bollwerk gegen die Moderne zum letzten Degenerationsphänomen derselben, zum »Kulminationspunkt jahrhundertelanger abendländischer Säkularisierung.«[48] Axel Schildt zufolge ist die ideologische Landschaft der fünfziger Jahre über weite Strecken geprägt von einem »wehmütig gestimmten christlichen Konservatismus«[49], der im Zeichen der neuen Systemauseinandersetzung die Rede von einem rechristianisierten, humanistischen »Abendland« und »Europa« zur kurrenten semantischen Münze einer antikommunistischen Integrationsideologie prägt. Auch die Germanisten jener Jahre zeigen sich nunmehr bemüht, ihr

---

46 Eberhard Lämmert, [ohne Titel], in: Siegfried Unseld (Hg.), Wie, warum und zu welchem Ende wurde ich Literaturhistoriker? Eine Sammlung von Aufsätzen aus Anlaß des 70. Geburtstags von Robert Minder, Frankfurt a.M. 1972, S. 156.
47 Genannt seien hier lediglich exemplarisch etwa folgende Beiträge: Gerhard Fricke, Über die Aufgabe und Aufgaben der Deutschwissenschaft, in: Zeitschrift für deutsche Bildung 9 (1933), S. 494-501; Hermann August Korff, Die Forderung des Tages, in: Zeitschrift für Deutschkunde 47 (1933), S. 341-345; Karl Vietor, Die Wissenschaft vom deutschen Menschen in dieser Zeit, in: Zeitschrift für deutsche Bildung 9 (1933), S. 342-348.
48 Axel Schildt, Ankunft im Westen. Ein Essay zur Erfolgsgeschichte der Bundesrepublik, Frankfurt a.M. 1999, S. 114.

semantisches Basisinventar zu entrümpeln und den völkischen Diskurs zu überschreiben. Lediglich exemplarisch sei hier Paul Böckmann angeführt, der – das neue Mantra noch ein wenig überstrapazierend – als »Beitrag der Literaturwissenschaft zu unserer Zeit« eine »um die europäische Gemeinsamkeit bemühte Literaturforschung«, »eine Literaturwissenschaft auf europäischer Grundlage« empfiehlt, die im Zeichen der »Gemeinsamkeit der abendländischen Bildungsüberlieferung [...] nach den Zusammenhängen unter den abendländischen Literaturen fragt.«[50] Auch in der Zeitschrift *Der Deutschunterricht*, einem paradigmatischen Scharniermedium, dem seit der Nachkriegszeit die Zirkulation von Wissensbeständen zwischen Hochschulgermanisten und Deutschlehrern obliegt, stößt man allenthalben auf diese »Abendland«-Überschreibungen. So etwa, wenn Carter Kniffler im Rahmen seiner Diskussion des »deutschen Nachkriegsdramas« Eschmanns Drama *Alkestis* überschwänglich zur künstlerischen Verwirklichung des deutschen »Ringens« um Westbindung hypostasiert: »Mit diesem Werk ist die Kluft überbrückt, mit der der Nationalsozialismus Deutschland geistig vom Abendland trennte.[...] Hier ward zum Ereignis, was deutsche Geistesgeschichte einen seltsamen Zauber verleiht: die Form, die der Westen entworfen hat, wird verwandt zur Aussage einer Deutung des Lebenssinns, um die der Deutsche ringt.«[51]

Den wohl bezeichnendsten »Fall« einer (je nach Optik: entweder doppelten oder zurückgenommenen) Überschreibung bietet die zweifache Umbenennung der Zeitschrift *Euphorion*. 1934 aus Resonanzkalkül und mit dem erklärten Ziel, »die überbetonte Abhängigkeit deutscher Bildung von humanistischer Gelehrsamkeit«[52] zu konterkarieren, in *Dichtung und Volkstum* umbenannt, greift man 1950, angesichts der gewandelten Ressourcenkonstellation wieder auf den Namen *Euphorion* zurück. Die erste Umbenennung wird im Geleitwort von den neuen Herausgebern Hans Neumann und Hans Pyritz nun kurz kritisch kommentiert: »Das neue Programm [jenes von *Dichtung und Volkstum*] erweiterte nur dem Wortlaut nach den Aufgabenkreis der Zeitschrift, engte ihn aber in Wahrheit gefährlich ein und zog trotz gewisser Vorbehalte mancherlei tagesgebundene Halbwissenschaft

---

49 Ebd., S. 149.
50 Paul Böckmann, Der Beitrag der Literaturwissenschaft zu unserer Zeit, in: Die Sammlung, 7 (1952), S. 183 f.
51 Carter Kniffler, Das deutsche Nachkriegsdrama, in: Der Deutschunterricht, Heft 3 (1954), S. 96.
52 Julius Petersen/Hermann Pongs, An unsere Leser!, in: Dichtung und Volkstum. Neue Folge des Euphorion 35, (1934), Vorwort, S. 1.

nach sich. Dennoch darf man billigerweise nicht übersehen, daß auch in diesen knapp zehn Bänden der 1944 jäh abgebrochenen ›Neuen Folge des Euphorion‹ durch eine Reihe bleibend wertvoller Beiträge von rein sachlichem Duktus ein gutes Stück der alten Euphorion-Tradition bewahrt ist.«[53] Die anvisierte Wiedereinschreibung der Zeitschrift in die Traditionen eines internationalen, humanistischen Wissenschaftsdiskurses steht denn auch im Mittelpunkt der Einleitung der Herausgeber. So wird etwa die erneute Überschreibung als bewußtes Bekenntnis »zu dieser Tradition einer innerlich freien, nur der Wahrheit dienenden, weltoffenen Wissenschaft«[54] inszeniert und die Verpflichtung »auf einen Geist der wissenschaftlichen Objektivität, der selbstverleugnenden Sachtreue, der verstehenden Toleranz«[55] beschworen.

Abschließend sei hier ganz kurz auf die Vielzahl personenspezifischer, meist eher unauffälliger Überschreibungen hingewiesen, die einige Gelehrte am eigenen Werk vorzunehmen sich genötigt sehen. Schreibt z.B. Wilhelm Emrich in der '43er-Ausgabe seines vielgelesenen und mehrmals neuaufgelegten Buches *Die Symbolik von Faust II. Sinn und Vorformen* etwa noch darüber, daß einzelne Gestalten und Probleme des Dramas »aus dem *arteigenen* [Herv. d. A.] Goetheschen Lebens- und Schaffensgesetz selber genetisch entfaltet«[56] werden, so liest man in der 3. Auflage von 1964 an der gleichen Stelle: »aus dem individuellen Goetheschen Lebens- und Schaffensgesetz«.

Mit den bereits skizzierten Debatten, die Stalins Beitrag zu Fragen der Sprachwissenschaft ab dem Jahr 1951 auslöst, lassen sich auch für die DDR-Sprachwissenschaft Strategien beschreiben, die als Überschreibungen solcher Texte entziffert werden können, die in der Kontinuität zu der volkstümelnden, inhaltsbezogenen Sprachwissenschaft stehen, die heute vor allem mit dem Namen Leo Weisgerbers verbunden werden. Diese Debatten vollziehen sich vor dem Hintergrund der Konsolidierung des jungen Staats DDR und der ersten Hochschulreform, mittels derer die Wissenschaft systematisch auf staatssozialistischen Kurs getrimmt werden soll. Allerdings bleibt die Beschäftigung mit den Klassikern des ML und insbesondere mit Stalin analog der Diskussion über Marr/Meschtschaninow in der Zeitschrift *Deutschunterricht* inhaltlich blaß.

---

53 Hans Neumann, Hans Pyritz, Geleitwort, in: Euphorion 45, 1950, S. 2.
54 Ebd.
55 Ebd., S. 4.
56 Wilhelm Emrich, Die Symbolik von Faust II. Sinn und Vorformen, Berlin 1943, S. 37.

Um zu verstehen, wie sich diese Überschreibungen vollziehen, muß man die inhaltsbezogene Sprachwissenschaft einordnen. Sie kann als der kulturalistische oder völkische Gegenpol zur rassistischen Sprachwissenschaft angesehen werden, wenngleich sie auch nicht von rassistischen und antisemitischen Einsprengseln frei ist. Mit der rassisch formulierten Sprachwissenschaft teilt sie die chauvinistische Vorstellung, daß mit ihr hegemoniale Ansprüche formuliert werden können. Georg-Schmidt-Rohrs 1917 erschiene Schrift mit dem programmatischen Titel »Unsere Muttersprache als Waffe und Werkzeug des deutschen Gedankens«[57] sowie sein Hauptwerk »Die Sprache als Bildnerin der Völker«[58] markieren bereits zu Beginn der dreißiger Jahre den Grundriß der inhaltsbezogenen Sprachforschung, als deren Nestor sich alsbald bis in die sechziger Jahre Leo Weisgerber erweist. Kennzeichnend für die inhaltsbezogene Sprachforschung ist das »Muttersprachen«-Konzept. Unter dem Scharnierbegriff »Muttersprache« wird ein quasi allmächtiges Subjekt verstanden, das als Schöpfer des Volksgeistes und der Volksseele auftritt. Die Muttersprache sichert die Gleichheit des Auffassens und der Denkweise: sie ist die gemeinschaftsbildende Kraft schlechthin.[59] Daraus ist – im Nationalsozialismus besonders resonanzfähig – ein Kampf der Sprachen abgeleitet worden, der zugleich ein Kampf der Kulturen ist.[60] Einerseits stiftet der Scharnierbegriff »Muttersprache« fachintern Orientierung, findet zugleich jedoch auch außerhalb des Fachs hinreichend Resonanz, da er in nichtfachlichen Kreisen ebenso verstanden wird.

In einem Aufsatz zur Stundentafel etwa findet sich nicht nur das obligatorische rhetorische Ritual der Bekundung ausdrücklicher Linientreue durch ein Stalin-Zitat (»Liegt die politische Linie fest, entscheidet die Organisation der Arbeit alles«), sondern zaghaft erste Motive des Muttersprachen-Konstrukts. Die Hauptaufgabe des Deutschunterrichts, so heißt es, stelle der Sprachunterricht dar, der den unmittelbaren Zusammenhang von »Sprache und Denken stetig und *zusammenhängend* [Herv. d. A.] täglich zu

57 Georg Schmidt, Unsere Muttersprache als Waffe und Werkzeug des deutschen Gedankens, Jena 1917. (Zunächst publiziert Schmidt-Rohr lediglich unter dem Namen Schmidt.)
58 Georg Schmidt-Rohr, Die Sprache als Bildnerin der Völker. Eine Wesens- und Lebenskunde der Volkstümer, Jena 1932.
59 Vgl. hierzu: Clemens Knobloch, Begriffspolitik und Wissenschaftsrhetorik bei Leo Weisgerber, in: Klaus D. Dutz (Hg.), Interpretation und Re-Interpretation, Münster 2000, S. 145-174.
60 Vgl. hinsichtlich der Sprachpropaganda: Matthias Krell, Franz Thierfelder: »Deutsch als Weltsprache« oder ein Leben für die Völkerverständigung?, in: Bollenbeck/Knobloch (Hg.): Semantischer Umbau, S. 182-202.

erweitern« habe[61]. »Es ist eben ein Unterschied, ob der Lehrer mit oder ohne Kenntnis der wissenschaftlichen Arbeiten Lenins und Stalins über Marxismus und nationale Frage zum demokratischen Patriotismus erzieht« befindet Ludwig Vogelbein.[62] Worin der Unterschied liegt, wird dem geneigten Leser erwartungsgemäß nicht mitgeteilt. Aber daß Sprache, Denken und Patriotismus eine Einheit zu bilden haben, steht außer Frage. Die eigentliche Gewandtheit oder auch Perfidie (je nachdem welchen Zungenschlag man bevorzugt) liegt – hier und in den weiteren Texten – darin, daß Stalins Intervention in den sprachwissenschaftlichen Diskurs regelrecht instrumentalisiert wird, um die inhaltsbezogene Forschung (wieder) hoffähig zu machen.

Hinter dem unverfänglich anmutenden Titel *Das sprachliche Bildungsziel der Grundschule. Begleitwort zum Sprachlehrbuch des 8. Schuljahres* wird das Muttersprachen-Thema mit »Nation« und »nationale Einheit«, die hier die Argumentation organisieren, eingeführt: »So haben wir heute angesichts der Spaltungsarbeit, die das Monopolkapital und seine Söldlinge in Westdeutschland zu leisten bemüht sind, die patriotische Pflicht, unsere deutsche Sprache in ihrem ganzen Reichtum zu kennen und anzuwenden. Die Beherrschung der Muttersprache wird zum politischen Auftrag für jeden heranwachsenden jungen deutschen Menschen.«[63] Taugte das Muttersprachen-Konzept im Nationalsozialismus und zuvor zur Proklamation hegemonialer Ansprüche, die sprachpolitisch wie militärisch eingefordert wurden, so wird es nun für die Homogenisierung der sozialistischen Nation bemüht.

Auch wenn der Chor der Muttersprachler immer viel-, jedoch nicht mehrstimmiger wird, klingt die Melodie in bekannten Tönen: Es gilt die Einschätzung, daß »jedes Unvermögen im sprachlichen Ausdruck, jeder Fehler im Sprachgebrauch ein Unvermögen im Denken, ein Fehler im Denken ist, darum wird der Rechtschreibung und Interpunktion eine solche Bedeutung zugemessen.«[64]

Auch für die Neuausrichtung des Sprachunterrichts als Grammtikunterricht dient Stalin als Gewährsmann. Mit ihm lassen sich Sprachpflege,

---

61 Ludwig Vogelbein, Gedanken zur neuen Stundentafel, in: Deutschunterricht 4 (1951), S. 6-8, S. 7.
62 Ebd., S. 8.
63 Gertrud Klauss, Das sprachliche Bildungsziel der Grundschule. Begleitwort zum Sprachlehrbuch des 8. Schuljahres, in: Deutschunterricht 5 (1951), S. 51-56, S. 52.
64 I.M. Lange, J.W. Stalins Arbeiten über die Sprachwissenschaft und die Aufgaben des Deutschunterrichts, in: Deutschunterricht 3 (1951), S. 13-16, S. 15.

Stilkunde und Wortbedeutungslehre begründen. Das von Leo Weisgerber seit der Weimarer Zeit kontinuierlich durch den Nationalsozialismus propagierte – und nunmehr westliche! – Muttersprachen-Konzept wird hier ebenfalls mit den »Lehren« Stalins überschrieben. Hinsichtlich der Betonung der Muttersprache meint Gertrud Rosenow: »Wenn es dem Deutschunterricht gelingt, die Forderung Stalins zu einer Grundlage zu machen, so wird er eine weitere Stufe in seiner Reform erreicht haben.«[65]

An anderer Stelle heißt es: »›Lebendige Sprachpflege‹ wird jetzt bedeutet, daß das Kind bereits frühzeitig die Bedeutung von Sprachlehre erkennt, die von der Rechtschreibung bis zur Satzlehre die Regeln der Grammatik fest einprägt.«[66]

Da sind die alten Kameraden also wieder einträchtig versammelt, als sei nichts gewesen: Muttersprache, Sprachpflege und patriotische Pflicht. Schmidt-Rohr hätte seine Freude daran gefunden, wäre er nicht kurz vor Kriegsende jählings für's Vaterland dahingeschieden. Denn bei ihm heißt es:

»Der gesamte Deutschunterricht [...] soll auf die Erkenntnis der *Sprache* als des geistigen Antlitzes der Nation abgestellt sein. Die dem besonderen deutschen Rasseboden entwachsene Sprache soll anschaulich als Ausdruck der geistig-seelischen Besonderheit unserer Volkspersönlichkeit und als die sie mitformende Kraft gesehen werden.«[67]

Fazit und Ausblick

In beiden deutschen Staaten zeigen sich hinsichtlich des Vergangenheitsmanagements der beiden untersuchten Disziplinen einige diskursive Strukturäquivalenzen.

In beiden Fächern finden sich jene Strategien des Ausblendens, die vor allem in der Form eines konsequenten oder differenzierteren Tabuisierens der unmittelbaren Fachvergangenheit realisiert werden. Ebenso gemeinsam ist beiden Disziplinen eine Rhetorik der prospektiven Versachlichung. Die dabei inszenierte Nüchternheit und Sachlichkeit, die zugleich die anwendungsbezogene Relevanz der jeweiligen disziplinären Tätigkeit hervorhebt

---

65 Gertrud Rosenow, Über die Entwicklung des Deutschunterrichts in der Grundschule. In: Deutschunterricht 4 (1951), S. 9-12, S. 11.
66 Lange, Stalin, S. 14.
67 Georg Schmidt-Rohr, Die Stellung der Sprache im nationalen Bewußtsein der Deutschen, in: Jahrbuch der Deutschen Sprache. Hrsg. v. einer Arbeitsgemeinschaft unter Leitung von Dr. Werner Schulze. Erster Jahrgang. Berlin 1941, S. 12-15, S. 15.

(genannt sei hier nur: Interpretation und Sprachunterricht), sorgt zugleich für eine retrospektive Entlastung.

Dennoch scheint der Umgang mit der jeweiligen Fachgeschichte insbesondere folgende Differenz aufzuweisen: Insofern der ostdeutschen Sprachwissenschaft die rhetorische Ankoppelung an den vorgegebenen marxistisch-leninistischen Leitdiskurs per se die Inszenierung eines radikalen Bruchs erlaubt, scheint sie, anders als die westdeutsche Literaturwissenschaft, nicht so sehr auf eine wie auch immer geartete Rhetorik der individuellen oder fachlichen Anständigkeit angewiesen zu sein.

Die analysierten Strategien des diskursiven Vergangenheitsmanagements in den beiden Disziplinen erlauben möglicherweise einige Rückschlüsse allgemeinerer wissenschaftshistoriographischer Art, die für die häufig gestellte Frage, ob und wie sich politische Zäsuren auf die Entwicklung wissenschaftlicher (Teil-)Systeme auswirken, nicht unerheblich sind. Vor allem die aufgezeigten Strukturäquivalenzen in den beiden deutschen Wissenschaftskulturen der Nachkriegszeit ermöglichen es, den bereits sprichwörtlichen Befund von »Kontinuität und Diskontinuität« in der Wissenschaftsgeschichte der Germanistik nach 1945 weiter zu präzisieren. Die erfolgreiche Reproduktion wissenschaftlicher Teilsysteme im Kontext wechselnder Ressourcenkonstellationen ist zumindest mit Blick auf den fraglichen Zeitraum und die thematisierten Disziplinen durch zwei interdependente, einander stabilisierende Faktoren gekennzeichnet. Auf der Ebene des exoterischen Diskurses, das heißt in der Außendarstellung ihrer theoretischen, methodischen und semantischen Profile, erweisen sich beide Disziplinen als semantisch so flexibel, daß sie in hinreichendem Maße Diskontinuitäten inszenieren können, die ihren jeweiligen politischen Umwelten angemessen sind. Auf der Basisfolie der Total- oder Teiltabuisierungen[68] werden mit der disziplinübergreifenden Semantik der Versachlichung und den diskursdominanten Überschreibungen (für die Literaturwissenschaft West etwa die »Abendland«- und »Europa«-Semantik) jene Diskontinuitätsangebote rhetorisch inszeniert, die zunächst eine erfolgreiche »public relations«-Darstellung unter gewandelten Resonanzbedingungen gewährleisten. Auf der esoterischen Ebene, sozusagen im semantischen »Innendienst«, dokumentieren die Fächer – über personalgeschichtliche Kontinuitäten hinaus – in hinreichendem Maße eine akademische Brechungsstärke (oder, wenn man will: Trägheit).

---

68 Im Sinne Foucaults könnte man hier auch von »Diskursverknappungen« sprechen: d.h. nicht jeder darf überall (in diesem Fall vor allen Dingen) über alles sprechen. Vgl. Michel Foucault, Die Ordnung des Diskurses, Frankfurt a.M. 1991, S. 10 ff.

Sie erlaubt es ihnen, unter der semantisch gelifteten Außenhaut subkutan bereits tradierte akademische Denkstile (L. Fleck) und mentale Dispositionen zu perpetuieren, die somit längerfristig wirksam sind als temporäre politische Optionen. Besonders bedeutsam scheint dabei die Fähigkeit der Disziplinen (bzw. ihrer Akteure) zu sein, solche Scharnierbegriffe und narrativen Muster zu generieren und zu etablieren, die sowohl im exoterischen als auch im esoterischen Diskurs Resonanzen mobilisieren können.

So ermöglicht es der DDR-Sprachwissenschaft einerseits die Übernahme des semantischen und rhetorischen Inventars der offiziellen Staatslehre, klare Diskontinuitäten gegenüber der unmittelbaren Vergangenheit zu inszenieren. Andererseits gelingt es ihr damit aber auch, fachlich Kontinuität zu der inhaltsbezogenen Sprachwissenschaft herzustellen, die um den Scharnierbegriff »Muttersprache« gelagert ist. Hier kommt es zu einer Interdependenz zwischen Sprachwissenschaft und Pädagogik, die von Wilhelm Schmidt nicht nur aufgenommen, sondern zu der bedeutendsten Schule im Bereich der Sprachwissenschaft der DDR aufgebaut wird, der Potsdamer Schule bzw. derjenigen der funktionalen Grammatik.[69] Sie kann, zumindest was die fünfziger Jahre anbelangt, als das DDR-Pendant zur Weisgerber-Schule betrachtet werden.[70]

Neben solchen, sich rhetorisch stark am ML orientierenden Entwicklungen, gibt es aber auch Nischen. Exemplarisch sei hier die *Arbeitsstelle strukturale Grammatik* an der Akademie der Wissenschaften in Berlin genannt. Von Wolfgang Steinitz protegiert und von Manfred Bierwisch geleitet, gelingt es ihr seit Mitte der fünfziger Jahre – im Grunde völlig gegen den DDR-Trend – strukturalistische Sprachwissenschaft zu betreiben, die sowohl die internationale Forschung, vor allem die Generative Transformationsgrammatik, rezipiert, als auch selbst mit ihren Arbeiten internationales Ansehen erringt. Mit der dritten HS-Reform (1968-1970) verliert jedoch auch diese Forschungs(ein)richtung nach vielen Auseinandersetzungen ihren exklusiven Status.[71]

---

69 Vgl. hierzu ausführlich Horst Ehrhardt, Zur Geschichte der funktionalen Schule der germanistischen Linguistik in der DDR, in: Ders. (Hg.), Linguistik, S. 37-82.

70 Als Beleg mag hier die Nennung eines Aufsatzes von Schmidt gelten: Wilhelm Schmidt, Sprachkundliche Stoffe und patriotische Erziehung im muttersprachlichen Unterricht, in: Deutschunterricht 4 (1956), S. 227-237. Vgl. auch den Hinweis von Utz Maas, Die Entwicklung der deutschsprachigen Sprachwissenschaft von 1900 bis 1950. Zwischen Professionalisierung und Politisierung, in: Zeitschrift für germanistische Linguistik 16 (1988), S. 253-290, S. 284 f.

71 Vgl. den Überblick von Ulrich Wurzel, Zur Geschichte der theoretischen Grammatik in der DDR, in: Jörg Drews/Christian Lehmann (Hg.), Dialog ohne Grenzen. Beiträge zum Bielefelder Kolloquium zur Lage von Linguistik und Literaturwissenschaft in der ehemaligen DDR, Bielefeld 1991, S. 131-141.

Für die Literaturwissenschaft in Westdeutschland fungiert insonderheit die »Dichtung« als jener Scharnier- und Hochwertbegriff, unter dessen semantischem Banner jene bildungsbürgerlichen Argumentationsmuster (weiter-)florieren können, die den »dichtungsdeutenden« Mandarinen zumindest bis in die Mitte der sechziger Jahre ihre literarische Definitionshegemonie bewahren helfen. Das Konzept der »Dichtung« ermöglicht und legitimiert bei einem Großteil der literaturwissenschaftlichen Zunft den (mitunter impliziten) Fortbestand zähleiber denkstilspezifischer Ressentiments gegenüber der kulturellen Moderne und gegenüber »modernen« Theorieangeboten.[72] Erst in der zweiten Hälfte der sechziger Jahre, als das Zusammenspiel außer- und innerfachlicher Entwicklungen die Resonanzverhältnisse grundlegend verändert[73], kommt es zu einer tiefer greifenden Erosion dieses über die politischen Zäsuren von 1933 und 1945 hinaus tradierten literaturwissenschaftlichen Denkstils. Im außerfachlichen kulturräsonnierenden Diskurs wird die kulturelle Moderne im Zuge der sich festigenden Westbindung der Bundesrepublik und der weltanschaulichen Konfrontation der politischen Systeme zunehmend als Signum einer liberalen, westlichen Welt instrumentalisiert und akzeptiert. Auf innerfachlicher Ebene führt nicht zuletzt ein Generationenwechsel innerhalb der germanistischen Professorenschaft zu nachhaltigen Verschiebungen im akademischen Habitus und zum beschleunigten Import strukturalistischer und sozialgeschichtlicher Theoriemodelle. Gerade die Integration jener theoretischen Ansätze, die man bisher im Zeichen der dichtungszentrierten Interpretation erfolgreich hatte ausgrenzen können, manifestiert sich seitdem in einer ebenso nachhaltigen wie nicht unumstrittenen »Szientifizierung«[74] des semantischen Inventars der Literaturwissenschaft. Ob sich mit den Reformbestrebungen der sechziger und siebziger Jahre tatsächlich auch eine langfristig wirksame »Auswechslung der Literaturwissenschaft« hat durchsetzen können, wäre wohl lohnenswerter Gegenstand einer anderen Untersuchung.

72 Vgl. dazu: Gerhard Kaiser, »Dichtung als Dichtung« – Die langen 50er – Jahre der westdeutschen Germanistik, in: Der Deutschunterricht, 2001, Heft 5, S. 84-94.
73 Der vielzitierte »Münchner Germanistentag« von 1966, ebenso wie der »Zürcher Literaturstreit«, der kurze Zeit später angesichts einer mit antimodernen Invektiven nicht geizenden Literaturpreisrede Emil Staigers entbrennt, erscheinen in diesem Zusammenhang retrospektiv als signifikante Indikatoren dieser Entwicklung. Zu letzterem vgl. Gerhard Kaiser, »… ein männliches, aus tiefer Not gesungenes Kirchenlied …«: Emil Staiger und der Zürcher Literaturstreit, in: Mitteilungen des Deutschen Germanistenverbandes 47, 2000, Heft 4, S. 382-394.
74 Vgl. dazu Rainer Rosenberg, Die Semantik der »Szientifizierung«: Die Paradigmen der Sozialgeschichte und des linguistischen Strukturalismus als Modernisierungsangebote an die deutsche Literaturwissenschaft, in: Georg Bollenbeck/Clemens Knobloch (Hg.), Semantischer Umbau, S. 122-131.

Verdeckte Vergangenheit – offene Zukunft

CAROLA SACHSE

»Persilscheinkultur«
Zum Umgang mit der NS-Vergangenheit
in der Kaiser-Wilhelm / Max-Planck-Gesellschaft

Kontinuität als Konstrukt – Verdrängung als Produkt

Das zeitgenössische Bild der »Stunde Null« ist längst vom historiographischen Bild einer wirtschaftlichen und wissenschaftlichen Elitenkontinuität abgelöst worden. Mitchell G. Ash hat darüber hinaus 1995 überzeugend dargelegt, daß sich die personelle Kontinuität im Wissenschaftsbetrieb keineswegs von selbst ergab. Sie wurde vielmehr im Zuge der Entnazifizierung von »belasteten« Einzelpersonen und ihren Netzwerken mit Beharrlichkeit, Ausdauer und Finesse konstruiert.¹ Im Anschluß an diese These soll hier gezeigt werden, daß der begleitende mentale Vorgang, den wir gemeinhin psychologisierend als »Verdrängung« der Beteiligung an nationalsozialistischer Herrschaft, Gewalt und Verbrechen bezeichnen, nicht nur ein unbewußter psychischer Prozeß war. Er war auch ein kommunikativer Prozeß der sich disziplinär und institutionell rekonstituierenden wissenschaftlichen Eliten im Nachkriegsdeutschland. Als solcher war er an Sprechweisen gebunden, die zunächst gefunden, erprobt und vereinbart werden mußten, deren Bedeutungsgehalt aber immer wieder an die sich verändernden politischen Konstellationen und sozialen Kontexte der Nachkriegsjahre angepaßt werden mußte. Verdrängung fand indessen nicht nur im übertragenen, sondern auch im wörtlichen Sinne statt, wenn sich *scientific communities* von allzu »belasteten« Kollegen und Kolleginnen zu entlasten und diese aus ihrem Kreis heraus zu drängen versuchten.² Verdrängung war also ein

---

1   Mitchell G. Ash, Verordnete Umbrüche – Konstruierte Kontinuitäten: Zur Entnazifizierung von Wissenschaftlern und Wissenschaften nach 1945, in: Zeitschrift für Geschichtswissenschaft, 1995, H. 10, S. 903-923. Für eine kritische Lektüre des ersten Textentwurfs danke ich Gerhard Baader, Reinhard Rürup und Wolfgang Schieder, für intensive Diskussionen und zahlreiche Quellenhinweise danke ich meinen Kolleginnen und Kollegen im Forschungsprogramm »Geschichte der Kaiser-Wilhelm-Gesellschaft im Nationalsozialismus« und insbesondere Achim Trunk. Nele Lehmann hat mich bei den Archiv- und Literaturrecherchen kompetent und effizient unterstützt, dafür danke ich ihr.
2   Zur »Täterkreisverengung« vgl. Michael Schüring, Ein »unerfreulicher Vorgang«. Das Max-Planck-Institut für Züchtungsforschung in Voldagsen und die gescheiterte

vielschichtiges, sorgfältig und aufwendig hergestelltes Produkt von Personen, Institutionen und Netzwerken. Sie war ein konstitutives Element des Konstrukts »Kontinuität«.

Der »Fall Verschuer« ragt aus den zahlreichen Verdrängungsvorgängen des westdeutschen Wissenschaftsbetriebs als ein markantes und gut dokumentiertes Fallbeispiel hervor. Die Nachkriegskarriere des Erbpathologen Otmar von Verschuer (1896-1969), der von 1935 bis 1942 Ordinarius in Frankfurt a.M. und bis Kriegsende der letzte Direktor des Kaiser-Wilhelm-Instituts (KWI) für Anthropologie, menschliche Erblehre und Eugenik gewesen war, wurde bereits 1998 von Peter Kröner akribisch untersucht.[3] Zwischenzeitlich hat sich der »Fall Verschuer« in den öffentlichen Auseinandersetzungen über den Umgang der Max-Planck-Gesellschaft (MPG) mit ihrer NS-Vergangenheit zum Fall ihres langjährigen Präsidenten und Ehrenpräsidenten Adolf Butenandt (1903-1995) ausgeweitet.[4]

Bevor die historischen Befunde für diese neuerliche vergangenheitspolitische Wendung genauer betrachtet werden, seien die seit langem bekannten Fakten knapp rekapituliert: In den ersten Monaten des Jahres 1943 hielt sich der doppelt in Medizin und Anthropologie promovierte Josef Mengele (1911-1979), einer der ehrgeizigsten Schüler Verschuers aus Frankfurter Zeiten und bis Ende 1942 Truppenarzt der Waffen-SS, am KWI für Anthropologie auf. Er informierte sich über die laufenden Forschungsarbeiten seines Doktorvaters. Insbesondere interessierten ihn dessen Vorstellungen über die Vererbung »spezifischer Eiweißkörper«. Wenn diese sich nachweisen ließe, könnte am Ende eine serologische Bestimmung von Rassenzugehörigkeit ermöglicht werden. Weiterhin interessierte er sich für das Projekt der Institutsassistentin Karin Magnussen (1908-1997) über die

---

Rückkehr von Max Ufer, in: Susanne Heim (Hg.), Autarkie und Ostexpansion. Pflanzenzucht und Agrarforschung im Nationalsozialismus, Göttingen 2002, S. 280-299, hier S. 289.

3 Peter Kröner, Von der Rassenhygiene zur Humangenetik. Das Kaiser-Wilhelm-Institut für Anthropologie, menschliche Erblehre und Eugenik nach dem Kriege, Stuttgart u.a. 1998.

4 Ernst Klee, Augen aus Auschwitz, in: Die Zeit vom 27.1.2000; Benno Müller-Hill, Das Blut von Auschwitz und das Schweigen der Gelehrten, in: Doris Kaufmann (Hg.), Geschichte der Kaiser-Wilhelm-Gesellschaft im Nationalsozialismus. Bestandsaufnahme und Perspektiven der Forschung, Göttingen 2000, Bd. 1, S. 189-227; Robert Proctor, Adolf Butenandt (1903-195). Nobelpreisträger, Nationalsozialist und MPG-Präsident. Ein erster Blick in den Nachlaß. Ergebnisse 2, Vorabdrucke aus dem Forschungsprogramm »Geschichte der Kaiser-Wilhelm-Gesellschaft im Nationalsozialismus«, Berlin 2000; Ernst Klee, Deutsche Medizin im Dritten Reich. Karrieren vor und nach 1945, Frankfurt a.M. 2001, S. 348-394.

Vererbung der »Irisheterochromie«, einer Anomalie der Augenpigmentierung. Im Mai 1943 trat Mengele seinen Dienst als »Lagerarzt« in Auschwitz-Birkenau an. In den folgenden Monaten schickte er Blutproben von Menschen verschiedener ethnischer Herkunft und heterochrome Augenpaare von ermordeten Mitgliedern einer sogenannten »Zigeunersippe« nach Dahlem.[5]

Am 3. Mai 1946 veröffentlichte der von den Sowjets in Berlin als Präsident der Kaiser-Wilhelm-Gesellschaft (KWG) eingesetzte Physikochemiker, Kommunist und NS-Verfolgte Robert Havemann (1910-1982) diese Tatbestände in der Berliner »Neuen Zeitung«. Verschuer, der sich mit seinem Institutsinventar in den letzten Kriegsmonaten nach Hessen abgesetzt hatte, leitete alsbald mit dem Ziel der Rehabilitation sein Spruchkammerverfahren in Frankfurt a.M. ein. Es endete im November 1946 mit seiner Einstufung als »Mitläufer« und einer Geldbuße. Havemann, dem dieses Urteil zu milde erschien, intervenierte bei den hessischen Behörden. Der hessische Kultusminister erteilte Verschuer daraufhin im Februar 1947 ein Lehr- und Forschungsverbot. Erst zweieinhalb Jahre später trat in Stuttgart eine Kommission bestehend aus drei Direktoren von Kaiser-Wilhelm-Instituten und einem Berliner Universitätsprofessor zusammen, um in einer »Denkschrift« darzulegen, warum Verschuer dennoch als Hochschullehrer geeignet sei. Unmittelbar darauf hob der hessische Kultusminister das Berufsverbot auf. Seit November 1949 stand Verschuer wieder auf der Gehaltsliste der Kaiser-Wilhelm/Max-Planck-Gesellschaft, bis er 1951 auf den Lehrstuhl für Humangenetik an die Universität Münster berufen wurde.[6]

Die in Stuttgart verfaßte »Denkschrift betreffend Herrn Prof. Dr. med. Otmar Frhr. v. Verschuer« steht im Zentrum dieses Beitrags.[7] Anhand dieser in der Wissenschaftsgeschichte wohlbekannten und viel zitierten Quelle läßt sich vorführen, von welcher Art innerhalb der Max-Planck-Gesellschaft das Unterfangen war, das »Verdrängung« in ihrer mehrfachen

---

5   Der umfangreiche Forschungsstand zu diesen Vorgängen ist zusammengefaßt in: Carola Sachse/Benoit Massin, Biowissenschaftliche Forschung an Kaiser-Wilhelm-Instituten und die Verbrechen des NS-Regimes. Informationen über den gegenwärtigen Wissensstand, Ergebnisse 3, Vorabdrucke aus dem Forschungsprogramm »Geschichte der Kaiser-Wilhelm-Gesellschaft im Nationalsozialismus«, Berlin 2000. Zu Magnussen vgl. jetzt auch Hans Hesse, Augen aus Auschwitz. Ein Lehrstück über nationalsozialistischen Rassenwahn und medizinische Forschung – Der Fall Dr. Karin Magnussen, Essen 2001.
6   Ausführlich dazu Kröner, Rassenhygiene.
7   Kopien der »Denkschrift« befinden sich in mehreren Quellenbeständen, im MPG-Archiv zum Beispiel in den Akten: II. Abt. Rep. 1A (Personalia Verschuer), Nr. 6; Nachlaß (NL) Butenandt, Ordner 357; III. Abt. Rep. 47 (NL Hartmann), Nr. 1505; im folgenden zitiert als: Denkschrift 1949, Seitenzahl.

Wortbedeutung zum Ziel und Ergebnis hatte. Vier kontextualisierende Argumentationsschritte sollen dieses Ergebnis nachvollziehbar machen: Erstens wird der Zeitpunkt der Niederschrift der Denkschrift genauer betrachtet, zweitens werden die Interessen und Motive der Autoren herausgearbeitet, drittens wird die Denkschrift mit ähnlichen Quellen dieser Zeit verglichen und viertens das Produkt auf seine Nachhaltigkeit in einer nicht enden wollenden Vergangenheit geprüft.

Ein Montag im September 1949

An einem Montag im September 1949, wenige Tage nach dem Zusammentreten des ersten deutschen Bundestages, trafen vier sich wechselseitig als »hochangesehene Wissenschaftler und unangefochtene Persönlichkeiten« apostrophierende Professoren in Stuttgart zusammen. Sie wollten den Fall des umstrittenen Rasseforschers Verschuer, der als Beschuldigter ebenfalls zugegen war, erneut prüfen. Ihre Befunde wollten sie in einem Gutachten niederlegen und dieses dem Gründungspräsidenten der Max-Planck-Gesellschaft, Otto Hahn (1879-1968), zur weiteren Verwendung zukommen lassen.[8] Unter ihnen waren drei Direktoren von Kaiser-Wilhelm-Instituten (KWI):
- Boris Rajewski (1893-1974) vom KWI für Biophysik in Frankfurt a.M. (nach Kriegsende amerikanische Besatzungszone), Vorsitzender der Medizinisch-Biologischen Sektion und Senator der MPG
- Max Hartmann (1876-1962) vom KWI für Biologie (von Berlin-Dahlem nach Hechingen, später französische Besatzungszone, verlagert)
- Adolf Butenandt (1903-1995) vom KWI für Biochemie (von Berlin-Dahlem nach Tübingen, später französische Besatzungszone, verlagert), Nobelpreisträger für Chemie von 1939, seit 1960 Präsident und später Ehrenpräsident der MPG.

Die drei Biowissenschaftler und amtierenden KWI-Direktoren hatten ein akutes gemeinsames Problem. Soeben hatten alle westlichen Besatzungsmächte die Max-Planck-Gesellschaft als Umgründung der bisherigen Kaiser-Wilhelm-Gesellschaft anerkannt. Die Rückkehr der in der französischen Zone gelegenen biowissenschaftlichen Institute, die ihre selige Abgeschiedenheit nur widerwillig aufgaben, zur Mutterorganisation stand unmittelbar

---

[8] MPG-Archiv, NL Butenandt, Ordner 357: Schreiben Verschuer an Butenandt vom 5.8.1949.

bevor⁹ – und damit die institutionelle Wiedervereinigung der renommierten KWG-Biowissenschaftler mit ihrem kompromittierten ehemaligen Kollegen aus Dahlemer Zeiten, Otmar v. Verschuer. Auch für die Generalverwaltung der Max-Planck-Gesellschaft hatte sich das Problem zugespitzt. In den Jahren vor der westdeutschen Staatsgründung konnte der Fall Verschuer noch nahezu kostenfrei und folgenlos zwischen den KWG-Gremien in den verschiedenen Besatzungszonen herumgereicht werden. Verschuer hatte in den letzten Kriegsmonaten wesentliche Teile seines Instituts und des wissenschaftlichen Inventars an den Stammsitz seiner Familie im hessischen Solz, also in die amerikanische Zone, verlagert, ohne sich darüber mit dem Generalsekretär der Kaiser-Wilhelm-Gesellschaft, Ernst Telschow (1889-1988), hinreichend abgestimmt zu haben, worüber dieser noch Jahre später äußerst verärgert war. Seit Juli 1945 erhielt Verschuer von der in die britische Zone nach Göttingen übergesiedelten Generalverwaltung der Kaiser-Wilhelm-Gesellschaft kein Gehalt mehr.¹⁰ Anfang 1949 jedoch hatte Verschuer sich einen Anwalt genommen, um endlich seine Gehaltsforderungen gegenüber der Generalverwaltung durchzusetzen. Er hatte jetzt deutlich bessere Karten, denn mit dem Königsteiner Abkommen vom März 1949 war die Finanzierung der zukünftig bundesweiten Max-Planck-Gesellschaft auf eine tragfähige föderale Basis gestellt worden. Der Wiederaufnahme der Gehaltszahlung konnten keine finanztechnischen Gründe mehr entgegen gehalten werden.¹¹ Der Fall Verschuer drohte in die neu gegründete Max-Planck-Gesellschaft hinüber zu wuchern und den Wiederaufstieg der biowissenschaftlichen Spitzenforschung in der Bundesrepublik zu belasten.

Der vierte in der Stuttgarter Runde war Wolfgang Heubner (1877-1957), ein 1948 emeritierter Pharmakologe der Friedrich-Wilhelms-Universität, der seit 1949 das Pharmakologische Institut an der Freien Universität Berlin aufbaute.¹² Er hatte ein Versäumnis wiedergutzumachen. Heubner war der ehemalige Chef Robert Havemanns, der Anfang 1946 mit einer Intervention bei den amerikanischen Aufsichtsbehörden in Hessen und

---

9   Zur »Opposition der ›Tübinger Herren‹« vgl. Manfred Heinemann, Der Wiederaufbau der Kaiser-Wilhelm-Gesellschaft und die Neugründung der Max-Planck-Gesellschaft (1945-1949), in: Rudolf Vierhaus/Bernhard vom Brocke (Hg.), Forschung im Spannungsfeld von Politik und Gesellschaft. Geschichte und Struktur der Kaiser-Wilhelm/Max-Planck-Gesellschaft, Stuttgart 1990, S. 407-470, hier S. 450 f.
10 MPG-Archiv, NL Butenandt, Ordner 357: Schreiben Verschuer an Butenandt vom 30.9.1946.
11 MPG-Archiv, II. Abt. Rep. 1A, Personalia Verschuer, Nr. 7: Vermerk vom 4.1.1950.
12 Johanna Therese Kneer, Wolfgang Heubner (1877-1957). Leben und Werk, Diss. Tübingen 1989.

einem Presseartikel über den »Rassefanatiker« Verschuer und dessen Verbindung zu dem KZ-Arzt Josef Mengele in Auschwitz den Fall ins Rollen gebracht hatte.[13] Verschuer hatte daraufhin Heubner um Hilfe gebeten, der seinerseits Havemann zur Bildung einer Untersuchungskommission veranlaßte. Die Dahlemer Kommission bestand aus neun Herren. Als sie aber im August 1946 das einzige Mal zusammentrat, waren vier von ihnen – darunter auch Heubner – verhindert.[14] Die Wirkung des nach internen Abstimmungsquerelen im Dezember 1946 endlich in einem Brief an Heubner protokollierten, alles in allem niederschmetternden Urteils der Rumpfkommission konnte durch die nachgereichte Stellungnahme Heubners nicht mehr abgeschwächt werden.[15]

Die Verbindung Verschuers zu Mengele in Auschwitz war seither in allen grausigen Details aktenkundig und öffentlich bekannt. Verschuer hatte in einer schriftlichen Stellungnahme an den Präsidenten der Kaiser-Wilhelm / Max-Planck-Gesellschaft, Otto Hahn, die wesentlichen Fakten bestätigt, also den Empfang von Blutseren von Häftlingen verschiedener ethnischer Abstammung für seine Forschung über angeblich rassenspezifische Eiweißkörper und die Zusendung von heterochromen Augenpaaren von in Auschwitz ermordeten Mitgliedern einer sogenannten »Zigeunersippe« an seine Mitarbeiterin Karin Magnussen.[16] Außerdem lagen die markantesten rassenpolitischen Zitate aus seinen öffentlichen Reden und Publikationen auf dem Tisch. Im November 1946 hatte die Frankfurter Spruchkammer

---

13 Kröner, Rassenhygiene, S. 93 ff. Zur Rolle Havemanns in der Berliner Nachkriegszeit vgl. Dieter Hoffmann, Der Physikochemiker Robert Havemann (1910-1982) – eine deutsche Biographie, in: ders. / Kristie Macrakis (Hg.), Naturwissenschaft und Technik in der DDR, Berlin 1997, S. 319-336.

14 Anwesend waren Karl von Lewinski (KWI für ausländisches öffentliches Privatrecht und Völkerrecht) als Schriftführer, Kurt Gottschaldt (1902-1991, KWI für Anthropologie), Robert Havemann, Hans Nachtsheim (1890-1979, KWI für Anthropologie) und Otto Heinrich Warburg (1887-1970, KWI für Zellphysiologie). Es fehlten Wolfgang Heubner, Prof. Dr. Nitsche und Robert Rompe (1905-1993, Physiker in dem im Aufbau befindlichen biomedizinischen Forschungszentrum in Berlin-Buch). Hermann Muckermann (1877-1962, KWI für Anthropologie) hatte die Teilnahme abgelehnt; MPG-Archiv, III. Abt. Rep. 47 (NL Hartmann), Nr. 1505: Schreiben Lewinski an Heubner vom 23.12.1946.

15 MPG-Archiv, II. Abt. Rep. 1A, Personalia Verschuer, Nr. 5: Schreiben Heubner an Lewinski vom 11.1.1947. Zu den Berliner Vorgängen vgl. Kröner, Rassenhygiene, S. 97-118; Mitchell Ash, Kurt Gottschaldt (1902-1991) – und die psychologische Forschung vom Nationalsozialismus zur DDR – konstruierte Kontinuitäten, in: Hoffmann / Macrakis (Hg.), Naturwissenschaft, S. 337-359.

16 MPG-Archiv, II. Abt. Rep. 1A, Personalia Verschuer, Nr. 5: Schreiben Verschuer an Hahn vom 23.5.1946 (mit vier Anlagen).

Verschuer zum Mitläufer erklärt.[17] Auf eine neuerliche Intervention Havemanns hin verbot ihm das hessische Kultusministerium Ende Februar 1947, »am Kaiser-Wilhelm-Institut für Anthropologie leitend oder forschend tätig zu sein«.[18]

Gründe und Abgründe eines verspäteten Freundschaftsdienst

Als Freundschaftsdienst für Verschuer kam das Gegengutachten der Stuttgarter Kommission reichlich spät. Tatsächlich ging es bei dem Treffen im September 1949 nur in zweiter Linie darum, den umstrittenen Kollegen wieder in Amt und Brot zu hieven. Das primäre Anliegen war, größeren Schaden von der eigenen Disziplin und der Max-Planck-Gesellschaft abzuwehren.

Butenandt war sicherlich der verläßlichste von Verschuers Freunden in der Kaiser-Wilhelm/Max-Planck-Gesellschaft, die in ihrer höchst ambivalenten Unterstützung des kompromittierten Kollegen durchweg von eigennützigen Motiven getrieben waren. Er verfolgte bereits seit 1945 den Plan, Verschuer als Nachfolger des wegen seiner NS-Aktivitäten entlassenen Wilhelm Gieseler (1900-1976) auf den Tübinger Lehrstuhl für Anthropologie zu berufen.[19] Als Verschuer ihm aber im März 1946 von Havemanns »Torpedo« berichtete, ließ er vorsichtshalber sechs Wochen verstreichen, bis er auf die dringlichen, teils per Boten überbrachten Briefe Verschuers antwortete.[20]

17 MPG-Archiv, NL Butenandt, Ordner 357: Spruchkammerbescheid vom 16.7.1946.
18 MPG-Archiv, II. Abt. Rep. 1A, Personalia Verschuer, Nr. 5: Erlaß des Hessischen Staatsministeriums (Minister für Kultus und Unterricht) an Verschuer vom 28.2.1947 (Tgb.Nr.IX/10850/47 Dr.K./P.). Das Hessische Staatsministerium (Minister für Wirtschaft und Verkehr) genehmigte dem von Verschuer privat betriebenen »Institut für Anthropologie« in Solz dann mit Schreiben vom 5.4.1947 (unterzeichnet vom Ministerialbeamten Dr. Frowein) spezifizierte Forschungsarbeiten (familien- und zwillingspathologische Untersuchungen, Forschungen zur Erblichkeit von Tuberkulosedisposition, Vaterschaftsgutachten). Gutachtertätigkeit war in dieser Zeit eine wesentliche Einkommensquelle Verschuers. Das Berufsverbot galt aber in eingeschränkter Form zum Zeitpunkt des Stuttgarter Treffens noch immer; insbesondere hätte – laut Schreiben des Hessischen Staatsministeriums (Minister für Kultus und Unterricht) an Verschuer vom 8.7.1949 – eine Hochschullehrertätigkeit Verschuers einer ministeriellen Sondergenehmigung bedurft.
19 MPG-Archiv, NL Butenandt, Ordner 357: Schreiben Verschuer an Butenandt vom 7.1.1946; Schreiben Butenandt an Verschuer vom 31.1., 22.2.1946.
20 MPG-Archiv, NL Butenandt, Ordner 357: Schreiben Verschuer an Butenandt vom 4., 18. und 28.3. sowie vom 2.4.1946; Schreiben Butenandt an Verschuer vom 16.4.1946.

Verschuers Ansinnen vom September 1946, ihm einen »Persilschein« zur Unterstützung seiner ebenfalls ins Stocken geratenen Berufung an die Universität Frankfurt a.M. auszustellen, reichte Butenandt ausweichend an den Kollegen Alfred Kühn (1885-1968) vom KWI für Biologie in Hechingen weiter. Kühn hatte seinerzeit an der Berufung Verschuers zum Direktor des KWI für Anthropologie mitgewirkt.[21] Aber auch er wollte allenfalls bekunden, was ihm selbst zur Ehre gereichte, daß nämlich »Parteirücksichten« damals keine Rolle gespielt hätten. Weitere Interventionen zugunsten Verschuers, die er sich von seinen vorgesetzten französischen Stellen hätte genehmigen lassen müssen, lehnte er höflich, aber bestimmt ab.[22] Kühn hatte Butenandt bereits Ende 1945 gewarnt, es sei »unter den heutigen Umständen [...] sehr unvorsichtig«, einen Mann wie Verschuer, »der immerhin PG gewesen ist«, in Tübingen zur Berufung vorzuschlagen. Der Chef der *Mission Scientifique* der französischen Militärregierung habe ihm gegenüber angedeutet: »*Le problème de l'épuration reste naturellement posé* ...« Kühn plädierte mit Blick darauf, daß die Kaiser-Wilhelm-Gesellschaft früher oder später wieder »eine interalliierte Angelegenheit« werden würde, zeitig für eine Strategie der begrenzten Selbstreinigung. Die elitäre Forschungsorganisation solle von sich aus dafür sorgen, »daß die ernstlich belasteten ausscheiden«, denn sonst würde »die Lage wohl für alle schwieriger«.[23] Nach dem von Havemann provozierten Berufsverbot Verschuers in Hessen drosselte auch Butenandt sein Engagement, Verschuer in Tübingen zu plazieren.[24] Allerdings beteuerte er ihm gegenüber brieflich, »in der Stille [...] weiter an allen uns interessierenden Plänen und der Realisierung unserer Absichten (zu) arbeiten«.[25] Aber nachdem diese Pläne mit der Berufung Günther Justs (1892-1950) auf den Tübinger Lehrstuhl im Sommer 1948 endgültig gescheitert waren, meldete sich Butenandt ein Jahr lang nicht mehr bei Verschuer.[26]

---

21 MPG-Archiv, NL Butenandt, Ordner 357: Schreiben Verschuer an Butenandt vom 30.9.1946; Schreiben Butenandt an Verschuer vom 19.10.1946.
22 Archiv des Instituts für Geschichte der Medizin der Universität Heidelberg, NL Kühn: Schreiben Kühn an Verschuer vom 22.10.1946. Für diesen Quellenhinweis danke ich Hans-Jörg Rheinberger.
23 MPG-Archiv, III. Abt. Rep. 84, NL Butenandt, Nr. 596: Schreiben Kühn an Butenandt vom 30.11.1945; vgl. zu Kühns Strategie auch Schüring, Vorgang, S. 288 f.
24 MPG-Archiv, NL Butenandt, Ordner 357: Schreiben Butenandt an Verschuer vom 27.6. und 12.8.1946, 12.2.1947.
25 MPG-Archiv, NL Butenandt, Ordner 357: Schreiben Butenandt an Verschuer vom 19.6.1947.
26 MPG-Archiv, NL Butenandt, Ordner 357: Schreiben Butenandt an Verschuer vom 27.8.1948 und 1.8.1949. Zur Geschichte des Tübinger Lehrstuhls für Anthropologie vgl. Kröner, Rassenhygiene, S. 150-173.

Rajewski spielte in Frankfurt a.M. ein doppelt falsches Spiel. Er und Verschuer waren bereits seit dessen Frankfurter Ordinariat persönlich miteinander bekannt. Verschuer selbst hielt jedoch noch im November 1945 eine »nahe persönliche und wissenschaftliche Verbindung« zu ihm für »unmöglich«: »Die Kenntnis seiner Persönlichkeit genügt mir, um zu wissen, daß ich mit ihm zusammen keinen gemeinsamen KWG-Geist pflegen und aufbauen könnte«.[27] Dennoch rückte man in der Stunde der Not zusammen. Rajewski hatte nichts dagegen, daß Verschuer sein aus Berlin evakuiertes Institutsinventar von Solz nach Frankfurt brachte und in seinem KWI für Biophysik einlagerte. Er hätte es sogar gern als Grundstock für ein neu zu gründendes Institut für Anthropologie der Stadt oder Universität Frankfurt übergeben.[28] An einem Institutsdirektor Verschuer war er jedoch mitnichten interessiert. Rajewski engagierte sich nicht nur in den Gremien der Kaiser-Wilhelm-Gesellschaft, sondern auch in der Hochschulpolitik der Frankfurter Universität. Er war 1947/48 Dekan der Mathematisch-Naturwissenschaftlichen Fakultät und wurde 1949 zum Rektor berufen. Aber er unternahm bis 1949 nichts, um die von Verschuers alten Freunden an der Medizinischen Fakultät seit Kriegsende verfolgten und nach den Interventionen Havemanns auf Eis gelegten Pläne zur Rückberufung Verschuers auf den Lehrstuhl, den er bereits von 1936 bis 1942 besetzt hatte, voranzutreiben.[29] Vielmehr verständigte sich Rajewski in seiner Rolle als Vorsitzender der Biologisch-Medizinischen Sektion der Max-Planck-Gesellschaft mit seinem Sektionskollegen Hartmann im Sommer 1948 dahingehend, daß eine Wiedererrichtung des KWI für Anthropologie bis auf weiteres vor allem wegen der »Frage des Institutsleiters« nicht in Frage komme.[30] Noch 1950 bekundete Rajewski gegenüber einem Vertreter der Generalverwaltung, daß er persönlich gegen Verschuer »eher ablehnend als wohlwollend« eingestellt sei.[31]

Hartmann seinerseits unterschied zwischen seinen wissenschaftspolitischen Absichten und seiner menschlich-kollegialen Haltung, als er – von

---

27 MPG-Archiv, III. Abt. Rep. 84, NL Butenandt, Nr. 601: Schreiben Verschuer an Butenandt vom 16.11.1945.
28 Zu den bis Mitte der 1950er Jahre anhaltenden Auseinandersetzungen um das Institutsinventar zwischen den ehemaligen Abteilungsleitern des KWI für Anthropologie, insbes. Gottschaldt, Nachtsheim und Muckermann, vgl. Kröner, Rassenhygiene, S. 222-235.
29 MPG-Archiv, II. Abt. Rep. 1A: Personalia Verschuer, Nr. 5: Vermerk Telschow vom 4.10.1948.
30 MPG-Archiv, III. Abt. Rep. 47, NL Hartmann, Nr. 1172: Schreiben Rajewski an Hartmann vom 21.6.1948 (Zitat) und 13.7.1948; Schreiben Hartmann an Rajewski vom 3.8.1948.
31 MPG-Archiv, II. Abt. Rep. 1A, Personalia Verschuer, Nr. 7: Aktennotiz Pollay vom 20.3.1950.

Verschuer im April 1949 um Hilfe gebeten[32] – beim Präsidenten der Max-Planck-Gesellschaft vorstellig wurde:

> »Wenn ich auch von Anfang an gegen die Errichtung eines Kaiser-Wilhelm-Instituts für menschliche Erblehre und Anthropologie war und auch eine Neuerrichtung eines solchen im Rahmen der Max-Planck-Gesellschaft nicht für angebracht halte, so empfinde ich doch das ganze Verhalten und die Anschuldigungen gegen Verschuer als höchst ungerecht. Von allen Untersuchungen über die menschliche Vererbungslehre sind die Zwillingsforschungen von Prof. v. Verschuer weitaus die bedeutungsvollsten. [...] Da er jetzt nicht frei arbeiten kann, sich vielmehr wie ich von anderer Seite erfahren habe, nur sehr kümmerlich durchschlagen muss, halte ich es für eine Ehrenpflicht, daß die Max-Planck-Gesellschaft für ihn sorgt.«[33]

In der Generalverwaltung der Kaiser-Wilhelm / Max-Planck-Gesellschaft hatte Verschuer offene Feinde. Bei seinen Besuchen in Göttingen meinte er, in »Abgründe« zu blicken.[34] Der Interimspräsident Max Planck hatte es 1946 abgelehnt, zugunsten Verschuers bei den Alliierten zu intervenieren.[35] Sein Nachfolger im Präsidentenamt, Otto Hahn, wäre mit Verschuer und seiner Wissenschaft am liebsten nicht in Berührung gekommen. Wenn überhaupt anthropologische oder erbbiologische Forschung in der neugegründeten Max-Planck-Gesellschaft fortgeführt werden sollte, dann möglichst weit hinter dem »Eisernen Vorhang« in Berlin und unter der Leitung des Jesuiten Hermann Muckermann (1877-1962), der 1933 als Abteilungsleiter am KWI für Anthropologie entlassen worden war und dessen Wiedereinsetzung von den Alliierten unterstützt wurde, oder des in Berlin verbliebenen Abteilungsleiter Hans Nachtsheim, der sich von der NSDAP ferngehalten und als Mitglied der Havemann-Kommission an der Demontage seines ehemaligen Direktors mitgewirkt hatte.[36]

---

32 MPG-Archiv, III. Abt. Rep. 47, NL Hartmann, Nr. 1505: Schreiben Verschuer an Hartmann vom 12.4.1949.
33 MPG-Archiv, II. Abt. Rep. 1A, Personalia Verschuer, Nr. 6: Schreiben Hartmann an Hahn vom 29.6.1949.
34 MPG-Archiv, NL Butenandt, Ordner 357: Schreiben Verschuer an Butenandt vom 16.5.1946.
35 MPG-Archiv, II. Abt. Rep. 1A, Personalia Verschuer, Nr. 5: Schreiben Verschuer an Planck vom 7.10.1946 und Entwurf des Antwortschreibens von Planck o. D.
36 MPG-Archiv, NL Butenandt, Ordner 357: Schreiben Verschuer an Butenandt vom 16.5.1946; II. Abt. Rep. 1A, Personalia Verschuer, Nr. 6: Schreiben Hahn an Muckermann vom 21.4.1949. Vgl. auch Kröner Rassenhygiene, S. 199 und Dagmar Grosch-Obenauer, Hermann Muckermann und die Eugenik, Diss. Univ. Mainz 1986.

Verschuers ärgster Feind war zweifellos Ernst Telschow, der seit 1937 tätige und trotz seiner aktiven Rolle als Partei- und Staatsfunktionär im »Dritten Reich« immer noch mächtige Generalsekretär der Kaiser-Wilhelm / Max-Planck-Gesellschaft. Nicht, daß Telschow an den rassenpolitischen Äußerungen Verschuers oder dessen wissenschaftlicher Kooperation mit Mengele in Auschwitz moralischen Anstoß genommen hätte. Er war vielmehr spätestens seit Verschuers »Fahnenflucht« von Dahlem nach Solz im Februar 1945 mit ihm persönlich über Kreuz, während er dessen Assistentin, der zunächst in Berlin zurückgebliebenen Irisheterochromie-Forscherin und ehemaligen NS-Aktivistin, Karin Magnussen, durchaus wohlgesonnen blieb.[37] Seit dem Zusammenbruch des »Dritten Reiches« aber erkannte Telschow in Verschuer vor allem eine unkalkulierbare Hypothek für die Zukunft der Max-Planck-Gesellschaft. Verschuer charakterisierte seinerseits die »graue Eminenz« im Einvernehmen mit Butenandt und paradoxerweise ganz ähnlich wie etwa der vertriebene KWG-Wissenschaftler Otto Meyerhoff (1884-1953):

> »So wie Telschow die nationalsozialistische Revolution in der KWG durchgesetzt hat [...], und wie er damals Juden und Judenmischlinge aus der KWG entfernt hat, so ist er jetzt nicht nur im Sinne einer ›Wiedergutmachung‹ beflissen, sondern darüber hinaus eifrig bemüht, all das zu verleugnen, was nach seiner Meinung ihm in den Augen der neuen Machthaber vielleicht schädlich sein könnte. Die ›Förderung der Generalverwaltung‹ hat bei diesen Bemühungen offenbar den Vorrang gegenüber der ›Förderung der Wissenschaften‹, eine betrübliche Erfahrung, die wir bereits in den letzten Jahren wiederholt in Dahlem machen mußten!«[38]

---

37 Vgl. Kröner Rassenhygiene, S. 100-102. Noch 1960 brachte Telschow seine persönlichen Vorbehalte gegenüber Verschuer, der »sich 1945 aus Berlin abgesetzt und seine Mitarbeiter im Stich gelassen« habe, zum Ausdruck, MPG-Archiv, Abt. II, Rep. 1A, Personalia Verschuer, März 1955-Juli 1986: Auszug aus der Niederschrift (Entwurf) über die Sitzung des Besprechungskreises »Wissenschaftspolitik« in Hamburg am 30.9.1960. Anläßlich der Todesanzeige von Telschow 1988 äußerte Karin Magnussen in einem Brief an Butenandt vom 27.10.1988 noch einmal warmherzig ihre Dankbarkeit und Hochachtung gegenüber dem verblichenen Generalsekretär, MPG-Archiv, NL Butenandt, Korrespondenz Magnussen 1982-1993.
38 MPG-Archiv, NL Butenandt, Ordner 357: Schreiben Verschuer an Butenandt vom 23.7.1946 und Antwort Butenandts vom 12.8.1946 und 17.12.19. Zu Meyerhoff vgl. Michael Schüring, Ein Dilemma der Kontinuität. Das Selbstverständnis der Max-Planck-Gesellschaft und der Umgang mit Emigranten in den 1950er Jahren, in: Rüdiger vom Bruch / Brigitte Kaderas (Hg.), Wissenschaft und Wissenschaftspolitik. Bestandsaufnahmen zu Formationen, Brüchen und Kontinuitäten im Deutschland des 20. Jahrhunderts, Stuttgart 2002.

Eine wirkungsvolle Strategie, wie man sich der Altlast Verschuer unauffällig entledigen könne, hatten Hahn und Telschow indessen nicht. Ihre kritischen Äußerungen über Verschuer gegenüber den hessischen Ministerien bestätigten diese darin, das Berufsverbot aufrechtzuerhalten und Verschuer nicht an die Frankfurter Universität zu berufen.[39] Die elegante Lösung der Wegberufung hatten Rajewski, Hahn und Telschow also selbst blockiert. Verschuer seinerseits war nicht bereit, sich mit einer untergeordneten Position, zweitklassiger Auftragsforschung und dürftigem Einkommen abzufinden, vielmehr pochte er auf seinen ungekündigten Privatvertrag auf Lebenszeit mit der Kaiser-Wilhelm-Gesellschaft.[40] Die lautlose Abdrängung scheiterte nicht nur an Verschuers selbstbewußtem Starrsinn, sondern auch an seiner wissenschaftlichen Reputation, die sich Hartmann, Butenandt und Rajewski untereinander und ihm selbst gegenüber bestätigten. Verschuers Zwillingsforschungen waren unumstritten.[41] Butenandt schätzte vor allem die Forschungen zur Erblichkeit von Tuberkuloseresistenz bzw. -disposition, die Karl Diehl in einer Außenstelle des KWI für Anthropologie in den letzten Kriegsjahren durchgeführt hatte. Butenandt setzte sich dafür ein, die Kooperation mit Diehl nach dessen Übersiedlung in den Taunus wieder aufzunehmen.[42] Trotz aller öffentlichen Angriffe war Verschuer auch außerhalb der Kaiser-Wilhelm/Max-Planck-Gesellschaft etwa als Mitglied der Preußischen Akademie der Wissenschaften und Mitbegründer der Akademie für Wissenschaften in Mainz anerkannt.[43] Die rabiate Lösung eines Rausschmisses aus der Max-Planck-Gesellschaft wurde – vielleicht aus diesen

---

39 MPG-Archiv, II. Abt. Rep. 1A, Personalia Verschuer, Nr. 5: Schreiben Hahn an Hessisches Staatsministerium (Minister des Inneren) vom 18.3.1947 und 11.2.1948; Vermerk Telschow vom 4.10.1948.
40 MPG-Archiv, III. Abt. Rep. 47, NL Hartmann, Nr. 1505: Schreiben Verschuer an Hartmann vom 12.4.1949.
41 MPG-Archiv, Abt. II, Rep. 1A, Personalia Verschuer, Nr. 6: Schreiben Hartmann an Hahn vom 29.6.1949.
42 MPG-Archiv, NL Butenandt, Ordner 357: Schreiben Butenandt an Verschuer vom 19.6.1947 und 17.12.1949; Abt. II, Rep. 1A, Personalia Verschuer, Nr. 7: Schreiben Diehl an Muckermann vom 18.12.1949 und Schreiben Muckermann an Rajewski vom 29.12.1949, in dem er ausführt, daß Verschuer von den Forschungen Diehls nichts verstanden habe und sich im Falle der Tuberkuloseforschung mit fremden Federn schmücke. Vgl. auch Sachse/Massin, Forschung, S. 37.
43 Dekanatsarchiv des Fachbereichs Medizin der Universität Frankfurt a.M., Humangenetik, Institut für Vererbungswissenschaften (im folgenden zitiert als: DA-FB Med. Frankfurt, Vererbungswissenschaften), Bd. I, 1933-1986: Aktennotiz über einen Besuch Verschuers in der Chirurgischen Klinik am 11.1.1950. Für den Hinweis auf diesen im letzten Abschnitt noch ausführlicher herangezogenen Aktenbestand danke ich Florian Schmaltz.

Gründen – niemals in Erwägung gezogen. Es half nichts, man mußte versuchen, die Berufungshindernisse wieder aus dem Weg zu räumen, wenn man Verschuer und sein ehemaliges Institut nicht in den sich rekonstituierenden, möglichst klein und elitär zu haltenden Kreis der MPG-Biowissenschaftler aufnehmen wollte.

Das war das Problem, das am 21./22. Juli 1949 im Wissenschaftlichen Rat und im Senat der Max-Planck-Gesellschaft gelöst werden sollte, weshalb auch Hartmann und Butenandt hinzu geladen wurden. Butenandt hob die finanzielle Notlage des Kollegen Verschuer hervor. Präsident Hahn betonte, daß die Generalverwaltung allenfalls gemäß der »gesetzlichen Bestimmungen für verdrängte Beamte« handeln könne, nicht aber Ansprüche Verschuers gegenüber der neuen Max-Planck-Gesellschaft anerkennen wolle, vielmehr hoffte er, den hessischen Kultusminister durch ein Votum des Wissenschaftlichen Rates zur Aufhebung des Berufsverbots zu bewegen. Rajewski äußerte sich in der Senatssitzung am 22.7.1949 pessimistisch,[44] war aber dennoch bereit, eine neuerliche Kommission zu bilden und das negative Gutachten der Havemann-Kommission von 1946 zurückzuweisen.[45] Dies teilte er Verschuer mit, der seinerseits die Terminkoordination »mit den anderen Herren« übernahm.[46] Zuerst fragte Verschuer bei Hartmann und Heubner an, die unverzüglich zusagten. Bei Butenandt zögerte er offensichtlich, denn dieser hatte es bis dahin nicht für nötig erachtet, seinen Brief vom April 1949, in dem er auch ihm seine finanzielle Misere geschildert hatte, zu beantworten. Aber Butenandt wollte in dieser Kommission keineswegs fehlen und drängte sich ungefragt als »Freund« auf:

> »Hoffentlich sind Sie mir nicht bereits allzu böse oder haben gar die Meinung, daß Sie mich nicht mehr zu Ihren Freunden rechnen können. Die Arbeit des ganzen Semesters war so anstrengend, daß ich erst jetzt nach dem Abschluß langsam zur Erledigung einer fast unübersehbar gewordenen Korrespondenz komme. Aber unter Freunden ist die Tat wichtiger als das Wort. Ich hoffe, daß Herr Rajewski inzwischen bereits

---

44 MPG-Archiv, II. Abt. Rep. 1A, Personalia Verschuer, Nr. 6: Schreiben Hahn an Hartmann vom 4.7.1949; Auszug aus der Niederschrift über die Sitzung des Senats am 22.7.1949.
45 Aus den Schreiben Verschuers an Hartmann vom 29.6.1949 (MPG-Archiv, III. Abt. Rep. 47, NL Hartmann, Nr, 1505) und an Butenandt vom 5.8.1949 (MPG-Archiv, NL Butenandt, Ordner 357) geht hervor, daß zunächst Rajewski Verschuer die Bildung einer solchen Kommission vorgeschlagen hatte und Verschuer dann Butenandt, Heubner und Hartmann ins Gespräch brachte.
46 MPG-Archiv, III. Abt., Rep. 47, NL Hartmann, Nr. 1505: Schreiben Verschuer an Hartmann vom 26.7.1949.

Gelegenheit hatte, Ihnen etwas über die letzte Senatssitzung der Max-Planck-Gesellschaft zu berichten. Ich war als Gast dort und hatte erwartet, daß nach Ihrem über Prof. Hartmann erfolgten Vorstoß auch Ihre Angelegenheit in irgendeiner Form zur Debatte stehen würde. Es war nicht der Fall, und so mußte ich unter Punkt Verschiedenes diese Frage aufrollen. Wenn auch noch kein Beschluß gefaßt wurde [...], so glaube ich doch erreicht zu haben, daß man sich in Göttingen nicht mehr länger hinter diese juristischen Formulierungen zurückziehen wird; zunächst liegt das Versprechen des Präsidenten vor, Ihnen wirtschaftlich sofort zu helfen [...]. Ich selbst gebe Ihnen mein Wort, daß ich die Angelegenheit im Auge behalten und nicht ruhen werde, bis sie ganz geklärt ist. Ich bitte Sie, mich doch immer weiter auf dem Laufenden zu halten. Mit Hartmann komme ich selten zusammen und hatte daher noch nicht die Gelegenheit, mit ihm die Angelegenheit zu besprechen ...«[47]

Verschuer verstand die Botschaft und lud Butenandt umgehend zur Teilnahme an der geplanten Kommissionssitzung im September 1949 ein.[48]

Eine Denkschrift ist (k)ein Persilschein

Bei ihrem Versuch zur Schadensbegrenzung nach dem Sankt-Florians-Prinzip betrieb die Stuttgarter Kommission erheblich größeren Aufwand, als es bei den auch im Wissenschaftsbetrieb verbreiteten »Persilscheinen« üblich war. Solche Bescheinigungen wurden in den ersten Nachkriegsjahren allenthalben zur Vorlage bei Spruchkammern, Wiedereinstellungsverfahren oder Stellenbewerbungen benötigt. Prominente Wissenschaftler wie Werner Heisenberg oder Arnold Sommerfeld, aber auch vertriebene Kollegen und Kolleginnen, wie James Franck oder Lise Meitner, konnten sich der Menge der Anfragen kaum erwehren. Vor allem solche Persilscheine, die sich die in Deutschland verbliebenen Wissenschaftler gegenseitig ausstellten, folgten meist einem ähnlichen Muster und waren selten länger als eine Seite: Einleitend wurde knapp mitgeteilt, woher man den Betreffenden kannte. Es folgte die Bekundung, daß sich dieser stets anständig verhalten und in mehr

---

47 MPG-Archiv, NL Butenandt, Ordner 357: Schreiben Butenandt an Verschuer vom 1.8.1949. Laut Protokoll war es Rajewski, der auch einige Monate später noch einmal versuchte, den Protokolltext zugunsten Verschuers und seiner finanziellen Ansprüche zu korrigieren, mit diesem Ansinnen aber bei Telschow nicht durchdringen konnte (MPG-Archiv, II. Abt. Rep. 1A, Personalia Verschuer, Nr. 6: Vermerk vom 2.11.1949).

48 MPG-Archiv, NL Butenandt, Ordner 357: Schreiben Verschuer an Butenandt vom 5.8.1949.

oder minder offen artikulierter, zumindest aber innerlich empfundener und vertraulich offenbarter Opposition zum Nationalsozialismus gestanden habe. Gegebenenfalls wurden einzelne Handlungs- oder Verhaltensweisen hervorgehoben, die geeignet schienen, die erste Aussage zu belegen. An oberster Stelle rangierten hier Hilfestellungen für verfolgte jüdische Bekannte oder Kollegen; ersatzweise wurde gern der aufrechte Kampf bzw. das geschickte Taktieren zur Weiterführung einer sauberen Wissenschaft angeführt; wann immer möglich, wurde die Mitgliedschaft in der Bekennenden Kirche hervorgehoben. Daran schloß sich der Appell an den Adressaten – Spruchkammer, Einstellungs- oder Aufsichtsbehörde – an, den Betreffenden zu rehabilitieren bzw. ihm den beruflichen Wiedereinstieg zu ermöglichen. Am Ende teilte der Autor mit, daß er selbst nicht der NSDAP angehört habe, als »unbelastet« eingestuft worden sei oder zumindest sein gegenwärtiges Amt mit alliierter Genehmigung ausübe.⁴⁹

Unsere Denkschrift unterscheidet sich am augenfälligsten durch ihren Umfang von der Quellengattung »Persilschein«.⁵⁰ Sie umfaßt dreizehn sorgfältig komponierte Seiten: Eingangsprotokoll, Auflistung des vorliegenden Beweismaterials, eine in fünf Abschnitte gegliederte Argumentation, Konklusion und Urteil. Form und Stil der von Heubner niedergelegten und von allen »4 beteiligten Herren« unterzeichneten Urkunde signalisierten die Bedeutung des Unterfangens. Die Verfasser stellten sich im ersten Satz namentlich vor und teilten mit, daß sie »auf Bitte« von Verschuer an jenem bestimmten Ort und Tag zusammen gekommen seien. Zweck der Veranstaltung war mit ihren Worten, zu den gegen Verschuer erhobenen Beschuldigungen Stellung zu nehmen und »ein Urteil darüber zu gewinnen, ob sich der Genannte die Qualifikation zur Ausübung einer öffentlichen und amtlichen Tätigkeit endgültig verscherzt habe oder nicht« (S. 1). Sie verstanden sich also weder als Fürsprecher, noch als Experten, sondern als Richtergremium. Sie wollten weder individuelle Leumundszeugnisse über den Charakter ihres Kollegen ablegen, noch ein gemeinsames wissenschaftliches Gutachten über seine Forschungspraxis formulieren. Sie wollten ein intersubjektives Urteil über die professionelle Wiederverwendbarkeit des

---

49 Mark Walker hat rund 60 überwiegend von Arnold Sommerfeld und Werner Heisenberg verfertigte »Persilscheine« gesammelt, die er mir dankenswerter Weise zur Einsichtnahme überlassen hat. Vgl. dazu auch Mark Walker, Die Uranmaschine. Mythos und Wirklichkeit der deutschen Atombombe, Berlin 1990, S. 231 ff. und David C. Cassidy, Werner Heisenberg. Leben und Werk, Heidelberg/Berlin 2001, S. 644.
50 Die nachfolgend im Text in ( ) gesetzten Seitenzahlen beziehen sich auf die Denkschrift 1949. Eine ausführliche Paraphrasierung der Denkschrift ist nachzulesen bei Kröner, Rassenhygiene, S. 132-136.

Rasseforschers und Erbpathologen Verschuer fällen. Es galt, den erstinstanzlichen Befund, den der Schriftführer der Havemann-Kommission, der neu eingesetzte Leiter des KWI für ausländisches öffentliches Recht und Privatrecht in Dahlem, Karl von Lewinski, im Dezember 1946 in einem ähnlich protokollarisch-juristisch gehaltenen Brief an Heubner niedergelegt hatte, sowie den Frankfurter Spruchkammerbescheid und das Berufsverbot des hessischen Kultusministers zu revidieren. Die vier in Stuttgart versammelten Herren erklärten sich zur letzten Instanz, die willens und legitimiert sei, ein bestandsfähiges Urteil zu formulieren.

Sie bedienten sich in ihren Ausführungen gleichwohl der bewährten Weißmacher der herrschenden »Persilschein«-Kultur. Auf dem Weg zum Freispruch entwickelten die vier Biowissenschaftler diese Redeweisen zu veritablen argumentativen Ecksteinen, mit denen sie das von ihnen in eigener Sache beanspruchte Terrain vergangenheitspolitischer Definitionsmacht absteckten:

Zunächst erklärten sie, was einen »erfahrenen Gelehrten« von einem »überzeugten Nationalsozialisten« unterscheide. Dazu gehörten regelmäßige Tischgebete, ein später Parteieintritt, der Verzicht auf das Tragen von Parteiabzeichen im Institut, die Beschränkung des »Parteigrusses« auf offizielle Anlässe sowie die spätere Einstufung als »Mitläufer«. Aussagen von Parteifunktionären, die die unzureichende »innerliche Verbundenheit« des Angeklagten mit der nationalsozialistischen Idee kritisierten, waren ebenso glaubwürdig wie die von Pfarrern, die seinen Kirchenbesuch bestätigten. Ein nicht »nazistischer«, vielmehr »im Geiste der christlichen Nächstenliebe« handelnder Erbpathologe wie Verschuer zeichnete sich – in den zustimmend zitierten Worten der leitenden Krankenschwester an Verschuers Instituten in Frankfurt und Dahlem – dadurch aus, daß er »auf menschlich liebevolle Betreuung unserer Patienten besonderen Wert (legte), da es sich um Menschen handelte, die nicht zur Heilung einer Krankheit, sondern zur Entscheidung der Frage, ob sie heiraten und Kinder haben dürfen, zu uns kamen« (S. 2-4).

Als zweites definierten die vier Biowissenschaftler den Unterschied zwischen einem »Rassenfanatiker« und einem Forscher, der »Erbbiologie und Eugenik nach wissenschaftlichen und sachlichen Grundsätzen« betrieb. Allerdings trafen sie keine positive Aussage darüber, wie eine »wissenschaftliche« Erbbiologie oder eine »sachliche« Eugenik beschaffen sein müsse. Sie begnügten sich mit einem Umkehrschluß: Das, was die »wirklichen Rassenfanatiker« angriffen, war ex negativo »saubere« Wissenschaft, so der Akademievortrag Verschuers von 1944 über »Erbanlage als Schicksal und Aufgabe«, der von dem Leiter des Rassenpolitischen Amtes der NSDAP,

Walter Gross (1904-1945), als »Absage an den Nationalsozialismus« kritisiert worden war.[51] Oder: Nur weil sein als »Rassenfanatiker« etikettierter Nachfolger auf dem Frankfurter Lehrstuhl, Heinrich Wilhelm Kranz (1897-1945), 1942 Erbstatistik und Rassenanthropologie bevorzugte, sollte die von Verschuer zuvor dort und anschließend in Dahlem betriebene Erbpathologie als Wissenschaft jenseits »jeder politischen Ideologie« gelten. Dies war eine bemerkenswerte argumentative Wendung. Denn üblicherweise wurde in den Selbstverständigungs- und Rechtfertigungsdebatten der Nachkriegszeit der innerwissenschaftliche Diskurs als politikfern und ideologiefrei deklariert. Hier jedoch wurde ein wissenschaftlicher Methodenstreit nachträglich, aber mit gleichfalls entlastender Intention politisch umgedeutet. Als Wissenschaftler habe Verschuer »stets eine streng objektive Linie eingehalten« und sich bemüht, den aus »rassischer Voreingenommenheit propagierten Lehren eine Grenze zu ziehen oder wenigstens ihre Auswirkungen zu mildern«. Dieses Bemühen bekunde sich darin, daß Verschuer »in der ihm auferlegten gutachterlichen Tätigkeit gegenüber Juden und jüdisch Versippten mit grösstem menschlichen Verständnis, Wohlwollen und Behutsamkeit gehandelt« habe (S. 4-6).

Drittens stellten die selbsternannten Richter fest, daß ein Wissenschaftler nicht für die rassenpolitischen Ansichten und Schlußfolgerungen derer verantwortlich ist, die sich als Schüler auf seine Lehre beriefen. Sie differenzierten Verschuers Anhänger in seine »eigentlichen Schüler«, die sich wie ihr Lehrer »wissenschaftlicher und moralischer Sauberkeit« befleißigten (S. 4) und in die »vielen jüngeren Leute«, deren Interesse an Erblehre, Erbpathologie und Eugenik um so stärker gewesen sei, je gläubiger sie der nationalsozialistischen Ideologie angehangen hätten. Wenn Verschuer auch ihnen eine Chance eingeräumt habe, so beweise dies gerade seine »gute demokratische Tradition«. Er habe nur die wissenschaftliche »Befähigung« gelten lassen, aber die »politische Gesinnung und Betätigung außerhalb des Instituts als Privatangelegenheit« betrachtet. (S. 6-7)

Den größten argumentativen Aufwand betrieb die Kommission in ihrem vierten Punkt, der sich mit Verschuers »Beziehungen zu Auschwitz« befaßte. Der Tatbestand des Empfangs von menschlichen Präparaten von Auschwitz-Häftlingen selbst war unstrittig; seine Wiedergabe in der Denkschrift entspricht in etwa unserem heutigen Kenntnisstand. Was die Kommissionsmitglieder allerdings mit einer auffälligen, vom Stil des übrigen Textes deutlich abweichenden, heftigen Wortwahl zurückwiesen, war die Möglichkeit

---

51 Otmar Frhr. von Verschuer, Erbanlage als Schicksal und Aufgabe, in: Preußische Akademie der Wissenschaften. Vorträge und Schriften, H. 18, Berlin 1944.

des Wissens über die Massenvernichtung in Auschwitz zum Zeitpunkt des Empfangs der Präparate. Die Annahme, Verschuer sei zu irgendeinem Zeitpunkt von Mengele über die Vorgänge in Auschwitz unterrichtet worden, sei »eine spitzfindige, unbegründete und geradezu unglaubhafte Konstruktion« (S. 8). Weiter unten hieß es, es sei »eine nicht nur unbewiesene, sondern psychologisch recht unwahrscheinliche Deduktion« und – dies wurde noch einmal wiederholt – »eine ziemlich willkürliche Konstruktion« (S. 9). Es sei vielmehr als »Tatsache« zu werten, daß Verschuer 1943/44 in Mengele nichts anderes als einen »Lazarettarzt« in einem der üblichen Konzentrationslager habe sehen können. Ja, sie verstiegen sich sogar zu dieser nach dem Nürnberger Ärzteprozeß und jahrelanger Berichterstattung absurden Spekulation, obwohl Mengele selbst, als er 1943 die Blutproben nach Dahlem schickte, über die »Greuel und Morde in Auschwitz orientiert« gewesen sei (S. 8). Butenandt, Hartmann, Rajewski und ihr Schriftführer Heubner verteidigten hier ihr eigenes Recht auf Nichtwissen mit einer sprachlichen Vehemenz, die nur als Ausdruck eigener Betroffenheit gedeutet werden kann.

An dieser Frage war bereits 1946 die Havemann-Kommission, die sich in ihrer grundsätzlichen Verurteilung Verschuers sonst einig war, auseinander gebrochen. Der Erbbiologe Hans Nachtsheim, der nach 1945 seinen ehemaligen Institutsdirektor immer wieder öffentlich angriff, hatte bereits im Mai 1946 in einer Unterredung mit Havemann im Anschluß an dessen Zeitungsartikel die Annahme zurückgewiesen, daß »die Benutzung von Material aus einem Konzentrationslager ohne weiteres als ein Verbrechen« betrachtet werden müsse. Es sei schließlich üblich, »Material auch in sehr großer Menge aus Zuchthäusern usw.« zu verwenden:

> »Man könne V.(erschuer) nur dann einen Vorwurf machen, wenn ihm bekannt gewesen wäre, dass die Individuen, von denen die Augen stammten, nicht eines natürlichen Todes gestorben oder gar getötet worden seien, um die Augen zu gewinnen. Man dürfe V. nicht den guten Glauben absprechen.«[52]

Nachtsheim selbst hatte 1943 – und zwar zusammen mit einem wissenschaftlichen Mitarbeiter Butenandts, Gerhard Ruhenstroth-Bauer (*1913) – Unterdruckexperimente an sechs epileptischen Kindern aus der »Euthanasie«-Anstalt Brandenburg-Görden vorgenommen.[53] Er bestand als Mitglied der

52 MPG-Archiv, III. Abt. Rep. 20 B, NL Nachtsheim, Nr. 13: Niederschrift Nachtsheim über eine Unterredung mit Havemann am 9.5.1946.
53 Vgl. dazu Sachse/Massin, Forschung, S. 36 f. Zu weiteren Verstrickungen Nachtsheims in medizinische Verbrechen vgl. Paul Weindling, Die Kaninchen von Dahlem und die

Havemann-Kommission im Punkt des Nicht-Wissens über Auschwitz auf seinem Minderheitsvotum.⁵⁴ Auch das damals verhinderte Mitglied der Havemann-Kommission, Heubner, hatte Anfang 1947 unverzüglich gegen das Verschuer unterstellte Wissen über Auschwitz protestiert: Es gebe keine Beweise, und es sei »eine unrichtige Annahme zu glauben, dass zu der damaligen Zeit jedermann hätte Bescheid wissen müssen, was in Auschwitz vorging«:

»Ich für meine Person muss jedenfalls bemerken, dass ich von sehr vielem, was ich im Verlaufe der letzten 1 1/2 Jahre erfahren habe, keine Ahnung gehabt habe und dass ich die Möglichkeit der gleichen Voraussetzung auch für jeden anderen in Rechnung stellen muß.«⁵⁵

Heubner hatte 1943 an einer Tagung teilgenommen, auf der über die Sulfonamidversuche an Frauen im Konzentrationslager Ravensbrück berichtet wurde. Er war weiterhin in die Meerwasserversuche involviert, die 1944 an Häftlingen des Konzentrationslagers Dachau durchgeführt wurden.⁵⁶ Butenandt hatte wiederum seinen Mitarbeiter Günther Hillmann im Zeitraum von Oktober 1944 bis Februar 1945 beauftragt, Verschuer bei der experimentellen Auswertung der Blutproben aus Auschwitz zu helfen.⁵⁷

Trotz der zuvor strikt postulierten Verneinung der Möglichkeit des Wissens über Auschwitz zogen die Kollegen im Fall Verschuer diese Möglichkeit dennoch in Betracht. Sie befragten ihn offensichtlich nachdrücklich zur Lieferung der heterochromen Augenpaare an seine wissenschaftliche Assistentin Karin Magnussen. Jedenfalls gab er jetzt über seine schriftlichen Stellungnahmen von 1946 und 1947 hinaus zu,⁵⁸ daß er bei der Zusendung des er-

---

Kinder vom Bullenhuser Damm. Menschenversuche 1939-1950 (Arbeitstitel), in: Doris Kaufmann / Hans-Walter Schmuhl (Hg.), Rassenforschung im Nationalsozialismus. Konzepte und wissenschaftliche Praxis unter dem Dach der Kaiser-Wilhelm-Gesellschaft, Göttingen (in Vorbereitung).

54 MPG-Archiv, III. Abt. Rep. 20 B, NL Nachtsheim, Nr. 13: Schreiben Nachtsheim an Lewinski vom 17.9.1946.
55 MPG-Archiv, II. Abt. Rep. 1A, Personalia Verschuer, Nr. 5: Schreiben Heubner an Lewinski vom 11.1.1947.
56 Kneer/Heubner, S. 78-86.
57 Vgl. dazu Sachse/Massin, Forschung, S. 37 f.; Achim Trunk, Butenandt und die Blutproben aus Auschwitz. Eine alternative Rekonstruktion. Ergebnisse. Vorabdrucke aus dem Forschungsprogramm »Geschichte der Kaiser-Wilhelm-Gesellschaft im Nationalsozialismus«, Berlin 2002 (in Vorbereitung).
58 MPG-Archiv, II. Abt. Rep. 1A, Personalia Verschuer, Nr. 5: Eidesstatttliche Erklärung Verschuers vom 10.5.1946; Schreiben Verschuer an Hahn vom 23.5.1946 (mit Anlagen); III. Abt. Rep. 47, NL Hartmann, Nr. 1505: Stellungnahme Verschuer vom 20.2.1947.

sten Augenpaares aus Auschwitz das mitgelieferte Sektionsprotokoll gelesen habe. Ganz sicher war sich die Kommission danach anscheinend nicht mehr, ob Verschuer nicht doch mehr wußte als das, was sie für sich selbst als möglich abstritten. Deshalb zogen sie sich darauf zurück, daß es zumindest keinen Beleg gebe, »dass Frhr. v. Verschuer hätte auf die Vermutung kommen müssen, es sei bei der Gewinnung dieses Augenmaterials etwas mit unrechten Dingen zugegangen« (S. 10).

Nach diesem sprachlichem Salto im dreifachen Konjunktiv befaßte sich die Kommission im fünften und letzten Abschnitt mit den rassenpolitischen Publikationen Verschuers. Sie waren schlechterdings weder abzustreiten noch zu rechtfertigen, ohne selbst unglaubwürdig zu werden. Die Kommissionsmitglieder mochten Verschuer nicht folgen, als er seine Lobrede von 1936 auf Hitlers »Machtergreifung« in ein patriotisches Zeugnis der Hoffnung auf Erneuerung umdeutete.[59] Auch bestanden sie auf ihrer Ablehnung seines Satzes über die im Rassebegriff wissenschaftlich begründete »Lösung der Judenfrage« (S. 11 f.). Sie waren indessen geneigt, seinen Jubel über die rassenpolitische Umsetzung seiner wissenschaftlichen Erkenntnisse wohlwollend zu interpretieren als »Ausdruck der Befriedigung eines Vertreters der Wissenschaft, dass die Ergebnisse seines Fachgebiets öffentliche Aufmerksamkeit und Anerkennung fanden«, zumal er die »ins Riesengroße gewachsene« Verantwortung des Fachgelehrten« betont und wiederholt die besondere staatliche Fürsorge für die Opfer der Zwangssterilisation angemahnt habe (S. 12). Er habe sich in einer besonders schwierigen Lage befunden, seine Wissenschaft sei »mehr von innen als von außen« politisch bedrängt worden. Er habe rassenpolitische Maßnahmen »aus wissenschaftlicher Überzeugung begrüssen« müssen, »deren Ausmass dann seiner christlichen Überzeugung zuwiderlief« (S. 13). Er habe Politik und Wissenschaft nicht mehr auseinanderhalten können und manches nachgeplappert, was »täglich um ihn herdröhnte«. Auch habe er sich von Nachgiebigkeit, Verkennung und Opportunismus anwandeln lassen. Obwohl die Kommission Verschuer implizit die Fähigkeit zum unabhängigen wissenschaftlichen Denken und seine pädagogische Eignung absprach, wollte sie ihn dennoch nicht als »Forscher, Lehrer und Gutachter« disqualifizieren. Trotz »einiger Flecken« hebe sich sein Bild »in hellen Farben« von dem anderer Vertreter der »Erb- und Rassenforschung« ab. An der wissenschaftlichen Notwendigkeit, dieses Fachgebiet weiter zu führen, könne es keinen Zweifel geben, und gerade dort würde seine Person noch gebraucht (S. 13).

---

59 Otmar Frhr. von Verschuer, Rassenhygiene als Wissenschaft und Staatsaufgabe (= Frankfurter Akademische Reden, Nr. 7), Frankfurt 1936.

Die vier versammelten Biowissenschaftler setzten sich in ihrer umfänglichen Denkschrift in keinem Satz mit der von ihrem Kollegen Verschuer vertretenen Forschungsrichtung, seinen wissenschaftlichen Paradigmen oder seinen experimentellen Praktiken auseinander. Sie konnten um ihrer eigenen Glaubwürdigkeit willen nicht anders, als sich von manchen seiner rassenpolitischen Äußerungen zu distanzieren. Aber sie werteten sie angesichts seiner vor allem als aktives Kirchenmitglied bewährten »humanen und edlen Gesinnung« als läßliche Sünden, die seiner Verwendung an einer westdeutschen Universität nicht entgegenstehen dürften. Verschuer besitze »alle Qualitäten«, »die ihn zum Forscher und zum Lehrer akademischer Jugend prädestinieren« (S. 13). Das Urteil lautete:

> »Wir halten den erneuten Einsatz gerade seiner Person auf einem Fachgebiet für sehr erwünscht, da wir trotz allen Missbrauchs, der mit den Begriffen Erbe und Rasse getrieben wurde, die wissenschaftliche Arbeit auf diesem Gebiete weiterhin für wertvoll und unentbehrlich halten und dabei im Interesse der Sache einen so erfahrenen Gelehrten wie Prof. Frhr. v. Verschuer nicht ausgeschaltet wissen möchten.« (S. 13)

Nachhaltige Verdrängung?

Der Erfolg der Denkschrift stellte sich nur zögerlich ein. Nachdem sie von Heubner schriftlich niedergelegt und auch von den drei anderen Autoren bei einem Treffen in Tübingen Mitte Oktober 1949 unterschrieben worden war, wurde sie Rajewski »zur weiteren Verwendung mitgegeben«.[60] In Frankfurt sorgte dieser unverzüglich dafür, daß sich der Dekan der Medizinischen Fakultät dem Votum anschloß und informierte das hessische Kultusministerium entsprechend. Minister Stein ließ sich von der Expertise der in der Stuttgarter Kommission versammelten fachwissenschaftlichen Exzellenz und dem Fakultätsvotum umstimmen und hob noch in den ersten Novembertagen das Berufsverbot gegen Verschuer auf. Die Medizinische Fakultät reichte daraufhin ihre Berufungsliste für den Lehrstuhl »Vererbungswissenschaften« mit Verschuer an erster Stelle ein.[61] Inzwischen

---

60 MPG-Archiv, NL Butenandt, Ordner 357: Schreiben Heubner an Butenandt et al. vom 29.9.1949; Antwort Butenandts vom 17.10.1949 (Zitat).
61 MPG-Archiv, NL Butenandt, Ordner 357: Schreiben Stein (hessischer Kultusminister) an Verschuer vom 7.11.1949; Abt. II, Rep. IA, Personalia Verschuer, Nr. 6: Vermerk vom 2.11.1949; Schreiben Rajewski an Hahn vom 3.11.1949; Vermerk Seeliger vom 9.11.1949; ebd., Nr. 7: Aktennotiz vom 20.3.1950. DA-FB Med. Frankfurt, Vererbungswissen-

aber war die Stimmung in Frankfurt umgeschlagen. Dort wollte ihn zuletzt niemand mehr. Im Falle der Stiftungsuniversität Frankfurt hatte nicht nur das hessische Kultusministerium, sondern auch der Große Rat der Stadt, der im Kuratorium der Universität einflußreich vertreten war, bei Berufungen ein gewichtiges Wort mitzureden.[62] Entgegen den Voten der renommierten Fachkollegen, der Fakultätskollegen und der fachministeriellen Aufsicht verhinderten schließlich Repräsentanten der lokalen Politik und die sensibilisierten hochschulpolitischen Gremien die Rückberufung des belasteten Rassenforschers an die Frankfurter Universität. Auf Antrag Rajewskis, der im November 1949 das Amt des Universitätsrektors übernommen hatte, wurde im Januar 1950 ein Kuratoriumsausschuß eingesetzt, dem die fünf Dekane der Universität und drei Stadträte angehörten. Dieser erweiterte »Mitläuferausschuß« lud Verschuer vor, prüfte in vier Sitzungen dessen rassenpolitische und erbbiologische Schriften, würdigte sein »politisches Gesamtverhalten« und kam letztlich zu dem Schluß, daß Verschuer »eine unumgängliche Voraussetzung für die Berufung auf einen Lehrstuhl«, nämlich »die Integrität eines Lehrers« fehle.[63]

Noch eine andere bedeutsame Stimme meldete sich zu Wort. Das »frühere, inzwischen zurückberufene Mitglied« der Medizinischen Fakultät, der Dermatologe Oscar Gans (*1888), der 1946 aus dem Exil zurückgekehrt war, drohte für den Fall, daß Verschuer berufen würde, »seine Konsequenzen ziehen zu müssen«. In Anbetracht der »dadurch neugeschaffenen Situation« zog die Fakultät im Mai 1950 ihre Berufungsliste zurück.[64] Damit war sie gut beraten, denn wie Gans, der in diesem Jahr das Dekanat der Medizinischen Fakultät übernahm, beim Staatssekretär im Auswärtigen Amt, Walter Hallstein (1901-1982), in Erfahrung brachte, würde Verschuers Ernennung »in den U.S.A. denkbar schärfsten Protest auslösen und für die Beziehungen zwischen unserer Universität und den Universitäten in Amerika schwerste Folgen nach sich ziehen«.[65]

schaften, Bd. II, Schreiben des Dekans an Rajewski (Rektor der Universität Frankfurt) vom 23.5.1950, mit dem die Liste vom 9.11.1949 zurückgezogen wird.
62 DA-FB Med. Frankfurt, Vererbungswissenschaften, Bd. II: Schreiben des Dekans an den Amtskollegen der Universität Münster, Rohrschneider, vom 20.6.1950.
63 DA-FB Med. Frankfurt, Vererbungswissenschaften, Bd. II: Aktennotiz über den Besuch Verschuers am 11.1.1950; Einladung des Mitläuferausschusses zum 14.1.1950; Niederschrift Verschuers vom 13.2.1950; Entschließung des Kuratoriumsausschusses vom 15.2.1950 (Zitate).
64 DA-FB Med. Frankfurt, Vererbungswissenschaften, Bd. II: Schreiben des Dekans der medizinischen Fakultät an das Ministerium für Erziehung und Volksbildung vom 19.5.1950.
65 DA-FB Med. Frankfurt, Vererbungswissenschaften, Bd. II: Vermerk Gans vom 2.11.1950.

Rajewski, der als Vorsitzender der medizinisch-biologischen Sektion der Max-Planck-Gesellschaft Verschuer lieber heute als morgen an die Universität abgegeben hätte, aber als Rektor wissenschaftspolitischen Schaden von eben dieser Universität fernhalten mußte, befand sich in einem mißlichen Loyalitätskonflikt, den er in einem Brief an den MPG-Präsidenten Hahn beklagte:

> »Sie werden verstehen, in welch heikler Situation ich mich befinde. Einerseits möchte ich Herrn v. V. helfen. Denn nach meiner Überzeugung ist er seiner Persönlichkeit nach durchaus nicht so belastet, wie er sich exponiert hatte. Anderseits sind die Einwände und die Widerstände gegen seine Aktivierung so gross, dass es kaum möglich sein dürfte, eine für Herrn v. V. befriedigende Lösung zu finden. Die Max-Planck-Gesellschaft ist natürlich von dieser ganzen Angelegenheit unmittelbar betroffen.«[66]

Der Fall Verschuer blieb auf der Tagesordnung der Max-Planck-Gesellschaft. Der Senat war bereits im November 1949 Butenandts Warnung vor der »Belastung« der Gesellschaft mit einem neuen Institut für Anthropologie gefolgt und spielte weiterhin auf Zeit.[67] Dies war ein enervierendes, aber letztlich leichtes Spiel. Denn die in Berlin verbliebenen früheren Direktoren am KWI für Anthropologie, Hans Nachtsheim und Hermann Muckermann, blockierten sich mit ihren Institutsgründungswünschen nicht nur gegenseitig, ihre Ansprüche konnten auch genutzt werden, um Verschuer hinzuhalten. Er stand zwar wieder auf der Gehaltsliste, aber an die Errichtung eines Max-Planck-Instituts unter seiner Leitung dachte außer ihm niemand.[68] Es dauerte noch ein weiteres Jahr, bis Verschuer im Frühjahr 1951, auf Betreiben seines alten Lehrers, Duzfreundes und Vorgängers in der Leitung des ehemaligen KWI für Anthropologie, Eugen Fischer, endlich den Ruf auf den »Lehrstuhl für menschliche Erblehre und Anthropologie« an die Universität Münster erhielt, den er unverzüglich in Lehrstuhl für »Humangenetik« umbenannte.[69] »Als Erlösung« habe er diese Mitteilung

---

66 MPG-Archiv, Abt. II, Rep. 1A Personalia Verschuer, Nr. 8: Schreiben Rajewski an Hahn vom 4.4.1950.
67 MPG-Archiv, II. Abt. Rep. 1A, Personalia Verschuer, Nr. 6: Auszug aus der Niederschrift über die MPG-Senatssitzung am 18.11.1949; Protokollauszug über die Sitzung des Verwaltungsrats am 14.1.1950.
68 Ausführlich dazu Kröner, Rassenhygiene, Kap. IV.
69 DA-FB Med. Frankfurt, Vererbungswissenschaften, Bd. II: Schreiben Rohrschneider an den Dekan der Medizinischen Fakultät der Universität Frankfurt vom 1.6.1950; MPG-Archiv, III. Abt., Rep. 84, Allg. Korrespondenz: Schreiben Verschuer an Butenandt vom 12.3.1951.

empfunden, schrieb Rajewski unmittelbar darauf an seinen Präsidenten Hahn, endlich seien die »vielen Schwierigkeiten, die bei uns geschwebt haben, behoben«.[70]

Die Nachbeben hielten jedoch an und wiederholten sich in größeren Abständen. Noch immer fühlte sich Verschuer als »Hausherr« seines alten Kaiser-Wilhelm-Instituts und bestand in einem jahrelangen Streit auf der Herausgabe seines aus Berlin evakuierten Inventars.[71] Es war vor allem Butenandt, der sich in den Gremien der Max-Planck-Gesellschaft zu seinem Anwalt machte und schließlich die Überstellung der noch immer bei Rajewski eingelagerten Kisten nach Münster durchsetzte. Wenn Butenandt gehofft hatte, damit die »Leichen aus dem Keller« der Eliteorganisation geschafft zu haben und den ungeliebten Freund zukünftig auf Distanz halten zu können, so täuschte er sich über Verschuers Beharrlichkeit. Kaum hatte sich dieser in Münster etabliert, hielt er es im Sommer 1954 für an der Zeit, »Wiedergutmachung« für das »Unrecht« zu fordern, das ihm angetan worden sei. Die »offene Wunde«, die sein »nicht fortgeführtes« Kaiser-Wilhelm-Institut hinterlassen habe, müsse endlich geheilt werden. Er hatte zwecks Gründung eines Max-Planck-Instituts für Humangenetik bereits ein Vorgespräch mit Hahn geführt, der aber abweisend reagiert hatte. Verschuer setzte nun – wie immer – auf die Unterstützung seines besten Freundes in der Max-Planck-Gesellschaft. Butenandt tat – wie immer – zweierlei: Erstens versicherte er dem Freund in einem sibyllinischen Dankesbrief, daß dieser seine grundsätzliche Einstellung kenne und daß er sich bei der Generalverwaltung genau ins Bild setzen lassen werde. Zweitens schrieb er einen deutlicheren Brief an Hahn, in dem er anmahnte, »dass irgendeine Beschlussfassung nicht ohne sorgfältige Prüfung der in dieser Frage ja sehr verschiedenartigen Auffassungen erfolgt«. Es gelang Butenandt auch diesmal, die Angelegenheit in seinem Sinne erfolgreich zu verschleppen und ein Verschuer-Institut von der Max-Planck-Gesellschaft fernzuhalten.[72]

Kaum hatte Butenandt im Sommer 1960 sein Amt als Präsident der Max-Planck-Gesellschaft angetreten, fand er wiederum Gelegenheit, seine

---

70 MPG-Archiv, II. Abt. Rep. 1A, Personalia Verschuer, Nr. 9: Schreiben Rajewski an Hahn vom 31.3.1951.
71 MPG-Archiv, II. Abt., Rep. 1A, Personalia Verschuer, Nr. 8: Schreiben Verschuer an Hahn vom 25.5.1950.
72 MPG-Archiv, III. Abt. Rep. 84, NL Butenandt, Korr. mit Verschuer: Schreiben Verschuer an Butenandt vom 27.11.1954, Antwort Butenandts vom 7.12.1954, Schreiben Verschuer an Butenandt vom 6.8.1955, Antwort Butenandts vom 25.9.1955; II. Abt. Rep. 1A, Personalia Verschuer, Nr. 10: Auszug aus Schreiben Butenandt an Hahn vom 9.12.1954; Schreiben Hahn an Kultusminister von Nordrhein-Westfalen vom 24.5.1955.

Rivalitäten.

Freundschaft zu beweisen. Verschuer hatte inzwischen in Münster ein kleines Imperium aufgebaut. Das bundesdeutsche Ministerium für Atomfragen, das sich unter anderem für mögliche Strahlungsschäden beim Menschen, Mutationen und Strahlengenetik interessierte, finanzierte ihm seit 1957 seinen, wie er selbst sagte, »lang gehegten Plan einer Registrierung der Erbanomalien im Regierungsbezirk Münster« mit 72.000 DM. 1959 bewilligte es ihm einen Baukostenzuschuß für den Ausbau seines Instituts in Höhe von 500.000 DM.[73] Als er sich auch noch mit einem »Lehrbuch der Humangenetik« und Aktivitäten auf internationalem Parkett hervortat, trat sein eingeschworener Feind Nachtsheim auf den Plan, der sich vor allem um den Ruf der deutschen Humangenetik und damit um sein eigenes Ansehen im Ausland sorgte. Nachtsheim verfaßte nicht nur kritische Rezensionen über Verschuers Lehrbuch in Fachzeitschriften,[74] sondern auch einen polemischen Leserbrief für die zunehmend regierungsnahe Tageszeitung *Die Welt*.[75] Der Atomminister und Verschuer-Finanzier Siegfried Balke war alarmiert. Balke bat anläßlich eines Treffens im September 1960 den »Besprechungskreis ›Wissenschaftspolitik‹« um ein Votum. Als frisch installierter MPG-Präsident bedauerte Butenandt die Aktion von Herrn Nachtsheim:

> »Die Frage v. Verschuer sei bereits vor Jahren sehr eingehend von einer Kommission geprüft worden, der auch Herr Heubner angehört habe. Damals habe man einstimmig beschlossen, daß Herr v. Verschuer wieder volle Arbeitsmöglichkeit haben solle. Man sei damals gewissenhaft verfahren und hätte nun die Dinge auf sich beruhen lassen sollen.«[76]

Der kurz vor der Pensionierung stehende Generalsekretär Telschow konnte an diesem Punkt nicht umhin, seinem neuen Chef zu widersprechen und ein weiteres Mal auf den »problematischen« Charakter Verschuers hinzuweisen, der sich »1945 abgesetzt und seine Mitarbeiter im Stich gelassen habe«.

73 Verschuer an Fischer vom 3.11.1956, zitiert nach: Peter Kröner, Förderung der Genetik und Humangenetik in der Bundesrepublik durch das Ministerium für Atomfragen in den fünfziger Jahren, in: Karin Weisemann, Peter Kröner, Richard Toellner (Hg.), Wissenschaft und Politik – Genetik und Humangenetik in der DDR (1949-1989), Münster 1997, S. 69-82, hier S. 77.
74 Otmar Frhr. v. Verschuer, Genetik des Menschen. Lehrbuch der Humangenetik, München/Berlin 1959; Besprechungen von Hans Nachtsheim in: Berichte über die wissenschaftliche Biologie, 141. Bd., H. 2, Februar 1960, S. 133 f.; Biologisches Zentralblatt, Bd. 79, 1960, H. 3; Leserbrief Nachtsheims in: *Der Tagesspiegel* vom 17.7.1960.
75 Von der Kontroverse in *Die Welt* handelt der Briefwechsel zwischen Nachtsheim und Ebbing vom 25. und 28.9.1960. MPG-Archiv, III. Abt. Rep. 20A, NL Nachtsheim, Nr. 23.
76 MPG-Archiv, II. Abt. Rep. 1A, Personalia Verschuer, Nr. 11: Auszug aus der Niederschrift über die Sitzung des Besprechungskreises »Wissenschaftspolitik« am 30.9.1960.

Gleichwohl stimmten beide, Präsident und Generalsekretär, auf Balkes Nachfrage mit dem Besprechungskreis darin überein, daß es »unzweckmäßig« wäre, die Arbeiten von Verschuer nicht weiter zu fördern.[77] Verschuer bedurfte in seinem letzten Lebensjahrzehnt nicht mehr der Freundschaft Butenandts. Man begnügte sich mit dem Austausch von Sonderdrucken und wechselseitig ergebenen Grußadressen zu runden Geburtstagen.[78] In seinem Kondolenzschreiben an die Witwe versicherte der MPG-Präsident Butenandt im August 1969:

> »Der Name Otmar von Verschuer wird immer mit der Geschichte der Humangenetik untrennbar verbunden bleiben.«[79]

Die Geschichte der Verdrängung der NS-Rassenforschung, die innerhalb der Kaiser-Wilhelm-Gesellschaft vor allem von Verschuer verkörpert wurde, aus den sich rekonstituierenden, um die Wiedererlangung ihrer internationalen Anschlußfähigkeit besorgten Biowissenschaften in der Max-Planck-Gesellschaft blieb, wie es Verdrängungsprozessen eigen ist, unvollendet. Als Person konnte Verschuer erst Anfang der fünfziger Jahre aus der Mitgliedschaft in der Max-Planck-Gesellschaft hinausgedrängt werden. Da man sich von ihm jedoch weder als Person je distanziert, noch seine Forschungsansätze und -methoden je einer (selbst-)kritischen Reflexion unterzogen hatte, konnte er seine Fachkollegen immer wieder mit seinen Ansprüchen auf wissenschaftliche Geltung, kollegiale Kooperation und Teilhabe an den internationalen Kreisen wissenschaftlicher Exzellenz konfrontieren. Erst nach seinem Tod 1969 verschwand er für ein knappes Jahrzehnt aus dem kollektiven Gedächtnis der Max-Planck-Gesellschaft und ihrer Repräsentanten, zumindest insoweit es sich in den archivierten Akten dokumentierte.

Als dann zu Beginn der 1980er Jahre eine jüngere Generation in den Biowissenschaften, der Wissenschaftsgeschichte und im Journalismus erneut die Namen Verschuer, Mengele und Butenandt im Kontext der Auschwitz-Verbrechen verband, schien der Ehrenpräsident der Max-Planck-Gesellschaft tatsächlich einigermaßen erstaunt. Dem 78-jährigen Butenandt war das von ihm mitverfaßte vergangenheitspolitische Dokument von 1949

---

77 Ebd. Leider ist bei Kröner, Förderung, S. 77, nicht angegeben, ob die von Verschuer im folgenden Jahr beantragten 168.000 DM für die Erstausstattung seines Institutsneubaus vom Atomministerium bewilligt wurden. Für wesentliche Quellen- und Literaturhinweise zu diesem Vorgang danke ich Alexander von Schwerin.

78 Vgl. den Schriftwechsel Butenandt/Verschuer in: MPG-Archiv, II. Abt. Rep. 1A, Personalia Verschuer, Nr. 11.

79 MPG-Archiv, II. Abt. Rep. 1A, Personalia Verschuer, Nr. 11: Schreiben Butenandt an Erika von Verschuer vom 14.8.1969.

nicht mehr präsent, als sein jüngerer Fachkollege Benno Müller-Hill ihn 1981 interviewte. Erst eine weitere Anfrage des Sohnes von Verschuer brachte ihm »jene gewiß wichtige Denkschrift« wieder in Erinnerung. Als er sie in »alten Tübinger Akten« wieder aufgestöbert hatte, las er sie »mit größtem Interesse«. Er hielt sie nach wie vor für geeignet, den von Müller-Hill gegen die Max-Planck-Gesellschaft erhobenen »Vorwurf mangelnder Verantwortung« zu entkräften und hatte nichts dagegen, diesem im Nachgang zu seinem Interview eine Kopie zu übersenden:[80]

> »Unsere Unterhaltung wäre sehr erleichtert worden, wenn ich mich an jene Denkschrift und an die vielen Einzelheiten noch erinnert hätte, die in ihr angesprochen werden. Ich glaube, daß in den ersten Nachkriegsjahren in der Kaiser-Wilhelm/Max-Planck-Gesellschaft von Göttingen aus doch mehr zur Klärung der Situation und aller Vorgänge an dem der Erbforschung und Eugenik gewidmeten Institut der Kaiser-Wilhelm-Gesellschaft getan wurde. Übrigens ist die – offenbar auf Vorschlag von Professor von Verschuer selbst erfolgte – Zusammensetzung der o.g. Kommission bemerkenswert, denn kritischere Persönlichkeiten als Wolfgang Heubner und Max Hartmann hätte man wohl überhaupt nicht finden können.«[81]

Als ihm Müller-Hill sein zur Publikation vorgesehenes Manuskript übersandte und darin eine andere Lektüre dieser Quelle präsentierte, war Butenandt »in hohem Maße überrascht« und versuchte, sie zuletzt mit anwaltlicher Hilfe zu verhindern.[82]

Die historische Analyse der Verschuer-Denkschrift und des verzweigten Briefwechsels der Beteiligten läßt keinen über die bekannten Fakten hinausgehenden Tatbeitrag ihrer Autoren und insbesondere Butenandts zu den

---

80 MPG-Archiv, NL Butenandt, Ordner 357: Schreiben Helmut v. Verschuer an Butenandt vom 3.4.1981; Schreiben Butenandt an H. v. Verschuer vom 12.5.1981 und an Müller-Hill vom 13.5.1981 (Zitate). Die noch zu Lebzeiten Butenandts entstandene, von seinem Schüler verfaßte Biographie erwähnt Verschuer mit keinem Wort: Peter Karlson, Adolf Butenandt. Biochemiker, Hormonforscher, Wissenschaftspolitiker, Stuttgart 1990.
81 MPG-Archiv, NL Butenandt, Ordner 357: Schreiben Butenandt an Müller-Hill vom 13.5.1981.
82 Die Auseinandersetzungen zwischen Müller-Hill einerseits und Butenandt, seinem ehemaligen Mitarbeiter Ruhenstroth-Bauer sowie deren Anwälten andererseits zogen sich bis 1984 hin; der Schriftwechsel befindet sich in: MPG-Archiv, NL Butenandt, Ordner 357. Das Zitat entstammt dem Schreiben Butenandts an Müller-Hill vom 19.8.1983. Das aufsehenerregende Buch erschien wenig später: Benno Müller-Hill, Tödliche Wissenschaft. Die Aussonderung von Juden, Zigeunern und Geisteskranken, Reinbek 1984.

medizinischen Verbrechen in Auschwitz erkennen. Festzuhalten bleibt, daß Butenandt Verschuers Forschungen über »spezifische Eiweißkörper« kollegial unterstützte, indem er seinen Mitarbeiter Hillmann aufforderte, Verschuer bei der experimentellen Bearbeitung der Blutproben aus Auschwitz zu helfen. Darüber hinausgehend hat Ernst Klee nach Auswertung des Nachlasses von Karin Magnussen jüngst die Behauptung erhoben, Butenandt sei der »Mittelpunkt« der Dahlemer »Verbundforschung über Genwirkstoffe« und der »biochemische Baustein der Auschwitz-Forschung«, Mengele hingegen der Exekutor der »Kühn-Butenandt-Verschuer-Forschung«.[83] Richtig ist, daß in den 1930er und 1940er Jahren an mehreren biowissenschaftlichen Kaiser-Wilhelm-Instituten einschließlich Butenandts KWI für Biochemie ebenso wie anderenorts in Deutschland und weltweit interdisziplinär über Genwirkstoffe, und zwar zumeist anhand der Ausprägung von Pigmentierung, geforscht wurde.[84] Wahrscheinlich ist, daß Butenandt über Magnussens Augenpigmentforschung am benachbarten KWI für Anthropologie seines Kollegen und Freundes Verschuer informiert war. Weniger wahrscheinlich ist, daß er bereits vor Kriegsende von der Zulieferung der heterochromen Augenpaare der ermordeten »Zigeuner«-Kinder aus Auschwitz wußte. In seinem Briefwechsel mit Verschuer aus den letzten Kriegsmonaten 1944/45 ist zwar häufiger von Verschuers Eiweißprojekt und auch von Diehls Tuberkuloseprojekt die Rede, jedoch werden weder die Pigmentforschung Magnussens noch auch nur ihr Name je erwähnt. Man kann es für falsch verstandene Höflichkeit, eine schwer erträgliche Geschmacklosigkeit und noch am ehesten als den Ausdruck einer erfolgreichen Verdrängungsleistung halten, wenn der greise Nobelpreisträger 1982 meint, sich für die ungefragte Zusendung eines Sonderdrucks der pensionierten Biologielehrerin Karin Magnussen mit dem Ausdruck der Begeisterung über deren ungebrochene wissenschaftliche Tatkraft bedanken zu müssen.[85] Es beweist jedoch keineswegs, daß Butenandt 1943 der spiritus rector einer der übelsten der bislang bekannten verbrecherischen Kooperationen zwischen Wissenschaft und Politik im Rahmen der Kaiser-Wilhelm-Gesellschaft gewesen wäre.

83 Klee, Deutsche Medizin, S. 370 f.
84 Vgl. dazu Karlson, Butenandt, S. 111-113, 132-135.
85 MPG-Archiv, III. Abt., Rep. 84, Korr. Magnussen 1982-1993: Schreiben Magnussen an Butenandt vom 17.1.1982 und Antwort Butenandts vom 20.8.1982. Benno Müller-Hill stellte diese Briefe am 17.5.2001 in seinem Vortrag »Erinnerung und Ausblendung. Ein kritischer Blick in den Briefwechsel Adolf Butenandts (MPG-Präsident 1960-1972)« im Rahmen der Vortragsreihe des Forschungsprogramms »Geschichte der Kaiser-Wilhelm-Gesellschaft im Nationalsozialismus« in Berlin vor. Vgl. Klee, Deutsche Medizin, S. 371.

Was aber zeigt uns die Analyse der Entstehungs- und Wirkungsgeschichte der Verschuer-Denkschrift? Zunächst einmal nährt das dort offenbar werdende notorische Doppelspiel besonders von Butenandt und Rajewski den Verdacht, die Autoren hätten, wie es für den Verschuer-Verteidiger Heubner, aber auch für den Verschuer-Ankläger Nachtsheim nachgewiesen ist, aufgrund eigener, innerhalb ihres wissenschaftlichen Umfeldes bekannter, fragwürdiger Handlungen Anlaß gehabt, den Kollegen Verschuer nicht vollends auszugrenzen, sondern seinen wissenschaftlichen Wiederaufstieg zu fördern und ihn so dauerhaft in ein vergangenheitspolitisches Deutungskartell zu integrieren. In der öffentlichen Diskussion wurde dafür zuletzt der kriminologische Begriff der »Verdunkelung« vorgeschlagen.[86] Peter Kröner vermutete am Ende seiner Darstellung der Verschuer-Denkschrift eine »unausgesprochene Erpressbarkeit« ihrer Autoren.[87] Solange Straftatbestände über eine naheliegende, aber letztlich ebenfalls nicht beweisbare Mitwisserschaft hinaus nicht deutlicher hervortreten, scheint der ebenfalls von Kröner vorgeschlagene Begriff der »Selbstexkulpation« besser zu beschreiben,[88] worum es den Autoren gegangen sein könnte, nämlich sich der Mitverantwortlichkeit zu entledigen, die aus ihrer Nähe zu den rassenpolitischen Kernbereichen der NS-Herrschaft erwuchs, in die sie geraten waren, in die sie sich möglicherweise sogar gedrängt, der sie sich jedenfalls nicht entzogen hatten.

Darüber hinaus bleibt festzuhalten, daß die Autoren der Verschuer-Denkschrift weder im Zuge ihrer Abfassung noch zu irgendeinem späteren Zeitpunkt in eine kritische Auseinandersetzung mit der unmittelbaren Vergangenheit ihrer Forschungsdisziplin eingetreten sind. Statt sich mit den ethischen Grenzen ihrer Experimentalanordnungen zu befassen, haben sie unbestreitbare amoralische Entgrenzungen wissenschaftlichen Handelns mit politischer Unkenntnis der wissenschaftlichen Akteure entschuldigt. Ebenso unbestreitbare politische Mittäterschaft haben sie in läßliche Verfehlungen eines ansonsten »anständigen« Kollegen umgedeutet. Sie haben um des Zusammenhalts ihrer wissenschaftlichen Zunft willen die Aufklärung der historischen Wahrheit hintertrieben und über Jahrzehnte eine Politik des Ausblendens, Abschwächens und Umdeutens betrieben. Butenandt beanspruchte auch nach Jahren der öffentlichen Auseinander-

---

86 Zum Beispiel während des wissenschaftlichen Symposiums »Biowissenschaften und Menschenversuche an Kaiser-Wilhelm-Instituten. Die Verbindung nach Auschwitz«, das im Rahmen des Forschungsprogramms »Geschichte der Kaiser-Wilhelm-Gesellschaft im Nationalsozialismus« am 7./8. Juni 2001 in Berlin stattfand.
87 Kröner, Rassenhygiene, S. 138.
88 Kröner, Rassenhygiene, S. 140.

setzungen über die medizinischen Verbrechen während des »Dritten Reiches« im allgemeinen und die Rolle Verschuers im besonderen die historische Urteilsmacht über Recht und Gerechtigkeit für sich und seine längst verstorbenen Mitstreiter. Noch 1988 wies er die hochnotpeinlichen Fragen, die ihm der Wissenschaftshistoriker Christoph Cobet zur Interpretation dieser Quelle gestellt hatte, ohne den geringsten Selbstzweifel zurück:

> »Nach erneutem Studium der mir noch zugänglichen Unterlagen kann ich erklären, daß ich noch heute zu jedem Wort der von mir mit unterschriebenen Denkschrift vom September 1949 stehe und in keinem Punkt meine Auffassung zu ändern habe. Ich bin fest überzeugt, daß die drei Mitunterzeichner (Wolfgang Heubner, Max Hartmann und Boris Rajewski), die wegen ihrer Charakterstärke und ihrer Haltung allgemeine Verehrung und uneingeschränktes Vertrauen genossen, eine gleiche Erklärung abgeben würden, wären sie noch am Leben und hätten wie ich die Ereignisse und Erkenntnisse der Jahre 1949 bis 1988 erleben und auswerten können.«[89]

Bei der Abfassung der Verschuer-Denkschrift im September 1949 handelte es sich auf der institutionellen Seite der Max-Planck-Gesellschaft um eine wohldosierte Anstrengung zur personellen Säuberung und organisationspolitischen Frontbegradigung. Auf Seiten der beteiligten Biowissenschaftler handelte es sich um eine Veranstaltung zur Selbstverständigung über den Umgang mit bekannt gewordenen und möglicherweise noch bekannt werdenden Kontaminierungen ihres Netzwerkes mit den NS-Verbrechen, zur Vereinheitlichung exkulpierender Bewertungen und zur Vereinbarung von Sprechweisen, mit denen sie ihre zeithistorische Definitionsmacht über Recht und Unrecht ihres eigenen wissenschaftlichen Handelns beanspruchen und langfristig behaupten wollten.

---

89 MPG-Archiv, NL Butenandt, Ordner 357: Schreiben Butenandt an Cobet vom 12.10.1988.

MARK WALKER

Von Kopenhagen bis Göttingen und zurück
Verdeckte Vergangenheitspolitik in den Naturwissenschaften

Mein Artikel untersucht am Beispiel von Otto Hahn, Werner Heisenberg und Carl Friedrich von Weizsäcker, wie sich die deutschen Atomforscher persönlich und wissenschaftlich im Nationalsozialismus engagierten, und wie sie ihre Biographie und ihre Arbeit anschließend so neu formulierten und rekontextualisierten, daß sie sich in die Bundesrepublik Deutschland einfügte. Damit begeben wir uns auf eine geographische Reise von Kopenhagen nach Göttingen und zurück, mit Stops in Berlin und England. Zugleich gehen wir auf eine weltanschauliche Reise vom Nationalsozialismus und Krieg hin zur kapitalistischen Demokratie und zum Kalten Krieg. Zweierlei sollte man dabei im Hinterkopf behalten: daß Mythen und Legenden in und über die Wissenschaft eine funktionale Rolle spielen, und daß die nationale und internationale Reputation gerade in den Naturwissenschaften in einem Spannungsverhältnis stehen kann.

Meine Untersuchung gibt ein Beispiel dafür, wie sich Wissenschaft transformieren läßt, auch wenn sich der wissenschaftliche Inhalt selbst nicht ändert. Es ist der Kontext, der sich wandelt und es zugleich ermöglicht oder sogar erfordert, daß Wissenschaft sich neu ausrichtet. Die Aussicht auf nukleare Bomben beeindruckte sowohl die nationalsozialistische Führung als auch die siegreichen Alliierten. Allerdings war es nach Hiroshima vorteilhaft, diese Forschung neu zu definieren. Deshalb wurde die deutsche Atomwissenschaft während der Kriegszeit schließlich als Widerstand zu Hitler und als Beitrag zum Weltfrieden ausgegeben, indem sie zur Grundlagenforschung erklärt wurde, die von Wissenschaftlern kontrolliert und von den Nazis fern gehalten worden sei. Diese Neudefinition sollte sich auch für die spätere Entwicklung als folgenreich erweisen, etwa, als in den 1950er Jahren die gleichen Atomwissenschaftler die Opposition gegen die westdeutschen Atomwaffen unterstützten.

I. Kopenhagen

Im Frühjahr 1941, vor dem Bruch des Nichtangriffspaktes und dem Angriff gegen die Sowjetunion, und zu einer Zeit, als die Beziehungen zwischen den Dänen und den deutschen Besatzern relativ gut waren, reiste der Physiker

Carl Friedrich von Weizsäcker nach Kopenhagen. Dort wollte er vor der Physikalischen und Astronomischen Gesellschaft und vor der kollaborierenden Dänisch-Deutschen-Gesellschaft sprechen.[1]

Einige Monate später kam von Weizsäcker zusammen mit seinem Kollegen und ehemaligen Lehrer Werner Heisenberg nach Kopenhagen zurück, um auf einer Astrophysik-Konferenz des neu gegründeten ›Deutschen Wissenschaftlichen Institutes.‹ (DWI) zu reden. Nun war es bereits September 1941, und der historische Rahmen hatte sich in und außerhalb Dänemarks geändert. Der deutsche Krieg gegen die Sowjetunion lief auf Hochtouren, und die meisten Beobachter, von Weizsäcker und Heisenberg vermutlich eingeschlossen, glaubten, daß der Krieg bald mit einem Sieg des nationalsozialistischen Deutschlands enden würde. In Kopenhagen hatte sich das Verhältnis zwischen den Dänen und den deutschen Besatzern verschlechtert, mit dem Ergebnis, daß die Dänen kaum bereit waren, zu kollaborieren oder auch nur den Anschein einer Kooperation zu machen.

Auf den ersten Blick schien das besetzte Kopenhagen ein eigentümlicher Treffpunkt für eine Astrophysik-Konferenz. Tatsächlich war es dem Direktor des DWI recht egal, worüber die Konferenz tagte. Ihm war nur wichtig, daß Heisenberg kam und sprach, da er hoffte, so dessen Mentor und Kollegen, Niels Bohr, und Bohrs Institute zum DWI zu führen.

Für Heisenberg war es nicht einfach, eine Reisegenehmigung zu erhalten. In der NSDAP-Führung und im Reichserziehungsministerium (REM) war der Physiker recht umstritten. Nur ein paar Jahre zuvor hatte der Physiker und Nobelpreisträger Johannes Stark Heisenberg angegriffen, zuerst in der NSDAP-Zeitung *Völkischer Beobachter*, dann noch deutlicher in dem SS-Wochenblatt *Das Schwarze Korps*, wo er ihn als »weißen Juden«, »Juden im Geiste« und den »Ossietzki der Physik« bezeichnet hatte. Zwischenzeitlich hatte die SS Heisenberg zwar rehabilitiert, aber dennoch hatte er weiterhin Gegner innerhalb der NS-Bewegung, die Starks Position unterstützen.[2]

Nachdem das Reichserziehungsministerium zunächst die Reisegenehmigung für Heisenberg ablehnte, setzten sich andere politische Kräfte des NS-Staates für Heisenberg ein. So reiste der DWI-Direktor nach Berlin, um für Heisenberg einzutreten: die Astrophysik-Tagung und Heisenbergs Teilnahme sei bereits angekündigt, und das DWI würde sein Gesicht verlieren, wenn man den ersten großen Höhepunkt der Tagung platzen ließe. Das deutsche Außenministerium bemerkte, daß es besser wäre, wenn Ernst von

---

[1] Zur Kopenhagen-Reise vgl. die detaillierte Darstellung in: Mark Walker, Nazi Science: Myth, Truth, and the German Atom Bomb, New York 1995, S. 144-151.
[2] Walker, Nazi, S. 42-43 und 130-131.

Weizsäcker (Carl Friedrichs Vater und Staatssekretär im Außenministerium) nicht intervenieren würde. Am Ende gab die NSDAP widerwillig nach und erlaubte Heisenbergs Reise. Das DWI konnte somit Heisenberg zur Schau stellen und sein Prestige propagandistisch ausnutzen. Damit trat Heisenberg als kultureller Botschafter des nationalsozialistischen Deutschlands in Dänemark auf, ob ihm das recht war oder nicht.

Bohr und die anderen Wissenschaftler seines Instituts boykottierten jedoch die Konferenz. Daraufhin versuchten Heisenberg und von Weizsäcker vergeblich, Bohr zu einer Zusammenarbeit mit den deutschen Besatzern und dem DWI zu bewegen. Sie erzählten einem von Bohrs Kollegen, daß die dänische Haltung »unreasonable« und »indefensible« sei seit der deutsche Sieg gesichert wäre. Jeder Widerstand oder jede verweigerte Kooperation könne für Dänemark nur ein »Disaster« bescheren.[3] Von Weizsäcker brachte den Direktor des DWI unangemeldet in Bohrs Büro, um ihn so zu jenem Treffen zu zwingen, das Bohr hatte vermeiden wollen. Heisenberg seinerseits erzählte den Wissenschaftlern des Instituts, der Krieg sei eine »biologische Notwendigkeit«.[4]

Heisenberg schockierte Bohr zudem mit der Neuigkeit, daß die Deutschen intensiv an der Entwicklung von Atombomben arbeiteten und gute Fortschritte machten. Obwohl Heisenberg keine Details offenlegte, erzählte er Bohr, er sei sicher, »it could be done.« Von Weizsäcker ging noch weiter und sagte einem anderen dänischen Wissenschaftler, es sei ein Glücksfall, daß Heisenbergs Arbeit so große militärische Bedeutung habe, weil dadurch die Nationalsozialisten nach dem erwarteten deutschen Sieg mehr Verständnis für die deutsche Wissenschaft aufbringen würden.[5]

Die historischen Umstände waren gerade hier wichtig. Im September 1941 rückten deutsche Panzer, Flugzeuge und Soldaten mit rasantem Tempo in Richtung Moskau und Leningrad vor. Großbritannien erschien hilflos, und die Vereinigten Staaten hielten sich noch aus dem Krieg raus. Für die meisten Deutschen galt der »Endsieg« über die Sowjetunion als sicher und bevorstehend, so daß ihre Kopenhagener Äußerungen glaubhaft waren. Heisenberg und von Weizsäcker meinten, Bohr und seine Kollegen sollten die Realität akzeptieren und sich für das Leben nach dem Triumph des Nationalsozialismus rüsten. Ebenso deutlich war aber auch, daß Bohr diesen Ratschlag nicht in Erwägung zog.

---

3   Vgl. die kürzlich veröffentlichten Dokumente im Internet, *http://www.nbi.dk/NBA/papers/introduction.htm* (eingesehen 12 März 2002).
4   Walker, Nazi, S. 149.
5   Bohr Documents.

Heisenbergs Prestige als Wissenschaftler und seine Forschung hatten dabei eine doppelte Bedeutung, in nationaler und internationaler Perspektive. Sein hoher Status in der deutschen und internationalen Wissenschaft war eine Vorbedingung für seine 1939 erreichte Rehabilitation durch die SS, und im Interesse der deutschen Propaganda hatten ihn die Behörden zum Schaulauf ins Ausland reisen lassen. Nach der Kopenhagener Astrophysik-Tagung 1941 pries das DWI Heisenbergs Auftritt und dessen positive Wirkung an. Danach gab es kaum noch Widerstand von der NSDAP oder den staatlichen Behörden gegen Heisenberg Auslandsreisen. Vielmehr wurde Heisenberg zu einem gefragten Gastredner.

Es wäre irreführend, wenn man beim deutschen Uranprojekt nur auf Heisenberg blicken würde.[6] Er war hierfür von großer Bedeutung, aber lediglich einer von fünf oder sechs führenden Wissenschaftler. Dennoch konzentriert sich dieser Essay auf Heisenbergs Rolle, da er nach dem Krieg als Kopf des Projektes galt, zudem er sich auch selbst indirekt stilisierte.

Obgleich die Erforschung der nuklearen Kernspaltung schließlich 1942 dem Reichsforschungsrat übertragen wurde, waren Heisenberg und seine Kollegen von Kriegsbeginn bis zum Ende des ›Blitzkrieges‹ im Winter 1941-1942 dem Heereswaffenamt unterstellt. Es gab keine Zweifel, daß es sich hier um ein Militärprojekt handelte. Die Deutschen hatten erkannt, daß zwei Wege zur Atombombe führen konnten: Erstens eine Uran-235-Bombe über eine Uranisotopentrennung; und zweitens eine Plutonium-Bombe aus einen Kernreaktor, der eine Kernspaltungs-Kettenreaktion aushalten kann. Im September 1941 hatten die Deutschen eine vielversprechende Isotopentrennungsanlage entwickelt, die Ultrazentrifuge, und ein Model eines Kernreaktors entworfen, das die Herstellung einer Neutron-Vermehrung ermöglichte. Das war von großer Bedeutung. Denn theoretisch mußte man eine derartige Anlage nur ausbauen, um eine sich selbsterhaltende Kettenreaktion zu erreichen, selbst wenn dies sicher nicht die effizienteste Variante wäre. Außerdem erschienen die Rohstoffe im ausreichenden Maße vorhanden. Insofern war es plausibel, wenn Heisenberg Bohr erzählte, daß Kernwaffen gebaut werden könnten.

Von Weizsäckers Bemerkung über die wissenschaftspolitischen Folgen der deutschen Forschung muß ebenfalls im Kontext der September-Ereignisse gesehen werden. Da der baldige Frieden und deutsche Sieg so nah schienen, brauchte man keine Wunderwaffen mehr. Dennoch würden die

---

6 Vgl. hierzu ausführlich: Mark Walker, Die Uranmaschine. Mythos und Wirklichkeit der deutschen Atombombe, Berlin 1990 und Mark Walker, Legenden um die deutsche Atombombe, in: Vierteljahrshefte für Zeitgeschichte 38 (1990), S. 45-74.

Nationalsozialisten und Militärbehörden von der Aussicht beeindruckt sein, derartig schlagkräftige Waffen für kommende Konflikte zu besitzen.

All dies änderte sich dramatisch, als der Blitzkrieg im russischen Winter zum Stoppen kam und Hitler den Vereinigten Staaten nach Pearl Harbor den Krieg erklärten. Obgleich die deutschen Militärs und das deutsche Volk keineswegs die Hoffnung auf einen Sieg aufgaben, war nun klar, daß der Krieg länger dauern würde und neue Ressourcen benötigte.

Ist es dennoch keine Überraschung, daß das Heereswaffenamt im Dezember 1941 zum ersten Mal die im Uranprojekt forschenden Wissenschaftler fragte, wie lange die Entwicklung der Atomwaffen noch brauche? Die Antwort war, es werde noch mehrere Jahre dauern, weshalb das Heereswaffenamt entschied, die Forschung auf eine zivile Institution zu verlagern. Im Februar 1942 war es eine Zeitlang unklar, ob das Heereswaffenamt aus dem Uranprojekt aussteigen wollte oder ob der Reichsforschungsrat es übernehmen und großzügig unterstützten sollte. Genau in dieser Phase hielten Heisenberg, Otto Hahn und einige andere Kollegen einige allgemeinverständliche Reden vor führenden NSDAP-Leuten, Militärs und Industriellen. Heisenbergs Ausführungen über Kernreaktoren und Kernwaffen waren ebenso passend wie wirkungsmächtig: Auf der einen Seite betonte er, daß Uran 235 und Plutonium Bomben Waffen mit »völlig unvorstellbaren Auswirkungen« seien; auf der anderen Seite unterstrich er, daß es sehr schwer sei, sie herzustellen und dies Geduld und große Unterstützung erfordere. Beides sollte sich finden.

Ein Jahr später wurde Heisenberg allerdings noch vorsichtiger. Dies war die Phase, als Josef Goebbels fragte »Wollt Ihr den totalen Krieg?« und Deutschland verzweifelt nach Wunderwaffen suchte, um den Kriegsverlauf zu wenden. Ironischerweise war eines der wenigen Forschungsprojekte, das dabei nicht berücksichtigt wurde, die Atombombe. Vermutlich war die Möglichkeit aufgebracht und verworfen worden. Als Heisenberg 1943 vor der Luftfahrt-Akademie sprach, erwähnte er in seiner Rede nicht einmal nukleare Sprengköpfe. Stattdessen konzentrierte er sich auf die militärische und wirtschaftliche Verwendung von Atomreaktoren für die Energiegewinnung und zum U-Boot-Antrieb.

Es spricht zudem einiges dafür, daß Heisenberg – wie die meisten Deutschen – mittlerweile den Kriegsausgang pessimistischer sah. Während einer Vortragsreise durch Holland erzählte Heisenberg 1943 einem holländischen Kollegen in einem Privatgespräch, daß entweder Deutschland oder Rußland siegen werde, wobei er Deutschland als das kleinere Übel bezeichnete.[7] Dies

---

7 Walker, Nazi, S. 168-169.

spiegelte zugleich Goebbels Propaganda nach der militärischen und propagandistischen Niederlage von Stalingrad wieder; Deutschland müsse nun zusammenrücken und noch härter kämpfen, wobei er mit der bedrohlichen Aussicht mobilisierte, was im Falle eines sowjetischen Sieges passieren würde. Dennoch, der Haupteindruck, den Heisenbergs Bemerkung erweckte, war Verzweiflung und Resignation.

II. Farm Hall

Die ›Also Mission‹, die von dem ehemaligen Emigranten und jetzt eingebürgerten amerikanischen Physiker Samuel Goudsmit geleitet wurde, folgte den vorrückenden Alliierten Armeen. Sie verhafteten von Weizsäcker, Heisenberg, Hahn und sieben andere Wissenschaftler, die mehr oder weniger in die Uran-Forschung eingebunden waren und brachten sie in ein geräumiges Landhaus namens Farm Hall in England. Dort wurden ihre Gespräche geheim aufgezeichnet, zusammengefasst und aufgeschrieben.[8]

Von ihrer Verhaftung bis hin zum Tag von Hiroshima machten die Wissenschaftler häufig einen recht arroganten Eindruck auf Goudsmit und die anderen Aufseher; ironischerweise vor allem, weil sie glaubten, den Alliierten auf dem Weg zur Kernspaltung einen Schritt voraus zu sein. Entsprechend zuversichtlich waren sie, daß die Alliierten an ihrer Arbeit interessiert wären. Die Kernreaktoren hatten nun scheinbar wieder den gleichen Wert erlangt wie im September 1941 – nur der voraussichtliche Schirmherr hatte gewechselt. Wie die Farm Hall-Transkripte zeigen, beschäftigten sie sich dagegen nicht mit den moralischen Problemen ihrer Arbeit, bis ihnen überraschend mitgeteilt wurde, daß Atombomben Hiroshima und Nagasaki zerstört hätten.

Die Neuigkeit von Hiroshima veränderte alles. Plötzlich galt die Arbeit, auf die sie so stolz waren und bei der sie unter widrigen Bedingungen große Leistungen erreicht hatten, als mittelmäßig und befleckt. Besonders Heisenberg reagierte hierauf als erster. Er versuchte sich und seine Kollegen zu überzeugen, daß er aufzeigen könne, wie die Amerikaner dies geschafft hätten. Die in Farm Hall internierten Wissenschaftler wollten einfach daran festhalten, daß sie genauso gut waren wie ihre amerikanischen Kollegen,

---

8 Mark Walker, Selbstreflexionen deutscher Atomphysiker. Die Farm Hall-Protokolle und die Entstehung neuer Legenden um die ›deutsche Atombombe‹, in: Vierteljahrshefte für Zeitgeschichte 41 (1993), S. 519-42; Dieter Hoffmann (Hg.), Operation Epsilon, Berlin 1993.

auch wenn sie nicht so weit gegangen waren. Dieser Anspruch führte allerdings zu erheblichen Frustrationen, als sie die wissenschaftlichen und technischen Details aus den ungenauen und aufgestachelten Zeitungsberichten herauszufiltern versuchten. Auf jeden Fall erwarteten sie nicht länger, daß die Amerikaner oder Briten von ihrer Arbeit beeindruckt sein könnten. Zu den Sowjets wollten sie aber auch nicht überlaufen. Was ihnen übrig blieb, war nach Hause zurückzukehren, so schnell die Briten es ihnen erlauben würden.

In dieser Situation fing von Weizsäcker an, schrittweise seine Kollegen (und insbesondere Heisenberg) zu überreden, daß sie doch deshalb nicht erfolgreich die Atombombe gebaut hätten, weil sie es nicht wollten. Zunächst lehnten Erich Bagge und Otto Hahn diese Strategie ab. Selbst Heisenberg zögerte, wurde aber schließlich wohl überredet. Damit war der Mythos der deutschen Atombombe geboren.

Dieser Mythos wurde entwickelt, um vor allem um Heisenberg herum eine Widerstandsverschwörung gegen den Nationalsozialismus auszumalen. Demnach hätten die Wissenschaftler ihre Arbeit verlangsamt, umgelenkt und unter ihrer Kontrolle gehalten. Diese Botschaft ließ sich sowohl im heimischen Deutschland als auch international gut verkaufen: Die deutschen Wissenschaftler hätten gute Arbeit geleistet (was ja auch stimmte), hätten es aber absichtlich und gewissenhaft abgelehnt, für Hitler Kernwaffen zu bauen. Die meisten Deutschen, aber auch einige Nicht-Deutsche zogen daraus den Schluß, daß die Wissenschaftler in beiden Fällen das Richtige getan hätten und nun unbeschadet von dem schweren Erbe seien, das der Nationalsozialismus und Hiroshima hinterlassen hatten. Für die siegreichen Alliierten im nun besetzten Deutschland, und besonders für die wissenschaftlichen Kontrolloffiziere, die die deutsche Forschung überwachten, bedeutete dies, daß diese Atomwissenschaftler zu unterstützen seien und Vertrauen verdienten.

Nicht jeder begrüßte diesen Mythos, und einige antworteten hierauf mit einem anderen; nämlich den, daß die deutschen Wissenschaftler Hitler die Kernwaffen für den Kriegsgewinn geben wollten, aber ihre Inkompetenz glücklicherweise ihr Vorhaben stoppte. Insgesamt war diese Umdeutung der Atomwaffenforschung in einen Widerstand gegen Hitler dennoch effektiv. Das jüngste Beispiel dafür ist das preisgekrönte Theaterstück über den Bohr-Heisenberg Besuch, Michael Frayns Stück »Kopenhagen.«[9]

---

9   Michael Frayn, Kopenhagen. Stück in zwei Akten, Göttingen 2001.

III. Göttingen

Die Annahme, daß Heisenberg und seine Mitarbeiter ihre Arbeit an der Kernspaltung verlangsamt und abgewandelt hätten, paßt generell in die rückwirkende Neudefinition von angewandter und grundlegender Militärforschung. Wissenschaftler verweisen hier gerne auf eine derartig unvoreingenommen geführte Grundlagenforschung. Dabei spielte insbesondere Otto Hahn eine bedeutende Rolle, da er zugleich letzter Präsident der Kaiser-Wilhelm-Gesellschaft und erster Präsident ihrer Nachfolge-Organisation, der Max-Planck-Gesellschaft, war. Zudem hatte er 1944 den Nobelpreis in Chemie für die Entdeckung der Kernspaltung gewonnen.

Die Kaiser-Wilhelm-Gesellschaft hatte ihren Standort bei Kriegsende von Berlin nach Göttingen in der späteren britischen Besatzungszone verlagert. Als die in Farm Hall internierten Wissenschaftler im Januar 1946 nach Deutschland zurückkamen, reetablierte Heisenberg ebenfalls in Göttingen das Kaiser-Wilhelm-Institut für Physik als das Max-Planck-Institut für Physik.[10] Eine der wenigen Dinge, über die sich die alliierten Wissenschaftler einigen konnten, war, daß die deutsche Wissenschaft demilitarisiert und kontrolliert werden müsse, mit Ausnahme derjenigen Wissenschaftler und Ingenieure, die mit einem der Alliierten arbeiteten. Natürlich war die Atomforschung ein besonders sensibler Bereich. Hahn, Heisenberg, von Weizsäcker und die anderen Wissenschaftler, die nun nach Göttingen zogen, genossen jedoch ein sehr gutes Verhältnis zu den verständnisvollen Forschern, die deren Arbeit in der Britischen Zone überwachten und großzügig den Wiederaufbau der deutschen Wissenschaft unterstützten.

Viele von den einstigen Uranprojekt-Forschern, aber insbesondere Hahn, bemühten sich nun unermüdlich, ihre Arbeit im Dritten Reich neu zu definieren, insbesondere während der Kriegszeit. Wie auch immer es wirken mochte – Hahn zufolge hatten sie nur unpolitische Grundlagenforschung betrieben. In gewisser Weise war das Teil des Widerstandsmythos gegen den Nationalsozialismus. Hahn benutzte seine gesamte wissenschaftliche Autorität als Nobelpreisgewinner und das moralische Gewicht von jemandem, der sich auf Distanz zum Nationalsozialismus gehalten hatte, um darauf zu beharren, daß trotz des politischen und ideologischen Druckes der Hitlerbewegung und des Weltkrieges die meisten deutschen Wissenschaftler und insbesondere die Wissenschaftler der neu gegründeten Max-Planck-Gesellschaft nur hochqualifizierte wertneutrale Grundlagenforschung betrieben hätten.

10 Walker, Uranmaschine, S. 217-243.

Natürlich stimmte das nicht. Selbst man beiseite läßt, was Hahn wußte oder nicht wußte über die Verbindung zwischen Menschenversuchen und der Kaiser-Wilhelm-Gesellschaft, hätte der Chemiker sich erinnern können, daß das Uran-Projekt ausdrücklich als militärisches Projekt begonnen hatte und vieles von dem Material und der Ausrüstung aus dem ausgeplünderten besetzten Europa stammte. Er hätte sich auch erinnern können, daß sich die Projektmitarbeiter nur deshalb dieser Forschung widmen konnten, weil führende Nationalsozialisten langfristig die Kernenergie und Kernwaffen fördern wollten.

Tatsächlich ließen die zahlreichen entlastenden Äußerungen von Hahn die Kaiser-Wilhelm-Gesellschaft und ihre Wissenschaftler aufrichtig erscheinen. Das bedeutete, daß Hahn anscheinend die Wirklichkeit des Dritten Reiches und des Zweiten Weltkrieges vergaß und sich den Mythos der Grundlagenforschung sehr schnell nach dem Kriegsende verbreitete, wenn nicht schon davor.

Am wichtigsten war aber, daß die alliierten Behörden in Deutschland und viele Deutsche das fiktionale Bild für bare Münze nahmen. Das erlaubte der Max-Planck-Gesellschaft – insbesondere Heisenbergs Institut –, ihre Grundstruktur und ihren Personalbestand recht unverändert in die Nachkriegszeit zu retten. Diese von Hahn angeführte kollektive Verdrängung, die die Kompromisse im ›Dritten Reich‹ und bei der Kriegsmobilisierung vergessen machte, war sehr effektiv, um Veränderungen zu trotzen. Aber sie war auch ein Grund, warum die Max-Planck-Gesellschaft ein halbes Jahrhundert benötigte, um kritisch auf die Geschichte der Kaiser-Wilhelm-Gesellschaft im Nationalsozialismus zu blicken.

Im Ausland blieben Hahns Kollegen skeptischer gegenüber dem Bild, das er über die Wissenschaft im Dritten Reich ausmalte. Es ist auffällig, wie lange es nach dem Krieg dauerte, bis die ausländischen Forscher ihre deutschen Kollegen wirklich akzeptierten. Dies wird oft angeführt, um den relativen Niedergang der deutschen Wissenschaft nach 1945 mit zu erklären. In gewisser Weise ist aber auch diese Deutung ein Ergebnis von recht ähnlichen Mythen, Legenden und dem Unwillen, ehrlich mit der Vergangenheit umzugehen, was den deutschen Wissenschaftlern zumindest für eine Generation recht gut gelang. Naturwissenschaftler mögen gegenüber den Sozial- und Geisteswissenschaftler den Vorteil haben, daß sie für ihre Arbeit ein höheres Maß an Objektivität beanspruchen können. Aber in diesem Fall hatten sie den Nachteil, daß ihre Wissenschaft im hohen Maße international war, so daß ihre ausländischen Kollegen sie abwägend und kritisch prüften, was auch immer für Mythen sie verbreiteten.

IV. Von Göttingen zurück nach Kopenhagen

Zwei nahezu zeitgenössische Publikationen beeinflußten auf recht dramatische Weise das Leben von Hahn, Heisenberg und von Weizsäcker: Robert Jungks *Heller als tausend Sonnen* von 1956,[11] und das sogenannte ›Göttinger Manifest‹ von 1957.[12] Das erste Buch stellte die amerikanischen und die deutschen Versuche zum Bau von Kernwaffen nebeneinander, um schließlich die Atombomben auf Japan und die McCarthy-Taktik in der Oppenheimer Affäre zu kritisieren. Dabei argumentierte Jungk unter anderem, daß eine Gruppe von deutschen Wissenschaftlern um Heisenberg dem Nationalsozialismus Widerstand entgegengesetzt hätte, indem sie Hitler den Bau von Kernwaffen verweigerten. Ein Kernpunkt in Jungks Argumention war seine Darstellung des Treffens von Heisenberg und Bohr im September 1941. Jungk zufolge war Heisenberg dorthin gefahren, um unter den Wissenschaftlern von beiden Seiten ein Abkommen zu vereinbaren, keine Atomwaffen zu entwickeln.

Das Göttinger Manifest war ein offener Brief von 18 deutschen Wissenschaftlern, darunter die Göttinger Hahn, Heisenberg, von Weizsäcker, Karl Wirtz und Max Born. Sie verkündeten darin, daß sie sich an der Produktion, Erforschung oder Stationierung westdeutscher Kernwaffen nicht beteiligen würden. Die meisten dieser Wissenschaftler hatten über die Entwicklung der Kernforschung und Kernkraftwerke bereits seit langen Gesprächen mit Bundeskanzler Konrad Adenauer und dem Atom- und späteren Verteidigungsminister Franz Josef Strauß geführt. Als es absehbar wurde, daß die beiden Politiker Kernwaffen als eine Option erwogen, versuchten die Wissenschaftler in mehreren Anläufen, ihnen dies diskret auszureden. Schließlich ließen sich die 18 Wissenschaftler widerwillig auf eine öffentliche Erklärung ein, wobei von Weizsäcker die treibende Kraft war.

Die aufrichtigen und angemessenen Bedenken, die die Unterzeichner des Göttinger Manifestes gegen das nukleare Wettrüsten vorbrachten, und ihr verantwortungsvolles, wenn nicht gar mutiges öffentliches Auftreten paßte gut in den Rahmen, der durch *Heller als tausend Sonnen* geschaffen worden war. Für viele Beobachter taten Heisenberg, Hahn und von Weizsäcker 1957 nur das, was sie bereits unter weitaus gefährlicheren Umständen im ›Dritten Reich‹ gemacht hatten: Sie weigerten sich, Waffen mit massenzerstörender

---

11   Robert Jungk, Heller als tausend Sonnen, Stuttgart 1956.
12   Vgl. Elisabeth Kraus, Von der Uranspaltung zur Göttinger Erklärung, Würzburg 2001, wo das Manifest abgedruckt ist auf S. 202-203; vgl. zudem meine Besprechung: »Die drei von der Uranstelle,« in: Frankfurter Allgemeine Zeitung, 1.2. 2002, S. 52.

Kraft zu bauen und widersetzten sich politischen Führungsköpfen, die eine derartige Macht hätten missbrauchen können.

Heller als tausend Sonnen rief außerhalb von Deutschlands zumeist eine andere, ähnlich wirkungsmächtige Reaktion hervor, als es 1958 in viele Sprachen übersetzt wurde. Jungk hatte mit von Weizsäcker vor der Niederschrift seines Buches gesprochen. Heisenberg lehnte es ab, ihn zu treffen, schrieb ihm aber nach der ersten Ausgabe zwei Briefe. Jungks zweite Ausgabe enthielt einen dieser Briefe in Ausschnitten, insbesondere jenen Teil, der sich auf das Treffen mit Bohr im September 1941 bezog.[13]

In dem Brief betonte Heisenberg, er hätte mit Bohr ein Gespräch gesucht, weil er und seine Kollegen wußten, daß der Bau von Atombomben möglich sei. Sie hätten allerdings den notwendigen technischen Aufwand dafür überschätzt. Laut Heisenberg hätte die weitere Entwicklung entscheidend beeinflußt, da die Physiker den Regierungen erzählen konnten, der Atombombenbau sei vermutlich nicht vor Kriegsende möglich. Um sich selbst nicht in Gefahr zu bringen, widerrief Heisenberg, daß er Bohr zuerst gefragt habe, ob es für Physiker wirklich das Richtige sei, sich in Kriegszeiten der Uranforschung zu widmen. Als Bohr daraufhin zurückfragte, ob Heisenberg glaubte, daß der Bau von Kernwaffen möglich sei, bejahten die deutschen Physiker dies prinzipiell. Aber sie glaubten, es bedürfe eines großen technischen Aufwandes, der hoffentlich während des Krieges nicht erreichbar sei. Heisenberg erzählte Jungk, er habe den Eindruck gehabt, daß Bohr stattdessen etwas anderes verstanden habe: nämlich daß Deutschland gute Fortschritte beim Bau der Atomwaffen machen würde.

Bohr war völlig verstört, als er die dänische Ausgabe von Jungks Buch sah, insbesondere wegen Heisenbergs Brief. Deshalb setzte er sich sofort hin, um in einen Brief an Heisenberg, den er allerdings nie abschickte, dessen Erinnerung zurechtzurücken.[14] Der dänische Physiker verwarf Heisenbergs Aussage, daß er nach Kopenhagen gekommen wäre, um Bohrs Hilfe beim Stop der gesamten Atomwaffen-Entwicklung zu erreichen. Er erinnerte Heisenberg erstens daran, daß er und von Weizsäcker überzeugt waren, Deutschland werde den Krieg gewinnen; zweitens habe Heisenberg Bohr erzählt, daß die Deutschen nicht nur an den Atomwaffen arbeiteten, sondern auch gute Fortschritte machten; und drittens habe Heisenberg gesagt, daß im Falle eines länger dauernden Krieges die Atomwaffen Deutschland den Sieg bringen würden.[15] Vor allem aber war Bohr immer noch verstört

---

13   Robert Jungk, Brighter than a Thousand Suns, New York 1958 (2. Aufl.), S. 99-104.
14   Bohr Documents.
15   Vgl. Walker, Nazi, S. 249.

über den Ratschlag, den Heisenberg und von Weizsäcker ihm 1941 gegeben hatten: daß sie mit den deutschen Besatzern zusammenarbeiten sollten, da alles andere für Dänemark desaströse Folgen haben würde.

V. Schlußfolgerungen

Die deutschen Atomwissenschaftler sind ein gutes Beispiel dafür, wie Wissenschaftler den Übergang vom Nationalsozialismus und Zweiten Weltkrieg hin zu den neuen politischen und sozialen Gegebenheiten erreichten, indem sie retroperspektiv ihre Arbeit neu interpretierten und maßschneiderten. Innerhalb von Deutschland gelang diese Strategie sehr gut. Außerhalb von Deutschland war sie jedoch kontraproduktiv, mit dem Ergebnis, daß die internationalen Kontakte und die wissenschaftliche Zusammenarbeit mit auswärtigen Kollegen eine Generation lang ausblieb. Die meisten deutschen Kollegen von Hahn, Heisenberg und von Weizsäcker konnten ihre akademische Position, ihr soziales Prestige und ihre ökonomische Sicherheit bewahren. Die deutsche ›scientific community‹ litt jedoch insgesamt daran und verlor gegenüber dem Rest der Welt an Boden.

Es gab andere Stimmen, die andere Ratschläge gaben. Lise Meitner schrieb ihrem ehemaligen Mitarbeiter Hahn sofort nach dem Kriegsende mit einem unzweideutigen Grundtenor:

> »Das ist ja das Unglück von Deutschland, daß Ihr alle den Maßstab für Recht und Fairneß verloren hattet ... Ihr habt auch alle für Nazi-Deutschland gearbeitet und habt auch nie nur einen passiven Widerstand zu machen versucht. Gewiß, um Euer Gewissen los zu kaufen, habt Ihr hier und da einem bedrängten Menschen geholfen, aber Millionen unschuldiger Menschen hinmorden lassen, und keinerlei Protest wurde laut ... Ich und viele andere mit mir meinen, ein Weg für Euch wäre es, eine offene Erklärung abzugeben, daß Ihr Euch bewußt seid, durch Eure Passivität eine Mitverantwortung für das Geschehen auf Euch genommen zu haben, und daß Ihr das Bedürfnis habt, soweit das Geschehene überhaupt gut gemacht werden kann, dabei mitzuwirken.«[16]

Aber dieser Ratschlag fiel auf taube Ohren. Andere reagierten ähnlich wie Bohr. Obwohl die Vergangenheitspolitik von Heisenberg und Jungk ihn störte, hielt er seine Kritik zurück, aus Höflichkeit, aber auch aus dem Wunsch heraus, nicht die persönlichen Bindungen zu Heisenberg zu

---

16 Ute Deichmann, Biologen unter Hitler, Frankfurt a.M. 1992, S. 317.

trennen. Gleichzeitig machte er jedoch anderen deutschen Kollegen deutlich, daß er ein zweischneidiges Verhältnis zu Heisenberg hat.

Das alles führt uns kreisförmig zurück ins besetzte Kopenhagen im September 1941, zu dem Besuch, den Heisenberg seinem Mentor Bohr machte. Nach 1945 wollten weder Bohr noch Heisenberg wirklich über ihr Treffen von 1941 sprechen, obwohl sie hierüber ein paar Mal unmittelbar nach Kriegsende diskutierten. Ihr weiterhin zwiespältiges Verhältnis zueinander vergiftete ihre Beziehung zwar nicht, überschattete sie aber. Dennoch unterschied sich Bohr nicht von Millionen von Europäern, die unter deutscher Besatzung leben mußten. Und Heisenberg unterschied sich nicht von Millionen von Deutschen, die im ›Dritten Reich‹ lebten. Der Nationalsozialismus, der Zweite Weltkrieg und der Holocaust blieben offene Wunden für viele Menschen, die Wissenschaftler eingeschlossen.

Verdeckte Vergangenheit – offene Zukunft

SVENJA GOLTERMANN

Psychisches Leid und herrschende Lehre
Der Wissenschaftswandel in der westdeutschen Psychiatrie der Nachkriegszeit

Es war im Jahr 1947, dem Jahr des Nürnberger Ärzteprozesses, als der amerikanische Psychiater Lothar B. Kalinowski zu seinem ersten Besuch nach Deutschland aufbrach – das Land, aus dem er vierzehn Jahre zuvor als sogenannter Halbjude vor den Nationalsozialisten geflüchtet war.[1] Der Anlaß seiner Reise war jedoch nicht der Nürnberger Ärzteprozeß, bei dem namhafte deutsche Wissenschaftler, unter ihnen auch Psychiater, wegen der Durchführung medizinischer Experimente an KZ-Häftlingen und des »Euthanasie«-Programms auf der Anklagebank saßen.[2] Vielmehr suchte Kalinowski das persönliche Gespräch mit deutschen Fachkollegen, um einem in seinen Augen ebenso bemerkenswerten wie erklärungsbedürftigen Phänomen auf den Grund zu gehen: der im Vergleich zur amerikanischen Armee äußerst geringen Anzahl neuropsychiatrischer Fälle bei der deutschen Wehrmacht.[3]

Der Befund, den Kalinowski im Jahr 1950 in einer renommierten amerikanischen Fachzeitschrift präsentierte, schien eindeutig: Die offenbar geringfügige Anzahl psychiatrischer Behandlungsfälle in der deutschen Armee, argumentierte er, verdanke sich einer medizinischen Praxis und Politik, die eine bereits im Gefolge des Ersten Weltkriegs von deutschen Psychiatern gewonnene Erkenntnis konsequent umgesetzt habe. Diese beruhe auf der Einsicht, daß traumatische Neurosen nicht durch die Kriegserfahrung als solche verursacht würden, sondern ihre eigentliche Ursache außerhalb des Kriegsgeschehens hätten. Für den Zweiten Weltkrieg folgte

---

1 Seinen endgültigen Aufenthaltsort, die USA, erreichte Kalinowski erst im Jahre 1940, nachdem er zunächst nach Italien (Rom) emigriert war, das er im Jahre 1939 jedoch wieder verließ, um zunächst nach Frankreich (Paris), dann nach England überzusiedeln. Vgl. Edward Shorter, Geschichte der Psychiatrie, Berlin 1999, S. 330 f. Zu Kalinowskis Reise nach Deutschland vgl. auch Ben Shephard, A War of Nerves. Soldiers and Psychiatrists 1914-1994, London 2000, S. 299 f.
2 Vgl. dazu u.a. den jüngst erschienenen Sammelband von Angelika Ebbinghaus/Klaus Dörner (Hg.), Vernichten und Heilen. Der Nürnberger Ärzteprozeß und seine Folgen, Berlin 2001; darin vor allem Hans-Walter Schmuhl, Die Patientenmorde, S. 295-328.
3 Vgl. Lothar B. Kalinowski, Problems of War Neuroses in the Light of Experiences in Other Countries, in: American Journal of Psychiatry 107 (1950), S. 340-346, S. 340.

daraus konkret: Wo therapeutische Maßnahmen und staatliche Politik der Flucht in die Krankheit entgegengewirkt und das Ansinnen auf staatliche Rentenansprüche vereitelt hätten, sei die Zahl der traumatischen Neurosen, wie Kalinowski auch mit Blick auf entsprechende Erfahrungen anderer Nationen argumentierte, gering geblieben.[4] Doch nicht nur das: Die psychiatrischen Befunde in den Kriegs- und Nachkriegsgesellschaften schienen generell für die Richtigkeit der Annahme zu sprechen, daß der menschlichen Belastungsfähigkeit auch im Falle furchtbarster Erfahrungen kaum Grenzen gesetzt waren. Dafür sprach in seinen Augen nicht nur die Seltenheit psychiatrischer Aufnahmen nach der Bombardierung Freiburgs, die in einer deutschen Studie dokumentiert worden war. Selbst unter der Zivilbevölkerung Japans seien nach dem Abwurf der Atombomben auf Hiroshima und Nagasaki die psychiatrischen Symptome, wie Kalinowski nach Auskunft eines japanischen Kollegen festhielt, von geringer Bedeutung gewesen.[5]

Szenenwechsel. Maria Bauer traf im Frühjahr 1946 mit einem Flüchtlingstransport in Westdeutschland ein.[6] Die bald gefundene Anstellung als Lebensmittelverkäuferin gab sie nach kurzer Zeit wieder auf. Eine Vielzahl psychischer und physischer Beschwerden, die sich nach mehrfachen Vergewaltigungen zur Zeit des russischen Einmarschs in Ostpreußen und im Gefolge einer mehrere Monate während Internierungszeit mit schwerer Arbeit, körperlichen Gewalterfahrungen und Todesandrohungen eingestellt hatten, hielten in den darauf folgenden Jahren an. Noch im Jahr 1951 attestierte ein Vertrauensarzt der Landesversicherungsanstalt Maria Bauer eine vorübergehende Berufsunfähigkeit.[7] Ihr geltend gemachter Anspruch auf eine Kriegsbeschädigtenrente wurde vom zuständigen Versorgungsamt jedoch abgelehnt.[8]

Maßgeblich für die Entscheidung der Behörde war ein psychiatrisches Gutachten. Es bescheinigte der Untersuchten eine »anlagemäßige vegetative Dystonie«, in den Worten des Versorgungsamtes: eine »Störung des nicht dem Willen unterworfenen Nervensystems«. Der begutachtende Arzt führte dazu aus: »Diese anlagemäßig begründete Veranlagung und die psychisch sensible Konstitution haben das damals 28jährige Mädchen unter den sicherlich im Jahre 1945 durchgemachten schweren seelischen und körperlichen Belastungen ganz besonders leiden lassen. Wir wissen aber aus

4 Ebd., S. 340 ff.
5 Ebd., S. 343 f.
6 Zu diesem Fall vgl. Versorgungsamt Bielefeld, Versorgungsamtsakte Nr. 16234. Der Name der Antragstellerin ist anonymisiert.
7 Ebd., Bd. 1, Bll. 92 f.
8 Ebd., Handakte I, Bl. 3.

gesicherter ärztlicher Erfahrung, dass solche exogenen Schädigungen auf nervösem und seelischem Gebiet praktisch in jedem Falle ausnahmslos zum Abklingen kommen.« Die Ursache für die fortbestehenden »nervösen Erscheinungen und Beschwerden« war in seinen Augen – und ganz im Sinne von Kalinowskis Beobachtungen – mithin eine andere. Sie erklärten sich ihm aus den »jetzt bestehenden Lebensschwierigkeiten« und waren nicht zuletzt, wie der Psychiater ergänzte, »aus den körperlichen und seelischen Abartigkeiten der Frau erwachsen«.[9]

Etwa dreißig Jahre später revidierte ein neues psychiatrisches Gutachten jedoch die für Maria Bauer in den frühen fünfziger Jahren gestellte Diagnose. Die Gutachter bescheinigten einen »erlebnisreaktiv bedingte[n] Persönlichkeitswandel« und stellten damit die psychischen Gesundheitsschäden in einen »ursächlichen Zusammenhang mit kriegsbedingten Einwirkungen«. Die wissenschaftliche Lehrmeinung sei, konnte man nun lesen, eine andere geworden. Der Beginn »einer allmählichen Revision des fachlichen Urteils« lag bereits sogar, wie das Gutachten nahelegte, Jahrzehnte zurück. Das dokumentierten die Psychiater anhand von Publikationen aus den frühen sechziger Jahren, auf die sie zur Bekräftigung ihrer Argumentation verwiesen. Sie stützen sich damit auf Ergebnisse, die im Kontext der zu jener Zeit auch in der Bundesrepublik sich entwickelnden »Psychiatrie der Verfolgten« gewonnen worden waren.[10]

Anders als diese Begründung der Gutachter für ihre diagnostische und ätiologische Uminterpretation des psychischen Leidens von Maria Bauer vermuten läßt, vollzog sich innerhalb der Psychiatrie zu Beginn der 1960er Jahre jedoch keineswegs eine generelle Veränderung des psychiatrischen »Denkstils«, um hier einen Begriff von Ludwik Fleck aufzugreifen.[11] Schwere

---

9   Ebd., Bd. 1, Bll. 31 ff. Die Formulierung der Diagnose im Bescheid des Versorgungsamtes: ebd., Handakte I, Bl. 3 (Hervorh. S.G.).
10 Vgl. das Gutachten vom 10.6.1985, in: ebd., insbes. Bll. 247 ff. »Die Psychiatrie der Verfolgten« lautete der Titel eines namhaften Sammelbandes (Hg. v. Walter von Baeyer/ Heinz Häfner/Karl Peter Kisker, Berlin 1964), auf den sich auch die Gutachter explizit bezogen (Bll. 243, 247 ff.).
11 Fleck, Entstehung und Entwicklung einer wissenschaftlichen Tatsache, Frankfurt 1999⁴, versuchte in seiner bereits im Jahre 1935 erschienenen Schrift mit dem Begriff des »Denkstils« die in »Denkkollektiven« beobachtbaren, langlebigen Deutungs- und Handlungsweisen analytisch zu erfassen, die er als das Resultat eines »gerichtete[n] Wahrnehmen[s]« betrachtete (S. 130). Der »Denkstil« ist, schreibt Fleck an anderer Stelle pointiert, »bestimmter Denkzwang und noch mehr: die Gesamtheit geistiger Bereitschaft für solches und nicht anderes Sehen und Handeln« (S. 85). Der »Denkstil« behauptet daher auch gegenüber widerstrebenden Fakten seinen Gültigkeitsanspruch. Fleck behauptet damit jedoch kein starres System, sondern verweist auf eine Reihe von Faktoren, wie etwa außerwissenschaftlichen, die eine Veränderung des »Denkstils« ermöglichen.

seelische oder körperliche Belastungssituationen wurden nämlich auch seither keineswegs *unterschiedslos* als Ursachen für lange andauernde psychische Veränderungen interpretiert und anerkannt. Das diagnostische Interpretament des »erlebnisbedingten Persönlichkeitswandels«, das von dem Göttinger Psychiater Ulrich Venzlaff Ende der fünfziger Jahre insbesondere mit Blick auf die Überlebenden der nationalsozialistischen Verfolgung entwickelt worden war, um das Phänomen fortdauernder psychischer Veränderungen nach tiefgreifenden Erlebnissen begrifflich zu fassen und theoretisch zu begründen,[12] veränderte zwar durchaus den Deutungsrahmen der psychiatrischen Wissenschaft; es verdrängte aber nicht das überkommene diagnostische Instrumentarium, das im Rahmen des etablierten und zählebigen, gleichwohl nie ganz starren, psychiatrischen Deutungs- und Klassifikationsgefüges fortgeschrieben wurde.

Unter welchen Prämissen aber geriet dieser wissenschaftliche Transformationsprozeß überhaupt in Gang? Wie gestaltete er sich, insbesondere auch angesichts der Herausforderung durch die zahlreichen zu behandelnden und im Zuge der Versorgungs- und Entschädigungsverfahren zu begutachtenden Opfergruppen des Krieges, von denen im folgenden die heimkehrenden Kriegsgefangenen und die ehemaligen Verfolgten des nationalsozialistischen Regimes in den Blick genommen werden sollen? Diese Fragen verweisen zunächst auf die innere Logik der psychiatrischen Wissenschaft im Übergang vom Ende des Zweiten Weltkriegs bis in die 1960er Jahre, die im folgenden genauer untersucht wird. Die Durchsetzungsfähigkeit psychiatrischer Wissensbestände inner- wie außerhalb der Fachdisziplin war jedoch, wie deutlich gemacht werden soll, keineswegs nur das Resultat von innerer Logik und wissenschaftlicher Rationalität. Vielmehr spielten darüber hinaus auch andere institutionelle Felder eine Rolle, in denen psychiatrische Deutungsmuster nicht nur Eingang fanden, sondern die ihrerseits als Teil der psychiatrischen »Wissensproduktion« betrachtet werden müssen:

---

12 Ulrich Venzlaff entwickelte und begründete diese Diagnose in seiner 1956 verfaßten und zwei Jahre später publizierten Habilitationsschrift (Die psychoreaktiven Störungen nach entschädigungspflichtigen Ereignissen, Göttingen 1958). Seit dem Ende der 1950er Jahre entstand im Zusammenhang mit der Begutachtung ehemaliger Verfolgter des Nationalsozialismus eine ganze Reihe ähnlich lautender Diagnosen, mit deren Hilfe lang dauernde psychische Veränderungen erfaßt und erklärt werden sollten. Die nachhaltigste Resonanz fand jedoch die Diagnose des »erlebnisbedingten Persönlichkeitswandels«. Sie wurde auch von der Versorgungsmedizin als Diagnose übernommen. Vgl. als Überblick auch Christian Pross, Wiedergutmachung. Der Kleinkrieg gegen die Opfer, Berlin 2001 (1. Aufl. Berlin 1988), S. 154 ff.

die Ministerialbürokratie, die ihr untergeordnete Versorgungsmedizin und die Rechtsprechung.[13]

In einem 1947 publizierten Aufsatz mahnte der Psychiater Walter Schulte seine Fachkollegen, die bereits zwei Jahre nach dem Ende des Krieges jede neue Erkenntnis gegenüber den Erfahrungen des Ersten Weltkriegs bestritten und daher einen kausalen Zusammenhang zwischen den Ereignissen des Krieges und psychischen Schädigungen ablehnten,[14] zur Vorsicht. War ein solches Urteil, fragte er, nicht voreilig? Verleitete diese »gleichsam zum Lehrsatz erhobene Verneinung« nicht dazu, sich »allzu bedenkenlos in bestimmten schon zum Schema gewordenen Denkprinzipien zu wiegen«? Konnte man sich schließlich gerade auch im Hinblick auf »die praktischen Konsequenzen« – und Schulte verwies damit explizit auf die Begutachtungspraxis bei geltend gemachten Rentenansprüchen – auf eine »Stabilisierung oder Stagnierung der neurologisch-psychiatrischen Erfahrungen seit dem ersten Weltkrieg berufen«?[15]

Der zum damaligen Zeitpunkt noch an der Universitäts- und Nervenklinik in Jena tätige Psychiater[16] war weit davon entfernt, die im Gefolge des

13 Vgl. dazu vor allem Lutz Raphael, Die Verwissenschaftlichung des Sozialen als methodische und konzeptionelle Herausforderung für eine Sozialgeschichte des 20. Jahrhunderts, in: GG 22 (1996), S. 165-193, der den schon im 19. Jahrhundert beginnenden und stetig zunehmenden Einfluß der Humanwissenschaften in der Verwaltung und im Gesetzgebungsprozeß und die daraus erwachsenden Deutungskämpfe zwischen unterschiedlichen Expertenkulturen herausstreicht.

14 Vgl. als prominentesten Vertreter dieser Position Karl Bonhoeffer, Vergleichende psychopathologische Erfahrungen aus den beiden Weltkriegen, in: Der Nervenarzt 18 (1947), S. 1-4.

15 Vgl. Walter Schulte, Äussere Einflüsse auf neurologisch-psychiatrische Krankheiten. Ein Vergleich mit den ersten Weltkriegserfahrungen, in: Ärztliche Wochenschrift 1 (1947), S. 550-563, 550. Tatsächlich zeigt auch die Analyse von psychiatrischen Krankenakten aus der Nachkriegszeit, daß ein ursächlicher Zusammenhang zwischen dem Krieg und seinen Folgen auf der einen Seite und gravierenden psychischen Veränderungen auf der anderen Seite von den Psychiatern ausgeschlossen wurde. Vgl. Svenja Goltermann, Im Wahn der Gewalt. Massentod, Opferdiskurs und Psychiatrie 1945-1956, in: Klaus Naumann (Hg.), Nachkrieg in Deutschland, Hamburg 2001, S. 343-363; dies., Die Beherrschung der Männlichkeit. Zur Deutung psychischer Leiden bei den Heimkehrern des Zweiten Weltkriegs, 1945-1956, in: Feministische Studien 18 (2000), S. 7-19.

16 Schulte war während des Krieges zunächst als Assistenzarzt, dann als Oberarzt (1941) und schließlich als Stabsarzt (1942) in Kriegs- und Reservelazaretten tätig. Zwischen 1947 und 1954 war er Oberarzt an den von Bodelschwinghschen Anstalten in Bielefeld/Bethel, übernahm anschließend die Leitung der Heil- und Pflegeanstalt Gütersloh, bis er im Jahr 1960 einen Ruf nach Tübingen annahm, wo er als Nachfolger von Ernst Kretschmer als Direktor der Universitäts-Nervenklinik tätig war. Die biographischen Angaben aus: Hauptarchiv Bethel, Bestand 2/33-470, sowie Walter Schulte, Über das Problem der seelischen Entstehungsbedingungen von Krankheiten, Stuttgart 1966, S. 22.

Ersten Weltkriegs gewonnenen psychiatrischen Erfahrungen, die, gestützt durch die Grundsatzentscheidung des Reichsversicherungsamtes aus dem Jahre 1926, die Begutachtungspraxis bestimmten, in ihrer grundsätzlichen Bedeutung für die psychiatrische Wissenschaft in Frage zu stellen.[17] Mit Verweis auf einige von ihm in Einzelfällen beobachteten, ungewöhnlich verlaufenen Psychosen, die sich gegen eine eindeutige diagnostische Zuordnung sperrten, bestritt Schulte jedoch die Allgemeingültigkeit der gängigen Begutachtungsprinzipien. Sein entschiedenes Plädoyer für eine in *Sonderfällen* gebotene Anerkennung der Kriegseinflüsse als ursächlichen Faktoren für die Entstehung von Psychosen war dabei zugleich ein Plädoyer für die Notwendigkeit, den Blick für die Bedeutung exogener, durch die Umwelt beförderter Einflüsse wieder zu öffnen. Wissenschaftliche Forschungsergebnisse, die diesen Perspektivwechsel legitimierten, lagen, wie Schulte argumentierte, längst vor: Sie stammten aus der jüngst – und das hieß zu diesem Zeitpunkt: der während des Nationalsozialismus vorangetriebenen – Zwillingsforschung.[18]

Auch wenn Schulte in seinen Ausführungen keinerlei Zweifel an der Richtigkeit seines psychiatrischen Urteils erkennen ließ und seinen Befund, nicht ohne rhetorisches Geschick, in den Rahmen bereits vorliegender wissenschaftliche Forschungsleistungen einordnete, war eine anerkannte »wissenschaftliche Tatsache« damit noch keineswegs begründet.[19] Das spiegelte nicht nur die in den nachfolgenden Jahren verhaltene Resonanz auf

---

17 Die Grundsatzentscheidung des Reichsversicherungsamtes (RVA) war vor allem insofern von Bedeutung, als in dieser ein kausaler Zusammenhang zwischen einem Unfall – das hieß auch einer Kriegsschädigung – und einer Neurose verneint und damit jeder Entschädigungsanspruch abgelehnt wurde. Vgl. Greg A. Eghigian, The German Welfare State as a Discourse of Trauma, in: Marc Micale/Paul Lerner (Hg.), Traumatic Pasts. History, Psychiatry, and Trauma in the Modern Age, 1870-1930, Cambridge 2001, S. 92-114, 108 ff. Befürworter einer Entschädigungspflicht bei seelischen Störungen beriefen sich Ende der 1950er Jahre jedoch nachdrücklich auf die von dem Entscheid der RVA abweichende Urteilssprechung des Reichsgerichts beziehungsweise des Bundesgerichtshofes. Vgl. an dieser Stelle beispielhaft: Ulrich Venzlaff, Die Entschädigungspflicht von Neurosen im Zivilrecht, in: Der Nervenarzt 28 (1957), S. 415-418.

18 Vgl. Schulte, Äußere Einflüße, S. 560 ff. Wie aus seinen Gutachten hervorgeht, stützte sich Schulte dabei auf die Ergebnisse der erbpsychiatrischen Schizophrenieforschung von Hans Luxenburger. Zu dieser vgl. eingehend: Doris Kaufmann, Eugenische Utopie und wissenschaftliche Praxis im Nationalsozialismus. Zur Wissenschaftsgeschichte der Schizophrenieforschung an der Deutschen Forschungsanstalt für Psychiatrie (Kaiser-Wilhelm-Institut), in: Wolfgang Hardtwig (Hg.), Utopie und politische Herrschaft im Europa der Zwischenkriegszeit, München 2002.

19 Zum historischen Charakter von »wissenschaftlichen Tatsachen« und ihren Konstruktionsbedingungen vgl. Fleck.

diesen Artikel in der Fachdiskussion. Die vorherrschende Deutungsweise der Psychose als einer in der »Anlage« des Einzelnen begründeten und daher schicksalhaft auftretenden Krankheit hatte auch in den »Anhaltspunkten für die ärztliche Gutachtertätigkeit« Bestand. Diese unter der Ägide des Ministeriums für Arbeits- und Sozialordnung von Versorgungsmedizinern seit 1952 erstellten Richtlinien, deren autoritativer Charakter für die begutachtenden Ärzte kaum zu überschätzen ist, zogen bis in die sechziger Jahre offiziell nämlich nur die Anerkennung sogenannter symptomatischer Psychosen in Betracht, die ein schizophrenie*ähnliches* Erscheinungsbild bezeichneten. Dieses wurde nicht mit der »Anlage« des Betroffenen in Verbindung gebracht, sondern im Zusammenhang mit einer organischen Schädigung, etwa als Komplikation nach einer Kriegsverletzung, gedeutet.[20]

Unter der Prämisse der als gültig angesehenen Lehrmeinung war ein kausaler Zusammenhang zwischen den Kriegs- oder Nachkriegseinwirkungen und einer diagnostizierten Psychose hingegen kaum zu begründen. Das zeigt auch ein von Schulte im Jahr 1950 erstelltes Gutachten, das zum Problem einer Erwerbsminderung aus Wehrdienstbeschädigungsfolgen Stellung bezog.[21] Die Argumentationslast zugunsten einer Anerkennung war angesichts des diagnostischen Befundes einer Schizophrenie immens. Auch die besondere Konstellation des Krankheitsausbruches – der Fronteinsatz eines »gänzlich unausgereiften, innerlich und äußerlich unvorbereiteten 17jährigen Jungen«, die Gefangenschaft »mit schwersten Strapazen, Einsatz im Bergwerk, schlechter Behandlung und Aushungerung« – konnte die in den Augen des Psychiaters in »Erbfaktoren« liegende Hauptursache der Psychose nicht entkräften. »Mit überwiegender Wahrscheinlichkeit« wäre daher die Psychose, wie er einräumte, »ganz unabhängig von äußeren Belastungen früher oder später in Erscheinung getreten«. Einzig die *Möglichkeit*, daß die »äußeren Belastungsmomente im Sinne einer Verschlimmerung mitgespielt« hätten, wollte Schulte nicht ausschließen.

Der Beweis für eine exogene, allein auf den Krieg oder die Gefangenschaft zurückzuführende Verursachung des Leidens könne aufgrund der Ergebnisse der jüngeren Erbforschung, auf die der Psychiater an dieser Stelle abermals verwies, allerdings nicht erbracht werden. Zwar verhehlte Schulte seine Neigung nicht, eine Wehrdienstbeschädigung anzuerkennen. Die Vor-

---

20 Vgl. Anhaltspunkte für die ärztliche Gutachtertätigkeit im Versorgungswesen, in der Auflage von 1952, 1954 und 1958. Erst in den 1965 zum vierten Mal neu aufgelegten »Anhaltspunkten« wurde ein Passus aufgenommen, der erklärte: »Bei Erkrankungen aus dem manisch-depressiven Formenkreis kann es durch schwerwiegende exogene Faktoren zur Vorverlegung oder Vertiefung einer Phase kommen.« (S. 123).
21 Hauptarchiv Bethel. Psychiatrieakten Morija, Karton 39 (4379).

aussetzungen für ein eindeutiges fachärztliches Urteil sah er jedoch nicht gegeben. Er überantwortete die Entscheidung daher der zuständigen Behörde, und er machte eines dabei deutlich: Es würde eine moralische Entscheidung sein.[22]

Die sich hier andeutende Verschiebung des psychiatrischen Deutungsgefüges war durchaus auch in anderen Fällen zu beobachten. Sie speiste sich freilich aus einem Geflecht ganz unterschiedlicher Interpretationsstränge, die in ihrer Summe den Boden für eine Öffnung des psychiatrischen Diskurses gegen Ende der 1950er Jahre vorbereiteten. Die Behauptung, daß ein psychischer Veränderungsprozeß auch reaktiv entstehen könne, erforderte dabei keineswegs, die »herrschende Lehre« in ihrer Allgemeingültigkeit anzufechten. Es war vielmehr die »herrschende Lehre« selber, die angesichts der ihr zugrunde liegenden Vorannahmen die auftretenden Symptome nicht mehr in jedem Fall hinreichend zu erklären schien und daher das bestehende diagnostische Instrumentarium selber aushöhlte.

Die Erläuterungen des Göttinger Psychiaters Johann Gottschick sind dafür ein Beispiel.[23] Während seiner Tätigkeit als Psychiater in einem amerikanischen Gefangenenlager beobachtete er eine ihm außergewöhnlich hoch erscheinende Anzahl psychotischer Zustände unter den Internierten, die im Gefangenenlager als Schizophrenie diagnostiziert worden waren. Die Richtigkeit der Diagnose schien dem Psychiater bei der Mehrzahl der »vielen Wahnkranken und Stuporösen« allerdings fragwürdig. Zweifel hatte Gottschick jedoch gerade nicht an der ätiologischen Begründung der Schizophrenie als einer endogenen, in der »Anlage« des Einzelnen liegenden und schicksalhaft auftretenden Erkrankung. Ein wesentlicher Grund seiner Irritation war ein anderer: Seine statistischen Ausrechnungen zeigten, »daß die ausgesucht widerstandsfähige Menschengruppe des Afrikacorps in der Gefangenschaft häufigere neuropsychiatrische und insbesondere auch psychotische Erkrankungen aufzuweisen hatte als das nicht ausgelesene Soldatenmaterial der Westfront von 1944/45.«[24] Einen Begriff, der das beobachtete Krankheitsbild hätte fassen können, hatte Gottschick jedoch nicht. Zwar bemühte er sich, von der in einem der Gefangenenlager auch dienstlich vorgeschriebenen Diagnoseform abzukommen, doch mußte er einräumen: »In einem befriedigenden Maße ist uns das aber nicht gelungen, nachdem es außer der Schizophreniekonzeption heute keine andere Erklärungs-

---

22 Vgl. ebd.
23 Vgl. zum Folgenden Johann Gottschick, Kriegsgefangenschaft und Psychosen, in: Der Nervenarzt 21 (1950), S. 129-132.
24 Ebd., S. 130.

möglichkeit für echte, nicht organische psychotische Symptome, insbesondere für den Wahn, gibt.«[25]

Die Notwendigkeit, eine plausible diagnostische Erfassung beizubringen, blieb. Gottschick legte seine Option an anderer Stelle offen. Er ordnete die von ihm beobachteten psychischen Erscheinungen einem anderen diagnostischen Feld, den psychogenen Erkrankungen und Neuroseformen, zu. Als »psychogene und neurotische Psychoseformen« von besonderem Schweregrad entwickelten diese, wie er erklärte, ein spezifisches Symptombild, das in seinen Augen »endogene«, auf die »Anlage« zurückzuführende, Krankheiten gewissermaßen vortäuschte.[26] Vorderhand hatte der Göttinger Psychiater damit zwar nur eine weitere atypische Variante in das diagnostische Prokrustesbett eingepaßt. Sein inneres Gefüge hatte er damit gleichwohl verschoben.

In der psychiatrischen Fachdiskussion der Nachkriegszeit offenbarte der Versuch, die zutage tretenden psychischen Leiden diagnostisch zu erfassen, seinen tentativen Charakter allenthalben. Einen besonderen Schub erhielten diese diagnostischen und ätiologischen Suchbewegungen jedoch, als die Ärzte mit den zahlreichen psychischen und physischen Beschwerden bei den heimkehrenden Kriegsgefangenen, insbesondere denen aus den sowjetischen Lagern, konfrontiert wurden.[27]

Dabei zeigt sich deutlich, daß das diagnostische Instrumentarium auf ganz unterschiedlichen Ebenen zu erodieren begann. Denn es war die ungeheure Anzahl an Betroffenen und die bald zutage tretende Hartnäckigkeit ihrer psychischen Veränderungen, die die psychiatrische Wissenschaft herausforderten. »Die körperlichen und seelischen Schäden der Gefangenschaft sind in vielen Fällen so erheblich, daß eine Restitutio ad integrum sowohl in somatischer als auch in psychischer Hinsicht in vielen Fällen einen erheblich längeren Zeitraum in Anspruch nimmt, als man gemeinhin annehmen möchte«, konstatierte der Marburger Psychiater Willi Schmitz bereits im Jahr 1949 und hob im gleichen Atemzug zu einer scharfen Kritik

---

25 Ebd.
26 Vgl. ders., Neuropsychiatrische Erkrankungen bei deutschen Kriegsgefangenen in den USA im Lichte statistischer Betrachtungen, in: Archiv für Psychiatrie und Nervenkrankheiten 185 (1950), S. 491-510, insbes. S. 508 f., das Zitat S. 509.
27 Zur Wahrnehmung der Heimkehrer in der westdeutschen Öffentlichkeit und der Bedeutung der medizinischen Literatur für die westdeutsche Erinnerungskultur vgl. Frank Biess, Vom Opfer zum Überlebenden des Totalitarismus: Westdeutsche Reaktionen auf die Rückkehr der Kriegsgefangenen aus der Sowjetunion, 1945-1955, in: Günter Bischof/Rüdiger Overmans (Hg.), Kriegsgefangenschaft. Eine vergleichende Perspektive, Ternitz-Potschach 1999, S. 365-398.

an dem von Hans Malten geprägten Begriff einer »Heimkehrerneurose« an.[28] Die »charakteristischen Kennzeichen einer neurotischen Verarbeitung« werde man, so das Hauptargument von Schmitz, allenfalls bei dem kleineren Teil der Heimkehrer vorfinden. Es seien lediglich diejenigen, führte er aus, »die zumeist schon in ihrer prämorbiden Charakterveranlagung psychopathische Züge und neurosebereite Mechanismen in ihrer Persönlichkeitsstruktur erkennen ließen.«[29] Das massenhaft beobachtete Krankheitsbild der Kriegsheimkehrer verlangte demzufolge eine andere Erklärung.

Das besondere Gewicht des Anlagefaktors für die Entstehung von Neurosen, den Schmitz hier betonte, mochte in Teilen der Psychiatrie Skepsis hervorrufen. Gleichwohl brachte er eine weithin geteilte Auffassung auf den Punkt: Die psychischen Beschwerden der Heimkehrer, die sich in Symptomen, wie depressiver Müdigkeit und Schlaflosigkeit, Konzentrationsschwäche, vermehrter Reizbarkeit oder auch Angst- und Insuffizienzgefühlen, äußerten, waren als Wunsch-, Zweck- oder Versagensreaktion nicht zu erklären. Die Ursache schien vielmehr eine andere zu sein: Es war die in der sowjetischen Gefangenschaft durchgemachte Unter- und Mangelernährung, die eine vielfache und zum Teil gravierende Schädigung der Organe hervorrief. Die Diagnose lautete: Dystrophie.[30]

Die Anerkennung der Dystrophie als Grundleiden, die im damaligen psychiatrischen Deutungshorizont aufgrund ihrer Rückbindung an vorausgegangene organische Leiden eine plausible ätiologische Interpretation lang anhaltender psychischer Veränderungen lieferte, hatte weitreichende Implikationen. Sie lagen auf unterschiedlichen Ebenen. Mit ihr ging, erstens, eine generell intensivere Berücksichtigung seelischer und körperlicher Strapazen einher. Sie bedeutete, zweitens und damit durchaus verschränkt, eine stärkere Akzentuierung der exogenen Faktoren in der Erklärung schwerer und lang anhaltender psychischer Beschwerden. Sie lenkte, drittens, den Blick der psychiatrischen Forschung in vermehrtem Maße auf die Untersuchung hirnorganischer Schädigungen, die genaueren Aufschluß über die

---

28 Willi Schmitz, Kriegsgefangenschaft und Heimkehr in ihren Beziehungen zu psychischen Krankheitsbildern, in: Der Nervenarzt 20 (1949), S. 303-310, S. 303. Der Internist Hans Malten führte den Begriff der »Heimkehrerneurose« bereits im Jahr 1946 ein. Vgl. Hans Malten, Heimkehrer, in: Medizinische Klinik 41 (1946), S. 593-600, S. 597 ff. Dieser Begriff wurde auch von führenden Psychiatern aufgegriffen. Vgl. etwa Walter von Baeyer, Zur Statistik und Form der abnormen Erlebnisreaktionen in der Gegenwart, in: Der Nervenarzt 19 (1948), S. 402-412, S. 407.
29 Schmitz, S. 303.
30 Zur Bedeutung der Dystrophie im psychiatrisch-medizinischen Diskurs vgl. auch Biess, S. 367 ff.

Ursachen der oftmals beobachteten »Wesensänderung« der Heimkehrer zu geben versprach.[31] Vor allem aber fiel das ganze Spektrum der psychischen Leiden, die als Folge einer dystrophischen Schädigung betrachtet wurden, aufgrund ihrer organischen Rückbindung in den Kreis der in der Psychiatrie als »krankhaft« geltenden Störungen.[32] Das aber hieß: Die Voraussetzung für ihre versorgungsrechtliche Anerkennung als Wehrdienstbeschädigung war damit zumindest prinzipiell erfüllt.

Tatsächlich deuteten die in den verschiedenen Auflagen der »Anhaltspunkte für die ärztliche Gutachtertätigkeit« aufgenommenen Paragraphen über die Dystrophie – wenn auch mir einiger Verzögerung – auf die wachsende Bedeutung dieser Diagnose in der Forschungs- und Begutachtungspraxis hin. Nicht nur das: Die »Anhaltspunkte« spiegelten gleichzeitig eine zunehmende Öffnung der Dystrophiediagnose, die eine Erweiterung der ihr zugeschriebenen Entstehungsursachen ebenso mit einschloß wie eine Ausweitung der Beeinträchtigungen, die man auf die Dystrophie zurückführte.

Die im Jahr 1958 publizierte dritte Auflage machte diese Veränderungen erstmals sichtbar. Sie erweiterte die bislang allein als ausschlaggebend geltende Ursache der Unter- und Fehlernährung durch weitere Faktoren, wie Infektionskrankheiten und »große Strapazen«, die als begünstigend für die Entstehung der Dystrophie angenommen wurden. Auch die »Schwierigkeiten beim Übergang in das Alltagsleben«, in die Berufsarbeit, die Familie und die Gesellschaft im allgemeinen, die als mögliche Folgen der Dystrophie in Betracht gezogen wurden, waren ein Novum.[33] Sieben Jahre später veränderten

---

31 Vgl. dazu auch den Forschungsüberblick von Heinz-Harro Rauschelbach, Zur Klinik der Spätfolge nach Hungerdystrophie, in: Fortschritte der Psychiatrie, Neurologie und ihrer Grenzgebiete 22 (1954), S. 214-226.
32 Vgl. hierzu Kurt Schneider, Zum Krankheitsbegriff in der Psychiatrie, in: Deutsche Medizinische Wochenschrift 17 (1946), S. 306-307. Schneider erläuterte dort: »So bleibt für uns als Krankheitsbegriff in der Psychiatrie nur der reine Seinsbegriff. ›Krankhaft‹ sind für uns *die* seelischen Störungen, die durch Organprozesse, ihre funktionalen Folgen und lokalen Residuen bedingt sind. Wir fundieren also den Krankheitsbegriff in der Psychiatrie ausschließlich auf *krankhafte Veränderungen des Leibes*. [...] Keinesfalls gehören für uns körperliche Störungen als *Ausdruck von Affekten*, etwa eine psychogene Gehstörung nach Schreck, zu den krankhaften Organveränderungen.« (S. 306; Hervorh. im Orig.). Schneiders Krankheitsbegriff galt innerhalb der Nachkriegspsychiatrie lange Zeit als maßgeblich. Den Begriff des »Krankseins ohne Krankheit« prägte schließlich Hemmo Müller-Suur, der damit auf den Krankheitswert auch nicht somatisch verursachter psychischer Veränderungen abhob. Vgl. Hemmo Müller-Suur, Abgrenzung neurotischer Erkrankungen gegenüber der Norm, in: Handbuch für Neurosenlehre und Psychotherapie, Bd. 1, Berlin 1959, S. 250-262.
33 Vgl. dazu die entsprechenden Abschnitte über die Dystrophie, in: Anhaltspunkte für die ärztliche Gutachtertätigkeit, Bonn 1952, S. 45, 1954, S. 78, 1958, S. 120-122.

die »Anhaltspunkte« den entsprechenden Passus erneut. »Im Zusammenhang mit den allgemeinen körperlichen und seelischen Belastungen und als Folge der Dystrophie«, sei, wie man nun ergänzte, »bei fast allen Heimkehrern ein ausgeprägter *Erschöpfungszustand* mit vegetativen und psychischen Störungen [...] zu beobachten.«[34] Ob das noch weit umfassendere Krankheitsbild mit der Diagnose der Dystrophie allerdings angemessen bezeichnet war – darüber war man sich, wie man dem einleitenden Paragraphen entnehmen kann, keineswegs sicher. Eine wissenschaftliche Übereinstimmung gebe es, hieß es, nicht. Für den Begriff der Dystrophie spreche einzig, daß er sich »eingebürgert« hatte und »allgemein gebräuchlich« geworden war.[35]

Zum diagnostischen Passepartout, das die Tür für die Bewilligung dauerhafter Kriegsbeschädigtenrenten geöffnet hätte, wurde die Diagnose der Dystrophie dennoch nicht. Denn die Dauer der psychischen Rekonvaleszenz, den die Versorgungsmedizin dem Betroffenen zugestand, war nicht grenzenlos. Sie beschränkte sich im allgemeinen auf eine Dauer von zwei bis drei Jahren, sofern die Dystrophie, wie die versorgungsärztlichen Richtlinien von 1958 einräumten, keine organische Dauerschädigung hinterlassen hatte.[36] Das hieß mit anderen Worten: Lag die Kriegsgefangenschaft bereits mehrere Jahre zurück und war ein organischer Befund nicht mehr zu erheben, ließ sich ein psychisches Leiden in den Begründungszusammenhang der Dystrophie nur noch schwer einordnen.

Das erwies sich auch bei der psychiatrischen Begutachtung. Wilhelm Schneider, der 1948 wegen Dystrophie aus der russischen Gefangenschaft entlassen worden war, gab bei einer Untersuchung acht Jahr später an, daß er immer noch »unter den gleichen Beschwerden wie bei der Rückkehr aus der Kriegsgefangenschaft zu leiden [habe], wenn auch nicht mehr in dem gleich schweren Grade«. Einen »hirnorganische[n] Schaden nach Hungerdystrophie« konnte der begutachtende Psychiater für die ersten Jahre nach Schneiders Heimkehr zwar nicht gänzlich ausschließen, nachweisbar war dieser jedoch nicht mehr. Es war die »im Verhältnis zu seinem Herkommen [...] gewisse intellektuelle Dürftigkeit«, die der Psychiater bei Schneider wahrnahm, die in seinen Augen daher einen anderen Schluß nahelegte. »Die seelisch-geistigen Auffälligkeiten« seien, schrieb er, »Ausdruck anlagebedingter, bzw. konstitutionell gegebener Wesensabartigkeiten und abwegiger seelischer Reaktionsweisen«. Um es in den Worten des Psychiaters

---

34 Vgl. die 1965 erschienene Auflage der »Anhaltspunkte«, S. 152-154, S. 153 (Hervorh. im Orig.).
35 Ebd., S. 152.
36 Vgl. Anhaltspunkte, 1958, S. 121.

anders auszudrücken: Schneider hatte »sein körperliches Leiden und die körperlichen und seelischen Strapazen von Krieg und Gefangenschaft« aufgrund »seiner anlagebedingten seelischen Abartigkeit« nicht bewältigen können und sich »dadurch noch mehr in Leistungsschwäche und das Gefühl der Leistungsunfähigkeit [...] hineingleiten lassen.« Eine Gesundheitsschädigung, die nach psychiatrischer Definition ursächlich auf die Gefangenschaft zurückgeführt werden konnte und versorgungsrelevant gewesen wäre, schloß der begutachtende Psychiater damit aus.[37]

Die Karriere des medizinisch-psychiatrischen Deutungsmusters der Dystrophie, die in der Nachkriegszeit wohl einzigartig ist, brach Ende der fünfziger Jahre jedoch keineswegs jäh in sich zusammen, wie dieses Beispiel – und weitere ließen sich hinzufügen – vielleicht vermuten läßt. Breit angelegte Untersuchungen über die Spätschäden nach Dystrophie wurden fortgesetzt, flankiert von sozialmoralisch unterfütterten Anstrengungen der Heimkehrerverbände und sozialpolitischen Anliegen des Bundesarbeitsministeriums, die sich auf Ärztekongressen und in Publikationsreihen niederschlugen.[38] Auf der Ebene der psychiatrischen Fachzeitschriften rückte seit den späten 1950er Jahren das wissenschaftliche Interesse an der Erforschung organisch begründbarer Spätschäden nach Dystrophie aber zunehmend in den Hintergrund. Die psychiatrische Herausforderung lag auf einem anderen Gebiet: Es ging um die diagnostische Erfassung und ätiologische Erklärung lang anhaltender psychischer Beschwerden, denen *keine* körperliche Verletzung vorausgegangen war oder die nach der Ausheilung von organischen Schädigungen Bestand hatten.

Die Brisanz dieses Anliegens, mit dem ein zunächst nur kleiner Kreis an Psychiatern die Fachöffentlichkeit sowie die Amtsärzte der Versorgungs- und Wiedergutmachungsbehörden konfrontierte, war größer als es auf den ersten Blick erscheinen mag. Denn die angestrengte Debatte zielte nicht nur auf eine einschneidende Korrektur der »herrschenden Lehrmeinung«. Sie drängte auch und vor allem auf die Anerkennung der psychischen Zerstörungsgewalt der nationalsozialistischen Politik und der mit ihr verbundenen Verbrechen. Im Mittelpunkt der Diskussion standen diesmal nämlich nicht die Kriegsheimkehrer aus der sowjetischen Gefangenschaft. Es waren die Überlebenden der nationalsozialistischen Verfolgung und der Konzentrationslagerhaft, deren psychische Leiden im Zuge der Entschädigungsverfahren diagnostisch erfaßt und ursächlich erklärt werden mußten.

---

37 Hauptarchiv Bethel. Psychiatrieakten Morija (8968).
38 Vgl. dazu v.a. die Schriftenreihe »Extreme Lebensverhältnisse und ihre Folgen«, hg. v. Verband der Heimkehrer Deutschlands, Bonn 1958 ff.

Im Verlauf einer über Jahre anhaltenden Debatte, die an dieser Stelle im einzelnen nicht nachgezeichnet werden kann, kristallisierten sich die Konfliktpunkte zwischen den Verfechtern der »herrschenden Lehrmeinung« und ihren Kritikern immer deutlicher heraus. Sie konkretisierten sich in der Auseinandersetzungen um die »Neurose«, die in der ärztlichen Gutachterpraxis zu einer der wichtigsten Diagnosen für die psychischen Leiden der ehemaligen Verfolgten avanciert war. Für die weitaus größte Zahl der Antragsteller hieß das in den späten 1950er Jahren immer noch konkret: Ihre geltend gemachten psychischen Beschwerden wurden entsprechend dem vorherrschenden Verständnis von der »Neurose« als »Wunsch- und Zweckreaktionen« gedeutet, ein behaupteter verfolgungsbedingter Zusammenhang mithin zurückgewiesen.[39]

Auch die Protagonisten einer Revision der »herrschenden Lehre« sprachen dieser ihre Gültigkeit zunächst keineswegs ab; es war lediglich ihr *ausnahmsloser* Geltungsanspruch, den sie in Zweifel zogen. Psychiater wie Ulrich Venzlaff, Walter von Baeyer, der Emigrant Hans Strauss und andere, insistierten darauf, daß sie bei ehemaligen KZ-Internierten und Verfolgten psychische Veränderungen beobachtet hätten, die keinerlei »kompensatorische Willensrichtung« und damit rentenneurotische Tendenz erkennen ließen.[40] Vielmehr seien diese das Resultat einer »wirklichen Umstrukturierung der Persönlichkeit«, wie von Baeyer formulierte, die er »auf schwerste Erschütterungen der Daseinssicherheit« zurückführte.[41] Mit der Diagnose des »erlebnisbedingten Persönlichkeitswandels« brachte der Göttinger Psychiater Venzlaff diese Interpretation auf einen Begriff. Nicht nur das: Entgegen der geläufigen psychiatrischen Krankheitsdefinition sprach er sich dafür aus, den damit erfaßten psychischen Leiden die »Qualität eines echten Krankseins« zuzusprechen.[42]

---

39 Zur Begutachtungspraxis und den Auseinandersetzungen über eine Revision der »herrschenden Lehre« vgl. Pross, S. 149 ff.
40 Vgl. Walter v. Baeyer, Die Freiheitsfrage in der forensischen Psychiatrie mit besonderer Berücksichtigung der Entschädigungsneurosen, in: Der Nervenarzt 28 (1957), S. 337-343, S. 338 f. (dort auch das Zitat); Hans Strauss, Besonderheiten der nichtpsychotischen seelischen Störungen bei den Opfern der nationalsozialistischen Verfolgung und ihre Bedeutung für die Begutachtung, in: Der Nervenarzt 28 (1958), S. 344-350; Venzlaff, S. 67 ff.
41 Von Baeyer, Freiheitsfrage, S. 339.
42 Vgl. Venzlaff, S. 69 ff. u. S. 85 (dort auch das Zit.), der sich hier den Überlegungen Müller-Suurs zur Differenzierung zwischen »Krankheit« und »Kranksein« anschloß. Die Dominanz des naturwissenschaftlich begründeten Krankheitsbegriffs, der – nach Kurt Schneiders Definition – krankhafte Organprozesse zur Voraussetzung für die Anerkennung seelischer Krankheiten machte, war damit aufgebrochen. Zur Kritik an diesem

Noch ging man vom Einzelfall aus. Doch die Implikationen des eingeschlagenen Perspektivwechsels waren bald erkennbar. Immer deutlicher zeichnete sich ab, daß »Persönlichkeit« nicht mehr als eine durch die »Anlage« vorbestimmte und stabile, sondern als eine wandelbare gedacht wurde. Damit aber verschoben sich auch die methodischen Prämissen der psychiatrischen Analyse. »Bei einer äußerlich gleichen Belastung besteht eine große Variabilität der tatsächlich erfahrenen Belastung«, erklärte der Münchner Psychiater Paul Matussek im Jahr 1961 und wertete damit die Bedeutung der individuellen Empfindung deutlich auf.[43] Die Folgen für die Begutachtungssituation erläuterte er prompt: »Werden die subjektiven Variabeln nicht genügend beachtet, so läuft man Gefahr, nur die objektive Belastung als veränderliche Größe zu berücksichtigen und ihre Bedeutung am Maßstab eines abstrakten, faktisch nicht existierenden Subjekts zu messen.«[44]

Matussek fand »erhebliche Nachwirkungen der Konzentrationslager-Haft« nun auch dort, wo man diese »mit den üblichen klinischen Mitteln« nicht hatte feststellen können. Unter den 130 Patienten, die er am Klinischen Institut der deutschen Forschungsanstalt für Psychiatrie untersuchte, befand sich damit kein einziger mehr, der die KZ-Zeit ohne Dauerstörungen überwunden hatte.[45]

Mit aller Deutlichkeit muß freilich gesagt werden: Diese Beobachtung des Münchner Psychiaters schlug sich in den sechziger Jahren in der Begutachtungspraxis bei Entschädigungsverfahren keineswegs allgemein nieder. Dennoch: Die Voraussetzungen für eine Anerkennung psychischer Leiden als verfolgungsbedingte Beschwerden hatten sich für die Antragsteller von Entschädigungsleistungen verbessert. Die Rechtsprechung und insbesondere die Grundsatzurteile des Bundesgerichtshofs, die eine Anerkennung psychischer Leiden sukzessive erleichterten, wirkten daran allerdings entscheidend mit. Sie stellten die Weichen für eine zunehmende Öffnung innerhalb der Psychiatrie. So ist erkennbar, daß die gerichtlichen Entscheidungen, die in den Novellierungen des Bundesentschädigungsgesetzes Eingang fanden, auf der Ebene der Universitätspsychiatrie eine zunehmende Akzeptanz von Diagnosen, wie derjenigen des »erlebnisbedingten Persönlichkeitswandels«, beförderten. Doch auch die Deutungsmacht der

---

herkömmlichen Krankheitsbegriff vgl. auch W. Mende, Gutachterliche Probleme bei der Beurteilung erlebnisreaktiver Schädigungen, in: Psychische Spätschäden nach politischer Verfolgung, hg. v. Helmut Paul / Hans Joachim Herberg, Basel 1963, S. 281-292, S. 287 f.

43 Paul Matussek, Die Konzentrationslagerhaft als Belastungssituation, in: Der Nervenarzt 32 (1961), S. 538-542, S. 539.
44 Ebd.
45 Ebd. Ausführlicher und kritisch über die Untersuchungen Matusseks: Pross, S. 179 ff.

von den Entschädigungsbehörden bestellten Gutachter wurde oftmals, wenn diese die psychischen Leiden der Antragsteller nach konventionellem Muster beurteilt hatten, von den Gerichten durch abweichende Entscheidungen beschnitten.[46] Seit dem Inkrafttreten des sogenannten »Bundesentschädigungs-Schlußgesetztes« Mitte der sechziger Jahre konnten zudem ältere, bereits rechtskräftig gewordene Verfahren, in denen ein geltend gemachter Entschädigungsanspruch abschlägig beschieden worden war, wieder aufgerollt werden.[47] Die Gerichte hebelten damit die bisweilen restriktive Politik der Entschädigungsbehörden regelrecht aus, die sich, wenn auch notgedrungen, sukzessive aus der engen Verklammerung mit der überkommenen »herrschenden Lehre« lösen mußten.[48]

Dieses »Aufbrechen« des überkommenen psychiatrischen Deutungs- und Klassifikationsgefüges bedeutete jedoch nicht seinen völligen Zusammenbruch. Im Gegenteil, in der ärztlichen Gutachterpraxis blieb die Anerkennung psychischer Leiden seit den frühen sechziger Jahren weitgehend auf die ehemaligen Verfolgten des nationalsozialistischen Regimes und die Konzentrationslagerhäftlinge beschränkt. Ehemaligen Kriegsgefangenen und anderen Geschädigten des Krieges blieb sie in aller Regel verwehrt. Die Begründung lieferten die im Vergleich zum Bundesentschädigungsgesetz strengeren Maßstäbe des Bundesversorgungsgesetzes, vor allem aber die Einzigartigkeit der psychischen Belastungssituation, die man nur den Opfern der nationalsozialistischen Verfolgung zugute hielt.[49] Diagnostizierte

---

46 Vgl. ebd. S. 157 ff. Hans Günter Hockerts, Wiedergutmachung in Deutschland. Eine historische Bilanz 1945-2000, in: VfZ 49 (2000), S. 167-214, S. 183, weist allerdings zu recht darauf hin, daß angesichts der schmalen empirischen Basis in den bisherigen Studien ein generalisierbarer Befund über die Entschädigungspraxis der Bürokratie und der Gerichte nicht vorliegt.
47 Vgl. ebd., S. 188.
48 Deutlich wird dies aus den Akten über die Medizinischen Hauptkonferenzen der »Göttinger« Kommission, die im Jahr 1957 unter der Ägide des Bundesministeriums für Finanzen ihre Arbeit aufnahm und bis ins Jahr 1970 tätig war. Vgl. dazu Bundesarchiv Koblenz, B 126/9903, 42530, 42531. Der Anlaß für die Einberufung dieser Kommission war jedoch die Konfrontation der Behörden mit einer wachsenden Anzahl an Gutachten aus dem Ausland, insbesondere offenbar aus den USA, gewesen, die psychische Schädigungen – so auch diagnostizierte Neurosen – als verfolgungsbedingt und damit als entschädigungspflichtig einstuften. Die Ministerialbeamten verwiesen demgegenüber auf die in Deutschland abweichende Lehrmeinung, die äußere Einflüsse als Ursache für neurotische Leidenszustände verneine. Sie beriefen sich dabei namentlich auf die Position des Tübinger Psychiaters Ernst Kretschmer. Vgl. u.a. Bundesarchiv Koblenz, B 126/9860.
49 Vgl. die scharfe Kritik von E. Lungershausen u. H. Matiar-Vahar, Erlebnisreaktive psychische Dauerschäden nach Kriegsgefangenschaft und Deportation, in: Der Nervenarzt 39 (1968), S. 123-125.

ein Psychiater bei einem Kriegsteilnehmer dennoch einen »erlebnisbedingten Persönlichkeitswandel«, konnte dieser, wie es scheint, oftmals nur mit Hilfe einer etwas makaber anmutenden Argumentation begründet werden: Durch die Gleichsetzung seiner durchgemachten Leiden mit denen eines ehemaligen KZ-Internierten.

Eine politische Verbeugung vor den ehemaligen deutschen Soldaten, die in den Interpretationsrahmen einer von den Deutschen in der Nachkriegszeit forcierten Opfernivellierung eingelesen werden müßte,[50] war das nicht. Die Gleichstellung der Opfer war vielmehr das Resultat einer methodischen Wende, die – ironischerweise – gerade von jenen vorangetrieben worden war, die ursprünglich das unvorstellbare und unvergleichliche Ausmaß der psychischen Belastung der NS-Verfolgten ins Bewußtsein heben wollten. Demgegenüber waren es nun vornehmlich die Apologeten der überkommenen »herrschenden Lehre«, die auf der Einzigartigkeit der KZ-Erfahrung bestanden, wenn sie diese argumentativ gegen die Anerkennung der psychischen Leiden bei anderen Opfergruppen des Krieges wendeten.[51]

Es ist nicht verwunderlich, daß aus diesen unterschiedlichen methodischen Vorgehensweisen in den sechziger Jahren ein Streit entbrannte, in dem sich beide Seiten die »Wissenschaftlichkeit« und »Objektivität« gegenseitig absprachen.[52] Daß es dabei nicht allein um eine rein fachinterne Kontroverse über innerdisziplinäre Standards ging, bei der immer auch die Reputation der beteiligten Wissenschaftler neu verhandelt wurde, ist klar erkennbar. Mit den jeweiligen Positionen in diesem psychiatrischen Grundlagenstreit waren vielmehr handfeste politische Implikationen verbunden, deren sich die Protagonisten der verschiedenen Lager auch durchaus bewußt waren. Aus den konkurrierenden Vorstellungen davon, wie die Psyche des Menschen »wissenschaftlich« zu erfassen und in ihren Veränderungen »objektiv« zu beurteilen sei, erwuchsen nämlich hinsichtlich der materiellen Kompensation kriegs- und verfolgungsbedingter psychischer Leiden ganz unterschiedlich weitreichende, gesundheits- und sozialpolitische Forderungen, die an den Staat und die Gesellschaft herangetragen wurden.

---

50 Vgl. Robert G. Moeller, War Stories. The Search for a Usable Past in the Federal Republic of Germany, Berkeley 2001.
51 Vgl. etwa die Gutachten in: Versorgungsamt Bielefeld, Versorgungsamtsakte Nr. 143913, Handakte Ia.
52 Vgl. dazu die Auseinandersetzungen zwischen Hermann Witter und Walter von Baeyer, in: Der Nervenarzt 33 (1962), S. 509-510 u. Der Nervenarzt 34 (1963), S. 120-123, sowie zwischen Rainer Luthe und Ulrich Venzlaff, in: Der Nervenarzt 39 (1968), S. 465-467 u. Der Nervenarzt 40 (1969), S. 539-541. Vgl. auch Pross, S. 168 ff.

Die Debatte innerhalb der Psychiatrie um die Anerkennung der psychischen Folgen hatte zu Beginn der sechziger Jahre gleichwohl einen klar umrissenen Brennpunkt: die ehemaligen Verfolgten des Nationalsozialismus. Als eine solche wurde sie im Jahr 1961, während der Eichmann-Prozeß in vollem Gange war, auch von der publizistischen Öffentlichkeit aufgegriffen, die ihre Leser nicht nur über die neuesten Forschungsergebnisse im Hinblick auf die psychischen Dauerschäden nach der KZ-Haft informierte, sondern auch die spezifisch moralische Unterseite dieser wissenschaftlichen Erkenntnisse hervorkehrte. Diese besäßen »für die Zukunft deshalb eine so außerordentliche Bedeutung«, hieß es etwa in der »Süddeutschen Zeitung«, »weil sie nicht nur der Psychiatrie Neuland erschließen, sondern darüber hinaus der menschlichen Gesellschaft vor Augen führen soll, wie sie sich der Gruppe jener, die von ihr ausgestoßen wurde, gegenüber zu verhalten haben wird. Ob mit Recht oder Unrecht, die Gesellschaft ist von jenen in die Rolle des Angeklagten (Matussek) gedrängt worden.«[53]

Anders als die »Süddeutsche Zeitung« mutmaßte, war das »Gesetz einer herrschenden Lehre« jedoch zu diesem Zeitpunkt noch keineswegs gänzlich gefallen.[54] Das zeigte sich, wie deutlich gemacht wurde, nicht nur im Hinblick auf die psychiatrische Haltung in Entschädigungsfragen, die sich nur langsam veränderte. Darüber hinaus setzte sich vor allem auch eine wissenschaftliche Begründung für die versorgungsrechtliche Anerkennung der psychischen Leiden bei den Kriegsopfern nicht durch. Im Zuge des hier skizzierten wissenschaftlichen Transformationsprozesses waren die überkommenen wissenschaftlichen Parameter jedoch zumindest aufgebrochen worden. Damit hatte er aber auch die Kategorien neu bestimmt, in denen nicht nur die ehemaligen Verfolgten des Nationalsozialismus, sondern auch die anderen Opfer des Krieges ihre Leiden beschreiben und in der Gesellschaft geltend machen konnten.

---

53 Angeklagt ist die Gesellschaft. Bericht von der Tagung südwestdeutscher Neurologen und Psychologen in Baden-Baden, in: Süddeutsche Zeitung, 30.5./1.6. 1961, S. 19.
54 Ebd.

Rüdiger vom Bruch

Kommentar und Epilog

Von akademischer Vergangenheitspolitik in der Wissenschaftskultur der Nachkriegszeit zu sprechen bedeutet auch, auf Wissenschaftswandel zu achten – darauf hat Bernd Weisbrod in seiner Einleitung zu diesem Band hingewiesen. Wissenschaftswandel meint natürlich Verschiebungen in gemeinhin langfristig wirksamen Strategien fachdisziplinär induzierter Methoden- und Erkenntnishaushalte. Er erschöpft sich darin aber nicht, sondern bezieht fachwissenschaftliche wie individuelle Interessen des beteiligten Personals ein. Darüber hinaus wird er von ebenfalls sich verändernden gesellschaftlichen Problemlagen und Erwartungen beeinflußt und wirkt auf diese ein. Insbesondere »im Hinblick auf das Verhältnis von Wissenschaft und Politik sind wissenschaftliche Kontinuität und Wissenschaftswandel am produktivsten als Fortsetzung bzw. als *Um- oder Neugestaltung von Ressourcenensembles* zu begreifen«, wobei ein sehr weiter Begriff von Ressourcen zugrunde gelegt wird.[1] Diese Vorstellung trägt einem hochkomplexen innerwissenschaftlichen Veränderungs- bzw. Beharrungsdruck ebenso Rechnung wie nicht minder komplexen Wechselwirkungen zwischen Wissenschafts-, Gesellschafts- und Staatsverfassung und erlaubt zugleich internationale Vergleichs- und Beziehungsperspektiven auf allen diesen Ebenen.

Einen derart komplex zu begreifenden Wissenschaftswandel hat Svenja Goltermann eindrucksvoll am Beispiel der Nachkriegspsychiatrie vorgeführt. Im Mittelpunkt stehen dabei zäh sich behauptende, wenngleich fachintern angegriffene Grundmuster einer herrschenden und zudem durch außerwissenschaftlich induzierte Prägungen abgefederten Lehre, die aufgrund fachexterner Bedingungen unter Druck gerät und in eine wiederum fachwissenschaftlich begründete Neuorientierung einmündet. Man kann es auch anders formulieren: Wie verhalten sich diachron ausgeformte fachwissenschaftliche und zugleich nationalkulturell imprägnierte Denkstile und synchron gebrochene Verflechtungen zueinander? Was bedeutet das im konkreten Fall?

---

[1] Mitchell Ash, Wissenschaft und Politik als Ressourcen füreinander, in: Rüdiger vom Bruch/Brigitte Kaderas (Hg.), Wissenschaften und Wissenschaftspolitik. Bestandsaufnahmen zu Formationen, Brüchen und Kontinuitäten im Deutschland des 20. Jahrhunderts, Stuttgart 2002, S. 32.

Psychiatrische Diagnostik wurzelt in Deutschland in einem im späten 19. Jahrhundert ausgeformten medizinischen Krankheitsmodell auf naturwissenschaftlicher Grundlage. Demnach werden Krankheiten durch Veränderungen in der biologischen Substanz und Organisation des menschlichen Körpers im Sinne von Störungen und Dysregulationen verursacht. Die äußerlichen Erscheinungen von Krankheiten können als Symptome für die zugrunde liegenden organischen Prozesse aufgefaßt werden. Damit ist ein objektives Maß für Krankheit in der meßbaren Abweichung von Merkmalen eines biologisch voll funktionstüchtigen Organismus auffindbar. Mit der von dem deutschen Psychiater (zugleich glühender Nationalist und arbeitsphysiologisch mit Max Weber eng kooperierender Modernist) Emil Kraepelin erstmals um 1900 entwickelten diagnostischen Terminologie wurden die Annahmen einer solchen naturwissenschaftlichen Medizin in die noch um fachwissenschaftliche Reputation ringende klinische Psychiatrie implantiert.[2] Verhaltensstörungen waren demnach biologisch zu begründen, während eine *gesunde* Disposition eine relativ kurzfristige Verarbeitung auch extremer Belastungserfahrungen erwarten ließ. Trotz vereinzelter, nach dem Weltkrieg dann breit diskutierter, Kritik vor 1914 an diesem Modell[3] begründete Kraepelin nicht nur eine paradigmatisch langfristig wirksam herrschende Lehre, sondern beeinflußte auch in synergetischer Übereinstimmung mit staatlicher Sozialpolitik und Versicherungsinteressen anspruchsverwirkende Simulationsgutachten in den Diskussionen um sog. *Kriegszitterer*.

Eine derart in der naturwissenschaftlichen Medizin verankerte *herrschende Lehre* der Psychiater wirkte über den Zweiten Weltkrieg hinaus nach und macht verständlich, warum der von Frau Goltermann zitierte, in die USA emigrierte Psychiater Kalinowski sich 1947 über die (im Verhältnis zu den USA) geringe Anzahl psychiatrisch registrierter Fälle in Deutschland (ähnlich auch in Japan) für die Kriegsjahre wunderte. Zahlreiche »Störfälle« galten eben nicht als psychiatrisch induziert. Zudem wurde auf eine Konsolidierung von Extremerfahrungen in einem kameradschaftlichen Umfeld vertraut – also auf eine in Deutschland lange schon vorbereitete, in der NS-Zeit ideologisch überhöhte Gemeinschaftsideologie. So erklärte etwa der Direktor des Sportmedizinischen Instituts der Hansischen Universität 1942,

---

2   Vgl. Eric J. Engstrom, The Birth of Clinical Psychiatry: Power, Knowledge, and Professionalization in Germany, 1867-1914, Ph. D. Dissertation, University of North Carolina at Chapel Hill 1997.
3   Vgl. Volker Roelcke, Die Entwicklung der Psychiatrie zwischen 1880 und 1932. Theoriebildung, Institutionen, Interaktionen mit zeitgenössischer Wissenschafts- und Sozialpolitik, in: vom Bruch/Kaderas, Wissenschaften, S. 109-124.

»Ausfälle« entstammten »zum größten Teil aus dem Hang zur Bequemlichkeit, aus einem falsch geleiteten Erwerbssinn, der die Rente höher schätzt als das Maß der möglichen Arbeit, mitunter aus einem oftmals erbgebundenen Mangel an Energie zur Überwindung schwieriger Lebenslagen.« Um eine Unfallneurose gar nicht erst aufkommen zu lassen, werde der Mann »durch die Kameradschaft aus seiner eigensüchtigen Haltung, die die Grundlage der Neurose ist, herausgerissen, und wieder in ein natürliches Geschehen, eben in ein Gemeinschaftsgeschehen hineingestellt.«[4]

Anhaltende fachwissenschaftliche Erklärungsmuster trafen also mit ideologisch verschärften kollektiven Denkmustern zusammen. Frau Goltermann weist einerseits subtil nach, wie nachhaltig über Jahrzehnte hinweg in der Bundesrepublik trotz früher fachwissenschaftlich begründeter Hinweise auf offensichtliche Widersprüche an der *herrschenden Lehre* festgehalten wurde. Andererseits zeigt sie, wie eine politisch begründete Teilaushebelung der auf wissenschaftlicher Expertise fußenden versicherungsrechtlichen Praxis einen Umschwung in der herrschenden Lehre begünstigte. Dabei ergibt sich eine bittere doppelte Ironie. Frühe fachwissenschaftliche Hinweise etwa von Schulte 1947 auf umweltbedingte psychiatrische Störungen orientierten sich ausgerechnet an den im Nachhinein als ethisch problematisch bzw. als verbrecherisch eingeschätzten Zwillingsforschungen eines geschickt in drei verschiedenen politischen Systemen mit seinen empirisch gewonnenen wissenschaftlichen Ressourcen hantierenden Gottschaldt oder eines Freiherrn von Verschuer. Zum anderen leitete Jahrzehnte später eine politisch flankierte versicherungsrechtliche Anerkennung psychiatrisch zu beobachtender Spätfolgen von überlebenden jüdischen KZ-Häftlingen eine dann auch auf ehemalige Wehrmachtsangehörige ausgedehnte, auf versicherungsrechtliche Entschädigung zielende psychiatrische Gutachtertätigkeit ein. Selten sind interdependente Verflechtungen zwischen langfristigen, über politische Systemwechsel hinweg sich behauptenden wissenschaftlichen Erklärungsmustern (in diesem Fall der naturwissenschaftlichen Medizin) und gleichfalls längerfristig wirksamen kollektiven Wertorientierungen (in diesem Fall ein doppeltes Aufgehobensein in Gemeinschaft und Ordnung) und sich verändernden Maßstäben der Rechtsprechung in bezug auf anspruchsrelevantes Verwaltungshandeln so eindringlich vorgeführt worden wie hier.

In anderen Wissenschaftsgebieten finden wir abweichende Problemlagen. Dennoch lädt der eben skizzierte historisch-analytische Blick zum

---

4   Wilhelm Knoll, Nachbehandlung Verletzter durch Leibesübungen in der Gemeinschaft, in: Zeitschrift für ärztliche Fortbildung, 39 (1942), S. 33.

Vergleich von Strukturmustern ein. So hatte in der deutschen Geschichtswissenschaft unter dem Einfluß des Historismus im 19. Jahrhundert eine Konzentration auf das nur im jeweiligen Kontext sich erschließende je Besondere von handelnden Personen und interessegeleiteten staatlichen Individualitäten eingesetzt, welche trotz erheblicher methodologischer und geschichtstheoretischer Erschütterungen im frühen 20. Jahrhundert eine bis in die 1960er Jahre wirksame *herrschende Lehre* ausgebildet hat. Noch die 1961 an Fritz Fischers These eines von Deutschland verschuldeten Ersten Weltkriegs sich leidenschaftlich entzündende Kontroverse um Kontinuitäten deutscher Geschichte vollzog sich im Rahmen jener herrschenden Lehre. Erst sehr viel später wurde sichtbar, wie sich in einer jüngeren Historikergeneration um 1930 eine paradigmatische Verlagerung von Staat und Nation auf Volk und Raum in interdisziplinärer Verbindung mit sozial- und bevölkerungswissenschaftlichen Strategien vollzogen hatte, welche in der NS-Zeit und mit radikaler Verschärfung hinsichtlich menschenverachtender Konsequenzen während des Zweiten Weltkrieges zu einer erst seit wenigen Jahren genauer sichtbaren Kollaboration mit Plänen zu Massenumsiedlung und Genozid führte.[5] Offenbar erleichterte die moralisch-politische Diskreditierung historischer Beiträge zu einer empirisch breit verankerten Untersuchung sozialer Tatsachen in umgrenzten Siedlungs- und Kulturräumen dann nach 1945 einen erneuten Primat historistischer Arsenale. Erst um 1960 vermochten nun in der Bundesrepublik maßgebliche Historiker, deren Anfänge in der Volksgeschichte der 1930er Jahre lagen, diese im Gewand von Sozial- und Strukturgeschichte als attraktiv, weil anschlußfähig für westliche Forschungsstrategien, einer innovationsfreudigen Nachwuchsgeneration zu übermitteln, welche programmatisch gegen die *herrschende Lehre* des Historismus revoltierte. Im Vergleich zur Psychiatrie sind unterschiedliche Entwicklungslinien auffällig, doch im problemgeschichtlichen Zugriff erweisen sich auch hier die vorgeführten Analyseraster als fruchtbar.

Am eben erörterten Beispiel der Geschichtswissenschaft traten zudem Fragen von Kontinuität über 1945 hinaus in gesonderter Weise hervor. Insbesondere auf eine gewissermaßen terminologische »Entnazifizierung« und auf geschickt agierende personelle Netzwerke richtete sich das Interesse in letzter Zeit. Nach einer etwa zehnjährigen Überbrückungsphase knüpfte

---

5   Aus der mittlerweile reichen Literatur vgl. vor allem Peter Schöttler (Hg.), Geschichtsschreibung als Legitimationswissenschaft 1918-1945, Frankfurt/M. 1997; Winfried Schulze/Otto Gerhard Oexle (Hg.), Deutsche Historiker im Nationalsozialismus, Frankfurt/M. 1999.

der prominente NS-Jurist Ernst Rudolf Huber mit seiner in der Materialbereitstellung dankbar begrüßten deutschen Verfassungsgeschichte mit der Rechtfertigung eines eigenständigen deutschen Verfassungstyps im Kaiserreich an seine vormaligen Ordnungsvorstellungen an. Ebenso bot sich der 1942 für den Generalplan Ost hauptverantwortliche Agrarwissenschaftler Konrad Meyer in erneuten akademischen Würden an der TH Hannover erfolgreich für wissenschaftliche Politikberatung in der Entwicklungshilfe an. Netzwerke und begriffliche »Modernisierung« hatten sich bewährt. In vergleichbarer Weise wechselte der Historiker Otto Brunner in Nachkriegsauflagen seines Hauptwerkes konsequent »Volk« gegen »Struktur« aus, ersetzten vormalige führende Mitarbeiter des Kaiser-Wilhelm-Instituts für Anthropologie menschliche Erblehre und Eugenik, jene Schlüsselbegriffe, nach 1945 durch »Humangenetik«. Damit signalisierten sie Anschlußfähigkeit an die internationale Forschung, blockierten aber eben dadurch in einer die deutsche Forschung langfristig belastenden Weise einen tatsächlichen Anschluß an internationale Standards.⁶ Diese wenigen Beispiele verweisen auf Strategien *semantischer Umbauten*, welche auf breiter Front die deutsche Wissenschaftslandschaft des 20. Jahrhundert beeinflußten und nach 1945 höchst brisante Vermengungen von Wissenschaft und politischer Kultur erzeugten.⁷

In welcher Weise Wissenschaftsnetzwerke die Wiedereingliederung nach 1945 ermöglichten, zeigt Carola Sachse unter der Überschrift »Persilscheinkultur.‹ Zum Umgang mit der NS-Vergangenheit in der Kaiser-Wilhelm/Max-Planck-Gesellschaft« am »Fall Verschuer«. Ein einflußreicher »Freundeskreis« des letzten Direktors jenes KWI für Rassenanthropologie federte dessen zu erwartenden Absturz nach 1945 durch Gefälligkeitsgutachten und Versuche ab, ihm einen Universitätslehrstuhl zu verschaffen – und damit zugleich von der um Reputation ringenden neuen Max-Planck-Gesellschaft fernzuhalten, wie Frau Sachse minutiös aus den Akten rekonstruiert. Wiederum bestätigte sich ein mittlerweile für viele andere Fachgebiete aufgezeigtes Grundmuster: Wer auf Gegner innerhalb des NS-Systems verweisen konnte, vermochte sich damit als Gegner des NS-Systems zu stilisieren und brachte mit Hilfe entsprechender Netzwerke einschlägige Gutachten bei.⁸ Ebenso bestätigt der Fall Verschuer die häufige Beobachtung, daß mit der Wiederaufrüstung in der Bundesrepublik Mitte der 1950er Jahre zahlreichen

---

6 Vgl. Peter Kröner, Von der Rassenhygiene zur Humangenetik, Stuttgart u. a. 1998.
7 Vgl. den Beitrag von Gerhard Kaiser und Matthias Krell in diesem Band.
8 Beispielhaft sei auf die in Kürze erscheinende Habilitationsschrift von Uta Halle über die Ur- und Frühgeschichte verwiesen.

aus der NS-Zeit belasteten Wissenschaftlern eine erneute Hochschulkarriere eröffnet wurde.⁹

Als entscheidende, auch von den Alliierten im wesentlichen akzeptierte Argumentationsfolie diente der Hinweis auf eine vermeintlich grundlagenorientierte Tradition deutscher Forschung. Sie erleichterte jene Wiedereingliederung von Wissenschaftlern, die ihre vormaligen Arbeitsfelder relativ problemlos »entpolitisierten«. Das begünstigte die rasch wiedergewonnene internationale Reputation der Max-Planck-Gesellschaft, die sich, wie im Fall Verschuer, von offensichtlich kontaminierten Mitgliedern aus der Kaiser-Wilhelm-Gesellschaft trennte (und diesen zugleich ein Auffangnetz spannte), ohne aber sonderlich engagiert um vormalige, in der NS-Zeit emigrierte KWG-Mitglieder zu werben.¹⁰ Einen grundlegenden Umbau der deutschen Hochschul- und Wissenschaftslandschaft in den Westzonen nach 1945 blokkierte dies.¹¹ Unter Berufung auf die Idee einer nach 1800 entwickelten und danach die deutsche Wissenschaft prägenden *Humboldtuniversität* als Modell zweckfreier Erkenntnissuche im Modus von Wahrheit und Persönlichkeitsformung wurde nach 1945 eine höchst einflußreiche Kontinuität deutscher Wissenschaftskultur im Sinne von Grundlagenforschung konstruiert.¹² Alliierte Verbote anwendungsfähiger Forschung erleichterten dies. Nicht zufällig wurde in den unmittelbaren Nachkriegsjahren in einem weiten politischen Spektrum von Karl Jaspers bis zu Ernst Anrich auf die *Idee der deutschen Universität* und auf ihre *Grundschriften* hingewiesen. In ähnlicher Weise argumentierte Otto Hahn für die außeruniversitäre Forschung in der Kaiser-Wilhelm- und dann in der Max-Planck-Gesellschaft. Verschleiert wurde durch diese breit rezipierte Deutungshoheit die Tatsache, daß ein Großteil der Kaiser-Wilhelm-Institute während der NS-Zeit den

---

9 Vgl. etwa für die Luftfahrtforschung Helmuth Trischler, Luft- und Raumfahrtforschung in Deutschland 1900-1970, Frankfurt/M. 1992, für die Mitte der 1950er Jahre in der Fraunhofer-Gesellschaft einsetzende Militärforschung Helmuth Trischler/Rüdiger vom Bruch, Forschung für den Markt. Geschichte der Fraunhofer-Gesellschaft, München 1999.
10 Vgl. Michael Schüring, Ein Dilemma der Kontinuität. Das Selbstverständnis der Max-Planck-Gesellschaft und der Umgang mit Emigranten in den 50er Jahren, in: vom Bruch/Kaderaas (Hg.), Wissenschaften, S. 453-463.
11 Vgl. Rüdiger vom Bruch, Zwischen Traditionsbezug und Erneuerung. Wissenschaftspolitische Denkmodelle und Weichenstellungen unter alliierter Besatzung 1945-1949, in: Jürgen Kocka (Hg.), Die Akademien der Wissenschaften zu Berlin im geteilten Deutschland 1945-1990, i.E.
12 Vgl. Mitchell G. Ash (Hg.), Mythos Humboldt. Vergangenheit und Zukunft der deutschen Universitäten, Wien, Köln, Weimar 1999.

Vorgaben des Regimes zuarbeitete.¹³ Verschleiert wurde auch, daß die Hochschulforschung gleichzeitig im »Käfig« des Autarkieprimats und in der Konzentration auf eine Weiterentwicklung vorhandener Technologien und Wissenschaftsstandards sich von theoretischer Arbeit auf Experimentalforschung verlagerte und eine einzigartig personalintensive »Assistentenuniversität« produzierte, die damit einen Abschied von einer vor 1933 hoch entwickelten Innovationskultur einleitete.¹⁴

Flankiert wurde die von maßgeblichen Protagonisten des deutschen Wissenschaftssystems nach 1945 entwickelte Scheidung zwischen (einer in der NS-Zeit angeblich überwiegenden) »reinen« Grundlagenforschung und anwendungsbezogener Forschung durch eine jahrzehntelang in der Historiographie zur NS-Wissenschaftspolitik einflußreiche Unterscheidung zwischen ideologisch kontaminierter und ideologieresistenter Forschung. Noch kürzlich wurde ein vorrangiger Grundlagencharakter der von der Deutschen Forschungsgemeinschaft in der NS-Zeit finanzierten und damit systemresistenten Forschung konstatiert.¹⁵ Man muß nicht nur auf die »deutsche Physik«, auf Forschungen im Amt Rosenberg oder im konkurrierenden SS-Ahnenerbe blicken, um ideologieinduzierte Ausgrenzungen aus der internationalen *scientific community* zu vermerken. Hinreichend belegt ist auch der Antiintellektualismus führender NS-Größen von Hitler abwärts. Doch solche richtigen Beobachtungen verstellen eine Wahrnehmung der Wissenschaftslandschaft im Nationalsozialismus. Die bekannte Wissenschaftsfeindlichkeit der NSDAP verstellt »die Zielgerichtetheit ihrer Wissenschaftspolitik und das Ausmaß der Wissenschaftsförderung«. Angesichts einer fehlenden Wissenschaftstheorie und mangelnder ideologischer Geschlossenheit im NS wurden »schleichende Veränderungen des Wissenschaftsverständnisses nicht bemerkt«. Die zahlreichen gescheiterten Pläne verstellten den Blick für eine erfolgreiche Umsetzung von Vorhaben. Eine im Interesse der Umsetzung politischer Vorgaben nützliche Forschung hatte den Vorrang vor ideologiebasierter, aber in der Zweck-Mittel-Relation unbrauchbarer Forschung.¹⁶

13 Vgl. Doris Kaufmann (Hg.), Geschichte der Kaiser-Wilhelm-Gesellschaft im Nationalsozialismus. Bestandsaufnahme und Perspektiven der Forschung, 2 Bde., Göttingen 2000.
14 Ulrich Wengenroth, Die Flucht in den Käfig. Wissenschafts- und Innovationskultur in Deutschland 1900-1960, in: vom Bruch/Kaderas (Hg.), Wissenschaften, S. 52-59.
15 Notker Hammerstein, Die Deutsche Forschungsgemeinschaft in der Weimarer Republik und im Dritten Reich. Wissenschaftspolitik in Republik und Diktatur, München 1999.
16 Ulrich Sieg, Strukturwandel der Wissenschaft im Nationalsozialismus, in: Berichte zur Wissenschaftsgeschichte 24 (2001), S. 256.

Das nationalsozialistische Deutschland war nicht wissenschaftsfeindlich, es unterbrach nicht einen säkularen Trend moderner Wissensgesellschaften. Wohl aber orientierten sich ganz überwiegend die Human-Wissenschaftler[17] und ein erheblicher Teil der Natur- und Technikwissenschaftler in dieser Zeit an konkreten gesellschaftlichen Ordnungsmodellen, denen sie weithin auch nach 1945 in elastischer Amalgamierung an die politische Kultur des westgebundenen demokratischen Parteienstaates verpflichtet blieben. Aufmerksam beobachteten vor allem vormals zur Emigration gezwungene Wissenschaftler die Entwicklung im Nachkriegsdeutschland, welches sich nicht sehr eindrucksvoll um ihre Wiedergewinnung bemühte.[18] 1951 schrieb der Biochemiker Franz Simon an Karl Friedrich Bonhoeffer: »Meiner Meinung nach haben die deutschen Wissenschaftler in ihrer Gesamtheit ihre Ehre in 1933 verloren und haben nichts getan um sie wiederzugewinnen. Ich gebe zu, man kann sagen dass es nicht jedermanns Sache ist seine Stellung oder sein Leben zu riskieren, aber nach dem Krieg war das ja garnicht nötig. Das Wenigste, was man nach all dem Unglück, das angerichtet worden ist, erwarten konnte, war dass die deutschen Wissenschaftler in ihrer Gesamtheit oder durch ihre wissenschaftlichen Gesellschaften oeffentlich und klar gesagt haetten, dass sie, was vorgefallen ist, bedauerten. Ich habe nichts von so etwas bemerkt.«[19]

---

17 Vgl. Lutz Raphael, Radikales Ordnungsdenken und die Organisation totalitärer Herrschaft. Weltanschauungseliten und Humanwissenschaften im NS-Regime, in: Geschichte und Gesellschaft 27 (2001), S. 5-40.

18 Vgl. neben dem Beitrag von Michael Schüring/Marita Krauss, Heimkehr in ein fremdes Land. Geschichte der Remigration nach 1945, München 2002, zu Hochschullehrern S. 80-90, Claus-Dieter Krohn, Deutsche Wissenschaftsemigration seit 1933 und ihre Remigrationsbarrieren nach 1945, in: vom Bruch/Kaderas (Hg.), Wissenschaften, S. 437-452.

19 Brief vom 2.3.1951, Archiv der Max-Planck-Gesellschaft Berlin, Nachlaß Bonhoeffer, III. Abt., Rep. 23, Nr. 51,7, relativierende Antwort Bonhoeffers vom 5.4.1951, ebd. Vgl. auch Ute Deichmann, The Expulsion of German-Jewish Chemists and Biochemists and their Correspondence with Colleagues in Germany after 1945: The Impossibility of Normalization?, in: Margit Szöllösi-Janze (Hg.), Science in the Third Reich, Oxford, New York 2001, S. 271.

Autorinnen und Autoren

RÜDIGER VOM BRUCH, Dr. phil., Professor für Wissenschaftsgeschichte an der Humboldt-Universität Berlin.

CAROLA DIETZE, wissenschaftliche Mitarbeiterin am Max-Planck-Institut für Geschichte und Doktorandin am Seminar für Mittlere und Neuere Geschichte der Universität Göttingen.

THOMAS ETZEMÜLLER, Dr. phil., DFG-Forschungsstipendiat, Mitarbeiter des Seminars für Zeitgeschichte, Universität Tübingen.

SVENJA GOLTERMANN, Dr. phil., wissenschaftliche Assistentin am Institut für Geschichte der Universität Bremen.

RALPH JESSEN, Dr. phil., Professor für Neuere Geschichte am Historischen Seminar der Universität zu Köln.

GERHARD KAISER, Dr. phil., wissenschaftlicher Mitarbeiter im Projekt »Semantischer Umbau der Geisteswissenschaften« der UGH Siegen.

MATTHIAS KRELL, Dr. phil., wissenschaftlicher Mitarbeiter im Projekt »Semantischer Umbau der Geisteswissenschaften« der UGH Siegen.

KLAUS-DIETER KROHN, Dr. phil., Professor für Neuere Geschichte an der Universität Lüneburg.

KAI ARNE LINNEMANN, M.A., wissenschaftlicher Mitarbeiter und Doktorand am Seminar für Mittlere und Neuere Geschichte der Universität Göttingen.

DANIEL MORAT, M.A., Doktorand am Seminar für Mittlere und Neuere Geschichte der Universität Göttingen.

CAROLA SACHSE, PD Dr. phil., Projektleiterin des Forschungsprogramms der Max-Planck-Gesellschaft zur »Geschichte der Kaiser-Wilhelm-Gesellschaft im Nationalsozialismus«.

OLIVER SCHAEL, M.A., wissenschaftlicher Mitarbeiter und Doktorand am Seminar für Mittlere und Neuere Geschichte der Universität Göttingen.

MARK WALKER, Dr. phil., Professor für Geschichte am Union College Schenectady/ New York.

BERND WEISBROD, Dr. phil., Professor am Seminar für Mittlere und Neuere Geschichte der Universität Göttingen.

Veröffentlichungen des
Zeitgeschichtlichen Arbeitskreises Niedersachsen
Herausgegeben von Bernd Weisbrod
Band 19

Frank Bösch
Das konservative Milieu
Vereinskultur und lokale Sammlungspolitik
in ost- und westdeutschen Regionen
(1900-1960)

272 S., broschiert
ISBN 3-89244-501-X

Bücher über die großen konservativen Denker füllen mittlerweile ganze Bibliotheken. Dagegen wurde bisher kaum untersucht, wie sich der Konservatismus im 20. Jahrhundert vor Ort entfaltete. Frank Bösch geht der Frage nach, welche gesellschaftlichen Bindungen konservative Parteien im Wandel der Staatsformen entwickelten – vom Kaiserreich über den Nationalsozialismus bis hin zur SED-Diktatur und der frühen Bundesrepublik.
Der Autor zeigt anschaulich, wie sich die lokalen konservativen Parteien seit der Revolution von 1918/19 mit einer dichten Vereins- und Festkultur verwoben, die ihre Weltanschauung verbreiteten. Celle in Niedersachsen und Greifswald in Vorpommern dienen als Untersuchungsbeispiele, die in größere Zusammenhänge eingeordnet werden.
Besonders aufschlußreich ist der Vergleich der Untersuchungsräume für die Zeit nach 1945. Bösch zeigt auf, wie das konservative Milieu in der SBZ/DDR zerschlagen wurde, während es in der frühen Bundesrepublik eine kurze Renaissance erlebte.

Veröffentlichungen des Arbeitskreises
»Geschichte des Landes Niedersachsen (nach 1945)«
Herausgegeben von Bernd Weisbrod
Band 18

Das Erbe der Provinz

Heimatkultur und Geschichtspolitik
in Deutschland nach 1945
Hrsg. von Habbo Knoch

304 S., gebunden
ISBN 3-89244-478-1

Anhand regionaler Beispiele und kultureller wie politischer Repräsentationen von Heimat wird herausgearbeitet, welche Bedeutung das »Erbe der Provinz« für den Umgang mit der NS-Zeit und für das nationale Geschichtsbewußtsein in Deutschland nach 1945 hatte. Die Sehnsucht nach der heilen Provinz war seit der »Erfindung« von Heimat im 19. Jahrhundert eine wichtige Gefühlsressource in Deutschland. Nach ihrer antiurbanen Politisierung im Kaiserreich und in der Weimarer Republik nutzten die Nationalsozialisten die Metaphorik der lokalen Verwurzelung für ihre Propaganda. Doch nach 1945 hatte die aus der Provinz »gedachte Gemeinschaft« der deutschen Nation ihre Macht verloren. Region und Heimat boten sich als Kontinuitätsbrücken an und wurden nicht nur politisch so genutzt. Sie versprachen Sehnsucht, Sicherheit und historische Sinnstiftungen, die an Traditionen der provinzverbundenen Geschichtskultur in Deutschland anknüpften.

Veröffentlichungen des
Zeitgeschichtlichen Arbeitskreises Niedersachsen
Herausgegeben von Bernd Weisbrod

*bis Band 18: Veröffentlichungen des Arbeitskreises
»Geschichte des Landes Niedersachsen (nach 1945)«*

Bd. 1 Dieter Brosius / Angelika Hohenstein: Flüchtlinge im nordöstlichen Niedersachsen, Hildesheim 1985.

Bd. 2 Martina Krug / Karin Mundhenke: Flüchtlinge im Raum Hannover und in der Stadt Hameln 1945-1952, Hildesheim 1988.

Bd. 3 Rainer Schulze: Unternehmerische Selbstverwaltung und Politik. Die Rolle der Industrie- und Handelskammern in Niedersachsen und Bremen als Vertretungen der Unternehmerinteressen nach dem Ende des Zweiten Weltkrieges, Hildesheim 1988.

Bd. 4 Rainer Schulze / Doris von der Brelie-Lewien / Helga Grebing (Hg.): Flüchtlinge und Vertriebene in der westdeutschen Nachkriegsgeschichte. Bilanzierung der Forschung und Perspektiven für die zukünftige Forschungsarbeit, Hildesheim 1987.

Bd. 5 Doris von der Brelie-Lewien: »Dann kamen die Flüchtlinge.« Der Wandel einer ländlichen Region vom Rüstungszentrum im »Dritten Reich« zur Flüchtlingshochburg nach dem Zweiten Weltkrieg, Hildesheim 1990.

Bd. 6 Angelika Hohenstein: Bauernverbände und Landwirtschaftskammern in Niedersachsen 1945-1954, Hildesheim 1990.

Bd. 7 Dietmar von Reeken: Lokale Strukturen im gesellschaftlichen und politischen Umbruch: Kontinuitäten und Brüche in Aurich und Emden zwischen 1928 und 1953, Hildesheim 1990.

Bd. 8 Helga Grebing: Flüchtlinge und Parteien in Niedersachsen. Eine Untersuchung der politischen Meinungs- und Willensbildungsprozesse während der ersten Nachkriegszeit 1945-1952/53, Hannover 1990.

Bd. 9 Bernd Weisbrod (Hg.): Grenzland. Beiträge zur Geschichte der deutsch-deutschen Grenze, Hannover 1993.

Bd. 10 Monika Uliczka: Berufsbiographie und Flüchtlingsschicksal. VW-Arbeiter in der Nachkriegszeit, Hannover 1993.

Bd. 11 Bernd Weisbrod (Hg.): Rechtsradikalismus in der politischen Kultur der Nachkriegszeit. Die verzögerte Normalisierung in Niedersachsen, Hannover 1995.

Bd. 12 Herbert Obenaus (Hg.): Im Schatten des Holocaust. Jüdisches Leben in Niedersachsen nach 1945, Hannover 1997.

Bd. 13 Bernd Weisbrod (Hg.): Von der Währungsreform zum Wirtschaftswunder. Wiederaufbau in Niedersachsen, Hannover 1998.

Bd. 14 Adelheid von Saldern (Hg.): Bauen und Wohnen in Niedersachsen während der fünfziger Jahre, Hannover 1999.

Bd. 15 Anikó Szabó: Vertreibung, Rückkehr, Wiedergutmachung. Göttinger Hochschullehrer im Schatten des Nationalsozialismus, Göttingen 2000.

Bd. 16 Daniela Münkel (Hg.): Der lange Abschied vom Agrarland. Agrarpolitik, Landwirtschaft und ländliche Gesellschaft zwischen Weimar und Bonn, Göttingen 2000.

Bd. 17 Anke Quast: Nach der Befreiung. Jüdische Gemeinden in Niedersachsen seit 1945 – Das Beispiel Hannover, Göttingen 2001.

Bd. 18 Habbo Knoch (Hg.): Das Erbe der Provinz. Heimatkultur und Geschichtspolitik nach 1945, Göttingen 2001.

Bd. 19 Frank Bösch: Das konservative Milieu. Vereinskultur und lokale Sammlungspolitik in ost- und westdeutschen Regionen (1900-1960), Göttingen 2002.

Bd. 20 Bernd Weisbrod (Hg.): Akademische Vergangenheitspolitik. Beiträge zur Wissenschaftskultur der Nachkriegszeit, Göttingen 2002.